法国戏剧选读
Anthologie du Théâtre Français

龙 佳 主编

龙 佳 武瑶 滕 宇 编著

上海外语教育出版社
外教社 SHANGHAI FOREIGN LANGUAGE EDUCATION PRESS

图书在版编目（CIP）数据

法国戏剧选读：汉文、法文 / 龙佳主编；龙佳，武瑶，滕宇编著. -- 上海：上海外语教育出版社，2023
ISBN 978-7-5446-7681-6

Ⅰ.①法… Ⅱ.①龙… ②武… ③滕… Ⅲ.①法语—阅读教学—高等学校—教材 ②戏剧文学—剧本—作品集—法国 Ⅳ.①H329.37

中国国家版本馆CIP数据核字（2023）第073591号

出版发行：**上海外语教育出版社**
　　　　　（上海外国语大学内）　邮编：200083
电　　话：021-65425300 (总机)
电子邮箱：bookinfo@sflep.com.cn
网　　址：http://www.sflep.com
责任编辑：任倬群

印　　刷：上海商务联西印刷有限公司
开　　本：787×1092　1/16　印张 23.25　字数 535千字
版　　次：2023年8月第1版　2023年8月第1次印刷
书　　号：ISBN 978-7-5446-7681-6
定　　价：68.00元

本版图书如有印装质量问题，可向本社调换
质量服务热线：4008-213-263

前言

近年来，随着中法戏剧文化交流在高校等学术机构、政府、文化组织之间的不断丰富与深入，法语专业教师逐渐开始关注法国戏剧文本的翻译与研究，法语专业学生愈来愈关注法国戏剧的学习与探索。例如，"法语戏剧大赛"已成为每年"法语活动月"中的常设活动。活动规格高、影响力大、受众广，吸引了众多参赛者。然而，目前国内关于法国戏剧方面的书籍等文献甚少，法国戏剧文本选读方面的教材更付阙如。《法国戏剧选读》旨在为法国戏剧爱好者们提供一本入门教材，帮助他们通过研读文本，了解、理解法国戏剧史上的重要历史时期以及代表性作家作品。

一、教材的结构与内容

本教材主要涵盖17–20世纪的法国戏剧，也包括一直活跃至今的法国当代剧作家作品，以及用法语写作的非法国剧作家作品[1]。全书共分四章，每一章对应法国戏剧史上的一个时期，以展现法国戏剧的历时性发展脉络。每章的开头用中文扼要介绍各时期社会历史与戏剧的互动、法国戏剧的发展趋势与特点、选择代表性剧作家作品的原因及其作品特点，帮助学习者迅速了解该时期戏剧发展的历史背景。之后，编者选编了各个时期最具代表性剧作家及其经典剧目片段，具体内容包含：

1. **剧作者生平与作品简介**：有助于迅速把握剧作者作为戏剧人的外部轮廓及其在法国戏剧史上的定位；

2. **剧本内容分幕场概述**：提供剧本的主要内容以及结构安排，便于在整个剧本中定位将要细读的幕场选段；

3. **所选剧本总体点评**：综合选自法国戏剧教材，提供某种具有普遍性的评价作为参考，也提供戏剧评论的某些方法；

4. **选段研读与语言理解难点**：这是本教材的基础和主体部分，从语言层面上初步解决词汇、词组、句法理解的问题；

5. **思考题**：引导学生从选段文本的语言特色、写作风格、主题分析以及剧本结构等各方面进行思考和阐释，是分析作品的重要路径和提示；

---

[1] 由于教材中此类文本所占篇幅少，且在文学传统上被归属于法国文学史范畴，故本教材也暂将其归入法国戏剧范畴。

6. 文化点滴：选择与篇目选段相关的文化知识点，对主体内容部分进行延伸、拓展；或介绍法国戏剧史上的重要人物、事件等。

二、教材的主要特色

1.《法国戏剧选读》在历时性地展现**17–20世纪法国戏剧脉络全貌**的基础上，选择各个时期代表性剧作家的经典剧目片段，力图系统地将法国戏剧的历史脉络、代表性剧作家作品研读、法语语言理解与表达能力提升相融合，以丰富的剧本内容与结构安排激发学生的阅读兴趣，带领其走进并深入理解法国戏剧，具有系统性、基础性和代表性的特点。

2. 本教材充分考虑学生的法语水平与阅读习惯，采用了"阅读前通过剧本内容概述与点评提纲挈领、阅读中加注释辅助阅读、阅读后提出思考题加深理解"的三阶段形式。剧本概述与点评提供了快速把握文本内容的途径，便于根据课程安排、个人兴趣等对是否进入文本选段作出取舍。文中每页的脚注涉及语境中生词及词组的中法文释义、疑难语法的解释、诗体语言倒装的归位、旧时用法的现代转换等，能够帮助学生减少阅读困难。选段文末辅以思考题，综合文本分析、主题分析以及戏剧形式分析等，则旨在引导学生通过具体的文本分析来深入理解选段，也利于通过提问和讨论建立课堂互动，共同推进对选段文本的理解与阐释。

3. 教材内容丰富多样，适用范围广。全书共选取代表性剧作家30位，戏剧文本选段36个，意在为教师和学生提供更多的选择空间。本教材可作为**高校法语专业文学方向课程**的参考用书。在实际教学中，可根据教学需求选择剧作家及其作品选段进行课堂讲解，其余内容作为学有余力的学生的课外阅读教材，让学生自主进行文本分析与探索。本书也为**法国戏剧排演、赛事等活动的参加者**提供了大量经典作品及选段，为有意**深入探究法国戏剧世界的广大学习者**提供了具体的进入窗口。

编者自2004年起从事法语语言教学，从2011、2018年开始分别面向法语专业本科生、研究生开设法国戏剧的实践课程和研究型课程，在教学实践和戏剧研究过程中积累了一定的素材和经验，最终促成了《法国戏剧选读》的编写与出版。编写高质量教材是一项长期工作，需要不断在教学、研究中打磨和更新。由于编者经验和水平有限，教材中不足之处恳请使用本教材的广大师生批评指正，以便今后进一步完善。

龙　佳
厦大白城
2022年8月

CHAPITRE IV
LE THÉÂTRE DU XXᵉ SIÈCLE

LE THÉÂTRE DU XVIIᵉ SIÈCLE

　　法兰西戏剧传统源远流长，它兴起于罗马帝国衰落之际，并在整个中世纪盛行，先后出现过宗教戏剧和世俗戏剧。文艺复兴时期，意大利即兴喜剧传入并对法国喜剧创作产生巨大影响；悲剧中已显露激情的雄辩、细腻的抒情，语言精彩美妙，为古典主义戏剧的兴盛打下了基础。

　　17 世纪，法国戏剧迅速发展至巅峰。17 世纪的法国戏剧常常被认为与"古典主义戏剧"等同。诚然，在戏剧这一文学体裁中，古典主义以最闪耀的形式得以发扬光大。然而，戏剧审美是政治、社会、文艺思潮之间相互勾连以及深刻变动的反映，17 世纪法国戏剧见证了巴洛克风潮逐渐被古典主义美学取代的过程。

　　从 1590 年亨利四世掌权到 1661 年路易十四真正开始执政，这是法国历史上一段动荡的时期。绵延不绝的宗教战争和国内战争、地心说的终结等事件，给人们带来世界不稳定、难以捉摸的意识困扰，由此诞生了一种深深的生存焦虑和不确定感。这在文艺领域表现为巴洛克风潮。戏剧就其本义而言，是一个游戏、虚幻的场所，恰与巴洛克强调的虚幻、变动、无常等主题相吻合。因此，戏剧成为承载巴洛克风潮的适宜体裁。高乃依（Pierre Corneille）早期创作的《喜剧幻象》（*L'Illusion comique*）、莫里哀（Molière）的《唐璜》（*Don Juan*）正是巴洛克戏剧的代表之作。

　　1620–1640 年，巴洛克戏剧类型悲喜剧（la tragi-comédie）一度流行。1637 年，高乃依的《熙德》（*Le Cid*, 1637）在巴黎首演的版本即为悲喜剧，赢得了观众的普遍欢迎，却遭到了学究们的猛烈抨击。实际上，从 1630 年开始，遵守戏剧规则逐渐成为写作惯例。对此持保留意见的剧作家高乃依，在将规则内化于己的同时，又与规则保持了一定距离。法兰西学院院士沙坡兰（Chapelin）发表《法兰西学院关于悲喜剧〈熙德〉对某方所提意见的感想》（*Les Sentiments de l'Académie française sur la tragi-comédie du Cid*）一文，对围绕《熙德》的争论进行了全面总结，提出了许多古典主义戏剧理论的信条，阐述了体现国家意志的法兰西学院对戏剧及文艺的要求。"《熙德》论战"（la Querelle du Cid）的结果之一是古典主义戏剧原则被确立。

　　1661 年，路易十四亲政开启了法兰西民族王权极盛时期。在大一统的王权推动下，艺术作为法国全球政治战略的重要组成部分得到充分重视。戏剧体裁获得贵族文学的地位，戏剧的模式、美学、功用等问题成为被文艺界热烈探讨的对象。反对浮夸和幻想、以节制和理性为特点的古典主义符合绝对君主制政权的核心美学价值观输出，成为继巴洛克风潮之后的文艺主流。与强调浮夸、幻想的巴洛克风潮不同，古典主义注重理论生产，体现为务实地致力于为艺术体裁制定明确的创作规则，树立良好品味的标准以引导公众趣味。古典主义戏剧以"合式"（la bienséance）为创作原则，以"逼真"（la vraisemblance）为根本诉求，以"三一律"（la règle des trois unités）为达到并保证逼真的根本手段，使古典主义戏剧呈现为明晰、严谨、典雅的风格。

　　后来，高乃依将悲喜剧几番修改，成就悲剧经典《熙德》并流传至今。该剧向来被认为是法国第一部著名的古典主义悲剧，高乃依也被称为法国古典主义悲剧代表第一人。古典主义在 1660 至 1680 年代达到顶峰。在拉辛（Jean Racine）开始创作的时候，法国民众对悲剧的爱好由曾经重视美德、带有政治目的的"英雄悲剧"（la tragédie héroïque）转向了浪漫色彩浓厚的"风雅悲剧"（la tragédie galante）。剧作家拉辛（Jean Racine）的主要关注点不再是历史人物的道德选择，而是他们面对爱情时的纠结、痛苦，这都引发了观众的情感共鸣。在拉辛的作品中，爱情的本质便是悲剧性的。1667 年的《安德洛马克》（Andromaque）是拉辛第一部杰作，也是第一部体现自我风格的作品。十年之后的《费德尔》（Phèdre）更为炉火纯青。拉辛是将自我风格与古典主义戏剧创作规则完美结合的典范。

　　在 1650–1660 年代，出于道德、宗教和社会等方面的原因，喜剧是一种遭受谴责的剧种类型。喜剧引发的笑被视为卑贱、可耻的，非正派人之所为，而莫里哀凭借过人的勇力和令人叹服的才华，逐渐使喜剧恢复了合法性。莫里哀在 17 世纪的喜剧创作中占据最重要的地位。他在当时喜剧发展滞后于悲剧的情况下，以一己之力带动了喜剧的进步，提高了喜剧在 17 世纪后半叶的质量和地位，并凭借他的"性格喜剧"来针砭时弊，让观众在笑声中认清人性丑陋面的荒谬。

　　17 世纪是法国戏剧从中世纪戏剧过渡到古典主义的时期，是高乃依、莫里哀、拉辛的戏剧时代。17 世纪古典主义戏剧是法国戏剧发展史上的第一座高峰。戏剧文体的地位得到大大的提高，从原来的街头表演发展为王公贵族和平民百姓都可欣赏的成熟的艺术形式。法国古典主义戏剧的实践与理论在欧洲广为传播，影响深远。

PIERRE CORNEILLE (1606–1684)

Biographie

Né en 1606 à Rouen et mort en 1684 à Paris, Pierre Corneille, qui est alors avocat, mais passionné pour le théâtre, se tourne vers l'écriture dramatique et fait ses débuts dans la république des lettres française à l'âge de 23 ans. De *Mélite* (1629) à *Suréna* (1674), il compose totalement 32 pièces qui englobent presque tous les genres théâtraux : la comédie, la tragédie, la tragi-comédie, la comédie-ballet, la comédie à machines ainsi que la comédie héroïque, créée par lui-même comme un nouveau genre. Malgré son goût pour l'esthétique baroque dans ses comédies publiées au début de sa carrière, Corneille se fait remarquer surtout par ses tragédies classiques dans l'histoire théâtrale française, dont les plus connues sont *Le Cid* (1637), *Horace* (1640), *Cinna* (1641) et *Polyeucte* (1642). Il préfère dépeindre les hautes figures qui portent des âmes fortes confrontées à des choix moraux. Son œuvre, faisant écho à la situation politique de l'époque, traite particulièrement des sujets historiques, tels que le pouvoir, la guerre civile et la lutte pour le trône. En composant des pièces de théâtre, il est effectivement le premier des dramaturges à l'époque qui rédige aussi des textes théoriques sur le théâtre. Il est élu membre de l'Académie française en 1647. Les générations futures vont l'honorer comme le fondateur de la tragédie classique française.

L'ILLUSION COMIQUE
(1636)

✐ Résumé

Acte I

Pridamant qui, depuis dix ans, recherche son fils Clindor qui a fui sa sévérité, est amené chez le magicien Alcandre qui lui annonce qu'il reverra son fils et qui, en privé, lui révèle qu'après divers métiers, Clindor est désormais le serviteur de Matamore, un soldat-fanfaron ; il va le faire assister à la représentation fantasmagorique des aventures de son fils.

Acte II

Devant Clindor, Matamore se vante d'exploits guerriers imaginaires. Puis Clindor et Isabelle, que son père veut marier à Adraste, s'avouent leur amour. Lyse, servante d'Isabelle, amoureuse de Clindor, pour se venger d'eux, va aider Adraste à attirer Clindor dans un piège. Peur de Pridamant.

Acte III

Clindor badine avec Lyse, en présence de Matamore caché, que Clindor épouvantera par des menaces, l'amenant à lui céder Isabelle. Puis il tombe dans le piège tendu par Adraste mais le tue. Nouvelles craintes de Pridamant.

Acte IV

Clindor, condamné à mort, prend conscience en prison de la profondeur de son amour pour Isabelle. De peur d'être responsable de sa mort, Lyse séduit le geôlier qui aide Clindor à fuir avec Lyse et Isabelle. Alcandre annonce une suite, deux ans plus tard.

Acte V

Les deux amoureux sont mariés, mais Clindor est attiré par la princesse Rosine. Isabelle redoute la vengeance du mari de Rosine et préfère mourir : bouleversé, Clindor renonce à Rosine, mais les gens du prince le tuent et Isabelle meurt de chagrin. Pridamant est désespéré mais Alcandre lève le voile et lui montre Clindor et ses compagnons qui se partagent la recette : ils sont devenus comédiens et jouaient une tragédie ! Alcandre fait l'éloge du théâtre et des acteurs : convaincu, Pridamant part rejoindre son fils.

Commentaire

L'Illusion comique, comédie en cinq actes et en vers, créée durant la saison 1635–1636, s'inscrit dans la partie la plus négligée, et pourtant première chronologiquement, de son théâtre : les comédies. Corneille a contribué à renouveler ce genre, alors mourant, en le centrant autour des aventures sentimentales de jeunes gens aisés : il rompt avec le comique de la farce et avec les personnages-types hérités de la comédie latine. *L'illusion comique* est sa septième comédie et constitue un sommet par sa complexité extrême.

Cette pièce s'inscrit bien dans la tradition du théâtre baroque, par sa structure et ses thèmes. Corneille y manifeste son refus de règles du théâtre classique : multiplicité des lieux, étirement de temps sur plusieurs années, trois actions différentes, aucun souci de la vraisemblance, mélange des genres (acte I : comédie de mœurs, acte II à IV : comédie et tragi-comédie, acte V : tragédie). On retrouve aussi les thèmes chers au baroque : le goût du spectacle tant dans la dramaturgie (grotte, changements de lieux, effets magiques) ou l'intrigue (rebondissements, fausses morts) que dans les personnages qui aiment à faire voir (Alcandre) ou à se faire voir (Matamore, Clindor) ; le goût du trompe-l'œil que manifestent le titre et toute la pièce construite sur une double illusion, celle des « spectres vivants » animés par Alcandre et la tragédie finale donnée comme réelle.

Toute la pièce repose sur la mystification de Pridamant (et du spectateur) par Alcandre qui ne dit jamais toute la vérité, d'où une mise en abyme. La première mise en abyme est la mise en scène, grâce à la magie, des aventures de Clindor, la seconde est la tragédie que jouent Clindor et Isabelle à l'acte V. On a donc trois niveaux temporels : des événements réels, présents, qui revêtent une fonction d'actualité (les entretiens entre Alcandre et Pridamant), des événements réels, passés, qui ont une fiction d'actualisation (les aventures de Clindor), des événements fictifs mais présents, qui ont une fonction d'illusion (la pièce jouée) ; ainsi, on passe du réel au fictif sans toujours s'en apercevoir. On a également trois plans de réalité : celui des spectateurs de la pièce de Corneille, celui de Pridamant, spectateur de la représentation donnée par Alcandre, celui des trois personnages jouant un dénouement de tragédie. Grâce à cette savante mise en abyme qui révèle la puissance trompeuse des apparences et pose ainsi le théâtre comme miroir du monde.

En procédant à la technique du théâtre dans le théâtre, thème fondamentalement baroque utilisé par Shakespeare et aussi par Scudéry et Gougenot dans leurs deux *Comédie des comédiens*, Corneille veut faire de sa pièce une défense du théâtre. La première scène suggère la cérémonie théâtrale : la grotte est la métaphore de la salle de théâtre qui procure divertissement, plaisir, émotions. Il représente un métier honorable et a une influence bienfaisante : non seulement il stabilise Clindor qui va pouvoir y exorciser son inconstance, mais il permet d'accéder à la connaissance de soi, ce que veut traduire la conversion ultime de Pridamant qui accepte son fils tel qu'il est et reconnaît la dignité de son art.

Extrait

ACTE V
SCÈNE IV

Clindor, représentant Théagène ; Isabelle, représentant Hippolyte ; Lyse,
représentant Clarine ; Éraste ; troupe de domestiques de Florilame

ÉRASTE, *poignardant Clindor.*

Reçois, traître, avec joie

5 Les faveurs que par nous ta maîtresse t'envoie.

PRIDAMANT, *à Alcandre.*

On l'assassine, ô dieux ! daignez le secourir.

ÉRASTE.

Puissent les suborneurs¹ ainsi toujours périr² !

10 **ISABELLE.**

Qu'avez-vous fait, bourreaux ?

ÉRASTE.

Un juste et grand exemple,

Qu'il faut qu'avec effroi tout l'avenir contemple,

15 Pour apprendre aux ingrats, aux dépens de son sang,

À n'attaquer jamais l'honneur d'un si haut rang.

Notre main a vengé le prince Florilame,

La princesse outragée, et vous-même, madame,

Immolant à tous trois un déloyal époux,

20 Qui ne méritait pas la gloire d'être à vous.

D'un si lâche attentat souffrez le prompt supplice³,

Et ne vous plaignez point quand on vous rend justice.

Adieu.

ISABELLE.

25 Vous ne l'avez massacré qu'à demi,

Il vit encore en moi ; soûlez⁴ son ennemi :

Achevez, assassins, de m'arracher la vie.

---

1 suborneur *n.m.* = séducteur 引诱女子的人
2 Puissent les suborneurs ainsi toujours périr = Les suborneurs puissent toujours périr ainsi.
3 d'un si lâche attentat souffrez le prompt supplice = souffrez le prompt supplice d'un si lâche attentat.
4 soûler *v.t.* = rassasier jusqu'à l'écœurement 【书】使吃得过饱

Cher époux, en mes bras on te l'a donc ravie !

Et de mon cœur jaloux les secrets mouvements[1]

30　N'ont pu rompre ce coup par leurs pressentiments !

Ô clarté trop fidèle, hélas ! et trop tardive,

Qui ne fait voir le mal qu'au moment qu'il arrive !

Fallait-il… Mais j'étouffe, et, dans un tel malheur,

Mes forces et ma voix cèdent à ma douleur ;

35　Son vif excès me tue ensemble et me console,

Et puisqu'il nous rejoint…

LYSE.

Elle perd la parole.

Madame… Elle se meurt ; épargnons les discours,

40　Et courons au logis appeler du secours.

(Ici on rabaisse une toile qui couvre le jardin et les corps de Clindor et d'Isabelle, et le magicien et le père sortent de la grotte.)

SCÈNE V
ALCANDRE, PRIDAMANT.

ALCANDRE.

Ainsi de notre espoir la fortune se joue[2] :

45　Tout s'élève ou s'abaisse au branle de sa roue :

Et son ordre inégal, qui régit l'univers,

Au milieu du bonheur a ses plus grands revers.

PRIDAMANT.

Cette réflexion, mal propre pour un père,

50　Consolerait peut-être une douleur légère ;

Mais, après avoir vu mon fils assassiné,

Mes plaisirs foudroyés, mon espoir ruiné,

J'aurais d'un si grand coup l'âme bien peu blessée[3],

Si de pareils discours m'entraient dans la pensée.

55　Hélas ! dans sa misère il ne pouvait périr ;

1　et de mon cœur jaloux les secrets mouvements = et les secrets mouvements de mon cœur jaloux.
2　ainsi de notre espoir la fortune se joue = ainsi la fortune se joue de notre espoir.
3　j'aurais d'un si grand coup l'âme bien peu blessée = j'aurais l'âme bien peu blessée d'un si grand coup.

Et son bonheur fatal lui seul l'a fait mourir.

N'attendez pas de moi des plaintes davantage :

La douleur qui se plaint cherche qu'on la soulage ;

La mienne court après son déplorable sort.

60   Adieu ; je vais mourir, puisque mon fils est mort.

ALCANDRE.

D'un juste désespoir l'effort est légitime[1],

Et de le détourner je croirais faire un crime[2].

Oui, suivez ce cher fils sans attendre à demain ;

65   Mais épargnez du moins ce coup à votre main ;

Laissez faire aux douleurs qui rongent vos entrailles,

Et pour les redoubler voyez ses funérailles.

(Ici on relève la toile, et tous les comédiens paraissent avec leur portier,
qui comptent de l'argent sur une table, et en prennent chacun leur part.)

75 **PRIDAMANT.**

Que vois-je ? chez les morts compte-t-on de l'argent ?

ALCANDRE.

Voyez si pas un d'eux s'y montre négligent.

PRIDAMANT.

75   Je vois Clindor ! ah dieux ! quelle étrange surprise !

Je vois ses assassins, je vois sa femme et Lyse !

Quel charme en un moment étouffe leurs discords,

Pour assembler ainsi les vivants et les morts ?

ALCANDRE.

80   Ainsi tous les acteurs d'une troupe comique,

Leur poëme[3] récité, partagent leur pratique :

L'un tue, et l'autre meurt, l'autre vous fait pitié ;

Mais la scène préside à leur inimitié.

Leurs vers font leurs combats, leur mort suit leurs paroles,

85   Et, sans prendre intérêt en pas un de leurs rôles,

Le traître et le trahi, le mort et le vivant,

Se trouvent à la fin amis comme devant.

---

1 d'un juste désespoir l'effort est légitime = l'effort d'un juste désespoir est légitime.
2 et de le détourner je croirais faire un crime = et je croirais faire un crime de le détourner.
3 poëme 【旧】= poème.

Votre fils et son train[1] ont bien su, par leur fuite,

D'un père et d'un prévôt éviter la poursuite[2] ;

90 Mais tombant dans les mains de la nécessité[3],

Ils ont pris le théâtre en cette extrémité.

PRIDAMANT.

Mon fils comédien !

ALCANDRE.

95 D'un art si difficile

Tous les quatre, au besoin, ont fait un doux asile ;

Et, depuis sa prison, ce que vous avez vu,

Son adultère amour, son trépas imprévu,

N'est que la triste fin d'une pièce tragique

100 Qu'il expose aujourd'hui sur la scène publique,

Par où ses compagnons en ce noble métier

Ravissent à Paris un peuple tout entier.

Le gain leur en demeure, et ce grand équipage,

Dont je vous ai fait voir le superbe étalage,

105 Est bien à votre fils, mais non pour s'en parer

Qu'alors que sur la scène il se fait admirer.

PRIDAMANT.

J'ai pris sa mort pour vraie, et ce n'était que feinte ;

Mais je trouve partout même sujet de plainte.

110 Est-ce là cette gloire, et ce haut rang d'honneur

Où le devait monter l'excès de son bonheur ?

ALCANDRE.

Cessez de vous en plaindre. À présent le théâtre

Est en un point si haut que chacun l'idolâtre ;

115 Et ce que votre temps voyait avec mépris

Est aujourd'hui l'amour de tous les bons esprits,

L'entretien de Paris, le souhait des provinces,

Le divertissement le plus doux de nos princes,

Les délices du peuple et le plaisir des grands ;

120 Il tient le premier rang parmi leurs passe-temps ;

---

1 train *n.m.* = ensemble du personnel domestique et des moyens de transport 【旧】车马扈从

2 d'un père et d'un prévôt éviter la poursuite = éviter la poursuite d'un père et d'un prévôt.

3 nécessité *n.f.* = ce qui fait qu'une chose ne peut pas ne pas être 【哲】必然性

Et ceux dont nous voyons la sagesse profonde

Par ses illustres soins conserver tout le monde[1],

Trouvent dans les douceurs d'un spectacle si beau

De quoi se délasser d'un si pesant fardeau.

125   Même notre grand roi, ce foudre de la guerre

Dont le nom se fait craindre aux deux bouts de la terre,

Le front ceint de lauriers, daigne bien quelquefois

Prêter l'œil et l'oreille au Théâtre-François :

C'est là que le Parnasse[2] étale ses merveilles ;

130   Les plus rares esprits lui consacrent leurs veilles ;

Et tous ceux qu'Apollon voit d'un meilleur regard

De leurs doctes travaux lui donnent quelque part[3].

D'ailleurs, si par les biens on prise[4] les personnes,

Le théâtre est un fief[5] dont les rentes sont bonnes ;

135   Et votre fils rencontre en un métier si doux

Plus d'accommodement qu'il n'eût trouvé chez vous.

Défaites-vous enfin de cette erreur commune,

Et ne vous plaignez plus de sa bonne fortune.

PRIDAMANT.

140   Je n'ose plus m'en plaindre, et vois trop de combien

Le métier qu'il a pris est meilleur que le mien.

Il est vrai que d'abord mon âme s'est émue :

J'ai cru la comédie au point où je l'ai vue ;

J'en ignorais l'éclat, l'utilité, l'appas,

145   Et la blâmais ainsi, ne la connaissant pas ;

Mais, depuis vos discours, mon cœur plein d'allégresse

A banni cette erreur avecque[6] sa tristesse.

Clindor a trop bien fait.

ALCANDRE.

150   N'en croyez que vos yeux.

---

1 par ses illustres soins conserver tout le monde = conserver tout le monde par ses illustres soins.

2 le Parnasse = la poésie 【书】诗歌

3 de leurs doctes travaux lui donnent quelque part = lui donnent quelque part de leurs doctes travaux.

4 priser *v.t.* = estimer et apprécier 【书】高度评价，赏识

5 fief *n.m.* = bien terrien, confié par un seigneur à un vassal en échange de sa fidélité 【史】(封建时代的)封地，采邑

6 avecque 【旧】= avec

PRIDAMANT.

Demain, pour ce sujet, j'abandonne[1] ces lieux ;

Je vole vers Paris. Cependant, grand Alcandre,

Quelles grâces ici ne vous dois-je point rendre ?

155 **ALCANDRE.**

Servir les gens d'honneur est mon plus grand désir.

J'ai pris ma récompense en vous faisant plaisir.

Adieu. Je suis content, puisque je vous vois l'être.

PRIDAMANT.

160 Un si rare bienfait ne se peut reconnaître :

Mais, grand mage, du moins croyez qu'à l'avenir

Mon âme en gardera l'éternel souvenir.

FIN DE LA PIÈCE.

Didot, 1855.

✎ Questions et Réflexions

1. Comment Corneille arrive-t-il à mettre en valeur le théâtre dans la pièce ?
2. Essayez d'expliquer les moyens utilisés par l'auteur pour révéler le mécanisme de l'illusion mimétique de l'art théâtral.

---

1 abandonner *v.t.* = quitter (un lieu pour un autre) 离开（某地）

LE CID
(1637)

✐ Résumé

Acte I

Sur le point d'unir leurs enfants, Rodrigue et Chimène, Don Gomès et Don Diègue se disputent violemment à propos de la charge de gouverneur du prince à laquelle aspirait Don Gomès et que Don Diègue vient d'obtenir du Roi : le soufflet reçu par Don Diègue appelle réparation. Mais, trop âgé pour un duel, il demande à son fils de le venger. D'abord hésitant, Rodrigue se résout à combattre.

Acte II

Provoqué en duel, Don Gomès, hommes d'armes pourtant glorieux, est tué par le jeune Rodrigue, cependant qu'on redoute une invasion des Maures. Le roi Fernand entend Chimène, venue réclamer le châtiment contre l'assassin de son père, et Don Diègue, ardent défenseur de son fils.

Acte III

Rodrigue s'introduit nuitamment chez Chimène, et l'invite à le tuer, ce que Chimène refuse. Il cède alors aux prières de son père, qui l'invite à combattre les Maures sur le point de débarquer, espérant trouver la mort au combat.

Acte IV

Rodrigue est vainqueur. Cela n'empêche pas Chimène, qui a manifesté à l'occasion d'un stratagème préparé par le roi qu'elle l'aimait toujours, de réclamer la punition de Rodrigue. Le roi y consent : un duel judiciaire sera organisé entre Don Sanche et Rodrigue, à condition que Chimène promette d'épouser le vainqueur.

Acte V

Chimène supplie Rodrigue, prêt à se laisser tuer, de se battre pour l'arracher aux noces avec Don Sanche. Victorieux, il se fait précéder de son rival, à qui il a laissé la vie sauve, ce qui révèle à tous l'amour de Chimène pour Rodrigue. Le roi demande à Chimène de pardonner, et accorde un délai d'une année, avant que le mariage ne soit célébré, le temps nécessaire à Rodrigue pour battre définitivement les Maures.

✐ Commentaire

Tragi-comédie au début et rebaptisée tragédie plus tard, *Le Cid* est une pièce en cinq actes, dont la première représentation a lieu le 7 janvier 1637 au théâtre du Marais. Cette pièce apporte à Corneille un succès sans égal, mais suscite en même temps un véritable scandale, connu sous le nom de « Querelle du *Cid* », chez les dramaturges et critiques qui accusent le poète de ne pas respecter les règles du théâtre classique d'unité de temps, de vraisemblance et de bienséance.

Si la pièce paraît être un modèle de tragi-comédie, c'est surtout parce qu'elle représente des personnages hors du commun. Tous appartiennent à la très haute aristocratie, comme il se doit alors dans une pièce de ce genre ; tous ont un comportement qui les distingue du vulgaire, soit par les excès de leurs sentiments, soit par l'héroïsme de leurs conduites. Ainsi, Rodrigue sait offrir à Chimène de le tuer, une fois le duel consommé, et être chevaleresque en épargnant la vie de Don Sanche ; Chimène se contraint à taire ses sentiments amoureux pour réclamer justice auprès du Roi ; quant à l'Infante, elle sacrifie sa passion pour Rodrigue en favorisant l'union du héros avec Chimène. Tragi-comédie encore imprégnée de romanesque baroque, *Le Cid* offre, à travers des personnages d'héroïsme, une première image du déchirement tragique qui apparente la pièce à une tragédie à fin heureuse et annonce l'écriture des grandes tragédies cornéliennes.

✐ Extrait

ACTE I
SCÈNE V
DON DIÈGUE, DON RODRIGUE
— ▾ —

DON DIÈGUE.

   Rodrigue, as-tu du cœur[1] ?

DON RODRIGUE.

   Tout autre que mon père

5   L'éprouverait[2] sur l'heure.

DON DIÈGUE.

   Agréable colère !

   Digne ressentiment à ma douleur bien doux[3] !

---

1 cœur *n.m.* = honneur 荣誉
2 éprouver *v.t* = tester la qualité de 考验
3 digne ressentiment à ma douleur bien doux = digne ressentiment bien doux à ma douleur.

Je reconnais mon sang à ce noble courroux[1] ;

10 Ma jeunesse revit en cette ardeur si prompte.

Viens, mon fils, viens, mon sang, viens réparer ma honte ;

Viens me venger.

DON RODRIGUE.

De quoi ?

15 **DON DIÈGUE.**

D'un affront si cruel,

Qu'à l'honneur de tous deux il porte un coup mortel[2] :

D'un soufflet. L'insolent en eût perdu la vie ;

Mais mon âge a trompé[3] ma généreuse[4] envie :

20 Et ce fer que mon bras ne peut plus soutenir,

Je le remets au tien pour venger et punir.

Va contre un arrogant éprouver ton courage :

Ce n'est que dans le sang qu'on lave un tel outrage ;

Meurs ou tue. Au surplus, pour ne te point flatter,

25 Je te donne à combattre un homme à redouter :

Je l'ai vu, tout couvert de sang et de poussière,

Porter partout l'effroi dans une armée entière.

J'ai vu par sa valeur cent escadrons[5] rompus ;

Et pour t'en dire encor[6] quelque chose de plus,

30 Plus que brave soldat, plus que grand capitaine,

C'est…

DON RODRIGUE.

De grâce, achevez.

Le…

35 **DON DIÈGUE.**

Le père de Chimène.

DON RODRIGUE.

Le…

---

1 courroux *n.m.* = colère 【书】愤怒
2 qu'à l'honneur de tous deux il porte un coup mortel = qu'il porte un coup mortel à l'honneur de tous deux.
3 tromper *v.t.* = décevoir 使落空
4 généreux(se) *adj.* = brave 骁勇的，勇敢的
5 escadron *n.m.* = unité de cavalerie 【军】骑兵队
6 encor 【旧】= encore

DON DIÈGUE.

40   Ne réplique point, je connais ton amour ;

Mais qui peut vivre infâme est indigne du jour.

Plus l'offenseur est cher, et plus grande est l'offense.

Enfin tu sais l'affront, et tu tiens la vengeance :

Je ne te dis plus rien. Venge-moi, venge-toi ;

45   Montre-toi digne fils d'un père tel que moi.

Accablé des malheurs où le destin me range,

Je vais les déplorer : va, cours, vole, et nous venge.

SCÈNE VI
DON RODRIGUE.

Percé jusques[1] au fond du cœur

D'une atteinte imprévue aussi bien que mortelle,

50   Misérable vengeur d'une juste querelle,

Et malheureux objet d'une injuste rigueur,

Je demeure immobile, et mon âme abattue

Cède au coup qui me tue.

Si près de voir mon feu récompensé,

55   Ô Dieu, l'étrange peine !

En cet affront mon père est l'offensé,

Et l'offenseur le père de Chimène !

Que je sens de rudes combats !

Contre mon propre honneur mon amour s'intéresse[2] :

60   Il faut venger un père, et perdre une maîtresse :

L'un m'anime le cœur, l'autre retient mon bras.

Réduit au triste choix ou de trahir ma flamme,

Ou de vivre en infâme,

Des deux côtés mon mal est infini.

65   Ô Dieu, l'étrange peine !

Faut-il laisser un affront impuni ?

Faut-il punir le père de Chimène ?

---

1 jusques 【旧】= jusque
2 contre mon propre honneur mon amour s'intéresse = mon amour s'intéresse contre mon propre honneur.

Père, maîtresse, honneur, amour,

Noble et dure contrainte, aimable tyrannie,

70   Tous mes plaisirs sont morts, ou ma gloire ternie.

L'un me rend malheureux, l'autre indigne du jour.

Cher et cruel espoir d'une âme généreuse,

Mais ensemble amoureuse,

Digne ennemi de mon plus grand bonheur,

75   Fer qui causes[1] ma peine,

M'es-tu donné pour venger mon honneur ?

M'es-tu donné pour perdre ma Chimène ?

Il vaut mieux courir au trépas[2].

Je dois à ma maîtresse aussi bien qu'à mon père :

80   J'attire en me vengeant sa haine et sa colère ;

J'attire ses mépris en ne me vengeant pas.

À mon plus doux espoir l'un me rend infidèle[3],

Et l'autre indigne d'elle.

Mon mal augmente à le vouloir guérir ;

85   Tout redouble ma peine.

Allons, mon âme ; et puisqu'il faut mourir,

Mourons du moins sans offenser Chimène.

Mourir sans tirer ma raison !

Rechercher un trépas si mortel à ma gloire !

90   Endurer que l'Espagne impute à ma mémoire

D'avoir mal soutenu l'honneur de ma maison !

Respecter un amour dont mon âme égarée

Voit la perte assurée !

N'écoutons plus ce penser suborneur[4],

95   Qui ne sert qu'à ma peine.

Allons, mon bras, sauvons du moins l'honneur,

Puisqu'après tout il faut perdre Chimène.

Oui, mon esprit s'était déçu.

Je dois tout à mon père avant qu'à ma maîtresse :

100   Que je meure au combat, ou meure de tristesse,

---

1 causes【旧】= cause
2 trépas *n.m.* = mort【书】死亡
3 à mon plus doux espoir l'un me rend infidèle = l'un me rend infidèle à mon plus doux espoir.
4 suborneur(se) *adj.* = trompeur 诱骗人的

Je rendrai mon sang pur comme je l'ai reçu.

Je m'accuse déjà de trop de négligence :

Courons à la vengeance ;

Et tout honteux d'avoir tant balancé,

105   Ne soyons plus en peine,

Puisqu'aujourd'hui mon père est l'offensé,

Si l'offenseur est père de Chimène.

ACTE V
SCÈNE PREMIÈRE.
DON RODRIGUE, CHIMÈNE

CHIMÈNE.

Quoi ! Rodrigue, en plein jour ! d'où te vient cette audace ?

110   Va, tu me perds d'honneur ; retire-toi, de grâce.

DON RODRIGUE.

Je vais mourir, madame, et vous viens en ce lieu,

Avant le coup mortel, dire un dernier adieu :

Cet immuable amour qui sous vos lois m'engage[1]

115   N'ose accepter ma mort sans vous en faire hommage.

CHIMÈNE.

Tu vas mourir !

DON RODRIGUE.

Je cours à ces heureux moments

120   Qui vont livrer ma vie à vos ressentiments.

CHIMÈNE.

Tu vas mourir ! Don Sanche est-il si redoutable

Qu'il donne l'épouvante à ce cœur indomptable ?

Qui t'a rendu si faible, ou qui le rend si fort ?

125   Rodrigue va combattre, et se croit déjà mort !

Celui qui n'a pas craint les Mores, ni mon père,

Va combattre don Sanche, et déjà désespère !

Ainsi donc au besoin ton courage s'abat[2] !

---

1 qui sous vos lois m'engage = qui m'engage sous vos lois.

2 s'abattre *v.pr.* = tomber brutalement 突然倒下；【转】受挫，被削弱

DON RODRIGUE.

130   Je cours à mon supplice, et non pas au combat ;

Et ma fidèle ardeur sait bien m'ôter l'envie,

Quand vous cherchez ma mort, de défendre ma vie.

J'ai toujours même cœur ; mais je n'ai point de bras

Quand il faut conserver ce qui ne vous plaît pas ;

135   Et déjà cette nuit m'aurait été mortelle,

Si j'eusse combattu pour ma seule querelle ;

Mais défendant mon roi, son peuple et mon pays,

À me défendre mal je les aurais trahis[1].

Mon esprit généreux ne hait pas tant la vie,

140   Qu'il en veuille sortir par une perfidie.

Maintenant qu'il s'agit de mon seul intérêt,

Vous demandez ma mort, j'en accepte l'arrêt,

Votre ressentiment choisit la main d'un autre

(Je ne méritais pas de mourir de la vôtre) :

145   On ne me verra point en repousser les coups ;

Je dois plus de respect à qui combat pour vous ;

Et ravi de penser que c'est de vous qu'ils viennent,

Puisque c'est votre honneur que ses armes soutiennent,

Je vais lui présenter mon estomac ouvert,

150   Adorant en sa main la vôtre qui me perd.

CHIMÈNE.

Si d'un triste devoir la juste violence[2],

Qui me fait malgré moi poursuivre ta vaillance,

Prescrit à ton amour une si forte loi,

155   Qu'il te rend sans défense à qui combat pour moi,

En cet aveuglement ne perds pas la mémoire

Qu'ainsi que de ta vie il y va de ta gloire[3],

Et que dans quelque éclat que Rodrigue ait vécu,

Quand on le saura mort, on le croira vaincu.

160   Ton honneur t'est plus cher que je ne te suis chère,

Puisqu'il trempe tes mains dans le sang de mon père,

---

1   À me défendre mal je les aurais trahis = Je les aurais trahis à me défendre mal.

2   si d'un triste devoir la juste violence = si la juste violence d'un triste devoir.

3   qu'ainsi que de ta vie il y va de ta gloire = qu'il y va de ta gloire ainsi que de ta vie.

Et te fait renoncer, malgré ta passion,

À l'espoir le plus doux de ma possession :

Je t'en vois cependant faire si peu de compte,

165   Que sans rendre combat tu veux qu'on te surmonte[1].

Quelle inégalité ravale ta vertu ?

Pourquoi ne l'as-tu plus, ou pourquoi l'avais-tu ?

Quoi ? n'es-tu généreux que pour me faire outrage ?

S'il ne faut m'offenser, n'as-tu point de courage ?

170   Et traites-tu mon père avec tant de rigueur,

Qu'après l'avoir vaincu tu souffres un vainqueur ?

Va, sans vouloir mourir, laisse-moi te poursuivre,

Et défends ton honneur, si tu ne veux plus vivre.

DON RODRIGUE.

175   Après la mort du comte, et les Mores défaits,

Faudrait-il à ma gloire encor d'autres effets ?

Elle peut dédaigner le soin de me défendre :

On sait que mon courage ose tout entreprendre,

Que ma valeur peut tout, et que dessous les cieux,

180   Auprès de mon honneur, rien ne m'est précieux.

Non, non, en ce combat, quoi que vous veuilliez croire,

Rodrigue peut mourir sans hasarder[2] sa gloire,

Sans qu'on l'ose accuser d'avoir manqué de cœur[3],

Sans passer pour vaincu, sans souffrir un vainqueur.

185   On dira seulement : « Il adorait Chimène ;

Il n'a pas voulu vivre et mériter sa haine ;

Il a cédé lui-même à la rigueur du sort

Qui forçait sa maîtresse à poursuivre sa mort :

Elle voulait sa tête ; et son cœur magnanime,

190   S'il l'en eût refusée, eût pensé faire un crime.

Pour venger son honneur il perdit son amour,

Pour venger sa maîtresse il a quitté le jour,

Préférant, quelque espoir qu'eût son âme asservie,

Son honneur à Chimène, et Chimène à sa vie. »

---

1 Que sans rendre combat tu veux qu'on te surmonte. = Que tu veux qu'on te surmonte sans rendre combat.

2 hasarder *v.t.* = risquer 拿……去冒险

3 cœur *n.m.* = vaillance 勇气

195   Ainsi donc vous verrez ma mort en ce combat,

        Loin d'obscurcir ma gloire, en rehausser l'éclat ;

        Et cet honneur suivra mon trépas volontaire

        Que tout autre que moi n'eût pu vous satisfaire.

CHIMÈNE.

200   Puisque, pour t'empêcher de courir au trépas,

        Ta vie et ton honneur sont de faibles appas,

        Si jamais je t'aimai, cher Rodrigue, en revanche,

        Défends-toi maintenant pour m'ôter à don Sanche ;

        Combats pour m'affranchir d'une condition

205   Qui me donne à l'objet de mon aversion.

        Te dirai-je encor plus ? va, songe à ta défense,

        Pour forcer mon devoir, pour m'imposer silence ;

        Et si tu sens pour moi ton cœur encore épris,

        Sors vainqueur d'un combat dont Chimène est le prix.

210   Adieu : ce mot lâché me fait rougir de honte.

DON RODRIGUE.

        Est-il quelque ennemi qu'à présent je ne dompte ?

        Paraissez, Navarrais, Mores et Castillans,

        Et tout ce que l'Espagne a nourri de vaillants ;

215   Unissez-vous ensemble, et faites une armée,

        Pour combattre une main de la sorte animée :

        Joignez tous vos efforts contre un espoir si doux ;

        Pour en venir à bout, c'est trop peu que de vous.

Ginn, 1912.

✍ Questions et Réflexions

1. À quel dilemme Rodrigue fait-il face dans la vengeance de son père ? Relevez donc les figures de rhétorique utilisées par Corneille afin de montrer l'hésitation chez le héros.

2. Est-ce que Chimène hait vraiment Rodrigue ? Comment son combat intérieur se manifeste-t-il durant sa conversation avec celui-ci ?

‖ 文化点滴 ‖

《熙德》论战

　　1637年1月，高乃依的悲喜剧《熙德》(*Le Cid*)首演于玛黑剧院(Théâtre du Marais)，在巴黎城内引起巨大轰动。剧中人物伟大而崇高的激情让巴黎观众深深折服，演出获得史无前例的成功，剧作者高乃依一举成名。然而，在专业戏剧圈内，演出的成功却招致不少批评，甚至攻击。

　　以剧作家斯居代理(Scudéry)和麦莱(Mairet)为代表的文人，抨击高乃依罔顾古典主义戏剧创作法则、违背"三一律"，甚至以剧本歌颂敌国西班牙的民族英雄为由，控告高乃依叛国罪。面对无端指责，高乃依及其拥护者积极撰文回应、驳斥。随着双方笔战不断升级、愈演愈烈，戏剧理论家沙坡兰(Chapelain)、作家盖兹·德-巴尔扎克(Guez de Balzac)等一众文坛名流纷纷参与其中，在整个法国文学界掀起一场文学纷争，史称"《熙德》论战"(la Querelle du Cid)。1637年12月，在红衣主教黎塞留(cardinal de Richelieu)的授意下，沙坡兰以成立不久的法兰西学院(l'Académie française)之名发表文章：《法兰西学院关于悲喜剧<熙德>对某方所提意见的感想》，以官方判决的姿态肯定了斯居代理等人对《熙德》的批评意见。当时的高乃依沉默以对，论战就此结束。这场争论的实质在于，王权要求文艺界统一遵循古典主义创作法则，由此宣告古典主义戏剧美学的初步确立。高乃依是有想法的。在接下来的很多年里，他对古典主义剧作法进行了全面的思考，并提出自己的见解，形成"戏剧三论"(*Trois Discours sur le poème dramatique*)。这可视为高乃依戏剧理念的自我阐述，亦算是对当年论战的迟到的回应。

　　作为17世纪初期法国戏剧界影响广泛且持久的一场文学论战，"《熙德》论战"在整个古典主义戏剧发展史中占据重要地位。它直接推动了古典主义戏剧创作法则的确立，为古典主义戏剧走向成熟奠定了稳固的理论基础。

MOLIÈRE (1622–1673)

Biographie

Molière (1622–1673), de son vrai nom Jean-Baptiste Poquelin, est un dramaturge et comédien. Renonçant à reprendre l'affaire familiale, il se dirige vers le théâtre, tout en fondant la troupe de l'Illustre Théâtre en 1643. Peu d'années après, il commence à écrire des comédies et des farces sous le pseudonyme de Molière. En 1659, il écrit *Les Précieuses ridicules* qui constitue le premier de ses grands succès. Les comédies publiées entre 1662 à 1665 le hissent au rang du plus grand poète de son époque. Citons, entre autres, *L'École des femmes* (1662), *Le Tartuffe* (1669), *Dom Juan* (1665). Les deux dernières, accusées de corrompre des mœurs par les dévots, font l'objet d'une interdiction. Après *L'Avare* (1668), *Le Bourgeois Gentilhomme* (1670), *Les Femmes savantes* (1672), Molière écrit sa dernière pièce, *Le Malade imaginaire* (1673). Au cours de sa quatrième représentation, le dramaturge, qui est atteint d'une tuberculose pulmonaire, tombe sur scène et meurt quelques heures plus tard, le 17 février 1673, à l'âge de 51 ans.

L'ÉCOLE DES FEMMES
(1662)

✎ Résumé

Acte I

Arnolphe, bourgeois vieillissant, qui se fait appeler M. de La Souche, a fait élever sa pupille, Agnès, dans l'ignorance la plus complète car il est certain d'en faire ainsi une épouse idiote mais soumise et, surtout, fidèle. De retour de voyage, il rencontre le fils d'un de ses amis, Horace, qui lui conte ses premiers succès amoureux auprès d'une jeune fille cloîtrée par un homme connu sous le nom de La Souche. Arnolphe réalise secrètement que ses efforts ont été vains.

Acte II

Arnolphe réprimande Alain et Georgette, ses serviteurs, pour avoir permis à un jeune homme de rencontrer sa pupille. Il interroge ensuite Agnès afin de découvrir ce qui s'est précisément passé lors de cette entrevue. Le récit que lui fait la jeune fille le rassure : sa réputation n'a pas été entachée. Mais il décide de précipiter le mariage. Agnès, croyant que son futur mari est Horace, lui exprime sa gratitude, mais Arnolphe la détrompe sans ménagement.

Acte III

Arnolphe inculque à sa future épouse les rudiments des devoirs conjugaux, sans oublier les terribles effets de l'infidélité. Agnès semble se résigner à ce triste avenir. Horace rencontre le tuteur qui savoure déjà la déconvenue du jeune homme : les serviteurs lui ont refusé une nouvelle visite, et la belle l'a renvoyé en lui lançant une pierre à laquelle était joint un mot d'amour. Lorsqu'il l'apprend de la bouche d'Horace, Arnolphe enrage et comprend, par la jalousie qu'il éprouve, qu'il aime la jeune fille.

Acte IV

Au cours d'un long monologue, Arnolphe dévoile sa volonté de se battre jusqu'au bout pour l'amour d'Agnès. L'entrevue qu'il a avec le notaire, à la suite d'un quiproquo, se solde par un report du mariage. Arnolphe insiste auprès d'Alain et Georgette pour qu'ils repoussent toute démarche d'Horace. Nouvelle rencontre entre le tuteur et le galant, au cours de laquelle celui-ci lui apprend qu'il a réussi à s'introduire dans la maison, mais que l'arrivée impromptue de M. de La Souche a obligé Agnès à le cacher dans une armoire. En outre, il lui confie qu'il a un rendez-vous pour le soir même et qu'il projette de s'introduire dans sa chambre. Malgré les conseils de sagesse prodigués par Chrysalde, Arnolphe, plus que jamais déterminé dans ses projets, donne des instructions drastiques à ses serviteurs qui doivent refouler le jeune prétendant à coups de bâton.

Acte V Le traquenard a bien fonctionné, Horace a été roué de coups par les deux serviteurs, et il n'a d'autre choix que de faire l'assommé. Agnès s'est enfuie et a rejoint son amant, ne voulant retourner chez son tuteur. Horace, toujours ignorant de l'identité du tuteur, demande à Arnolphe d'héberger et de protéger la jeune fille. Le barbon triomphe, mais elle ignore superbement son discours exalté. Entrée d'Oronte, le père d'Horace, il veut unir son fils à la fille de son ami Enrique, de retour des Amériques, après un long séjour. Horace demande l'aide d'Arnolphe qui lui dévoile ironiquement son identité. Coup de théâtre, il s'avère qu'Agnès est la fille d'Enrique ; les amants vont pour unir leurs destinées, au grand désespoir de l'ex-tuteur.

Commentaire

Comédie en cinq actes, *L'École des femmes* est créée au théâtre du Palais-Royal le 26 décembre 1662. Molière y mélange bravement les ressources de la farce et de la grande comédie en vers. Cette pièce gagne un immense succès auprès du public, et suscite une série des débats connus sous le nom de « Querelle de *L'École des femmes* ». Pour répondre aux critiques et exposer ses conceptions dramatiques, Molière publie une comédie intitulée *La Critique de l'École des femmes* l'année suivante.

Cette comédie de Molière traite de la place de la femme dans la société du XVIIᵉ siècle et critique des mœurs de l'époque. À l'époque, on reprochait à Molière de jouer de plaisanteries faciles et d'équivoques, et de mettre sur le théâtre comique des sujets trop graves comme l'éducation morale et religieuse des femmes. C'est en effet avec *L'École des femmes* que Molière donne à la comédie ses titres de noblesse. On distinguait la farce populaire dont l'intrigue reposait sur un mauvais tour avec des personnages stéréotypés et des procédés comiques souvent grossiers, et la comédie de mœurs qui se caractérisait par des intrigues complexes et imbriquées. Avec *L'École des femmes*, Molière opère la synthèse de ces genres comiques, donnant à la comédie une dignité et une profondeur qui la hausse au rang de la tragédie. Au reste, en décrivant l'instinct amoureux d'Agnès naïve qui se présente comme un « être de nature », Molière défend ainsi l'amour et le plaisir contre le dogmatisme religieux.

✑ Extrait

ACTE III
SCÈNE III
ARNOLPHE

ARNOLPHE.

Je ne puis faire mieux que d'en faire ma femme.

Ainsi que je voudrai, je tournerai cette âme ;

Comme un morceau de cire entre mes mains elle est[1],

5   Et je lui puis donner la forme qui me plaît.

Il s'en est peu fallu que, durant mon absence,

On ne m'ait attrapé par son trop d'innocence ;

Mais il vaut beaucoup mieux, à dire vérité,

Que la femme qu'on a pèche[2] de ce côté.

10   De ces sortes d'erreurs le remède est facile[3] :

Toute personne simple aux leçons est docile ;

Et si du bon chemin on l'a fait écarter[4],

Deux mots incontinent[5] l'y peuvent rejeter.[6]

Mais une femme habile est bien une autre bête :

15   Notre sort ne dépend que de sa seule tête ;

De ce qu'elle s'y met rien ne la fait gauchir[7],

Et nos enseignements ne font là que blanchir :

Son bel esprit lui sert à railler nos maximes,

À se faire souvent des vertus de ses crimes,

20   Et trouver, pour venir à ses coupables fins,

Des détours à duper l'adresse des plus fins.

Pour se parer[8] du coup en vain on se fatigue[9] :

Une femme d'esprit est un diable en intrigue ;

---

1 comme un morceau de cire entre mes mains elle est = comme elle est un morceau de cire entre mes mains.

2 pécher *v.i.* = être imparfait 有缺陷

3 de ces sortes d'erreurs le remède est facile = le remède de ces sortes d'erreurs est facile.

4 et si du bon chemin on l'a fait écarter = et si l'on l'a fait écarter du bon chemin.

5 incontinent *adv.* = immédiatement 【书】即刻

6 Deux mots incontinent l'y peuvent rejeter. = Deux mots l'y peuvent rejeter incontinent.

7 gauchir *v.i.* = dévier 【旧】歪斜，偏向; de ce qu'elle s'y met rien ne la fait gauchir = rien ne la fait gauchir de ce qu'elle s'y met.

8 se parer (de) *v.pr.* = se mettre à couvert de, se défendre contre 避开，躲过

9 pour se parer du coup en vain on se fatigue = on se fatigue en vain pour se parer du coup.

Et dès que son caprice a prononcé tout bas

25   L'arrêt de notre honneur, il faut passer le pas[1] :

Beaucoup d'honnêtes gens en pourraient bien que dire.

Enfin, mon étourdi n'aura pas lieu d'en rire.

Par son trop de caquet[2] il a ce qu'il lui faut.

Voilà de nos François[3] l'ordinaire défaut[4] :

30   Dans la possession d'une bonne fortune,

Le secret est toujours ce qui les importune ;

Et la vanité sotte a pour eux tant d'appas[5],

Qu'ils se pendraient plutôt que de ne causer pas.

Oh ! que les femmes sont du diable bien tentées,

35   Lorsqu'elles vont choisir ces têtes éventées[6],

Et que… ! Mais le voici… Cachons-nous toujours bien

Et découvrons un peu quel chagrin est le sien.

ACTE V
SCÈNE IV
ARNOLPHE, AGNÈS

ARNOLPHE, *le nez dans son manteau, et déguisant sa voix.*

Venez, ce n'est pas là que je vous logerai,

40   Et votre gîte ailleurs est par moi préparé :

Je prétends en lieu sûr mettre votre personne.

Se faisant connaître.

Me connaissez-vous ?

AGNÈS, *le reconnaissant.*

45   Hay !

ARNOLPHE.

Mon visage, friponne,

Dans cette occasion rend vos sens effrayés,

---

1 passer le pas *loc.v.* = se décider à faire une chose ou prendre un parti hasardeux, après avoir lontemps hésité 【俗、引】(长时间犹豫后)下定决心做某事

2 caquet *n.m.* = gloussement continu émis par une poule qui pond, babillage 【象声】(母鸡下蛋前后的)咕哒叫声；【转】唠叨

3 François 【旧】= Français.

4 Voilà de nos François l'ordinaire défaut = Voilà l'ordinaire défaut de nos François.

5 appas *n.m.pl.* = charmes 【书】诱惑力

6 éventé(e) *adj.* = écervelé(e), étourdi(e) 【旧】轻率的

Et c'est à contrecœur qu'ici vous me voyez.

50   Je trouble en ses projets l'amour qui vous possède.

(*Agnès regarde si elle ne verra point Horace.*)

N'appelez point des yeux le galant à votre aide :

Il est trop éloigné pour vous donner secours.

Ah ! Ah ! Si jeune encor, vous jouez de ces tours !

55   Votre simplicité, qui semble sans pareille,

Demande si l'on fait les enfants par l'oreille ;

Et vous savez donner des rendez-vous la nuit,

Et pour suivre un galant vous évader sans bruit !

Tudieu[1] ! Comme avec lui votre langue cajole[2] !

60   Il faut qu'on vous ait mise à quelque bonne école.

Qui diantre[3] tout d'un coup vous en a tant appris ?

Vous ne craignez donc plus de trouver des esprits ?

Et ce galant, la nuit, vous a donc enhardie ?

Ah ! Coquine, en venir à cette perfidie ?

65   Malgré tous mes bienfaits former un tel dessein[4] !

Petit serpent que j'ai réchauffé dans mon sein,

Et qui, dès qu'il se sent, par une humeur ingrate,

Cherche à faire du mal à celui qui le flatte !

AGNÈS.

70   Pourquoi me criez-vous ?

ARNOLPHE.

J'ai grand tort en effet !

AGNÈS.

Je n'entends point de mal dans tout ce que j'ai fait.

75   **ARNOLPHE.**

Suivre un galant n'est pas une action infâme ?

AGNÈS.

C'est un homme qui dit qu'il me veut pour sa femme :

J'ai suivi vos leçons, et vous m'avez prêché

80   Qu'il se faut marier pour ôter le péché.

---

1 tudieu *interj.* = juron employé aux XVIe et XVIIe siècles 该死的
2 cajoler *v.t.* = câliner, dorloter 哄，爱抚
3 diantre *interj.* = diable【旧】见鬼！喔唷！(表示惊讶、厌烦、诅咒等)
4 malgré tous mes bienfaits former un tel dessein = former un tel dessein malgré tous mes bienfaits.

ARNOLPHE.

Oui. Mais pour femme, moi je prétendais vous prendre[1] ;

Et je vous l'avais fait, me semble, assez entendre.

AGNÈS.

85 Oui. Mais, à vous parler franchement entre nous,

Il est plus pour cela selon mon goût que vous[2].

Chez vous le mariage est fâcheux et pénible,

Et vos discours en font une image terrible ;

Mais, las ! Il le fait, lui, si rempli de plaisirs[3],

90 Que de se marier il donne des désirs[4].

ARNOLPHE.

Ah ! C'est que vous l'aimez, traîtresse !

AGNÈS.

Oui, je l'aime.

95 **ARNOLPHE.**

Et vous avez le front de le dire à moi-même !

AGNÈS.

Et pourquoi, s'il est vrai, ne le dirais-je pas ?

ARNOLPHE.

100 Le deviez-vous aimer, impertinente ?

AGNÈS.

Hélas ! Est-ce que j'en puis[5] mais ?

Lui seul en est la cause ;

Et je n'y songeais pas lorsque se fit la chose.

105 **ARNOLPHE.**

Mais il fallait chasser cet amoureux désir.

AGNÈS.

Le moyen de chasser ce qui fait du plaisir ?

ARNOLPHE.

110 Et ne saviez-vous pas que c'était me déplaire ?

AGNÈS.

Moi ? Point du tout. Quel mal cela vous peut-il faire ?

---

1 Mais pour femme, moi je prétendais vous prendre = Mais moi je prétendais vous prendre pour femme.
2 Il est plus pour cela selon mon goût que vous. = Pour cela il est plus selon mon goût que vous.
3 il le fait, lui, si rempli de plaisirs = lui, il le fait si rempli de plaisirs 此处人称代词 le 指代 le mariage (婚姻)
4 Que de se marier il donne des désirs = Qu'il donne des désirs de se marier.
5 puis 【旧】 = peux

ARNOLPHE.

Il est vrai, j'ai sujet d'en être réjoui.

115 Vous ne m'aimez donc pas, à ce compte ?

AGNÈS.

Vous ?

ARNOLPHE

Oui.

120 **AGNÈS.**

Hélas ! Non.

ARNOLPHE

Comment, non !

AGNÈS.

125 Voulez-vous que je mente ?

ARNOLPHE.

Pourquoi ne m'aimer pas, madame l'impudente ?

AGNÈS.

Mon Dieu, ce n'est pas moi que vous devez blâmer :

130 Que ne vous êtes-vous, comme lui, fait aimer ?

Je ne vous en ai pas empêché, que je pense.

ARNOLPHE.

Je m'y suis efforcé de toute ma puissance ;

Mais les soins que j'ai pris, je les ai perdus tous.

135 **AGNÈS.**

Vraiment, il en sait donc là-dessus plus que vous ;

Car à se faire aimer il n'a point eu de peine[1].

ARNOLPHE.

Voyez comme raisonne et répond la vilaine !

140 Peste[2] ! Une précieuse en dirait-elle plus ?

Ah ! Je l'ai mal connue ; ou, ma foi là-dessus

Une sotte en sait plus que le plus habile homme.

Puisque en raisonnement votre esprit se consomme,

La belle raisonneuse, est-ce qu'un si long temps

145 Je vous aurai pour lui nourrie à mes dépens[3] ?

---

1 Car à se faire aimer il n'a point eu de peine. = Car il n'a point eu de peine à se faire aimer.

2 peste *interj.* = marquant la colère ou la surprise 【旧】哟！（表示愤怒或惊讶）

3 La belle raisonneuse, est-ce qu'un si long temps je vous aurai pour lui nourrie à mes dépens ? = La belle raisonneuse, est-ce que je vous aurai nourrie pour lui à mes dépens un si long temps ?

AGNÈS.

Non. Il vous rendra tout jusques au dernier double.

ARNOLPHE, *bas, à part.*

Elle a de certains mots où mon dépit¹ redouble.

150 *Haut.*

Me rendra-t-il, coquine, avec tout son pouvoir,

Les obligations que vous pouvez m'avoir ?

AGNÈS.

Je ne vous en ai pas d'aussi grandes qu'on pense.

155 **ARNOLPHE.**

N'est-ce rien que les soins d'élever votre enfance ?

AGNÈS.

Vous avez là-dedans bien opéré vraiment,

Et m'avez fait en tout instruire joliment !

160 Croit-on que je me flatte, et qu'enfin, dans ma tête,

Je ne juge pas bien que je suis une bête ?

Moi-même, j'en ai honte ; et, dans l'âge où je suis,

Je ne veux plus passer pour sotte, si je puis.

ARNOLPHE.

165 Vous fuyez l'ignorance, et voulez, quoi qu'il coûte,

Apprendre du blondin quelque chose ?

AGNÈS.

Sans doute.

C'est de lui que je sais ce que je puis savoir :

170 Et beaucoup plus qu'à vous je pense lui devoir².

ARNOLPHE.

Je ne sais qui me tient qu'avec une gourmade³

Ma main de ce discours ne venge la bravade⁴.

J'enrage quand je vois sa piquante froideur,

175 Et quelques coups de poing satisferaient mon cœur.

AGNÈS.

Hélas ! Vous le pouvez, si cela peut vous plaire.

---

1 dépit *n.m.* = fureur 气恼，恼恨
2 Et beaucoup plus qu'à vous je pense lui devoir. = Et je pense lui devoir beaucoup plus qu'à vous.
3 gourmade *n.f.* = coup de poing sur la figure【旧】朝脸上打一拳
4 Je ne sais qui me tient qu'avec une gourmade Ma main de ce discours ne venge la bravade = Je ne sais qui me tient que ma main de ce discours ne venge la bravade avec une gourmade.

ARNOLPHE.

Ce mot et ce regard désarme ma colère,

180   Et produit un retour de tendresse et de cœur,

Qui de son action m'efface la noirceur[1].

Chose étrange d'aimer, et que pour ces traîtresses

Les hommes soient sujets[2] à de telles faiblesses !

Tout le monde connaît leur imperfection :

185   Ce n'est qu'extravagance et qu'indiscrétion ;

Leur esprit est méchant, et leur âme fragile ;

Il n'est rien de plus faible et de plus imbécile,

Rien de plus infidèle : et malgré tout cela,

Dans le monde on fait tout pour ces animaux-là.

190   *À Agnès.*

Hé bien ! Faisons la paix.

Va, petite traîtresse,

Je te pardonne tout et te rends ma tendresse.

Considère par-là l'amour que j'ai pour toi,

195   Et me voyant si bon, en revanche aime-moi.

AGNÈS.

Du meilleur de mon cœur je voudrais vous complaire :

Que me coûterait-il, si je le pouvais faire ?

ARNOLPHE.

200   Mon pauvre petit bec, tu le peux, si tu veux.

Il fait un soupir.

Écoute seulement ce soupir amoureux,

Vois ce regard mourant, contemple ma personne,

Et quitte ce morveux[3] et l'amour qu'il te donne.

205   C'est quelque sort[4] qu'il faut qu'il ait jeté sur toi,

Et tu seras cent fois plus heureuse avec moi.

Ta forte passion est d'être brave et leste[5] :

Tu le seras toujours, va, je te le proteste ;

Sans cesse, nuit et jour, je te caresserai,

---

1 Qui de son action m'efface la noirceur. = Qui m'efface la noirceur de son action.
2 sujet(te) *adj.* = subordonné 从属的，顺从的
3 morveux *n.* = gamin 【俗】毛孩子
4 sort *n.m.* = maléfice de sorcier 魔法 ; jeter un sort sur/à qqn *loc.v.* = ensorceler qqn 对某人施魔法
5 leste *adj.* = léger 轻浮的，放肆的

210   Je te bouchonnerai, baiserai, mangerai ;

Tout comme tu voudras, tu pourras te conduire :

Je ne m'explique point, et cela, c'est tout dire.

Bas, à part.

Jusqu'où la passion peut-elle faire aller !

215   *Haut.*

Enfin à mon amour rien ne peut s'égaler [1]:

Quelle preuve veux-tu que je t'en donne, ingrate ?

Me veux-tu voir pleurer ? Veux-tu que je me batte ?

Veux-tu que je m'arrache un côté de cheveux ?

220   Veux-tu que je me tue ?

Oui, dis si tu le veux :

Je suis tout prêt, cruelle, à te prouver ma flamme.

AGNÈS.

Tenez, tous vos discours ne me touchent point l'âme :

225   Horace avec deux mots en ferait plus que vous.

ARNOLPHE.

Ah ! C'est trop me braver, trop pousser mon courroux.

Je suivrai mon dessein, bête trop indocile,

Et vous dénicherez à l'instant[2] de la ville.

230   Vous rebutez mes vœux et me mettez à bout ;

Mais un cul[3] de couvent me vengera de tout.

Charpentier, 1910.

✎ Questions et Réflexions

1. Quels sont les sentiments qu'éprouve Arnolphe pour Agnès ? Est-ce qu'il s'agit vraiment d'amour ?

2. Comment se révèle l'ingénuité d'Agnès dans sa discussion avec Arnolphe ?

---

1 Enfin à mon amour rien ne peut s'égaler = Enfin rien ne peut s'égaler à mon amour.
2 à l'instant *loc.adv.* = immédiatement 即刻，即时
3 cul *n.m.* = le dessous d'un objet ou sa partie arrière; tout au fond d'un couvent 【引】底部，后部；此处指修道院内最偏僻之处

LE TARTUFFE
(1669)

✎ Résumé

Acte I

Madame Pernelle est une vieille femme qui prend sans cesse la défense de son fils Orgon. Elle reproche à ses petits-enfants nommés Damis et Mariane ainsi qu'à la femme d'Orgon, nommée Elmire et son frère Cléante leur attitude qu'elle juge trop mondaine à son goût. Elle reproche à cette attitude d'être opposée aux instructions de Tartuffe qui représente à ses yeux une figure pieuse et charitable. Ses proches le voient davantage comme un dévot hypocrite. Orgon revient d'un séjour à la campagne. Une fois rentré, il ne se soucie que d'une seule et unique chose : Tartuffe.

Acte II

Orgon annonce à Marianne son idée de la marier, non pas avec Valère, mais avec Tartuffe. Dorine (servante), qui a entendu cette conversation, se met à défendre sa maîtresse. Dorine, seule avec Mariane la critique de n'avoir rien fait pour se défendre. Mais celle-ci ne pouvait imaginer contredire son père. Dorine décide alors de l'aider. Valère arrive, ayant appris la nouvelle. Honnête homme, il décide de faire ses adieux à Mariane pour ne pas l'embêter. Ils se disputent. Finalement, Dorine lève le quiproquo et les réconcilie.

Acte III

Damis apparaît, hors de lui, par le projet de son père et il se déclare prêt à faire n'importe quoi pour empêcher ce mariage. Dorine lui conseille de laisser agir sa belle-mère. Arrive Tartuffe qui joue la comédie de la dévotion dès qu'il voit Dorine. Celle-ci, point dupe, ironise et lui annonce qu'Elmire veut le voir en particulier. Tartuffe accueille Elmire avec déférence. Il invite la jeune femme à s'asseoir auprès de lui. S'ensuivent des gestes osés de Tartuffe envers Elmire qui le repousse. Elle lui découvre la raison de cette entrevue : favoriser le mariage de Mariane et de Valère. C'est alors que Tartuffe lui dévoile son amour et continue à se montrer hardi en proposant à la jeune femme d'entretenir avec elle une relation secrète. Elmire refuse et promet de ne rien révéler aux autres à une seule et unique condition : Tartuffe ne doit pas s'opposer au mariage de Valère et Mariane. Damis, quant à lui, court dénoncer l'incident à son père, mais Tartuffe parvient à se sortir de cette situation délicate. Orgon se met en colère contre son fils et le déshérite. Il le chasse sans remord de sa maison. Orgon va bien plus loin et encourage Tartuffe à passer du temps avec son épouse afin de lui prouver son entière confiance.

Cléante essaie de parler à Tartuffe pour qu'il reconnaisse ses torts. Tartuffe refuse de venir en aide à Damis. Mariane, quant à elle, tente une fois de plus de raisonner son père en lui avouant son désespoir et sa tristesse. Elmire prend les devants et choisit l'action. Elle veut prouver l'hypocrisie

Acte IV du dévot. Elle prie Orgon de se cacher pendant qu'elle s'entretient avec Tartuffe. Ce dernier lui fait de nouveau des avances. Orgon, qui a tout entendu, se montre furieux et outré de la scène. Il chasse le dévot. Cependant, Tartuffe rappelle à tous qu'Orgon lui a fait don de sa demeure et qu'il en est désormais propriétaire.

Orgon est dépité. Il déclare qu'il ne fera plus confiance à personne. Madame Pernelle n'en croit pas ses yeux mais continue de croire en Tartuffe. L'arrivée de l'huissier Monsieur Loyal lui fera changer d'avis. Ce dernier est venu chasser Orgon et sa famille. On apprend également que

Acte V Tartuffe a dénoncé Valère au Roi comme étant un complice des frondeurs. La fuite est donc leur seule issue. Mais, l'affaire a été connue par le Prince, un vieil ami d'Orgon. Il ordonne que tous ses biens lui soient rendus et que Tartuffe soit emprisonné. Le mariage de Valère et Mariane peut enfin être célébré en toute tranquillité.

✎ Commentaire

Le Tartuffe est une comédie en cinq actes, créée le 5 février 1669 sur la scène du Théâtre du Palais-Royal. On en compte trois versions écrites par Molière, dont on ne possède que la dernière datée de 1669. Les deux autres versions sont interdites par des considérations de politique religieuse.

Le titre, par l'article défini « le », particularise le personnage. Emprunté à l'italien « tartufo », le terme est lui-même dérivé de « trufa », la truffe, qui prend le sens figuré de « plaisanterie » mais aussi de « tromperie ». Comme souvent, le personnage de Molière est devenu un « type » : celui du trompeur, de l'hypocrite.

À cause du thème de l'adultère, nous reconnaissons un comique proche de la farce, mais aussi dans une comédie de mœurs traditionnelle : l'amour de deux jeunes gens est contrarié par un père. Au XVIIᵉ siècle, les conditions de représentation dans les salles limitent le jeu des acteurs. Molière qui a joué et composé des farces, recourt aux ressorts les plus évidents du comique explicités dans les didascalies : les gifles, les coups et les bousculades, gestes et mouvements répétitifs. Tout comme le comique de gestes, le comique de mots peut reposer sur des procédés simples, hérités du théâtre antique, tels les jeux sonores et les insultes, surtout quand ils s'enchaînent et visent celui qui est, en principe, d'un statut social supérieur. En ce qui concerne le comique de caractère, celui-ci tire sa force d'une combinaison entre les effets de grossissement, avec une caricature poussée jusqu'à l'invraisemblance. Molière croit que « Le devoir de la comédie est de corriger les hommes en les divertissant ». *Le Tartuffe* répond bel et bien à cette définition, puisque Molière y met en œuvre toutes les formes du comique, et tous les procédés qui le font ressortir.

Extrait

ACTE IV
SCÈNE V

TARTUFFE, ELMIRE ; ORGON, sous la table.

TARTUFFE.

On m'a dit qu'en ce lieu vous me vouliez parler.

ELMIRE.

5   Oui, l'on a des secrets à vous y révéler.

Mais tirez cette porte avant qu'on vous les dise ;

Et regardez partout de crainte de surprise.

(Tartuffe va fermer la porte, et revient.)

Une affaire pareille à celle de tantôt

10   N'est pas assurément ici ce qu'il nous faut :

Jamais il ne s'est vu de surprise de même.

Damis m'a fait pour vous une frayeur extrême ;

Et vous avez bien vu que j'ai fait mes efforts

Pour rompre son dessein et calmer ses transports.

15   Mon trouble, il est bien vrai, m'a si fort possédée,

Que de le démentir je n'ai point eu l'idée[1] :

Mais par-là, grâce au ciel, tout a bien mieux été,

Et les choses en sont dans plus de sûreté.

L'estime où l'on vous tient a dissipé l'orage,

20   Et mon mari de vous ne peut prendre d'ombrage[2].

Pour mieux braver l'éclat des mauvais jugements,

Il veut que nous soyons ensemble à tous moments ;

---

1 que de le démentir je n'ai point eu l'idée = que je n'ai point eu l'idée de le démentir.

2 Et mon mari de vous ne peut prendre d'ombrage. = Et mon mari ne peut prendre d'ombrage de vous.

Et c'est par où je puis, sans peur d'être blâmée,

Me trouver ici seule avec vous enfermée,

25   Et ce qui m'autorise à vous ouvrir un cœur

Un peu trop prompt peut-être à souffrir votre ardeur.

TARTUFFE.

Ce langage à comprendre est assez difficile[1],

Madame ; et vous parliez tantôt[2] d'un autre style.

30 **ELMIRE.**

Ah ! si d'un tel refus vous êtes en courroux[3],

Que le cœur d'une femme est mal connu de vous !

Et que vous savez peu ce qu'il veut faire entendre

Lorsque si faiblement on le voit se défendre [4]!

35   Toujours notre pudeur combat, dans ces moments,

Ce qu'on peut nous donner de tendres sentiments.

Quelque raison qu'on trouve à l'amour qui nous dompte,

On trouve à l'avouer toujours un peu de honte.[5]

On s'en défend d'abord : mais de l'air qu'on s'y prend,

40   On fait connaître assez que notre cœur se rend ;

Qu'à nos vœux, par honneur, notre bouche s'oppose[6],

Et que de tels refus promettent toute chose.

C'est vous faire, sans doute, un assez libre aveu,

Et sur notre pudeur me ménager bien peu[7].

45   Mais, puisque la parole enfin en est lâchée,

À retenir Damis me serais-je attachée[8],

Aurais-je, je vous prie, avec tant de douceur

Écouté tout au long l'offre de votre cœur,

Aurais-je pris la chose ainsi qu'on m'a vu faire,

50   Si l'offre de ce cœur n'eût eu de quoi me plaire ?

Et, lorsque j'ai voulu moi-même vous forcer

À refuser l'hymen qu'on venait d'annoncer,

---

1 ce langage à comprendre est assez difficile = ce langage est assez difficile à comprendre.

2 tantôt *adv.* = tout à l'heure 【旧】刚才

3 si d'un tel refus vous êtes en courroux = si vous êtes en courroux d'un tel refus.

4 Lorsque si faiblement on le voit se défendre ! = Lorsqu'on le voit se défendre si faiblement !

5 On trouve à l'avouer toujours un peu de honte = On trouve toujours un peu de honte à l'avouer.

6 qu'à nos vœux, par honneur, notre bouche s'oppose = que notre bouche s'oppose par honneur à nos vœux.

7 et sur notre pudeur me ménager bien peu = et me ménager bien peu sur notre pudeur.

8 à retenir Damis me serais-je attachée = me serais-je attachée à retenir Damis.

Qu'est-ce que cette instance a dû vous faire entendre,

Que l'intérêt qu'en vous on s'avise de prendre,

55 Et l'ennui qu'on aurait que ce nœud qu'on résout

Vînt partager du moins un cœur que l'on veut tout ?

TARTUFFE.

C'est sans doute, madame, une douceur extrême

Que d'entendre ces mots d'une bouche qu'on aime ;

60 Leur miel, dans tous mes sens, fait couler à longs traits

Une suavité[1] qu'on ne goûta jamais.

Le bonheur de vous plaire est ma suprême étude,

Et mon cœur de vos vœux fait sa béatitude[2] ;

Mais ce cœur vous demande ici la liberté

65 D'oser douter un peu de sa félicité.

Je puis croire ces mots un artifice honnête

Pour m'obliger à rompre un hymen qui s'apprête ;

Et, s'il faut librement m'expliquer avec vous,

Je ne me fierai point à des propos si doux,

70 Qu'un peu de vos faveurs, après quoi je soupire,

Ne vienne m'assurer tout ce qu'ils m'ont pu dire,

Et planter dans mon âme une constante foi

Des charmantes bontés que vous avez pour moi.

ELMIRE, *après avoir toussé pour avertir son mari.*

75 Quoi ! vous voulez aller avec cette vitesse,

Et d'un cœur tout d'abord épuiser la tendresse[3] ?

On se tue à vous faire un aveu des plus doux.

Cependant ce n'est pas encor assez pour vous ;

Et l'on ne peut aller jusqu'à vous satisfaire

80 Qu'aux dernières faveurs on ne pousse l'affaire[4] ?

TARTUFFE.

Moins on mérite un bien, moins on l'ose espérer.

Nos vœux sur des discours ont peine à s'assurer.[5]

On soupçonne aisément un sort tout plein de gloire,

---

1 suavité *n.f.* = douceur 甜美

2 et mon cœur de vos vœux fait sa béatitude = et mon cœur fait sa béatitude de vos vœux.

3 et d'un cœur tout d'abord épuiser la tendresse = et tout d'abord épuiser la tendresse d'un cœur.

4 qu'aux dernières faveurs on ne pousse l'affaire = qu'on ne pousse l'affaire aux dernières faveurs.

5 Nos vœux sur des discours ont peine à s'assurer. = Nos vœux ont peine à s'assurer sur des discours.

85   Et l'on veut en jouir avant que de le croire.

      Pour moi, qui crois si peu mériter vos bontés,

      Je doute du bonheur de mes témérités ;

      Et je ne croirai rien, que vous n'ayez, madame,

      Par des réalités su convaincre ma flamme[1].

90 **ELMIRE.**

      Mon Dieu ! que votre amour en vrai tyran agit [2]!

      Et qu'en un trouble étrange il me jette l'esprit[3] !

      Que sur les cœurs il prend un furieux empire !

      Et qu'avec violence il veut ce qu'il désire !

95   Quoi ! de votre poursuite on ne peut se parer[4],

      Et vous ne donnez pas le temps de respirer ?

      Sied[5]-il bien de tenir une rigueur si grande ?

      De vouloir sans quartier[6] les choses qu'on demande,

      Et d'abuser ainsi, par vos efforts pressants,

100 Du faible[7] que pour vous vous voyez qu'ont les gens[8] ?

    TARTUFFE.

      Mais, si d'un œil bénin vous voyez mes hommages[9],

      Pourquoi m'en refuser d'assurés témoignages ?

    ELMIRE.

105 Mais comment consentir à ce que vous voulez,

      Sans offenser le ciel, dont toujours vous parlez ?

    TARTUFFE.

      Si ce n'est que le ciel qu'à mes vœux on oppose[10],

      Lever un tel obstacle est à moi peu de chose ;

110 Et cela ne doit pas retenir votre cœur.

    ELMIRE.

      Mais des arrêts du ciel on nous fait tant de peur[11] !

---

1 Et je ne croirai rien, que vous n'ayez, madame, par des réalités su convaincre ma flamme = Et je ne croirai rien, que vous n'ayez, madame, su convaincre ma flamme par des réalités.

2 que votre amour en vrai tyran agit = que votre amour agit en vrai tyran.

3 Et qu'en un trouble étrange il me jette l'esprit ! = Et qu'il me jette l'esprit en un trouble étrange !

4 de votre poursuite on ne peut se parer = on ne peut se parer de votre poursuite.

5 il sied de (+ inf.) = il convient de (+ inf.) 做某事是适宜的

6 sans quartier *loc.adv.* = sans pitié【旧】无情地

7 avoir un faible pour qqn/qqch. *loc.v.* = témoigner d'une préférence pour 偏爱某人/某事

8 du faible que pour vous vous voyez qu'ont les gens = du faible que vous voyez qu'ont les gens pour vous.

9 si d'un œil bénin vous voyez mes hommages = si vous voyez mes hommages d'un œil bénin.

10 si ce n'est que le ciel qu'à mes vœux on oppose = si ce n'est que le ciel qu'on oppose à mes vœux.

11 Mais des arrêts du ciel on nous fait tant de peur ! = Mais on nous fait tant de peur des arrêts du ciel !

TARTUFFE.

Je puis vous dissiper ces craintes ridicules,

115   Madame, et je sais l'art de lever les scrupules.

Le ciel défend, de vrai, certains contentements ;

Mais on trouve avec lui des accommodements

Selon divers besoins, il est une science

D'étendre les liens de notre conscience,

120   Et de rectifier le mal de l'action

Avec la pureté de notre intention

De ces secrets, madame, on saura vous instruire ;

Vous n'avez seulement qu'à vous laisser conduire.

Contentez mon désir, et n'ayez point d'effroi ;

125   Je vous réponds de tout, et prends le mal sur moi.

(*Elmire tousse plus fort.*)

Vous toussez fort, madame.

ELMIRE.

Oui, je suis au supplice.

130 **TARTUFFE.**

Vous plaît-il un morceau de ce jus de réglisse[1] ?

ELMIRE.

C'est un rhume obstiné[2], sans doute ; et je vois bien

Que tous les jus du monde ici ne feront rien.

135 **TARTUFFE.**

Cela, certes, est fâcheux.

ELMIRE.

Oui, plus qu'on ne peut dire.

TARTUFFE.

140   Enfin votre scrupule est facile à détruire.

Vous êtes assurée ici d'un plein secret,

Et le mal n'est jamais que dans l'éclat qu'on fait.

Le scandale du monde est ce qui fait l'offense,

Et ce n'est pas pécher que pécher en silence

145 **ELMIRE**, *après avoir encore toussé et frappé sur la table.*

Enfin je vois qu'il faut se résoudre à céder ;

---

1 réglisse *n.f.* 甘草
2 obstiné(e) *adj.* = tenace 难抑的，顽固的

Qu'il faut que je consente à vous tout accorder ;

Et qu'à moins de cela, je ne dois point prétendre

Qu'on puisse être content, et qu'on veuille se rendre.

150 Sans doute il est fâcheux d'en venir jusque-là,

Et c'est bien malgré moi que je franchis cela ;

Mais, puisque l'on s'obstine à m'y vouloir réduire,

Puisqu'on ne veut point croire à tout ce qu'on peut dire,

Et qu'on veut des témoins qui soient plus convaincants,

155 Il faut bien s'y résoudre, et contenter les gens.

Si ce consentement porte en soi quelque offense ,

Tant pis pour qui me force à cette violence ;

La faute assurément n'en doit pas être à moi.

TARTUFFE.

160 Oui, madame, on s'en charge ; et la chose de soi…

ELMIRE.

Ouvrez un peu la porte, et voyez, je vous prie,

Si mon mari n'est point dans cette galerie[1].

TARTUFFE.

165 Qu'est-il besoin pour lui du soin que vous prenez ?

C'est un homme, entre nous, à mener par le nez[2].

De tous nos entretiens il est pour faire gloire[3],

Et je l'ai mis au point de voir tout sans rien croire.

ELMIRE.

170 Il n'importe. Sortez, je vous prie, un moment ;

Et partout là dehors voyez exactement[4].

SCÈNE VI
ORGON, ELMIRE.

ORGON, *sortant de dessous la table.*

Voilà, je vous l'avoue, un abominable[5] homme !

---

1 galerie *n.f.* = lieu de passage ou de promenade long et couvert 走廊，长廊

2 mener par le nez *loc.v.* = manipuler 操控

3 de tous nos entretiens il est pour faire gloire = il est pour faire gloire de tous nos entretiens.

4 Et partout là dehors voyez exactement = Et voyez exactement partout là dehors.

5 abominable *adj.* = détestable 可憎的，讨厌的；【引】极坏的

Je n'en puis revenir[1], et tout ceci m'assomme[2].

175 **ELMIRE.**

Quoi ! vous sortez si tôt ? Vous vous moquez des gens.

Rentrez sous le tapis, il n'est pas encor temps ;

Attendez jusqu'au bout, pour voir les choses sûres,

Et ne vous fiez point aux simples conjectures[3].

180 **ORGON.**

Non, rien de plus méchant n'est sorti de l'enfer.

ELMIRE.

Mon Dieu ! l'on ne doit point croire trop de léger.

Laissez-vous bien convaincre avant que de vous rendre ;

185 Et ne vous hâtez point, de peur de vous méprendre.

(*Elmire fait mettre Orgon derrière elle.*)

SCÈNE VII
TARTUFFE, ELMIRE, ORGON.

TARTUFFE, *sans voir ORGON.*

Tout conspire, madame, à mon contentement.

J'ai visité de l'œil tout cet appartement.

190 Personne ne s'y trouve ; et mon âme ravie…

(*Dans le temps que Tartuffe s'avance les bras ouverts pour embrasser Elmire, elle se retire, et Tartuffe aperçoit Orgon.*)

ORGON, *arrêtant TARTUFFE.*

Tout doux ! vous suivez trop votre amoureuse envie,

195 Et vous ne devez pas vous tant passionner,

Ah ! ah ! l'homme de bien, vous m'en voulez donner !

Comme aux tentations s'abandonne votre âme[4] !

Vous épousiez ma fille, et convoitiez ma femme !

J'ai douté fort longtemps que ce fût tout de bon,

200 Et je croyais toujours qu'on changerait de ton ;

Mais c'est assez avant pousser le témoignage :

---

1 n'en pas revenir *loc.v.* = avoir beaucoup de mal à croire 难以置信
2 assommer *v.t.* = surprendre【旧】使惊呆
3 conjecture *n.f.* = présomption 推测，猜测
4 Comme aux tentations s'abandonne votre âme ! = Comme votre âme s'abandonne aux tentations !

Je m'y tiens, et n'en veux, pour moi, pas davantage.

ELMIRE, *à TARTUFFE.*

C'est contre mon humeur que j'ai fait tout ceci ;

205 Mais on m'a mise au point de vous traiter ainsi.

TARTUFFE, *à ORGON.*

Quoi ! vous croyez… ?

ORGON.

Allons, point de bruit, je vous prie,

210 Dénichons de céans, et sans cérémonie[1].

TARTUFFE.

Mon dessein…

ORGON.

Ces discours ne sont plus de saison ;

215 Il faut, tout sur-le-champ, sortir de la maison.

TARTUFFE.

C'est à vous d'en sortir, vous qui parlez en maître.

La maison m'appartient, je le ferai connaître,

Et vous montrerai bien qu'en vain on a recours,

220 Pour me chercher querelle, à ces lâches détours ;

Qu'on n'est pas où l'on pense en me faisant injure ;

Que j'ai de quoi confondre et punir l'imposture,

Venger le ciel qu'on blesse, et faire repentir

Ceux qui parlent ici de me faire sortir.

Charpentier, 1910.

✍ Questions et Réflexions

1. Comment Molière présente-t-il l'hypocrisie de Tartuffe dans ces extraits ?
2. Quel rôle joue la didascalie dans la réussite du comique de la pièce ?
3. À quels abus religieux Molière fait-il allusion à travers les confidences de Tartuffe ?

---

1 sans cérémonie *loc.adv.* = en toute simplicité 不拘礼地

‖ 文化点滴 ‖

"莫里哀之家"：法兰西剧院

　　法兰西剧院 (la Comédie-Française) 成立于1680年，是法国历史最悠久的剧院。剧院又被称为"莫里哀之家" (la Maison de Molière)，将世界上最负盛名的法国剧作家莫里哀，作为"法国精神"在戏剧领域的典范。

　　法兰西剧院的诞生，源自法王路易十四对法语语言戏剧艺术的保护。他下令合并巴黎两大剧团：勃艮第府剧团 (la Troupe de l'Hôtel de Bourgogne) 和盖乃古府剧团 (la Troupe de l'Hôtel de Guénégaud)，成立唯一配备常驻剧团的国家剧院：法兰西剧院 (la Troupe de la Comédie-Française)。法兰西剧团成为唯一拥有专事上演法语语言话剧 (des pièces parlées) 特权的官方剧团。凭借这一专属演出权，法兰西剧院逐渐与风靡日久的意大利剧团 (la Comédie-Italienne) 区别开来，奠定了具有法兰西民族演剧特点与风格的国家剧院的地位。

　　法兰西剧院是法国革命风起云涌的历史见证者。自1789年大革命开始，历经剧团演员阵营的分裂、剧院更名与关闭，督政府期间两派演员重新合并，以"共和国剧院" (le théâtre de la République) 之名重新开幕，再到拿破仑重组法兰西剧院，再次确立其国家剧院的地位。法兰西剧团的风格亦随时代潮流而变，带有彪炳史册的印记。例如：雨果的浪漫派戏剧《艾那尼》(Hernani, 1830) 首演，一举打压古典主义美学卫道士，浪漫主义舞台美学正式登场。其后，以现象级女明星莎拉·伯恩哈特 (Sara Bernhardt) 为演员代表，小仲马 (Dumas Fils)、萨尔杜 (Victorien Sardou)、罗斯丹 (Edmond Rostand) 的剧作在中产阶级戏剧的鼎盛时期竞相上演。二战期间，法兰西剧院保持民族气节，成为战难中法国人精神寄托之所在。战后，法国文化部改组剧院，明确指出剧院的任务是"向最广大的法国观众，演出世界各国，尤其是法国创作的优秀剧作"。如今，法兰西剧团的演员们依然享有建院之初所保障的自主权，在剧作的选择、角色的分配、股份的数量、财产财务责任等方面权利均等，这一小小的"共和"正是莫里哀的"光耀剧团" (l'Illustre-Théâtre) 的运转模式。

　　莫里哀是法兰西剧院的"主人" (le Patron)。这个独一无二的称谓，不仅出于对《无病呻吟》演出中那把"扶手椅"所折射的敬业精神的纪念，更是向作为剧作家、演员甚至"导演"的莫里哀致敬。作为一种精神象征，莫里哀守护着法兰西剧团的演员，守护着来来往往的戏剧人。莫里哀让人保有对戏剧艺术的爱。

JEAN RACINE (1639–1699)

Biographie

Né le 22 décembre 1639 en Picardie, à la Ferté-Milon, Jean Racine devient orphelin à l'âge de 3 ans. Il est pris en charge par les « Solitaires » de Port-Royal qui sont des jansénistes et lui donnent une éducation religieuse et littéraire. Il commence, jeune, sa carrière des lettres, en montrant un goût particulier pour le théâtre tragique. Son véritable succès arrive en 1667 avec *Andromaque*. Suivent alors d'autres chefs-d'œuvre, dont les plus célèbres : *Britannicus* (1669), *Bérénice* (1670), *Iphigénie* (1674) et *Phèdre* (1677). Au lieu de donner la primauté à l'action, comme Corneille le fait dans ses tragédies, Racine met surtout l'accent sur l'intensité psychologique des personnages qui sont souvent amenés par ses passions excessives jusqu'à la déraison ou la mort. Traitant majoritairement les sujets grecs, l'œuvre racinienne est élevée au rang de modèle classique par son respect strict des règles du théâtre classique, sa maîtrise de l'alexandrin et la profondeur de l'analyse psychologique. Les faveurs de la Cour, en particulier de Mme de Montespan font l'ascension sociale de l'auteur, qui est élu à l'Académie française en 1672. Il meurt à Paris en 1699 d'un cancer de foie.

ANDROMAQUE
(1667)

✐ Résumé

Acte I

Oreste, le fils d'Agamemnon, est envoyé par les Grecs à Buthrote pour demander à Pyrrhus, roi d'Épire, qu'il lui livre Astyanax, le fils de sa captive troyenne Andromaque. Or Pyrrhus aime Andromaque et délaisse sa fiancée Hermione, fille d'Hélène. Pour Oreste, qui n'a cessé d'aimer en vain Hermione, l'espoir renaît. Pyrrhus s'est opposé à la demande d'Oreste, mais exige d'Andromaque, pour prix de la sécurité de son fils, qu'elle l'épouse.

Acte II

Oreste parle à Hermione. Elle se montre prête à partir avec lui si Pyrrhus refuse de livrer l'enfant d'Andromaque, Astyanax. Oreste est fou de joie. Or Pyrrhus annonce à Oreste qu'il a réfléchi et qu'il s'est décidé à livrer Astyanax aux Grecs. Il compte également épouser Hermione le lendemain même. Pyrrhus se félicite pour ce sursaut de raison, mais demeure agité du remords que lui inspire son amour pour Andromaque.

Acte III

Oreste, voyant son espoir s'évanouir avec cette décision qui semble éloigner Pyrrhus d'Andromaque, projette d'enlever Hermione. Son ami Pylade l'y aidera. Hermione triomphe et éconduit Andromaque venue lui demander de sauver son fils. Celle-ci supplie alors Pyrrhus, qui renouvelle son ultimatum. Elle va se recueillir sur le tombeau de son époux Hector.

Acte IV

Andromaque est déchirée entre son amour pour Astyanax et la peur qu'il soit renvoyé en Grèce. Andromaque accepte la demande en mariage de Pyrrhus, mais annonce à Céphise qu'elle se suicidera aussitôt la cérémonie conclue. Hermione sait qu'Andromaque a décidé d'accepter l'offre de mariage de Pyrrhus. Hermione demande à Oreste de tuer Pyrrhus au moment même de la cérémonie de mariage.

Acte V

Tandis que les noces ont lieu, Hermione est tiraillée entre le remords et l'impatience, incertaine de savoir si elle veut ou craint la mort de Pyrrhus, qu'elle aime mais qui l'a trahie. Survient Oreste ; il vient d'accomplir la mission dont elle l'a chargé : Pyrrhus est mort sous les coups des Grecs. Hermione le récompense par des injures et sort, folle de désespoir. Oreste désemparé est laissé seul ; rentre Pylade qui lui annonce qu'Hermione s'est donné la mort sur le corps de Pyrrhus. Oreste s'emporte contre lui-même et finit par devenir fou. Andromaque veut tout de même venger l'homme qui lui a permis d'accéder au trône. En conséquence, Pylade, Oreste et les Grecs fuient l'Épire.

✍ Commentaire

Tragédie en cinq actes, *Andromaque* est créée au château du Louvre le 17 novembre 1667. Racine s'inspire de chants de *L'Iliade* d'Homère, notamment pour la figure d'Andromaque. Son histoire avait déjà été traitée par Euripide dans ses pièces *Andromaque* et *Les Troyennes*, cette dernière ayant été adaptée plus tard par Sénèque, mais Racine cite dans sa première préface *L'Énéide* de Virgile comme source principale de référence. Étant la pièce la plus appréciée de Racine, cette tragédie, contrairement à d'autres pièces de Racine, dès sa parution jusqu'aujourd'hui, a toujours été l'une des plus jouées à la Comédie-Française.

Selon le critique Félix Guirand, la pièce constitue un tournant dans l'histoire du théâtre français en cela que Racine « renouvelle le genre tragique en substituant à la tragédie héroïque de Corneille et à la tragédie romanesque de Quinault, la tragédie simplement humaine, fondée sur l'analyse des passions et particulièrement de l'amour ». Par ailleurs, l'auteur privilégie « une diction simple, qui reproduit avec aisance l'allure de la prose, sans jamais perdre la couleur poétique », contrastant avec le « style tendu, pompeux et volontiers déclamatoire de Corneille ».

La pièce est fondée sur la structure du triangle amoureux. Oreste aime Hermione, qui aime Pyrrhus, qui aime Andromaque, qui cherche à protéger son fils Astyanax tout en restant fidèle au souvenir de son mari, Hector, tué par Achille en combat singulier pendant la guerre de Troie. À l'acte III, Pyrrhus consent à sauver le fils d'Andromaque si cette dernière accepte de l'épouser. Andromaque discute avec sa confidente, Céphise, et lui confie son hésitation entre sa fidélité à son défunt mari et la vie de son fils.

✍ Extrait

ACTE III
SCÈNE VIII
ANDROMAQUE, CÉPHISE.

CÉPHISE.

Je vous l'avois[1] prédit, qu'en dépit de la Grèce,

De votre sort encor vous seriez la maîtresse[2].

ANDROMAQUE.

5   Hélas ! de quel effet tes discours sont suivis !

---

1 avois 【旧】 = avais
2 de votre sort encor vous seriez la maîtresse = vous seriez encore la maîtresse de votre sort.

Il ne me restoit[1] plus qu'à condamner mon fils.

CÉPHISE.

Madame, à votre époux c'est être assez fidèle[2] :

Trop de vertu pourroit[3] vous rendre criminelle.

10　Lui-même il porteroit[4] votre âme à la douceur.

ANDROMAQUE.

Quoi ? je lui donnerois[5] Pyrrhus pour successeur ?

CÉPHISE.

Ainsi le veut son fils, que les Grecs vous ravissent.

15　Pensez-vous qu'après tout ses mânes[6] en rougissent ;

Qu'il méprisât, madame, un roi victorieux

Qui vous fait remonter au rang de vos aïeux,

Qui foule aux pieds pour vous vos vainqueurs en colère,

Qui ne se souvient plus qu'Achille étoit son père,

20　Qui dément ses exploits et les rend superflus ?

ANDROMAQUE.

Dois-je les oublier, s'il ne s'en souvient plus ?

Dois-je oublier Hector privé de funérailles,

Et traîné sans honneur autour de nos murailles ?

25　Dois-je oublier son père à mes pieds renversé,

Ensanglantant l'autel qu'il tenoit[7] embrassé ?

Songe, songe, Céphise, à cette nuit cruelle

Qui fut pour tout un peuple une nuit éternelle.

Figure-toi Pyrrhus, les yeux étincelants,

30　Entrant à la lueur de nos palais brûlants,

Sur tous mes frères morts se faisant un passage,

Et de sang tout couvert échauffant[8] le carnage[9].

Songe aux cris des vainqueurs, songe aux cris des mourants,

1　restoit【旧】= restait

2　à votre époux c'est être assez fidèle = c'est être assez fidèle à votre époux.

3　pourroit【旧】= pourrait

4　porteroit【旧】= porterait

5　donnerois【旧】= donnerait

6　mânes *n.m.pl.* = âmes des morts, considérées comme des divinités chez les romains（古罗马人迷信的）被视为神灵的死者鬼魂

7　tenoit【旧】= tenait

8　échauffer *v.t.* = rendre chaud 加热；【转】使激动

9　sur tous mes frères morts se faisant un passage, et de sang tout couvert échauffant le carnage = se faisant un passage sur tous mes frères morts, et échauffant le carnage tout couvert de sang.

Dans la flamme étouffés, sous le fer expirants.

35 Peins-toi dans ces horreurs Andromaque éperdue :

Voilà comme Pyrrhus vint s'offrir à ma vue ;

Voilà par quels exploits il sut se couronner ;

Enfin voilà l'époux que tu me veux donner.

Non, je ne serai point complice de ses crimes ;

40 Qu'il nous prenne, s'il veut, pour dernières victimes.

Tous mes ressentiments lui seroient[1] asservis.

CÉPHISE.

Hé bien ! allons donc voir expirer votre fils ;

On n'attend plus que vous. Vous frémissez, madame !

45 **ANDROMAQUE.**

Ah ! de quel souvenir viens-tu frapper mon âme !

Quoi ? Céphise, j'irai voir expirer encor

Ce fils, ma seule joie, et l'image d'Hector :

Ce fils, que de sa flamme il me laissa pour gage[2] !

50 Hélas ! je m'en souviens, le jour que son courage

Lui fit chercher Achille, ou plutôt le trépas,

Il demanda son fils, et le prit dans ses bras :

« Chère épouse, dit-il en essuyant mes larmes,

J'ignore quel succès le sort garde à mes armes ;

55 Je te laisse mon fils pour gage de ma foi :

S'il me perd, je prétends qu'il me retrouve en toi.

Si d'un heureux hymen la mémoire t'est chère,

Montre au fils à quel point tu chérissois[3] le père. »

Et je puis voir répandre un sang si précieux ?

60 Et je laisse avec lui périr tous ses aïeux ?

Roi barbare, faut-il que mon crime l'entraîne ?

Si je te hais, est-il coupable de ma haine ?

T'a-t-il de tous les siens reproché le trépas[4] ?

S'est-il plaint à tes yeux des maux qu'il ne sent pas ?

65 Mais cependant, mon fils, tu meurs, si je n'arrête

Le fer que le cruel tient levé sur ta tête.

---

1 seroient 【旧】 = seraient
2 que de sa flamme il me laissa pour gage = qu'il me laissa pour gage de sa flamme.
3 chérissois 【旧】 = chérissais
4 T'a-t-il de tous les siens reproché le trépas ? = T'a-t-il reproché le trépas de tous les siens ?

Je l'en puis détourner, et je t'y vais offrir ?

Non, tu ne mourras point : je ne le puis souffrir.

Allons trouver Pyrrhus. Mais non, chère Céphise,

70 Va le trouver pour moi.

CÉPHISE.

Que faut-il que je dise ?

ANDROMAQUE.

Dis-lui que de mon fils l'amour est assez fort…

75 Crois-tu que dans son cœur il ait juré sa mort ?

L'amour peut-il si loin pousser sa barbarie[1] ?

CÉPHISE.

Madame, il va bientôt revenir en furie.

ANDROMAQUE.

80 Hé bien ! va l'assurer…

CÉPHISE.

De quoi ? de votre foi ?

ANDROMAQUE.

Hélas ! pour la promettre est-elle encore à moi ?

85 Ô cendres d'un époux ! ô Troyens ! ô mon père !

Ô mon fils, que tes jours coûtent cher à ta mère !

Allons.

CÉPHISE.

Où donc, madame ? et que résolvez-vous ?

90 **ANDROMAQUE.**

Allons sur son tombeau consulter mon époux[2].

ACTE V
SCÈNE I

HERMIONE, *seule.*

Où suis-je ? Qu'ai-je fait ? Que dois-je faire encore ?

Quel transport me saisit ? Quel chagrin me dévore ?

95 Errante, et sans dessein, je cours dans ce palais.

---

1 L'amour peut-il si loin pousser sa barbarie ? = L'amour peut-il pousser sa barbarie si loin ?
2 Allons sur son tombeau consulter mon époux. = Allons consulter mon époux sur son tombeau.

Ah ! ne puis-je savoir si j'aime, ou si je hais ?

Le cruel ! de quel œil il m'a congédiée[1] !

Sans pitié, sans douleur, au moins étudiée[2].

L'ai-je vu se troubler et me plaindre un moment ?

100   En ai-je pu tirer un seul gémissement ?

Muet à mes soupirs, tranquille à mes alarmes,

Sembloit[3]-il seulement qu'il eût part à mes larmes ?

Et je le plains encore ? Et pour comble d'ennui,

Mon cœur, mon lâche cœur s'intéresse pour lui ?

105   Je tremble au seul penser du coup qui le menace ?

Et prête à me venger, je lui fais déjà grâce ?

Non, ne révoquons[4] point l'arrêt de mon courroux :

Qu'il périsse ! Aussi bien il ne vit plus pour nous.

Le perfide triomphe, et se rit de ma rage :

110   Il pense voir en pleurs dissiper cet orage ;

Il croit que toujours foible[5] et d'un cœur incertain,

Je parerai d'un bras les coups de l'autre main[6].

Il juge encor de moi par mes bontés passées.

Mais plutôt le perfide a bien d'autres pensées.

115   Triomphant dans le temple, il ne s'informe pas

Si l'on souhaite ailleurs sa vie ou son trépas.

Il me laisse, l'ingrat ! cet embarras funeste.

Non, non, encore un coup : laissons agir Oreste.

Qu'il meure, puisqu'enfin il a dû le prévoir,

120   Et puisqu'il m'a forcée enfin à le vouloir.

À le vouloir ? Hé quoi ? c'est donc moi qui l'ordonne ?

Sa mort sera l'effet de l'amour d'Hermione ?

Ce prince, dont mon cœur se faisoit[7] autrefois

Avec tant de plaisir redire les exploits[8],

---

1 congédier *v.t.* = mettre à la porte 打发走，撵走
2 étudié(e) *adj.* = forcé【贬】装模作样的
3 sembloit【旧】= semblait
4 révoquer *v.t.* = abolir 废除，撤回
5 foible【旧】= faible
6 Il croit que toujours foible et d'un cœur incertain, je parerai d'un bras les coups de l'autre main = Il croit que je parerai les coups de l'autre main d'un bras toujours foible et d'un cœur incertain.
7 faisoit【旧】= faisait
8 avec tant de plaisir redire les exploits = redire les exploits avec tant de plaisir.

125 À qui même en secret je m'étois¹ destinée

Avant qu'on eût conclu ce fatal hyménée,

Je n'ai donc traversé tant de mers, tant d'États,

Que pour venir si loin préparer son trépas ?

L'assassiner, le perdre ? Ah ! devant qu'il expire…

130 (…)

SCÈNE III
ORESTE, HERMIONE, CLÉONE.

ORESTE.

Madame, c'en est fait, et vous êtes servie :

Pyrrhus rend à l'autel son infidèle vie.

HERMIONE.

135 Il est mort ?

ORESTE.

Il expire ; et nos Grecs irrités

Ont lavé dans son sang ses infidélités.

Je vous l'avois promis ; et quoique mon courage

140 Se fît de ce complot une funeste image,

J'ai couru vers le temple, où nos Grecs dispersés

Se sont jusqu'à l'autel dans la foule glissés².

Pyrrhus m'a reconnu. Mais sans changer de face,

Il sembloit³ que ma vue excitât son audace.

145 Que tous les Grecs, bravés en leur ambassadeur,

Dussent de son hymen relever la splendeur.⁴

Enfin avec transport prenant son diadème,

Sur le front d'Andromaque il l'a posé lui-même.

« Je vous donne, a-t-il dit, ma couronne et ma foi :

150 Andromaque, régnez sur l'Épire et sur moi.

Je voue à votre fils une amitié de père ;

J'en atteste les Dieux, je le jure à sa mère.

---

1 étois 【旧】= était
2 où nos Grecs dispersés se sont jusqu'à l'autel dans la foule glissés = où nos Grecs dispersés se sont glissés dans la foule jusqu'à l'autel.
3 sembloit 【旧】= semblait
4 Dussent de son hymen relever la splendeur. = Dussent relever la splendeur de son hymen.

Pour tous mes ennemis je déclare les siens[1],

Et je le reconnois[2] pour le roi des Troyens. »

155 À ces mots, qui du peuple attiroient[3] le suffrage[4],

Nos Grecs n'ont répondu que par un cri de rage ;

L'infidèle s'est vu partout envelopper,

Et je n'ai pu trouver de place pour frapper.

Chacun se disputoit[5] la gloire de l'abattre.

160 Je l'ai vu dans leurs mains quelque temps se débattre,

Tout sanglant à leurs coups vouloir se dérober ;

Mais enfin à l'autel il est allé tomber[6].

Du peuple épouvanté j'ai traversé la presse[7]

Pour venir de ces lieux enlever ma princesse[8],

165 Et regagner le port, où bientôt nos amis

Viendront couverts du sang que je vous ai promis.

HERMIONE.

Qu'ont-ils fait ?

ORESTE.

170 Pardonnez à leur impatience :

Ils ont, je le vois bien, trahi votre vengeance.

Vous vouliez que ma main portât les premiers coups,

Qu'il sentît en mourant qu'il expiroit[9] pour vous ;

Mais c'est moi dont l'ardeur leur a servi d'exemple :

175 Je les ai pour vous seule entraînés dans le temple,

Madame ; et vous pouvez justement vous flatter

D'une mort que leurs bras n'ont fait qu'exécuter.

Vous seule avez poussé les coups…

HERMIONE.

180 Tais-toi, perfide,

Et n'impute qu'à toi ton lâche parricide.

Va faire chez tes Grecs admirer ta fureur :

---

1 pour tous mes ennemis je déclare les siens = je déclare les siens pour tous mes ennemis.

2 reconnois【旧】= reconnais

3 attiroient【旧】= attiraient

4 qui du peuple attiroient le suffrage = qui attiroient le suffrage du peuple.

5 disputoit【旧】= disputait

6 Mais enfin à l'autel il est allé tomber. = Mais enfin il est allé tomber à l'autel.

7 du peuple épouvanté j'ai traversé la presse = j'ai traversé la presse du peuple épouvanté.

8 pour venir de ces lieux enlever ma princesse = pour venir enlever ma princesse de ces lieux.

9 expiroit【旧】= expirait

Va, je la désavoue, et tu me fais horreur.

Barbare, qu'as-tu fait ? Avec quelle furie

185   As-tu tranché le cours d'une si belle vie ?

Avez-vous pu, cruels, l'immoler aujourd'hui,

Sans que tout votre sang se soulevât pour lui ?

Mais parle : de son sort qui t'a rendu l'arbitre ?

Pourquoi l'assassiner ? Qu'a-t-il fait ? À quel titre ?

190   Qui te l'a dit ?

ORESTE.

Ô Dieux ! Quoi ? ne m'avez-vous pas

Vous-même, ici, tantôt, ordonné son trépas ?

HERMIONE.

195   Ah ! falloit[1]-il en croire une amante insensée ?

Ne devois[2]-tu pas lire au fond de ma pensée ?

Et ne voyois[3]-tu pas, dans mes emportements,

Que mon cœur démentoit[4] ma bouche à tous moments ?

Quand je l'aurois[5] voulu, falloit[6]-il y souscrire ?

200   N'as-tu pas dû cent fois te le faire redire ?

Toi-même avant le coup me venir consulter,

Y revenir encore, ou plutôt m'éviter ?

Que ne me laissois[7]-tu le soin de ma vengeance ?

Qui t'amène en des lieux où l'on fuit ta présence ?

205   Voilà de ton amour le détestable fruit [8]:

Tu m'apportois[9], cruel, le malheur qui te suit.

C'est toi dont l'ambassade, à tous les deux fatale,

L'a fait pour son malheur pencher vers ma rivale.

Nous le verrions encor nous partager ses soins ;

210   Il m'aimeroit[10] peut-être, il le feindroit[11] du moins.

---

1 falloit 【旧】 = fallait
2 devois 【旧】 = devais
3 voyois 【旧】 = voyais
4 démentoit 【旧】 = démentait
5 aurois 【旧】 = aurais
6 falloit 【旧】 = fallait
7 laissois 【旧】 = laissais
8 Voilà de ton amour le détestable fruit = Voilà le détestable fruit de ton amour.
9 apportois 【旧】 = apportais
10 aimeroit 【旧】 = aimerait
11 feindroit 【旧】 = feindrait

Adieu. Tu peux partir. Je demeure en Épire :
Je renonce à la Grèce, à Sparte, à son empire,
À toute ma famille ; et c'est assez pour moi,
Traître, qu'elle ait produit un monstre comme toi.

Mesnard, 1865.

Questions et Réflexions

1. À travers les conversations entre Andromaque et sa confidente, comment s'expose le combat intérieur que connaît l'héroïne face à l'amour de Pyrrhus ?
2. Décrivez le développement de l'état d'esprit d'Hermione dans ces passages, et essayez de comparer son image avec celle d'Andromaque.
3. Selon vous, en quoi *Andromaque,* comparée à la tragédie héroïque de Corneille, pourrait passer pour un renouvellement du genre tragique sur la scène française de l'époque ?

PHÈDRE
(1677)

〰 Résumé

Acte I

Hippolyte, fils de Thésée qui a disparu et dont on est sans nouvelles depuis six mois, annonce à son confident, Théramène, son intention de partir à la recherche de son père. Il quitte Trézène pour fuir sa belle-mère, Phèdre, qu'il déteste et surtout pour fuir son amour pour Aricie, sœur des Pallantides, un clan ennemi. Phèdre, seconde épouse de Thésée, avoue à Œnone, sa nourrice et confidente, la passion coupable qu'elle ressent pour son beau-fils Hippolyte. On annonce la mort de Thésée.

Acte II

Hippolyte propose à Aricie de lui rendre le trône d'Attique, laissé vacant par la mort de Thésée, et lui avoue son amour. Leur entretien est interrompu par Phèdre, venue prier Hippolyte de prendre soin de son fils mais qui finit par lui révéler son amour. Comprenant son erreur, elle prend l'épée d'Hippolyte pour en finir avec la vie mais Œnone l'arrête. Théramène annonce qu'on a peut-être vu Thésée.

Acte III

Thésée, qui n'est pas mort, arrive à Trézène et s'étonne de recevoir un accueil si froid : Hippolyte, qui envisage d'avouer à Thésée son amour pour Aricie, évite sa belle-mère ; Phèdre est submergée par la culpabilité.

Acte IV

Œnone, qui craint que sa maîtresse ne se donne la mort, déclare à Thésée qu'Hippolyte a tenté de séduire Phèdre en la menaçant, donnant pour preuve l'épée qu'elle a conservée. Thésée bannit Hippolyte et prie Neptune, dieu de la mer, de le venger. Phèdre veut le faire changer d'avis mais elle apprend qu'Hippolyte aime Aricie. Furieuse d'avoir une rivale, elle renonce à le défendre.

Acte V

Hippolyte part après avoir promis à Aricie de l'épouser hors de la ville. Thésée commence à avoir des doutes sur la culpabilité de son fils, mais la nouvelle de sa mort, causée par un monstre marin, survient. Après avoir chassé Œnone qui, de désespoir, s'est jetée dans les flots, Phèdre révèle la vérité à Thésée ; ayant pris auparavant du poison, elle meurt.

Commentaire

Inspirée du mythe grec, *Phèdre* est une tragédie en cinq actes, créée sur la scène de l'Hôtel de Bourgogne en 1677 à Paris. Cette pièce est considérée par le poète comme « la meilleure de ses tragédies ». Autant Corneille s'était attaché à souligner les plus nobles vertus de « l'âme romaine », autant Racine ne choisit, dans cet héritage, que les épisodes les plus propres à exciter la compassion pour des héros et des héroïnes qu'un sort terrible accable. De même, autant Corneille s'était plu à élaborer des intrigues complexes, autant Racine recherche la simplicité, à toucher « avec peu d'incidents et peu de matière », explique-t-il déjà dans la préface d'*Alexandre le Grand* (1665), jusqu'à *Bérénice* (1670), cas extrême : il affirme à son propos que « toute l'invention consiste à faire quelque chose de rien ». « La principale règle est de plaire et de toucher », affirme-t-il, toujours dans la préface de *Bérénice*.

Nous reconnaissons dans *Phèdre* les principales caractéristiques de la tragédie racinienne. À l'image des grandes tragédies antiques, celles de Racine accordent un rôle prédominant aux dieux qui tissent le destin des héros et écoutent leurs supplices. Comme tous les autres « héros raciniens » qui sont tous des êtres de passion, l'héroïne dans *Phèdre* vit dans la douleur le déchirement entre sa lucidité et les élans de son désir. Comme souvent, le revirement joue un grand rôle dans le développement de l'action dans *Phèdre*. L'annonce de la mort de Thésée provoque l'aveu de la passion coupable de Phèdre à Hippolyte ; celle du retour du roi précipite l'issue fatale, ce qui conduit le héros à prendre conscience de son impuissance.

En ce qui concerne le respect des trois unités, l'action dans *Phèdre* est parfaitement conforme aux règles du théâtre classique : le choix du lieu unique répond à la règle d'unité de lieu, et l'unité de temps est aussi respectée sans difficultés. Le temps de l'action est intensifié par l'incessant rappel du passé.

Extrait

ACTE I
SCÈNE III
PHÈDRE, ŒNONE.

PHÈDRE.

N'allons point plus avant, demeurons, chère Œnone.

Je ne me soutiens plus ; ma force m'abandonne :

Mes yeux sont éblouis du jour que je revoi[1],

5   Et mes genoux tremblants se dérobent sous moi.

Hélas !

(*Elle s'assied.*)

ŒNONE.

Dieux tout-puissants, que nos pleurs vous apaisent !

10 **PHÈDRE.**

Que ces vains ornements, que ces voiles me pèsent !

Quelle importune main, en formant tous ces nœuds,

A pris soin sur mon front d'assembler mes cheveux ?

Tout m'afflige, me nuit, et conspire[2] à me nuire.

15 **ŒNONE.**

Comme on voit tous ses vœux l'un l'autre se détruire[3] !

Vous-même, condamnant vos injustes desseins,

Tantôt à vous parer vous excitiez nos mains ;

Vous-même, rappelant votre force première,

20   Vous vouliez vous montrer et revoir la lumière.

Vous la voyez, madame ; et, prête à vous cacher,

Vous haïssez le jour que vous veniez chercher !

PHÈDRE.

Noble et brillant auteur d'une triste famille,

25   Toi dont ma mère osait se vanter d'être fille,

Qui peut-être rougis du trouble où tu me vois,

Soleil, je te viens voir pour la dernière fois !

ŒNONE.

Quoi ! vous ne perdrez point cette cruelle envie ?

30   Vous verrai-je toujours, renonçant à la vie,

Faire de votre mort les funestes apprêts[4] ?

PHÈDRE.

Dieux ! que ne suis-je assise à l'ombre des forêts !

Quand pourrai-je, au travers d'une noble poussière,

35   Suivre de l'œil un char[5] fuyant dans la carrière[6] ?

---

1 revoi【旧】= revois
2 conspirer (+ à) *v.t.indir.* = contribuer secrètement à 暗暗地一同促使
3 se détruire *v.pr.* = se réduire à néant l'un l'autre 互相争斗直至互相抵消
4 apprêts *n.m.pl.* = préparations【旧】准备
5 char *n.m.* = voiture à deux roues（古代作战用）双轮马车
6 carrière *n.f.* = terrain où l'on peut faire courir un cheval【旧】跑马场

ŒNONE.

Quoi, madame ?

PHÈDRE.

Insensée ! où suis-je ? et qu'ai-je dit ?

40 Où laissé-je égarer mes vœux et mon esprit ?

Je l'ai perdu : les dieux m'en ont ravi[1] l'usage.

Œnone, la rougeur me couvre le visage :

Je te laisse trop voir mes honteuses douleurs ;

Et mes yeux malgré moi se remplissent de pleurs.

45 **ŒNONE.**

Ah ! s'il vous faut rougir, rougissez d'un silence

Qui de vos maux encore aigrit la violence.

Rebelle à tous nos soins, sourde à tous nos discours,

Voulez-vous, sans pitié, laisser finir vos jours ?

50 Quelle fureur les borne au milieu de leur course ?

Quel charme ou quel poison en a tari la source ?

Les ombres par trois fois ont obscurci les cieux

Depuis que le sommeil n'est entré dans vos yeux ;

Et le jour a trois fois chassé la nuit obscure

55 Depuis que votre corps languit sans nourriture.

À quel affreux dessein vous laissez-vous tenter ?

De quel droit sur vous-même osez-vous attenter ?

Vous offensez les dieux auteurs de votre vie ;

Vous trahissez l'époux à qui la foi vous lie ;

60 Vous trahissez enfin vos enfants malheureux,

Que vous précipitez sous un joug rigoureux.

Songez qu'un même jour leur ravira leur mère

Et rendra l'espérance au fils de l'étrangère,

À ce fier ennemi de vous, de votre sang,

65 Ce fils qu'une Amazone a porté dans son flanc,

Cet Hippolyte…

PHÈDRE.

Ah ! dieux !

---

1 ravir *v.t.* = forcer【书】强夺

ŒNONE.

70   Ce reproche vous touche ?

PHÈDRE.

Malheureuse ! quel nom est sorti de ta bouche !

ŒNONE.

Eh bien ! votre colère éclate avec raison :

75   J'aime à vous voir frémir à ce funeste nom.

Vivez donc : que l'amour, le devoir vous excite.

Vivez ; ne souffrez pas que le fils d'une Scythe

Accablant vos enfants d'un empire odieux,

Commande au plus beau sang de la Grèce et des dieux.

80   Mais ne différez point ; chaque moment vous tue :

Réparez promptement votre force abattue,

Tandis que de vos jours prêts à se consumer[1]

Le flambeau dure encore et peut se rallumer[2].

PHÈDRE.

85   J'en ai trop prolongé la coupable durée.

ŒNONE.

Quoi ! de quelques remords êtes-vous déchirée ?

Quel crime a pu produire un trouble si pressant ?

Vos mains n'ont point trempé dans le sang innocent ?

90   **PHÈDRE.**

Grâces au ciel, mes mains ne sont point criminelles.

Plût aux dieux que mon cœur fût innocent comme elles !

ŒNONE.

Et quel affreux projet avez-vous enfanté

95   Dont votre cœur encor doive être épouvanté ?

PHÈDRE.

Je t'en ai dit assez : épargne-moi le reste.

Je meurs, pour ne point faire un aveu si funeste.

ŒNONE.

100   Mourez donc, et gardez un silence inhumain ;

Mais pour fermer vos yeux cherchez une autre main.

---

1 se consumer v.pr. = dépérir【书】日趋衰竭

2 Tandis que de vos jours prêts à se consumer le flambeau dure encore et peut se rallumer = Tandis que le flambeau de vos jours prêts à se consumer, dure encore et peut se rallumer.

Quoiqu'il vous reste à peine une faible lumière,

Mon âme chez les morts descendra la première[1] ;

Mille chemins ouverts y conduisent toujours,

105   Et ma juste douleur choisira les plus courts.

Cruelle ! quand ma foi vous a-t-elle déçue ?

Songez-vous qu'en naissant mes bras vous ont reçue ?

Mon pays, mes enfants, pour vous j'ai tout quitté.

Réserviez-vous ce prix à ma fidélité ?

110 **PHÈDRE.**

Quel fruit espères-tu de tant de violence ?

Tu frémiras d'horreur si je romps le silence.

ŒNONE.

Et que me direz-vous qui ne cède, grands dieux !

115   À l'horreur de vous voir expirer à mes yeux ?

PHÈDRE.

Quand tu sauras mon crime et le sort qui m'accable,

Je n'en mourrai pas moins : j'en mourrai plus coupable.

ŒNONE.

120   Madame, au nom des pleurs que pour vous j'ai versés,

Par vos faibles genoux que je tiens embrassés,

Délivrez mon esprit de ce funeste doute.

PHÈDRE.

Tu le veux ? lève-toi.

125 **ŒNONE.**

Parlez : je vous écoute.

PHÈDRE.

Ciel ! que lui vais-je dire ? et par où commencer ?

ŒNONE.

130   Par de vaines frayeurs cessez de m'offenser[2].

PHÈDRE.

Ô haine de Vénus ! ô fatale colère !

Dans quels égarements l'amour jeta ma mère !

ŒNONE.

135   Oublions-les, madame ; et qu'à tout l'avenir

---

1 Mon âme chez les morts descendra la première = Mon âme descendra la première chez les morts.
2 Par de vaines frayeurs cessez de m'offenser = Cessez de m'offenser par de vaines frayeurs.

Un silence éternel cache ce souvenir[1].

PHÈDRE.

Ariane, ma sœur ! de quel amour blessée

Vous mourûtes aux bords où vous fûtes laissée !

140 **ŒNONE.**

Que faites-vous, madame ? et quel mortel ennui

Contre tout votre sang vous anime aujourd'hui[2] ?

PHÈDRE.

Puisque Vénus le veut, de ce sang déplorable

145 Je péris la dernière et la plus misérable[3].

ŒNONE.

Aimez-vous ?

PHÈDRE.

De l'amour j'ai toutes les fureurs[4].

150 **ŒNONE.**

Pour qui ?

PHÈDRE.

Tu vas ouïr le comble des horreurs…

J'aime… À ce nom fatal, je tremble, je frissonne.

155 J'aime…

ŒNONE.

Qui ?

PHÈDRE.

Tu connais ce fils de l'Amazone,

160 Ce prince si longtemps par moi-même opprimé…

ŒNONE.

Hippolyte ? Grands dieux !

PHÈDRE.

C'est toi qui l'as nommé !

165 **ŒNONE.**

Juste ciel ! tout mon sang dans mes veines se glace !

---

1 et qu'à tout l'avenir un silence éternel cache ce souvenir = et qu'un silence éternel cache ce souvenir à tout l'avenir.

2 et quel mortel ennui contre tout votre sang vous anime aujourd'hui = et quel mortel ennui vous anime aujourd'hui contre tout votre sang.

3 de ce sang déplorable je péris la dernière et la plus misérable = je péris la dernière et la plus misérable de ce sang déplorable.

4 De l'amour j'ai toutes les fureurs. = J'ai toutes les fureurs de l'amour.

Ô désespoir ! ô crime ! ô déplorable race !

Voyage infortuné ! Rivage malheureux,

Fallait-il approcher de tes bords dangereux !

170 **PHÈDRE.**

Mon mal vient de plus loin. À peine au fils d'Égée

Sous les lois de l'hymen je m'étais engagée[1],

Mon repos, mon bonheur semblait être affermi ;

Athènes me montra mon superbe ennemi :

175 Je le vis, je rougis, je pâlis à sa vue ;

Un trouble s'éleva dans mon âme éperdue ;

Mes yeux ne voyaient plus, je ne pouvais parler ;

Je sentis tout mon corps et transir[2] et brûler :

Je reconnus Vénus et ses feux redoutables,

180 D'un sang qu'elle poursuit tourments inévitables[3] !

Par des vœux assidus je crus les détourner :

Je lui bâtis un temple, et pris soin de l'orner ;

De victimes moi-même à toute heure entourée[4],

Je cherchais dans leurs flancs ma raison égarée :

185 D'un incurable amour remèdes impuissants[5] !

En vain sur les autels ma main brûlait l'encens !

Quand ma bouche implorait le nom de la déesse,

J'adorais Hippolyte ; et, le voyant sans cesse,

Même au pied des autels que je faisais fumer,

190 J'offrais tout à ce dieu que je n'osais nommer.

Je l'évitais partout. Ô comble de misère !

Mes yeux le retrouvaient dans les traits de son père.

Contre moi-même enfin j'osai me révolter :

J'excitai mon courage à le persécuter.

195 Pour bannir l'ennemi dont j'étais idolâtre,

J'affectai les chagrins d'une injuste marâtre[6] ;

Je pressai son exil ; et mes cris éternels

---

1 à peine au fils d'Égée sous les lois de l'hymen je m'étais engagée = à peine sous les lois de l'hymen je m'étais engagée au fils d'Égée.

2 transir *v.i.* = s'engourdir de froid 【旧】冻得麻木

3 D'un sang qu'elle poursuit tourments inévitables ! = Qu'elle poursuit tourments inévitables d'un sang !

4 de victimes moi-même à toute heure entourée = entourée moi-même de victimes à toute heure.

5 d'un incurable amour remèdes impuissants = remèdes impuissants d'un incurable amour.

6 marâtre *n.f.* = belle-mère 【贬】后母，继母

L'arrachèrent du sein et des bras paternels.

Je respirais, Œnone ; et, depuis son absence,

200 Mes jours moins agités coulaient dans l'innocence :

Soumise à mon époux, et cachant mes ennuis,

De son fatal hymen je cultivais les fruits[1].

Vaines précautions ! Cruelle destinée !

Par mon époux lui-même à Trézène amenée,

205 J'ai revu l'ennemi que j'avais éloigné[2] :

Ma blessure trop vive aussitôt a saigné[3].

Ce n'est plus une ardeur dans mes veines cachée[4] :

C'est Vénus tout entière à sa proie attachée[5].

J'ai conçu pour mon crime une juste terreur ;

210 J'ai pris la vie en haine, et ma flamme en horreur ;

Je voulais en mourant prendre soin de ma gloire,

Et dérober au jour une flamme si noire :

Je n'ai pu soutenir tes larmes, tes combats ;

Je t'ai tout avoué ; je ne m'en repens pas.

215 Pourvu que, de ma mort respectant les approches[6],

Tu ne m'affliges plus par d'injustes reproches,

Et que tes vains secours cessent de rappeler

Un reste de chaleur tout prêt à s'exhaler[7].

Didot, 1854.

✍ Questions et Réflexions

1. Relevez et étudiez le lexique qui exprime l'intensité de la passion de Phèdre.

2. Comment Racine parvient-il à faire ressortir la fatalité de l'amour de Phèdre pour Hippolyte ?

---

1 De son fatal hymen je cultivais les fruits. = Je cultivais les fruits de son fatal hymen.

2 Par mon époux lui-même à Trézène amenée, j'ai revu l'ennemi que j'avais éloigné. = Amenée par mon époux lui-même à Trézène, j'ai revu l'ennemi que j'avais éloigné.

3 Ma blessure trop vive aussitôt a saigné. = Ma blessure trop vive a saigné aussitôt.

4 Ce n'est plus une ardeur dans mes veines cachée. = Ce n'est plus une ardeur cachée dans mes veines.

5 C'est Vénus tout entière à sa proie attachée. = C'est Vénus attachée tout entière à sa proie.

6 de ma mort respectant les approches = respectant les approches de ma mort.

7 s'exhaler v.pr. = se dégager 散发；【转】表露，流露

文化点滴

古典主义戏剧和"三一律"

"古典主义"（le classicisme）一词，由19世纪浪漫派创造，用来指称路易十四时代的文艺美学。在路易十四统治的时代（1643–1715），戏剧作为主流文学体裁，是法国社会文化生活的重要组成部分。法兰西王权以经济政治实力为后盾，介入文艺领域，要求构建并确立剧本创作法则，规范戏剧艺术的发展。于是，在继承亚里士多德、贺拉斯等古代诗学理论的基础上，法国戏剧理论家们主张回归古希腊正统悲剧、喜剧创作，在遵循古代剧作法则的基础上推陈出新。"三一律"（la règle des trois unités）就是古典主义剧作法的重要规则之一。

1630年，法国戏剧理论家沙坡兰（Jean Chapelain），首先在意大利戏剧理论家斯卡利杰（Jules César Scaliger）对亚里士多德《诗学》（*Poétique*）的阐释基础上，发表《关于剧作艺术的致信》（*Lettre sur l'art dramatique*）一文，首次正式提及"三一律"法则。随后，奥比涅克神父（l'abbé d'Aubignac）在路易十四的辅臣红衣主教马扎兰（le Cardinal de Mazarin）的指示下，撰写《戏剧实践》（*La Pratique du théâtre*），规定"三一律"为古典主义戏剧的首要创作法则。布瓦洛（Boileau）的《诗的艺术》（*L'Art poétique*）是对古典主义剧作法的全面总结，书中将"三一律"总结为："要用一地、一天完成的一个行动/从头至尾保持舞台充实"（« Qu'en un lieu, qu'en un jour, un seul fait accompli Tienne jusqu'à la fin le théâtre rempli »），即行动必须围绕一个故事展开，时间不能超过24小时且必须发生在同一地点。践行"三一律"法则的首要目的，在于保证戏剧演出的"逼真性"（la vraisemblance），令行动的持续时间与地点变化符合客观真实。其次，旨在将复杂情节简单化处理，进而通过人物的独白或对话表现其情感与心理变化。此外，考虑到戏剧艺术的道德教化作用，古典主义戏剧作家被要求遵循"合式"（la bienséance）原则。因此，诸如战争、决斗、死亡等暴力场景被禁止出现在戏剧舞台上，只能通过口述形式呈现。

高乃依、拉辛与莫里哀被后人誉为古典主义戏剧三杰，其戏剧作品见证了古典主义戏剧由诞生走向成熟的发展历程。

CHAPITRE II

LE THÉÂTRE DU XVIIIᵉ SIÈCLE

　　18 世纪是法国戏剧的繁荣发展时期。尤其从路易十四统治末期到 1789 年法国大革命爆发，剧本数量与上演场次均增多，观众人数日益壮大，戏剧作为艺术热潮渗透到法兰西日常生活中。看戏成为上流社会风雅生活和普通民众娱乐生活中不可或缺的部分，乃至演变为社会群体内部组织公共生活的日常方式。在此期间，既有以伏尔泰（Voltaire）为代表的悲剧作家力图维护古典主义悲剧的辉煌，又有马里沃（Marivaux）、博马舍（Beaumarchais）用家喻户晓的作品撑起喜剧的一片天地，还有狄德罗（Diderot）提出第三个剧种——严肃剧，为布尔乔亚的戏剧建立了基本理论框架。戏剧逐渐成为传播启蒙思想和社会政治思潮的重要领地。

　　然而，与古典主义戏剧在 17 世纪的确立所带来的稳定状态相比，18 世纪的法兰西剧坛可谓充满动荡与变革。世纪开篇即显现了古典主义悲剧的衰落。剧作家伏尔泰致力于延续悲剧剧种，拥有担当法兰西剧坛霸主的雄心。他从莎士比亚戏剧中吸取灵感，并力图在继承拉辛式的古典主义悲剧创作结构基础上进行革新。他在戏剧中引入现代主题，常常将社会政治问题搬上戏剧舞台，在哲学论战中表现自己反对专制、反对宗教偏见的启蒙思想，在一定程度上促进了法国戏剧的发展。伏尔泰有多部作品进入法兰西喜剧院的保留剧目，在整个 18 世纪频繁上演。他最著名的悲剧作品是《扎伊尔》（*Zaïre*）和《梅洛普》（*Mérope*）。

　　18 世纪的喜剧作家试图承袭莫里哀开创的喜剧道路。然而，时代与公众审美趣味的变化似乎对喜剧创作另有期待。一方面，喜剧中智性的、讽刺性的因素不断增加；另一方面，出现了一类具有感伤情绪的、道德意味浓厚的喜剧，对人物更为深入的心理情感分析取代了古典主义喜剧注重性格刻画的特点，史称"感伤喜剧"（la comédie larmoyante）。

　　18 世纪法国喜剧的代表性剧作家是活跃于上半叶的马里沃与下半叶的博马舍。

　　马里沃深受意大利喜剧影响，在成功将其法国化的基础上，大胆摆脱法国古典主义喜剧的传统束缚，聚焦"爱情"这一情感主题，通过精巧的人物对话，开创了独具特色的法式爱情喜剧，形成了自成一格的"马里沃风格"(le marivaudage)。1730 年的《爱情偶遇游戏》(*Le Jeu de l'amour et du hasard*) 与 1723 年的《双重背叛》(*La Double Inconstance*),是马里沃演出纪录最多的两部作品。

博马舍以其代表性系列剧作"费加罗三部曲"闻名于世。尤其在前两部即《塞维勒的理发师》(*Le Barbier de Séville*) 和《费加罗的婚礼》(*Le Mariage de Figaro*) 中,通过塑造"费加罗"这一挑战主人权力的机智男仆的角色,刻画出"真正法国人的肖像",同时制造大量曲折欢快的情节,兼及某种政治与社会讽刺,对喜剧剧种进行了革新。博马舍在《塞维勒的理发师》中对时代作出的描绘与评价,使该剧跳脱出费加罗"性格喜剧"的传统框架,成为一部具有强烈社会介入性的喜剧。《费加罗的婚礼》被认为是《塞维勒的理发师》的续篇,对旧制度的嘲讽体现了民众阶层不断增强的力量,具有更为强烈的政治讽刺性。该剧历经多次审查后才被允许公演,被认为是法国大革命的先声之一。

18 世纪的法国剧院海纳百川,对各种题材、类型、背景的戏剧包容性很强,在戏剧文体的复杂性上超越了 19 世纪和 20 世纪的法国戏剧。许多脍炙人口的戏剧作品,在当代舞台上仍能继续上演,毫不过时,成为经久不衰的戏剧瑰宝。

MARIVAUX (1688–1763)

Biographie

Pierre Carlet de Chamblain de Marivaux, dit Marivaux, est né à Paris en 1688 dans une famille de nobles et mort à Paris en 1763 d'une pleurésie. Il s'essaie à différents genres littéraires : romans, feuilletons, poèmes, chroniques journalistiques, comédies. Parallèlement à sa carrière de dramaturge, il travaille dans la banque puis comme journaliste au *Spectateur français*, journal qu'il fonde en 1721. Auteur principalement de pièces de théâtre, inspiré par la commedia dell'arte, Pierre de Marivaux écrit surtout pour la Comédie-Française et la Comédie-Italienne. Ses pièces de théâtres remportent pour certaines un grand succès populaire : *La Surprise de l'amour* (1722), *La Double Inconstance* (1723), *Le Jeu de l'amour et du hasard* (1730) et *Les Fausses Confidences* (1737) en sont quelques exemples. Il y est le plus souvent question d'amours légères, ce que l'on appellera plus tard le « marivaudage ». Cependant, Marivaux étant un écrivain des Lumières ; à cette apparente légèreté s'ajoute dans ses pièces une subtile critique des inégalités sociales, comme *L'Île des esclaves* (1725) ou *La Colonie* (1750). Il est élu à l'Académie française en 1742.

LE JEU DE L'AMOUR ET DU HASARD
(1730)

✍ Résumé

Acte I

Silvia, fille de Monsieur Orgon, craint d'épouser, sans le connaître, Dorante, le jeune homme que son père lui destine. Elle décide de se travestir et d'échanger son habit avec sa femme de chambre, Lisette. Elle espère ainsi pouvoir mieux observer son prétendant. Mais Dorante a eu la même idée et se présente chez Monsieur Orgon déguisé en un serviteur nommé Bourguignon, alors que son valet, Arlequin, se fait passer pour Dorante. Monsieur Orgon et son fils, Mario, sont seuls informés du travestissement des jeunes gens et décident de laisser ses chances au « jeu de l'amour et du hasard ».

Acte II

Dès la fin du premier acte et au cours de l'acte II, les rencontres entre maîtres et valets déguisés sont autant de surprises de l'amour et de quiproquos. En effet, Silvia et Dorante s'étonnent d'être sensibles aux charmes d'une personne d'un rang social inférieur. Lisette et Arlequin, de leur côté, s'émerveillent et profitent de leur pouvoir de séduction sur celui ou celle qu'ils prennent pour un maître ou une maîtresse. Lorsque Silvia apprend enfin de Dorante sa véritable identité, elle éprouve un vif soulagement. Toutefois, sans se dévoiler, elle décide de poursuivre le jeu à sa guise.

Acte III

Silvia veut en effet obtenir de Dorante qu'il lui donne une très haute preuve de son amour : elle aimerait l'amener à lui offrir le mariage alors qu'il la croit encore femme de chambre. Aidée de son frère Mario qui pique la jalousie de Dorante, Silvia triomphe finalement de celui-ci et c'est seulement dans la dernière scène qu'elle lui révèle qui elle est. Arlequin et Lisette, eux aussi démasqués au dénouement, se jurent, malgré leur déception, un amour éternel.

✐ Commentaire

Comédie en trois actes et en prose, *Le Jeu de l'amour et du hasard* est la pièce la plus célèbre de son auteur. Cette pièce traite d'un sujet traditionnel de la comédie : le mariage, la découverte de l'autre et du sentiment amoureux par le déguisement. La plupart des comédies de Marivaux emploient la thématique du travestissement : pour concrétiser son projet, un personnage prend la place d'un autre. Non seulement Dorante et Silvia, les deux personnages principaux, se déguisent en domestique, mais il y a une inversion des rôles entre serviteurs et maîtres. *Le Jeu de l'amour et du hasard* affiche deux scénarios : celui qui relate l'histoire entre Lisette et Arlequin, les serviteurs transformés en des personnes de condition qui se déguisent en leurs maîtres. Cette thématique de l'échange de rôles entre serviteurs et maîtres existe depuis les pièces antiques. Molière s'est déjà servi de cette ruse dans les *Précieuses ridicules*. Par contre, le scénario qui fait rencontrer deux jeunes bourgeois déguisés en serviteurs est rare avant le XVIIIᵉ siècle. La particularité du *Jeu de l'amour et du hasard* se distingue des autres pièces contemporaines. Il met en scène une situation originale : c'est la correspondance absolue entre les deux péripéties, celle des valets et des maîtres et la simplicité extraordinaire entre Silvia et Dorante. Leur relation provoque une reconnaissance instantanée, la sensation de vivre une aventure inouïe et le progrès que connaît leur amour, toujours critiqué, mais devient de plus en plus fort. Par ailleurs, *Le Jeu de l'amour et du hasard* est un manifeste qui attaque les coutumes du mariage arrangé infligé par les parents. M. Orgon, le père de Silvia, s'avère être un homme indulgent, compréhensif et malicieux. Il donne un libre arbitre à sa fille et la laisse faire ses preuves.

✐ Extrait

ACTE II
SCÈNE VIII
SILVIA, seule.

◆

Je frissonne encore de ce que je lui ai entendu dire. Avec quelle impudence les domestiques ne nous traitent-ils pas dans leur esprit ! Comme ces gens-là vous dégradent ! Je ne saurais m'en remettre[1] ; je n'oserais songer aux termes dont elle s'est servie, ils me font

5   toujours peur. Il s'agit d'un valet ! Ah ! l'étrange chose ! Écartons

---

1 se remettre *v.pr.* = se rétablir 恢复平静

l'idée dont cette insolente est venue me noircir l'imagination. Voici Bourguignon, voilà cet objet en question pour lequel je m'emporte ; mais ce n'est pas sa faute, le pauvre garçon ! et je ne dois pas m'en prendre[1] à lui.

SCÈNE IX
DORANTE, SILVIA.

10 **DORANTE.**

Lisette, quelque éloignement que tu aies pour moi, je suis forcé de te parler, je crois que j'ai à me plaindre de toi.

SILVIA.

Bourguignon, ne nous tutoyons plus, je t'en prie.

15 **DORANTE.**

Comme tu voudras.

SILVIA.

Tu n'en fais pourtant rien.

DORANTE.

20 Ni toi non plus, tu me dis : je t'en prie.

SILVIA.

C'est que cela m'est échappé.

DORANTE.

Eh bien, crois-moi, parlons comme nous pourrons ; ce n'est pas la
25 peine de nous gêner pour le peu de temps que nous avons à nous voir.

SILVIA.

Est-ce que ton maître s'en va ? Il n'y aurait pas grande perte.

DORANTE.

30 Ni à moi non plus, n'est-il pas vrai ? J'achève ta pensée.

SILVIA.

Je l'achèverais bien moi-même si j'en avais envie : mais je ne songe pas à toi.

DORANTE.

35 Et moi, je ne te perds point de vue.

---

1 s'en prendre à qqn *loc.v.* = blâmer qqn 责怪某人

SILVIA.

Tiens, Bourguignon, une bonne fois pour toutes, demeure, va-t'en, reviens, tout cela doit m'être indifférent, et me l'est en effet, je ne te veux ni bien ni mal, je ne te hais, ni ne t'aime, ni ne t'aimerai, à moins
40 que l'esprit ne me tourne. Voilà mes dispositions, ma raison ne m'en permet point d'autres, et je devrais me dispenser de te le dire.

DORANTE.

Mon malheur est inconcevable, tu m'ôtes peut-être tout le repos de ma vie.

45 **SILVIA.**

Quelle fantaisie il s'est allé mettre dans l'esprit ! Il me fait de la peine : reviens à toi ; tu me parles, je te réponds, c'est beaucoup, c'est trop même, tu peux m'en croire, et si tu étais instruit, en vérité, tu serais content de moi, tu me trouverais d'une bonté sans exemple,
50 d'une bonté que je blâmerais dans une autre. Je ne me la reproche pourtant pas, le fond de mon cœur me rassure, ce que je fais est louable, c'est par générosité que je te parle ; mais il ne faut pas que cela dure, ces générosités-là ne sont bonnes qu'en passant, et je ne suis pas faite pour me rassurer toujours sur l'innocence de mes
55 intentions ; à la fin, cela ne ressemblerait plus à rien. Ainsi finissons, Bourguignon ; finissons je t'en prie ; qu'est-ce que cela signifie ? C'est se moquer, allons, qu'il n'en soit plus parlé.

DORANTE.

Ah, ma chère Lisette, que je souffre !

60 **SILVIA.**

Venons à ce que tu voulais me dire ; tu te plaignais de moi quand tu es entré, de quoi était-il question ?

DORANTE.

De rien, d'une bagatelle, j'avais envie de te voir, et je crois que je n'ai
65 pris qu'un prétexte.

SILVIA, *à part.*

Que dire à cela ? Quand je m'en fâcherais, il n'en serait ni plus ni moins.

DORANTE.

70 Ta maîtresse en partant a paru m'accuser de t'avoir parlé au désavantage de mon maître.

SILVIA.

Elle se l'imagine, et si elle t'en parle encore, tu peux nier hardiment, je me charge du reste.

75 **DORANTE.**

Eh, ce n'est pas cela qui m'occupe !

SILVIA.

Si tu n'as que cela à me dire, nous n'avons plus que faire ensemble.

DORANTE.

80 Laisse-moi du moins le plaisir de te voir.

SILVIA.

Le beau motif qu'il me fournit là ! J'amuserai la passion de Bourguignon ! Le souvenir de tout ceci me fera bien rire un jour.

DORANTE.

85 Tu me railles, tu as raison, je ne sais ce que je dis, ni ce que je te demande. Adieu.

SILVIA.

Adieu, tu prends le bon parti… Mais, à propos de tes adieux, il me reste encore une chose à savoir : vous partez, m'as-tu dit, cela est-il

90 sérieux ?

DORANTE.

Pour moi, il faut que je parte, ou que la tête me tourne.

SILVIA.

Je ne t'arrêtais pas pour cette réponse-là, par exemple.

95 **DORANTE.**

Et je n'ai fait qu'une faute, c'est de n'être pas parti dès que je t'ai vue.

SILVIA, *à part*.

J'ai besoin à tout moment d'oublier que je l'écoute.

DORANTE.

100 Si tu savais, Lisette, l'état où je me trouve…

SILVIA.

Oh, il n'est pas si curieux à savoir que le mien, je t'en assure.

DORANTE.

Que peux-tu me reprocher ? Je ne me propose pas de te rendre

105 sensible.

SILVIA.

Il ne faudrait pas s'y fier.

DORANTE.

Et que pourrais-je espérer en tâchant de me faire aimer ? Hélas !

110　Quand même j'aurais ton cœur…

SILVIA.

Que le ciel m'en préserve ! Quand tu l'aurais, tu ne le saurais pas, et je ferais si bien que je ne le saurais pas moi-même : tenez, quelle idée il lui vient là !

115　**DORANTE.**

Il est donc bien vrai que tu ne me hais, ni ne m'aimes, ni ne m'aimeras ?

SILVIA.

Sans difficulté.

DORANTE.

120　Sans difficulté ! Qu'ai-je donc de si affreux ?

SILVIA.

Rien, ce n'est pas là ce qui te nuit.

DORANTE.

Eh bien, chère Lisette, dis-le-moi cent fois, que tu ne m'aimeras point.

125　**SILVIA.**

Oh, je te l'ai assez dit, tâche de me croire.

DORANTE.

Il faut que je le croie ! Désespère une passion dangereuse, sauve-moi des effets que j'en crains ; tu ne me hais, ni ne m'aimes, ni ne

130　m'aimeras ! accable mon cœur de cette certitude-là. J'agis de bonne foi, donne-moi du secours contre moi-même, il m'est nécessaire, je te le demande à genoux.

Il se jette à genoux. Dans ce moment, Monsieur Orgon et Mario entrent et ne disent mot.

135　**SILVIA.**

Ah, nous y voilà ! Il ne manquait plus que cette façon-là à mon aventure ; que je suis malheureuse ! C'est ma facilité qui le place là ; lève-toi donc. Bourguignon, je t'en conjure[1] ; il peut venir quelqu'un. Je dirai ce qu'il te plaira, que me veux-tu ? Je ne te hais point, lève-toi,

140　je t'aimerais si je pouvais, tu ne me déplais point, cela doit te suffire.

---

1 conjurer *v.t.* = prier 恳求，祈求

DORANTE.

Quoi ! Lisette, si je n'étais pas ce que je suis, si j'étais riche, d'une condition honnête, et que je t'aimasse autant que je t'aime, ton cœur n'aurait point de répugnance pour moi ?

145 **SILVIA.**

Assurément.

DORANTE.

Tu ne me haïrais pas, tu me souffrirais ?

SILVIA.

150 Volontiers, mais lève-toi.

DORANTE.

Tu parais le dire sérieusement ; et si cela est, ma raison est perdue.

SILVIA.

Je dis ce que tu veux, et tu ne te lèves point.

SCÈNE XII

SILVIA, SEULE ; DORANTE, *qui vient peu après*.

———⌄———

155 **SILVIA.**

Ah, que j'ai le cœur serré ! Je ne sais ce qui se mêle à l'embarras où je me trouve, toute cette aventure-ci m'afflige, je me défie de tous les visages, je ne suis contente de personne, je ne le suis pas de moi-même.

160 **DORANTE.**

Ah, je te cherchais, Lisette.

SILVIA.

Ce n'était pas la peine de me trouver, car je te fuis, moi.

DORANTE, *l'empêchant de sortir*.

165 Arrête donc, Lisette, j'ai à te parler pour la dernière fois, il s'agit d'une chose de conséquence qui regarde tes maîtres.

SILVIA.

Va la dire à eux-mêmes, je ne te vois jamais que tu ne me chagrines, laisse-moi.

170 **DORANTE.**

Je t'en offre autant ; mais écoute-moi, te dis-je, tu vas voir les choses bien changer de face, par ce que je te vais dire.

SILVIA.

Eh bien, parle donc, je t'écoute, puisqu'il est arrêté que ma complai-

175   sance pour toi sera éternelle.

DORANTE.

Me promets-tu le secret ?

SILVIA.

Je n'ai jamais trahi personne.

180 **DORANTE.**

Tu ne dois la confidence que je vais te faire qu'à l'estime que j'ai pour

toi.

SILVIA.

Je le crois ; mais tâche de m'estimer sans me le dire, car cela sent le

185   prétexte.

DORANTE.

Tu te trompes, Lisette : tu m'as promis le secret, achevons. Tu m'as vu

dans de grands mouvements, je n'ai pu me défendre de t'aimer.

SILVIA.

190   Nous y voilà ; je me défendrai bien de t'entendre, moi ; adieu.

DORANTE.

Reste, ce n'est plus Bourguignon qui te parle.

SILVIA.

Eh, qui es-tu donc ?

195 **DORANTE.**

Ah, Lisette ! C'est ici où tu vas juger des peines qu'a dû ressentir mon

cœur.

SILVIA.

Ce n'est pas à ton cœur à qui je parle, c'est à toi.

200 **DORANTE.**

Personne ne vient-il ?

SILVIA.

Non.

DORANTE.

205   L'état où sont toutes les choses me force à te le dire, je suis trop

honnête homme pour n'en pas arrêter le cours.

SILVIA.

Soit.

DORANTE.

210   Sache que celui qui est avec ta maîtresse n'est pas ce qu'on pense.

SILVIA, *vivement*.

Qui est-il donc ?

DORANTE.

Un valet.

215   **SILVIA.**

Après ?

DORANTE.

C'est moi qui suis Dorante.

SILVIA, *à part*.

220   Ah ! Je vois clair dans mon cœur.

DORANTE.

Je voulais sous cet habit pénétrer un peu ce que c'était que ta maîtresse, avant de l'épouser. Mon père, en partant, me permit ce que j'ai fait, et l'événement m'en paraît un songe : je hais la maîtresse

225   dont je devais être l'époux, et j'aime la suivante qui ne devait trouver en moi qu'un nouveau maître. Que faut-il que je fasse à présent ? Je rougis pour elle de le dire, mais ta maîtresse a si peu de goût qu'elle est éprise de mon valet au point qu'elle l'épousera si on la laisse faire. Quel parti prendre ?

230   **SILVIA**, *à part*.

Cachons-lui qui je suis…

Haut.

Votre situation est neuve assurément ! Mais, Monsieur, je vous fais d'abord mes excuses de tout ce que mes discours ont pu avoir

235   d'irrégulier dans nos entretiens.

DORANTE, *vivement*.

Tais-toi, Lisette ; tes excuses me chagrinent, elles me rappellent la distance qui nous sépare, et ne me la rendent que plus douloureuse.

SILVIA.

240   Votre penchant pour moi est-il si sérieux ? M'aimez-vous jusque-là ?

DORANTE.

Au point de renoncer à tout engagement, puisqu'il ne m'est pas permis d'unir mon sort au tien ; et dans cet état, la seule douceur que je pouvais goûter, c'était de croire que tu ne me haïssais pas.

245 **SILVIA.**

Un cœur qui m'a choisie dans la condition où je suis, est assurément bien digne qu'on l'accepte, et je le payerais volontiers du mien, si je ne craignais pas de le jeter dans un engagement qui lui ferait tort.

DORANTE.

250 N'as-tu pas assez de charmes, Lisette ? y ajoutes-tu encore la noblesse avec laquelle tu me parles ?

SILVIA.

J'entends quelqu'un, patientez encore sur l'article de votre valet, les choses n'iront pas si vite, nous nous reverrons, et nous chercherons
255 les moyens de vous tirer d'affaire.

DORANTE.

Je suivrai tes conseils.

Il sort.

SILVIA.

260 Allons, j'avais grand besoin que ce fût là Dorante.

Nelson, 1937.

Questions et Réflexions

1. Expliquez la subtilité de la peinture de l'âme féminine de Marivaux dans cet extrait.
2. Qu'est-ce qui distingue la situation des amants sous la plume de Marivaux de celle des autres pièces ? Quels sont les obstacles à leur union ?
3. Comment interpréter la fonction des apartés dans ce dialogue ?

LES FAUSSES CONFIDENCES
(1737)

✎ Résumé

Acte I

À l'incitation secrète de Dubois son ancien valet, Dorante, soutenu par son oncle M. Remy, procureur, postule l'emploi d'intendant d'Araminte, riche veuve de financier dont il est épris malgré son manque de fortune. Dubois lui promet la dame et les 50 000 livres de rente, et lui demande de séduire Mlle Marton. M. Remy conseille, lui, à Dorante d'épouser Marton, fille de procureur, amie d'Araminte. Ayant aperçu Dorante, Araminte décide de l'engager, mais Mme Argante, sa mère, se promet de le renvoyer, faute d'obtenir son soutien au mariage qu'elle projette entre Araminte et le comte Dorimont. Marton, à qui Dorimont a promis 1 000 écus, pousse Dorante à le soutenir. Dorante rapporte à Araminte qu'on veut le faire mentir à propos d'une affaire qui oppose celle-ci à Dorimont, et feint l'embarras devant Dubois ; celui-ci révèle l'amour fou de Dorante à Araminte, qui fait mine, devant Dorante, d'envisager son renvoi, tandis que Dubois dispose ses « batteries ».

Acte II

Dorante conseille à Araminte de ne pas craindre un procès avec Dorimont, lui suggère d'éloigner Dubois, et refuse devant elle, en invoquant l'amour, un parti de 15 000 livres proposé par M. Remy. Marton s'attribue ce sacrifice, ainsi que le portrait en boîte qu'on vient livrer à Dorante : Araminte s'y découvre en l'ouvrant, tandis que Dubois suscite une dispute avec Arlequin à propos d'un portrait d'Araminte dans l'appartement de Dorante. Pressée de renvoyer son intendant, Araminte décide « de lui tendre un piège » pour le forcer à se déclarer : elle lui dicte une lettre au Comte. Ne sachant ce qu'il faut faire, Dorante souffre sans avouer, mais finit aux pieds d'Araminte, où Marton le surprend, au grand émoi d'Araminte. « Voici l'affaire dans sa crise », conclut Dubois, à qui Araminte n'a rien dit de ses sentiments.

Acte III

Dubois décide d'« achever » Araminte « pendant qu'elle est étourdie », se sert de Marton pour faire intercepter une lettre de Dorante, alors que Mme Argante s'agite, se prend de bec avec M. Remy et somme en vain sa fille de renvoyer cet intendant à « la mine doucereuse ». Araminte confirme à Dorante sa décision de le garder, quand Marton vient lire la lettre de Dorante, où il révèle sa passion à un pseudo-ami. Dubois explique à Araminte qu'il a fait subtiliser la lettre pour l'aider à renvoyer Dorante, et se félicite in petto d'être chassé. Persuadée par Dorante de rejeter sur M. Remy le quiproquo de leur amour, Marton le disculpe et se réconcilie avec Araminte, qui accepte de recevoir Dorante : c'est elle qui avoue la première son amour, mais Dorante lui révèle alors les stratagèmes de Dubois, qu'elle pardonne, avant d'annoncer elle-même son mariage au Comte et à Mme Argante.

〰 **Commentaire**

Comédie en trois actes et en prose, *Les Fausses Confidences* est créée le 16 mars 1737 à l'Hôtel de Bourgogne. Pièce écrite pour les comédiens italiens, elle rencontra un vif succès auprès du public et entra dès 1740 au répertoire de la Comédie-Italienne. Cette pièce qui mêle comédie d'intrigue, comédie de mœurs et comédie psychologique permet d'entrer dans le théâtre de Marivaux qui peint la surprise de l'amour et ses obstacles. La pièce est aujourd'hui considérée comme un chef-d'œuvre de Marivaux, à égalité avec le *Jeu de l'amour et du hasard*. Marivaux s'y est inspiré du *Chien du jardinier* de Lope de Vega. De même, il a repris plusieurs procédés ou situations de ses précédentes comédies comme la *Surprise de l'amour* et le *Jeu de l'amour et du hasard*, il a utilisé notamment la thématique du déguisement qu'il renouvelle par les quiproquos non démentis et l'exploitation manipulatrice des malentendus.

Ce qui frappe aujourd'hui dans ces *Fausses Confidences*, c'est son éloignement du marivaudage « sucré » dans l'étude d'un milieu où l'argent prévaut sur l'amour. Marivaux y a repris le réalisme trivial de son roman le *Paysan parvenu*. Le thème très moderne de la manipulation, que le grand acteur Jouvet qualifiait de « spectacle éprouvant pour la dignité humaine », ouvrait la voie au pessimisme noir qui, cent cinquante ans plus tard, ricana dans les *Corbeaux* d'Henri Becque.

Extrait

ACTE II
SCÈNE XIII
DORANTE, ARAMINTE, DUBOIS.

DUBOIS, *sortant, et en passant auprès de Dorante, et rapidement.*

Il m'est impossible de l'instruire ; mais qu'il se découvre ou non, les choses ne peuvent aller que bien.

DORANTE.

5   Je viens, madame, vous demander votre protection. Je suis dans le chagrin et dans l'inquiétude : j'ai tout quitté pour avoir l'honneur d'être à vous, je vous suis plus attaché que je ne puis le dire ; on ne saurait vous servir avec plus de fidélité ni de désintéressement ; et cependant je ne suis pas sûr de rester. Tout le monde ici m'en veut[1],

10   me persécute et conspire pour me faire sortir. J'en suis consterné ; je tremble que vous ne cédiez à leur inimitié pour moi, et j'en serais dans la dernière affliction.

ARAMINTE, *d'un ton doux.*

Tranquillisez-vous ; vous ne dépendez point de ceux qui vous en

15   veulent ; ils ne vous ont encore fait aucun tort dans mon esprit, et tous leurs petits complots n'aboutiront à rien ; je suis la maîtresse.

DORANTE, *d'un air bien inquiet.*

Je n'ai que votre appui, madame.

ARAMINTE.

20   Il ne vous manquera pas ; mais je vous conseille une chose : ne leur paraissez pas si alarmé, vous leur feriez douter de votre capacité, et il leur semblerait que vous m'auriez beaucoup d'obligation de ce que je vous garde.

DORANTE.

25   Ils ne se tromperaient pas, madame ; c'est une bonté qui me pénètre de reconnaissance.

ARAMINTE.

À la bonne heure ; mais il n'est pas nécessaire qu'ils le croient. Je

---

1 en vouloir à *loc.v.* = haïr 【俗】怨恨

30 vous sais bon gré de votre attachement et de votre fidélité ; mais dissimulez-en une partie, c'est peut-être ce qui les indispose[1] contre vous. Vous leur avez refusé de m'en faire accroire sur le chapitre du procès ; conformez-vous à ce qu'ils exigent ; regagnez-les par là, je vous le permets : l'événement leur persuadera que vous les avez bien servis ; car toute réflexion faite, je suis déterminée à épouser le

35 Comte.

DORANTE, *d'un ton ému.*

Déterminée, madame !

ARAMINTE.

Oui, tout à fait résolue. Le Comte croira que vous y avez contribué ; je

40 le lui dirai même, et je vous garantis que vous resterez ici ; je vous le promets.

À part.

Il change de couleur.

DORANTE.

45 Quelle différence pour moi, madame !

ARAMINTE, *d'un air délibéré.*

Il n'y en aura aucune, ne vous embarrassez pas, et écrivez le billet que je vais vous dicter ; il y a tout ce qu'il faut sur cette table.

DORANTE.

50 Et pour qui, madame ?

ARAMINTE.

Pour le Comte, qui est sorti d'ici extrêmement inquiet, et que je vais surprendre bien agréablement par le petit mot que vous allez lui écrire en mon nom.

55 *Dorante reste rêveur, et par distraction ne va point à la table.*

Eh ! Vous n'allez pas à la table ? À quoi rêvez-vous ?

DORANTE, *toujours distrait.*

Oui, madame.

ARAMINTE, *à part, pendant qu'il se place.*

60 Il ne sait ce qu'il fait ; voyons si cela continuera.

DORANTE, *à part, cherchant du papier.*

Ah ! Dubois m'a trompé !

---

1 indisposer *v.t.* = déplaire à 使不满

ARAMINTE, poursuivant.

Êtes-vous prêt à écrire ?

65 **DORANTE.**

Madame, je ne trouve point de papier.

ARAMINTE, *allant elle-même.*

Vous n'en trouvez point ! En voilà devant vous.

DORANTE.

70 Il est vrai.

ARAMINTE.

Écrivez. Hâtez-vous de venir, monsieur ; votre mariage est sûr… Avez-vous écrit ?

DORANTE.

75 Comment, madame ?

ARAMINTE.

Vous ne m'écoutez donc pas ? Votre mariage est sûr ; madame veut que je vous l'écrive, et vous attend pour vous le dire.

À part.

80 Il souffre, mais il ne dit mot ; est-ce qu'il ne parlera pas ? N'attribuez point cette résolution à la crainte que madame pourrait avoir des suites d'un procès douteux.

DORANTE.

Je vous ai assuré que vous le gagneriez, madame : douteux, il ne l'est

85 point.

ARAMINTE.

N'importe, achevez. Non, monsieur, je suis chargé de sa part de vous assurer que la seule justice qu'elle rend à votre mérite la détermine.

DORANTE, *à part.*

90 Ciel ! Je suis perdu.

Haut.

Mais, madame, vous n'aviez aucune inclination pour lui.

ARAMINTE.

Achevez, vous dis-je… Qu'elle rend à votre mérite la détermine…

95 Je crois que la main vous tremble ! Vous paraissez changé. Qu'est-ce que cela signifie ? Vous trouvez-vous mal ?

DORANTE.

Je ne me trouve pas bien, madame.

ARAMINTE.

100 Quoi ! Si subitement ! Cela est singulier. Pliez la lettre et mettez : À monsieur le comte Dorimont. Vous direz à Dubois qu'il la lui porte.

À part.

Le coeur me bat !

À Dorante.

105 Voilà qui est écrit tout de travers[1] ! Cette adresse-là n'est presque pas lisible.

À part.

Il n'y a pas encore là de quoi le convaincre.

DORANTE, *à part.*

110 Ne serait-ce point aussi pour m'éprouver ? Dubois ne m'a averti de rien.

SCÈNE XIV
ARAMINTE, DORANTE, MARTON.

MARTON.

Je suis bien aise, madame, de trouver monsieur ici ; il vous confirmera tout de suite ce que j'ai à vous dire. Vous avez offert en différentes 115 occasions de me marier, madame, et jusqu'ici je ne me suis point trouvée disposée à profiter de vos bontés. Aujourd'hui monsieur me recherche ; il vient même de refuser un parti[2] infiniment plus riche, et le tout pour moi ; du moins me l'a-t-il laissé croire, et il est à propos qu[3]'il s'explique ; mais comme je ne veux dépendre que de vous, c'est 120 de vous aussi, madame, qu'il faut qu'il m'obtienne. Ainsi, monsieur, vous n'avez qu'à parler à madame. Si elle m'accorde à vous, vous n'aurez point de peine à m'obtenir de moi-même.

---

1 de travers *loc.adv.* = à contresens 歪歪斜斜地，错误地
2 parti *n.m.* = une personne à marier 结婚对象
3 il est à propos que *v.impers.* = il convient que ······是恰当的，······是适合的

SCÈNE XV
DORANTE, ARAMINTE

ARAMINTE, *à part, émue.*

Cette folle !

125 *Haut.*

Je suis charmée de ce qu'elle vient de m'apprendre. Vous avez fait là un très bon choix : c'est une fille aimable et d'un excellent caractère.

DORANTE, *d'un air abattu.*

Hélas ! Madame, je ne songe point à elle.

130 **ARAMINTE.**

Vous ne songez point à elle ! Elle dit que vous l'aimez, que vous l'aviez vue avant de venir ici.

DORANTE, *tristement.*

C'est une erreur où Monsieur Remy l'a jetée sans me consulter ; et
135 je n'ai point osé dire le contraire, dans la crainte de m'en faire une ennemie auprès de vous. Il en est de même de ce riche parti qu'elle croit que je refuse à cause d'elle ; et je n'ai nulle part à tout cela. Je suis hors d'état de donner mon cœur à personne : je l'ai perdu pour jamais, et la plus brillante de toutes les fortunes ne me tenterait pas.

140 **ARAMINTE.**

Vous avez tort. Il fallait désabuser Marton.

DORANTE.

Elle vous aurait peut-être empêchée de me recevoir, et mon indifférence lui en dit assez.

145 **ARAMINTE.**

Mais dans la situation où vous êtes, quel intérêt aviez-vous d'entrer dans ma maison, et de la préférer à une autre ?

DORANTE.

Je trouve plus de douceur à être chez vous, madame.

150 **ARAMINTE.**

Il y a quelque chose d'incompréhensible en tout ceci ! Voyez-vous souvent la personne que vous aimez ?

DORANTE, toujours abattu.

Pas souvent à mon gré, madame ; et je la verrais à tout instant, que je
155 ne croirais pas la voir assez.

ARAMINTE, à part.

Il a des expressions d'une tendresse !

Haut.

Est-elle fille ? A-t-elle été mariée ?

160 **DORANTE.**

Madame, elle est veuve.

ARAMINTE.

Et ne devez-vous pas l'épouser ? Elle vous aime, sans doute ?

DORANTE.

165 Hélas ! Madame, elle ne sait pas seulement que je l'adore. Excusez l'emportement du terme dont je me sers. Je ne saurais presque parler d'elle qu'avec transport[1] !

ARAMINTE.

Je ne vous interroge que par étonnement. Elle ignore que vous l'aimez,
170 dites-vous, et vous lui sacrifiez votre fortune ? Voilà de l'incroyable. Comment, avec tant d'amour, avez-vous pu vous taire ? On essaie de se faire aimer, ce me semble : cela est naturel et pardonnable.

DORANTE.

Me préserve le ciel d'oser concevoir la plus légère espérance ! Être
175 aimé, moi ! Non, madame. Son état est bien au-dessus du mien. Mon respect me condamne au silence ; et je mourrai du moins sans avoir eu le malheur de lui déplaire.

ARAMINTE.

Je n'imagine point de femme qui mérite d'inspirer une passion si
180 étonnante : je n'en imagine point. Elle est donc au-dessus de toute comparaison ?

DORANTE.

Dispensez-moi de la louer, madame : je m'égarerais en la peignant. On ne connaît rien de si beau ni de si aimable qu'elle ! Et jamais elle
185 ne me parle ou ne me regarde, que mon amour n'en augmente.

ARAMINTE, *baisse les yeux et continue.*

Mais votre conduite blesse la raison. Que prétendez-vous avec cet amour pour une personne qui ne saura jamais que vous l'aimez ? Cela est bien bizarre. Que prétendez-vous ?

---

1 transport *n.m.* = passion 【书】激动，激愤

190 **DORANTE.**

Le plaisir de la voir quelquefois, et d'être avec elle, est tout ce que je me propose.

ARAMINTE.

Avec elle ! Oubliez-vous que vous êtes ici ?

195 **DORANTE.**

Je veux dire avec son portrait, quand je ne la vois point.

ARAMINTE.

Son portrait ! Est-ce que vous l'avez fait faire ?

DORANTE.

200 Non, madame ; mais j'ai, par amusement, appris à peindre, et je l'ai peinte moi-même. Je me serais privé de son portrait, si je n'avais pu l'avoir que par le secours d'un autre.

ARAMINTE, *à part.*

Il faut le pousser à bout.

205 *Haut.*

Montrez-moi ce portrait.

DORANTE.

Daignez m'en dispenser, madame ; quoique mon amour soit sans espérance, je n'en dois pas moins un secret inviolable à l'objet aimé.

210 **ARAMINTE.**

Il m'en est tombé un par hasard entre les mains : on l'a trouvé ici.
Montrant la boîte.
Voyez si ce ne serait point celui dont il s'agit.

DORANTE.

215 Cela ne se peut pas.

ARAMINTE, *ouvrant la boîte.*

Il est vrai que la chose serait assez extraordinaire : examinez.

DORANTE.

Ah ! madame, songez que j'aurais perdu mille fois la vie, avant d'avouer
220 ce que le hasard vous découvre. Comment pourrai-je expier ?…
Il se jette à ses genoux.

ARAMINTE.

Dorante, je ne me fâcherai point. Votre égarement me fait pitié.
Revenez-en, je vous le pardonne.

225 **MARTON**, *paraît et s'enfuit.*

Ah !

Dorante se lève vite.

ARAMINTE.

Ah ciel ! C'est Marton ! Elle vous a vu.

230 **DORANTE**, *feignant d'être déconcerté[1].*

Non, madame, non : je ne crois pas. Elle n'est point entrée.

ARAMINTE.

Elle vous a vu, vous dis-je : laissez-moi, allez-vous-en : vous m'êtes insupportable. Rendez-moi ma lettre.

235 *Quand il est parti.*

Voilà pourtant ce que c'est que de l'avoir gardé !

Nelson, 1937.

✐ Questions et Réflexions

1. Essayez de relever les « fausses confidences » faites par Dorante pour manipuler les passions d'Araminte.

2. Compte tenu du rôle important du langage dans l'écriture de Marivaux, comment se présente-t-il ici dans la manipulation sur Araminte par Dorante ?

3. À propos du déploiement de l'intrigue, en quoi *Les Fausses Confidences* se distingue des autres pièces de Marivaux jusqu'à s'éloigner du « marivaudage » ?

---

1 déconcerté(e) *adj.* = surpris 张皇失措的，困惑的

文化点滴

"马里沃体"

"马里沃体"（le marivaudage）一词来自剧作家马里沃的姓氏Ma-rivaux。18世纪法国著名文学评论家拉哈普（La Harpe）将marivaudage一词定义为"精致哲学与粗鄙措辞、细腻情感与通俗语言的奇妙混合"。也就是说，"马里沃体"不仅意为"用文雅、精致的语言交流"，指向作家的写作风格；而且指马里沃在其小说与戏剧作品中展现的细致入微的精神与心理分析模式。

19世纪初，以圣伯夫（Charles-Augustin Sainte-Beuve）为代表的浪漫主义文学批评家，批评马里沃的语言过分讲究、脱离日常，导致作品内容缺乏生命活力。到19世纪中期，随着精巧浮华的洛可可风格（Rococo）再度复兴，"马里沃体"重新回到大众视线，并被赋予全新含义，即用来指称情侣之间故作风雅、互献殷勤的相处模式。如今，人们常常用"马里沃体"一词描述一种轻松风趣的相处氛围，尤其指情侣之间的交流方式。

VOLTAIRE (1694–1778)

Biographie

François-Marie Arouet, dit Voltaire, naît en 1694 à Paris où il meurt à l'âge de 84 ans en 1778, est un écrivain, philosophe, encyclopédiste et homme d'affaires français qui a marqué le XVIIIᵉ siècle. De son imposante œuvre littéraire, on lit aujourd'hui essentiellement ses écrits « philosophiques » en prose que sont ses contes, romans philosophiques, ainsi que sa riche correspondance. Un des auteurs les plus joués au XVIIIᵉ siècle, il a écrit une cinquantaine d'œuvres dramatiques, tragédies, comédies, opéras. La Comédie-Française a inscrit trente pièces de Voltaire à son répertoire. Son théâtre qui fit de lui l'un des écrivains français les plus célèbres du XVIIIᵉ siècle, est aujourd'hui largement négligé ou ignoré. À partir du succès remarquable de sa première tragédie *Œdipe* en 1718 jusqu'à son apothéose lors de la représentation d'*Irène* au printemps 1778, il occupa le premier rang du théâtre français. Voltaire est très influencé par le théâtre shakespearien. Il a révolutionné l'illusion théâtrale avec *Sémiramis* (1748) et l'*Orphelin de la Chine* (1775). *Zaïre* (1732), tragédie inspirée d'*Othello* de Shakespeare, a connu un immense succès à la Comédie-Française et à l'étranger.

ZAÏRE
(1732)

✐ Résumé

Les événements se déroulent en 1249 à Jérusalem, au temps de la croisade de Saint-Louis. Zaïre, jeune esclave vivant dans le sérail d'Orosmane, soudan ou sultan de Jérusalem, avoue à son amie Fatime, esclave comme elle, son amour secret pour Orosmane. Née chrétienne mais élevée dans la foi musulmane, échappée dans son enfance au massacre de Césarée, Zaïre se dit prête à renier sa religion pour Orosmane mais Fatime tente de l'en dissuader. Après lui avoir déclaré son amour et demandé de le partager, le soudan se dit prêt à prendre Zaïre comme unique épouse, en dépit de la tradition musulmane. Malgré l'opposition de Corasmin, officier du soudan, qui refuse l'introduction d'un esclave chrétien qui demande l'audience du roi, Orosmane, qui se veut un souverain tolérant et non « un tyran invisible », accepte de recevoir son visiteur et découvre qu'il s'agit de Nérestan, un chevalier chrétien à qui il avait permis de se rendre en France pour y chercher la rançon de quelques captifs. Apportant la rançon de douze prisonniers dont Zaïre et Fatime, Nérestan demande au soudan de tenir sa parole et de libérer les captifs. Admirant la générosité du chevalier revenu pour reprendre ses fers, le soudan lui accorde gracieusement cent chevaliers mais refuse de libérer deux prisonniers : le vieux Lusignan, dernier des souverains chrétiens de Jérusalem, dont il craint toujours la rivalité, et la jeune Zaïre, qu'il veut épouser. Orosmane donne ses instructions pour officialiser son mariage, mais devant l'insistance de Nérestan qui veut libérer Zaïre, Orosmane est pris de doute concernant les intentions du chevalier. Surprenant un regard entre Nérestan et Zaïre, il en devient jaloux même s'il se refuse à l'admettre.

Acte I

Nérestan annonce à Châtillon, un chevalier français, que tous les captifs sont désormais libres sauf leur chef. Il lui confirme en même temps l'union de Zaïre avec Orosmane. Déçu par cette nouvelle, Châtillon demande à Nérestan de se servir de Zaïre pour obtenir la libération de leur chef. Zaïre entre en scène, s'excuse devant Nérestan d'avoir choisi de rester auprès du soudan, et, pour se faire pardonner, lui apprend qu'elle a sollicité et réussi à obtenir la grâce du vieux Lusignan. Le chevalier chrétien voit dans son comportement un signe de « vertu » dans « une âme infidèle ». Après l'annonce de la bonne nouvelle, les prisonniers chrétiens tombent aux pieds de leur ancien roi qui apprend qu'il doit sa libération à l'action

Acte II

conjuguée de Nérestan et Zaïre. Grâce à la croix portée par Zaïre depuis sa naissance et une cicatrice sur le corps de Nérestan, le vieux Lusignan reconnaît en l'esclave et le chevalier ses propres enfants. Après les retrouvailles, découvrant avec effarement que sa fille est devenue musulmane, le vieux Lusignan la presse de devenir chrétienne et lui fait jurer de garder le silence sur ses origines.

Acte III

Orosmane avoue à son officier Corasmin que Zaïre a désormais une emprise totale sur son cœur et qu'il accepte de tout faire pour elle, au point de lui accorder un entretien secret avec Nérestan. Devant le discours du soudan, Corasmin se montre inquiet et explique qu'il craint les conséquences de la libération du vieux Lusignan. L'officier annonce ensuite à Nérestan que Zaïre veut le voir. Lors de cette entrevue, Nérestan déplore de devoir laisser Zaïre au sérail mais comprend qu'elle aime Orosmane. Zaïre jure à son frère de différer son mariage avec Orosmane jusqu'après son baptême. Alors que le vieux Lusignan est en train de mourir, Zaïre se retrouve seule et perdue face au dilemme de son amour pour Orosmane et son souhait d'honorer sa religion. Recevant la visite du soudan qui vient la chercher pour le mariage, Zaïre, hésitante et désespérée, lui demande un jour de délai et sort après avoir réaffirmé qu'elle ne veut pas lui déplaire. L'attitude de Zaïre éveille la jalousie d'Orosmane qui ne doute pas de sa bien-aimée mais refuse de subir ses caprices et préfère se détourner d'elle afin de préserver son rang et sa dignité.

Acte IV

Zaïre s'entretient avec Fatime et lui avoue regretter son attitude envers le soudan. Aimant Orosmane plus que tout mais voulant à tout prix préserver son secret, Zaïre évoque son désir de mourir que Fatime ne comprend pas. Venu annoncer à Zaïre la fin de son amour, le soudan comprend qu'elle l'aime encore et décide de lui accorder une dernière grâce en acceptant qu'elle garde ses secrets jusqu'au lendemain. Perdu et déstabilisé face à l'attitude ambiguë de sa bien-aimée, le soudan continue à douter. Méléador, son autre officier, lui apporte une lettre qu'il a interceptée, destinée à Zaïre, et dont il a emprisonné le porteur chrétien. Craignant d'abord le contenu de la lettre, Orosmane finit par la lire pour découvrir qu'elle invite Zaïre à un rendez-vous secret qu'il prend pour une invitation amoureuse de Nérestan. Se déclarant « épouvanté » par cette découverte, Corasmin encourage Orosmane à tuer Zaïre et Nérestan pour venger son honneur bafoué. Convoquée de nouveau devant Orosmane, Zaïre lui réaffirme son amour et se défend de ne pas tenir ses promesses, mais le soudan la renvoie, puis, se retrouvant seul avec Corasmin, il avoue être toujours amoureux de la jeune femme et indique vouloir la laisser libre et préparer « le plus honteux supplice » pour Nérestan.

Acte V

Orosmane teste Zaïre en lui faisant parvenir la lettre par l'intermédiaire d'un esclave. Après avoir pris connaissance de la lettre, Zaïre souhaite s'entretenir avec Fatime. Celle-ci lui reproche d'aimer le soudan et de se soumettre à la volonté d'un Tartare « farouche » et menaçant qui cache un visage cruel derrière sa bonté apparente. Refusant de dévoiler son secret, Zaïre décide d'abord de rejoindre son frère avant de tout avouer au soudan, tout en implorant le secours divin. Ignorant que l'esclave qui lui a apporté la lettre est au service d'Orosmane, Zaïre lui demande de prévenir Nérestan. L'esclave raconte tout au soudan qui, emporté par la fureur, congédie tout le monde et crie sa haine. Se retrouvant seul et complètement perdu, il convoque de nouveau Corasmin, lui avoue son désir de se venger et son amour inconditionnel pour Zaïre. Pleurant pour la première fois, il va jusqu'à évoquer le sang et donne ses ordres pour faire arrêter Nérestan. Alors qu'Orosmane guette aux alentours du sérail, et que Zaïre, le cœur « éperdu », s'avance à son rendez-vous présumé et appelle son frère, le soudan entend cet appel, se jette sur elle et la poignarde. Enfin, Nérestan arrive et explique au soudan que Zaïre n'est autre que sa sœur et qu'il venait lui rapporter les dernières volontés de son père, le vieux Lusignan. Le soudan, devant ce malentendu, terrassé par la tristesse, ordonne de rendre la liberté à tous les esclaves chrétiens, puis il se tue pour venger Zaïre.

✍ Commentaire

Zaïre est une pièce de théâtre, tragédie en cinq actes de Voltaire, écrite en alexandrins en 1732 et représentée à la Comédie-Française le 13 août 1732. On considère cette pièce comme une adaptation libre d'*Othello,* de Shakespeare. Les deux pièces évoquent les mêmes thèmes : la jalousie et la tolérance. Shakespeare met l'accent sur les personnages d'Othello et de Iago, insistant ainsi sur la jalousie, alors que Voltaire, lui, donne plus d'importance à l'équivalent de Desdémone (Zaïre) et à son père, privilégiant donc le thème de la tolérance et celui de la relativité des religions.

Dans la tragédie anglaise, c'est un More qui, malgré son teint noir et son âge déjà mûr, a obtenu, par l'éclat de ses victoires, l'amour d'une noble fille de Venise, Desdémone, et l'a épousée. L'intérêt que celle-ci prend à un officier en disgrâce et les lâches insinuations d'un ami perfide, éveillent la jalousie d'Othello : un mouchoir qu'elle perd et qui se retrouve dans les mains de l'officier porte au comble la fureur d'Othello, qui entre la nuit chez sa femme, l'étouffe entre deux oreillers, puis se tue en apprenant qu'elle est innocente. On reconnaît dans Zaïre la Desdémone du tragique anglais, et Othello dans

Orosmane. Seulement ce qui constitue l'action dans la tragédie de Voltaire, c'est le combat qui se livre dans le cœur de Zaïre entre ses devoirs de fille et de chrétienne et sa tendresse pour Orosmane.

Le contexte des Croisades est en effet une vraie nouveauté dans le théâtre français. Mais surtout, l'opposition frontale entre Chrétiens et Musulmans est au cœur de la tragédie : Lusignan et Châtillon sont des rescapés des combats entre Croisés et Musulmans ; ils ne peuvent concevoir que leur ennemi puisse avoir une quelconque légitimité. Toute la tragédie tient dans cette incapacité à accepter l'autre. Ce n'est donc pas par hasard que Voltaire a choisi le moment historique où l'intolérance religieuse s'est exprimée avec le plus de violence.

✐ **Extrait**

ACTE II

SCÈNE II

ZAÏRE, CHATILLON, NÉRESTAN.

ZAÏRE, *à Nérestan.*

  C'est vous, digne Français, à qui je viens parler.
  Le soudan le permet, cessez de vous troubler ;
  Et rassurant mon cœur, qui tremble à votre approche,
5 Chassez de vos regards la plainte et le reproche.
  Seigneur, nous nous craignons, nous rougissons tous deux
  Je souhaite et je crains de rencontrer vos yeux.
  L'un à l'autre attachés depuis notre naissance,
  Une affreuse prison renferma notre enfance ;
10 Le sort nous accabla du poids des mêmes fers.
  Que la tendre amitié nous rendait plus légers.
  Il me fallut depuis gémir de votre absence ;
  Le ciel porta vos pas aux rives de la France :
  Prisonnier dans Solyme, enfin je vous revis ;
15 Un entretien plus libre alors m'était permis.
  Esclave dans la foule, où j'étais confondue,
  Aux regards du soudan je vivais inconnue :
  Vous daignâtes bientôt, soit grandeur, soit pitié,
  Soit plutôt digne effet d'une pure amitié,

20   Revoyant des Français le glorieux empire,
      Y chercher la rançon[1] de la triste Zaïre :
      Vous l'apportez : le ciel a trompé vos bienfaits ;
      Loin de vous, dans Solyme, il m'arrête à jamais.
      Mais quoi que ma fortune ait d'éclat et de charmes,
25   Je ne puis vous quitter sans répandre des larmes.
      Toujours de vos bontés je vais m'entretenir,
      Chérir de vos vertus le tendre souvenir,
      Comme vous, des humains soulager la misère.
      Protéger les chrétiens, leur tenir lieu de mère ;
30   Vous me les rendez chers, et ces infortunés…

NÉRESTAN.

      Vous, les protéger ! vous, qui les abandonnez !
      Vous, qui des Lusignan foulant aux pieds la cendre…

ZAÏRE.

35   Je la viens honorer, seigneur, je viens vous rendre
      Le dernier de ce sang, votre amour, votre espoir :
      Oui, Lusignan est libre, et vous l'allez revoir.

CHATILLON.

      Ô ciel ! nous reverrions notre appui, notre père !

40 **NÉRESTAN.**

      Les chrétiens vous devraient une tête si chère !

ZAÏRE.

      J'avais sans espérance osé la demander :
      Le généreux soudan veut bien nous l'accorder :
45   On l'amène en ces lieux.

NÉRESTAN.

      Que mon âme est émue !

ZAÏRE.

      Mes larmes, malgré moi, me dérobent sa vue ;
50   Ainsi que ce vieillard, j'ai langui dans les fers ;
      Qui ne sait compatir aux maux qu'on a soufferts !

NÉRESTAN.

      Grand Dieu ! que de vertu dans une âme infidèle !

---

1 rançon *n.f.* = somme d'argent exigée pour la libération d'une personne retenue prisonnière （俘虏等的）赎金

SCÈNE III
ZAÏRE, LUSIGNAN, CHATILLON, NÉRESTAN.
PLUSIEURS ESCLAVES CHRÉTIENS.

LUSIGNAN.

55   Du séjour du trépas quelle voix me rappelle[1] ?

Suis-je avec des chrétiens ?… Guidez mes pas tremblants.

Mes maux m'ont affaibli plus encor que mes ans.

(*En s'asseyant*)

Suis-je libre en effet ?

60 **ZAÏRE.**

Oui, seigneur, oui, vous l'êtes.

CHATILLON.

Vous vivez, vous calmez nos douleurs inquiètes.

Tous nos tristes chrétiens…

65 **LUSIGNAN.**

Ô jour ! ô douce voix !

Chatillon, c'est donc vous ? c'est vous que je revois !

Martyr[2], ainsi que moi, de la foi de nos pères,

Le Dieu que nous servons finit-il nos misères ?

70   En quels lieux sommes-nous ? Aidez mes faibles yeux.

CHATILLON.

C'est ici le palais qu'ont bâti vos aïeux ;

Du fils de Noradin c'est le séjour profane.

ZAÏRE.

75   Le maître de ces lieux, le puissant Orosmane,

Sait connaître, seigneur, et chérir la vertu.

(*En montrant Nérestan.*)

Ce généreux Français, qui vous est inconnu,

Par la gloire amené des rives de la France,

80   Venait de dix chrétiens payer la délivrance[3] ;

Le soudan, comme lui, gouverné par l'honneur,

---

1 Du séjour du trépas quelle voix me rappelle ? = Quelle voix me rappelle du séjour du trépas ?

2 martyr *n.* = croyant torturé ou tué pour avoir refusé de commettre un acte impie 殉教者，殉道者

3 Ce généreux Français, qui vous est inconnu, par la gloire amené des rives de la France, venait de dix chrétiens payer la délivrance = Ce généreux Français, qui vous est inconnu, amené par la gloire des rives de la France, venait payer la délivrance de dix chrétiens.

Croit, en vous délivrant, égaler son grand cœur.

LUSIGNAN.

Des chevaliers français tel est le caractère ;

85   Leur noblesse en tout temps me fut utile et chère.

Trop digne chevalier, quoi ! vous passez les mers

Pour soulager nos maux, et pour briser nos fers ?

Ah ! parlez, à qui dois-je un service si rare ?

NÉRESTAN.

90   Mon nom est Nérestan ; le sort, longtemps barbare,

Qui dans les fers ici me mit presque en naissant,

Me fit quitter bientôt l'empire du Croissant[1],

À la cour de Louis, guidé par mon courage,

De la guerre sous lui j'ai fait l'apprentissage ;

95   Ma fortune et mon rang sont un don de ce roi,

Si grand par sa valeur, et plus grand par sa foi.

Je le suivis, seigneur, au bord de la Charente,

Lorsque du fier Anglais la valeur menaçante,

Cédant à nos efforts trop longtemps captivés,

100   Satisfit en tombant aux lis qu'ils ont bravés.

Venez, prince, et montrez au plus grand des monarques

De vos fers glorieux les vénérables marques ;

Paris va révérer le martyr de la croix,

Et la cour de Louis est l'asile des rois.

105   **LUSIGNAN.**

Hélas ! de cette cour j'ai vu jadis la gloire.

Quand Philippe à Bovine enchaînait la victoire,

Je combattais, seigneur, avec Montmorenci,

Melun, d'Estaing, de Nesle, et ce fameux Couci.

110   Mais à revoir Paris je ne dois plus prétendre :

Vous voyez qu'au tombeau je suis prêt à descendre :

Je vais au Roi des rois demander aujourd'hui

Le prix de tous les maux que j'ai soufferts pour lui.

Vous, généreux témoins de mon heure dernière,

115   Tandis qu'il en est temps, écoutez ma prière :

---

1 Empire du Croissant 月牙帝国，指土耳其人于13世纪建立的奥斯曼帝国（l'Empire ottoman），因其国徽图案为新月（法语：croissant），故得名"月牙帝国"。

Nérestan, Chatillon, et vous… de qui les pleurs

Dans ces moments si chers honorent mes malheurs,

Madame, ayez pitié du plus malheureux père,

Qui jamais ait du ciel éprouvé la colère[1],

120   Qui répand devant vous des larmes que le temps

Ne peut encor tarir dans mes yeux expirants.

Une fille, trois fils, ma superbe espérance,

Me furent arrachés dès leur plus tendre enfance ;

Ô mon cher Chatillon, tu dois t'en souvenir !

125 **CHATILLON.**

De vos malheurs encor vous me voyez frémir.

LUSIGNAN.

Prisonnier avec moi dans Césarée en flamme,

Tes yeux virent périr mes deux fils et ma femme.

130 **CHATILLON.**

Mon bras chargé de fers ne les put secourir.

LUSIGNAN.

Hélas ! et j'étais père, et je ne pus mourir !

Veillez du haut des cieux, chers enfants que j'implore,

135   Sur mes autres enfants, s'ils sont vivants encore.

Mon dernier fils, ma fille, aux chaînes réservés,

Par de barbares mains pour servir conservés[2],

Loin d'un père accablé, furent portés ensemble

Dans ce même sérail où le ciel nous rassemble.

140 **CHATILLON.**

Il est vrai, dans l'horreur de ce péril nouveau.

Je tenais votre fille à peine en son berceau ;

Ne pouvant la sauver, seigneur, j'allais moi-même

Répandre sur son front l'eau sainte du baptême,

145   Lorsque les Sarrasins, de carnage fumants,

Revinrent l'arracher à mes bras tout sanglants.

Votre plus jeune fils, à qui les destinées

Avaient à peine encore accordé quatre années,

---

1 qui jamais ait du ciel éprouvé la colère = qui ait jamais éprouvé la colère du ciel.

2 mon dernier fils, ma fille, aux chaînes réservés, par de barbares mains pour servir conservés = mon dernier

fils, ma fille, conservés par de barbares mains pour servir aux chaînes réservés.

Trop capable déjà de sentir son malheur.

150 Fut dans Jérusalem conduit avec sa sœur.

NÉRESTAN.

De quel ressouvenir mon âme est déchirée !

À cet âge fatal j'étais dans Césarée ;

Et tout couvert de sang, et chargé de liens,

155 Je suivis en ces lieux la foule des chrétiens.

LUSIGNAN.

Vous… seigneur !… Ce sérail éleva votre enfance ?…

(*En les regardant.*)

Hélas ! de mes enfants auriez-vous connaissance[1] ?

160 Ils seraient de votre âge, et peut-être mes yeux…

Quel ornement, madame, étranger en ces lieux ?

Depuis quand l'avez-vous ?

ZAÏRE.

Depuis que je respire,

165 Seigneur… eh quoi ! d'où vient que votre âme soupire ?

(*Elle lui donne la croix.*)

LUSIGNAN.

Ah ! daignez confier à mes tremblantes mains…

ZAÏRE.

170 De quel trouble nouveau tous mes sens sont atteints !

(*Il l'approche de sa bouche en pleurant.*)

Seigneur, que faites-vous ?

LUSIGNAN.

Ô ciel ! ô Providence !

175 Mes yeux, ne trompez point ma timide espérance ;

Serait-il bien possible ? oui, c'est elle… je vois

Ce présent qu'une épouse avait reçu de moi,

Et qui de mes enfants ornait toujours la tête,

Lorsque de leur naissance on célébrait la fête ;

180 Je revois… je succombe à mon saisissement.

ZAÏRE.

Qu'entends-je ? et quel soupçon m'agite en ce moment ?

---

1 de mes enfants auriez-vous connaissance ? = auriez-vous connaissance de mes enfants ?

Ah, seigneur !…

LUSIGNAN.

185   Dans l'espoir dont j'entrevois les charmes,

Ne m'abandonnez pas, Dieu qui voyez mes larmes !

Dieu mort sur cette croix, et qui revis pour nous.

Parle, achève, ô mon Dieu ! ce sont là de tes coups.

Quoi ! madame, en vos mains elle était demeurée ?

190   Quoi ! tous les deux captifs, et pris dans Césarée ?

ZAÏRE.

Oui, seigneur.

NÉRESTAN.

Se peut-il ?

195 **LUSIGNAN.**

Leur parole, leurs traits,

De leur mère en effet sont les vivants portraits[1].

Oui, grand Dieu ! tu le veux, tu permets que je voie !…

Dieu, ranime mes sens trop faibles pour ma joie !

200   Madame… Nérestan… soutiens-moi, Chatillon…

Nérestan, si je dois vous nommer de ce nom,

Avez-vous dans le sein la cicatrice[2] heureuse,

Du fer dont à mes yeux une main furieuse…

NÉRESTAN.

205   Oui, seigneur, il est vrai.

LUSIGNAN.

Dieu juste ! heureux moments !

NÉRESTAN, *se jetant à genoux.*

Ah, seigneur ! ah, Zaïre !

210 **LUSIGNAN.**

Approchez, mes enfants.

NÉRESTAN.

Moi, votre fils !

ZAÏRE.

215   Seigneur !

---

1 Leur parole, leurs traits, de leur mère en effet sont les vivants portraits. = Leur parole, leurs traits, sont en effet les vivants portraits de leur mère.
2 cicatrice *n.f.* = trace laissée par une douleur morale 【转】心理创伤

LUSIGNAN.

Heureux jour qui m'éclaire !

Ma fille, mon cher fils ! embrassez votre père.

CHATILLON.

220   Que d'un bonheur si grand mon cœur se sent toucher !

LUSIGNAN.

De vos bras, mes enfants, je ne puis m'arracher.

Je vous revois enfin, chère et triste famille,

Mon fils, digne héritier… vous… hélas ! vous, ma fille !

225   Dissipez mes soupçons, ôtez-moi cette horreur,

Ce trouble qui m'accable au comble du bonheur.

Toi qui seul as conduit sa fortune et la mienne,

Mon Dieu qui me la rends, me la rends-tu chrétienne ?

Tu pleures, malheureuse, et tu baisses les yeux !

230   Tu te tais ! je t'entends ! ô crime ! ô justes cieux !

ZAÏRE.

Je ne puis vous tromper ; sous les lois d'Orosmane…

Punissez votre fille… elle était musulmane.

LUSIGNAN.

235   Que la foudre en éclats ne tombe que sur moi !

Ah ! mon fils ! à ces mots j'eusse expiré[1] sans toi.

Mon Dieu ! j'ai combattu soixante ans pour ta gloire ;

J'ai vu tomber ton temple et périr ta mémoire ;

Dans un cachot affreux abandonné vingt ans,

240   Mes larmes t'imploraient pour mes tristes enfants ;

Et lorsque ma famille est par toi réunie,

Quand je trouve une fille, elle est ton ennemie !

Je suis bien malheureux… C'est ton père, c'est moi.

C'est ma seule prison qui t'a ravi la foi.

245   Ma fille, tendre objet de mes dernières peines,

Songe au moins, songe au sang qui coule dans tes veines ;

C'est le sang de vingt rois, tous chrétiens comme moi ;

C'est le sang des héros, défenseurs de ma loi ;

C'est le sang des martyrs… Ô fille encor trop chère !

---

1 expirer *v.i.* = mourir 断气，死亡

250   Connais-tu ton destin ? sais-tu quelle est ta mère ?

    Sais-tu bien qu'à l'instant que son flanc mit au jour

    Ce triste et dernier fruit d'un malheureux amour,

    Je la vis massacrer par la main forcenée,

    Par la main des brigands à qui tu t'es donnée !

255   Tes frères, ces martyrs égorgés à mes yeux,

    T'ouvrent leurs bras sanglants, tendus du haut des cieux ;

    Ton Dieu que tu trahis, ton Dieu que tu blasphèmes,

    Pour toi, pour l'univers, est mort en ces lieux mêmes ;

    En ces lieux où mon bras le servit tant de fois,

260   En ces lieux où son sang te parle par ma voix.

    Vois ces murs, vois ce temple envahi par tes maîtres ;

    Tout annonce le Dieu qu'ont vengé tes ancêtres.

    Tourne les yeux, sa tombe est près de ce palais ;

    C'est ici la montagne où, lavant nos forfaits,

265   Il voulut expirer sous les coups de l'impie ;

    C'est là que de sa tombe il rappela sa vie[1].

    Tu ne saurais marcher dans cet auguste lieu,

    Tu n'y peux faire un pas, sans y trouver ton Dieu ;

    Et tu n'y peux rester, sans renier ton père.

270   Ton honneur qui te parle, et ton Dieu qui t'éclaire.

    Je te vois dans mes bras, et pleurer, et frémir ;

    Sur ton front pâlissant Dieu met le repentir ;

    Je vois la vérité dans ton cœur descendue ;

    Je retrouve ma fille après l'avoir perdue ;

275   Et je reprends ma gloire et ma félicité

    En dérobant mon sang à l'infidélité.

NÉRESTAN.

    Je revois donc ma sœur !… Et son âme…

ZAÏRE.

280   Ah ! mon père,

    Cher auteur de mes jours, parlez, que dois-je faire ?

LUSIGNAN.

    M'ôter, par un seul mot, ma honte et mes ennuis,

---

1 C'est là que de sa tombe il rappela sa vie. = C'est là qu'il rappela sa vie de sa tombe.

Dire : Je suis chrétienne.

285 **ZAÏRE.**

Oui… seigneur… je le suis.

LUSIGNAN.

Dieu, reçois son aveu du sein de ton empire !

Garnier, 1877.

✐ Questions et Réflexions

1. Qu'est-ce que les Chrétiens pensent d'Orosmane ? Comment se présente l'opposition entre Orosmane et les Chrétiens dans ces passages ?

2. Essayez de présenter les forces diverses qui vont mener les amoureux à la catastrophe.

3. Comment comprenez-vous la présence des éléments religieux dans la pièce ? Essayez d'analyser l'intention de l'auteur.

‖ 文化点滴 ‖

伏尔泰的《中国孤儿》

《中国孤儿》（*L'Orphelin de la Chine*）是伏尔泰笔下脍炙人口的五幕诗体悲剧作品，于1755年在法兰西剧院上演，大获成功，获得普遍欢迎。

该剧改编自中国元代剧作家纪君祥的杂剧《赵氏孤儿》。18世纪，法国耶稣会士来华传教促进了中法文化的交流。1735年，法国汉学家杜赫德神父（Jean-Baptiste Du Halde）编著的《中国通志》（*Description Géographique, Historique, Chronologique, Politique, et Physique de l'Empire de la Chine et de la Tartarie Chinoise*）问世，其中收录由马若瑟神父（Joseph de Prémare）翻译的《赵氏孤儿》节译本。尽管译本与原作相比删减颇多，但趣味明畅、充满戏剧冲突的剧情使伏尔泰眼前一亮，从而萌生了创作中国题材戏剧的灵感。伏尔泰认为，《中国孤儿》与《赵氏孤儿》"迥然不同，只有剧名相似"。他在保留原作主线剧情基础上，有意顺应法国观众的审美趣味，将二十年的时间跨度缩短为一昼夜，使情节满足"三一律"；将春秋时期更替为成吉思汗时代，更贴近法国人的文化知识背景。此外，还删去孤儿成人后复仇的情节，加入成吉思汗与伊达梅（Idamé）的爱情纠葛，并最终以成吉思汗被张惕夫妇的美德感化、免其死罪并接纳中国文明为结局。在这部本质上符合法国古典主义美学要求的悲剧作品中，伏尔泰借弘扬孔子之道融入了自己认同的道德准则，宣传启蒙思想，体现了他对人类美德的推崇与期待；同时教化法国观众，以期寓教于乐。该剧对中国文化的宣扬与阐释构思新颖，加之剧作家的非凡文采、名演员的出色演绎和别出心裁的舞台服装等，这些都使得《中国孤儿》成为法兰西舞台上的杰作。

18世纪，崇尚"中国题材""中国元素"的"中国热"风靡法国乃至欧洲，《中国孤儿》在法国的译介、改编与传播正是这股热潮的典型表征。

BEAUMARCHAIS (1732–1799)

Biographie

Né en 1732 à Paris où il meurt en 1799, Pierre-Augustin Caron de Beaumarchais, dit Beaumarchais, dramaturge, musicien et homme politique, est l'une des figures emblématiques du Siècle des Lumières. À la fin des années 1760, Beaumarchais commence à écrire ses premières œuvres. Il écrit *Eugénie*, un drame en cinq actes en prose qui est représenté à la Comédie-Française en 1767. Puis, il se met à l'écriture d'un autre drame, *Les Deux Amis* ou le *Négociant de Lyon* qui fait l'objet de plusieurs représentations en 1770. En 1775, il achève la rédaction d'une comédie en quatre actes *Le Barbier de Séville* ou *La Précaution inutile*, premier volet de la trilogie de Figaro et une de ses œuvres les plus célèbres. Le deuxième volet de la trilogie de Figaro, *La Folle Journée* ou *Le Mariage de Figaro*, paraît en 1778 et est donné à la Comédie-Française en 1784. En 1785, Beaumarchais entreprend l'édition des œuvres de Voltaire. En 1790, Beaumarchais prend part à la Révolution française en devenant membre provisoire de la Commune de Paris. Il sort le troisième volet de la trilogie de Figaro, *L'Autre Tartuffe* ou *La Mère coupable* en 1792. Il est incarcéré lors de la Convention à la prison de l'Abbaye. Il s'exile ensuite à Hambourg avant de revenir à Paris en 1796. Après avoir écrit ses *Mémoires*, il décède le 18 mai 1799 à l'âge de 67 ans. Grâce aux attaques contre l'ordre établi faites dans son œuvre, il est considéré comme un précurseur de la Révolution française. Il invente les droits d'auteur, en fondant la Société des auteurs dramatiques.

LE BARBIER DE SÉVILLE
(1775)

✐ Résumé

Acte I

Le jeune comte Almaviva est tombé amoureux de Rosine, la pupille du docteur Bartholo qui veut l'épouser. Sous le nom de Lindor, il donne des sérénades à Rosine. Mais voici qu'il rencontre Figaro, qui était autrefois à son service et s'est finalement établi comme barbier à Séville. Par bonheur, Figaro a ses entrées chez Bartholo. Son esprit inventif cherche un moyen d'introduire le jeune comte Almaviva auprès de Rosine.

Acte II

Rosine, qui répond à l'amour de Lindor, lui écrit une lettre et la remet à Figaro. Un fourbe, don Bazile, maître à chanter de Rosine, révèle à Bartholo les projets d'Almaviva. Lindor, déguisé en soldat, se présente chez Bartholo et parvient à glisser une lettre à Rosine. Mais Bartholo s'en aperçoit. Il exige de voir la lettre, mais Rosine feint l'indignation et parle de s'enfuir, sur quoi Bartholo va fermer la porte. Mettant à profit cet instant d'inattention, elle retourne la situation et se joue de Bartholo en comédienne accomplie.

Acte III

Le comte Almaviva se présente sous un nouveau déguisement, celui du bachelier Alonzo, élève de Bazile qui serait malade et l'aurait chargé de le remplacer pour la leçon de musique de Rosine. Pour vaincre la méfiance de Bartholo, il doit inventer un mensonge beaucoup plus compliqué ; c'est lui qui renseigne Bazile sur les faits et gestes du comte Almaviva ; il produit une lettre de Rosine au comte : Bartholo pourra s'en servir pour faire croire à sa pupille que le comte l'a trahie. Dès lors, Bartholo a toute confiance en Alonzo, mais il garde la lettre. Pendant la leçon de musique, les jeunes gens ne peuvent échapper un seul instant à la surveillance du tuteur qui ne sort même pas de la pièce pour se faire raser par Figaro. Coup de théâtre, don Bazile arrive ! La ruse savamment élaborée par le comte devrait s'écrouler, mais, avec l'appui bénévole de Bartholo, un complot se forme aussitôt pour empêcher don Bazile de parler. Mais, en définitive, Bartholo est berné plus encore que don Bazile.

Acte IV

Don Bazile, qui a révélé à Bartholo qu'il ne connaissait pas cet Alonzo (= Almaviva = Lindor), lui conseille d'employer la calomnie pour vaincre la résistance de Rosine. Grâce à la lettre qu'il détient, le tuteur fait croire à Rosine que Lindor-Alonzo n'est qu'un émissaire du comte, et que celui-ci l'a trahie. Désespérée, la pauvre Rosine accepte d'épouser Bartholo et lui révèle que le comte Almaviva doit s'introduire chez elle cette nuit même. Le tuteur part chercher du renfort. Sur ce, escorté de Figaro, Lindor paraît à la fenêtre ; Rosine l'accable de reproches, mais il a tôt fait de dissiper le malentendu et de lui apprendre qu'il n'est autre que le comte Almaviva : la jeune fille tombe dans ses bras. Arrivent don Bazile et le notaire qui unit le comte et Rosine. Lorsque Bartholo revient avec la police, il est trop tard : sa pupille est devenue la comtesse Almaviva.

Commentaire

Comédie en quatre actes, *Le Barbier de Séville* est créée le 23 février 1775 et connaît alors un échec. C'est lors de la seconde représentation qu'elle rencontre un succès triomphal. Réputée comme étant un coup de maître dans l'histoire théâtrale, *Le Barbier de Séville* traite différents thèmes de l'amitié et de l'amour dans une comédie symbolisée par un flot continu de dialogues d'une rare vivacité. Beaumarchais réplique à tous ceux qui lui reprochaient d'avoir rédigé une pièce « sans caractères, sans unité et sans plan » en prouvant que son unique ambition avait été de réaliser « une comédie gaie, destinée à amuser le public », et qu'il en avait « résulté beaucoup de mouvement dans la pièce ». En effet, aucun des principaux personnages tient sa place.

Cette œuvre se montre respectueuse des règles de la dramaturgie classique. La ville de Séville et la demeure de Bartholo sont les uniques lieux d'actions. Cette dernière dure une journée et son enjeu consiste à la conquête de Rosine par Almaviva. En ce qui concerne le fait de la didascalie qui sert à présenter les personnages, la tradition du théâtre classique se limite à les nommer, à préciser leur fonction et les relations entre eux. Beaumarchais, quant à lui, ne se contente pas de la mention générale, mais précise les détails. Sa présentation introduit de plus une caractérisation des personnages.

Par ailleurs, le couple maître-valet que Beaumarchais présente dans la pièce est un héritage du XVIIe siècle. Comme en témoigne le début de l'acte I qui consacre leurs retrouvailles, Figaro est l'adjuvant et confident du comte. Le dramaturge intègre sa pièce dans la tradition des comédies classiques, il tente de renouveler le genre en apportant à ses personnages plus de profondeur psychologique et en ajoutant des critiques sur l'ordre établi de la société.

〰 **Extrait**

ACTE II

(Le théâtre représente l'appartement de Rosine. La croisée dans le fond du théâtre est fermée par une jalousie grillée.)

(…)

SCÈNE IV
BARTHOLO, ROSINE.

BARTHOLO, *en colère.*

5   Ah ! malédiction ! l'enragé, le scélérat corsaire[1] de Figaro ! Là, peut-on sortir un moment de chez soi sans être sûr en rentrant…

ROSINE.

Qui vous met donc si fort en colère, monsieur ?

BARTHOLO.

10   Ce damné[2] barbier qui vient d'écloper[3] toute ma maison en un tour de main : il donne un narcotique[4] à l'Éveillé, un sternutatoire[5] à la Jeunesse ; il saigne au pied Marceline : il n'y a pas jusqu'à ma mule… Sur les yeux d'une pauvre bête aveugle, un cataplasme[6] ! Parce qu'il me doit cent écus, il se presse de faire des mémoires. Ah !

15   qu'il les apporte !… Et personne à l'antichambre[7] ! on arrive à cet appartement comme à la place d'armes[8].

ROSINE.

Et qui peut y pénétrer que vous, monsieur ?

BARTHOLO.

20   J'aime mieux craindre sans sujet, que de m'exposer sans précaution ; tout est plein de gens entreprenants, d'audacieux… N'a-t-on pas ce

---

1 corsaire *n.m.* (19世纪中叶以前欧洲的)私掠船；【转】心狠手辣的人；贪婪的人
2 damné(e) *adj.* = maudit【俗】(放在名词前)该死的
3 écloper *v.t.* = rendre boiteux ou bancal 使跛的；使不稳定的
4 narcotique *n.m.* 麻醉剂
5 sternutatoire *n.m.* 催嚏剂
6 cataplasme *n.m.*【医】膏药，糊剂
7 antichambre *n.f.* 门厅，前厅
8 place d'armes = lieu où les troupes s'exercent en temps de guerre (军队)操练场

matin encore ramassé lestement votre chanson pendant que j'allais
la chercher ? Oh ! je…

ROSINE.

25   C'est bien mettre à plaisir de l'importance à tout ! Le vent peut avoir
éloigné ce papier, le premier venu, que sais-je ?

BARTHOLO.

Le vent, le premier venu !… Il n'y a point de vent, madame, point de
premier venu dans le monde ; et c'est toujours quelqu'un posté là
30   exprès qui ramasse les papiers qu'une femme a l'air de laisser tomber
par mégarde.

ROSINE.

A l'air, monsieur ?

BARTHOLO.

35   Oui, madame, a l'air.

ROSINE, *à part.*

Oh ! le méchant vieillard !

BARTHOLO.

Mais tout cela n'arrivera plus ; car je vais faire sceller cette grille.

40   **ROSINE.**

Faites mieux ; murez[1] les fenêtres tout d'un coup : d'une prison à un
cachot, la différence est si peu de chose !

BARTHOLO.

Pour celles qui donnent sur la rue, ce ne serait peut-être pas si mal…
45   Ce barbier n'est pas entré chez vous, au moins ?

ROSINE.

Vous donne-t-il aussi de l'inquiétude ?

BARTHOLO.

Tout comme un autre.

50   **ROSINE.**

Que vos répliques sont honnêtes !

BARTHOLO.

Ah ! fiez-vous à tout le monde, et vous aurez bientôt à la maison
une bonne femme pour vous tromper, de bons amis pour vous la
55   souffler[2], et de bons valets pour les y aider.

---

1 murer *v.t.* = boucher une ouverture par un ouvrage de maçonnerie（筑墙或以砖土）堵塞，砌死
2 souffler qqch. à qqn *loc.v.* = enlever qqch. à qqn【转，俗】抢走某人的某物

ROSINE.

Quoi ! vous n'accordez pas même qu'on ait des principes contre la séduction de monsieur Figaro ?

BARTHOLO.

60 Qui diable entend quelque chose à la bizarrerie des femmes ? et combien j'en ai vu de ces vertus à principes…

ROSINE, *en colère.*

Mais, monsieur, s'il suffit d'être homme pour nous plaire, pourquoi donc me déplaisez-vous si fort ?

65 **BARTHOLO**, *stupéfait.*

Pourquoi ?… pourquoi ?… Vous ne répondez pas à ma question sur ce barbier.

ROSINE, *outrée.*

Eh bien ! oui, cet homme est entré chez moi, je l'ai vu, je lui ai parlé.
70 Je ne vous cache pas même que je l'ai trouvé fort aimable : et puissiez-vous en mourir de dépit !

ACTE IV
SCÈNE V

LE COMTE ; FIGARO, *enveloppé d'un manteau, paraît à la fenêtre.*

FIGARO *parle en dehors.*

Quelqu'un s'enfuit ; entrerai-je ?

LE COMTE, *en dehors.*

75 Un homme ?

FIGARO.

Non.

LE COMTE.

C'est Rosine, que ta figure atroce aura mise en fuite.

80 **FIGARO** *saute dans la chambre.*

Ma foi, je le crois… Nous voici enfin arrivés, malgré la pluie, la foudre et les éclairs.

LE COMTE, *enveloppé d'un long manteau.*

Donne-moi la main. (*Il saute à son tour.*) À nous la victoire !

85 **FIGARO**, *jette son manteau.*

Nous sommes tout percés. Charmant temps pour aller en bonne

fortune ! Monseigneur, comment trouvez-vous cette nuit ?

LE COMTE.

Superbe pour un amant.

90 **FIGARO.**

Oui, mais pour un confident ?… Et si quelqu'un allait nous surprendre ici ?

LE COMTE.

N'es-tu pas avec moi ? J'ai bien une autre inquiétude : c'est de la

95 déterminer à quitter sur-le-champ la maison du tuteur.

FIGARO.

Vous avez pour vous trois passions toutes-puissantes sur le beau sexe : l'amour, la haine et la crainte.

LE COMTE *regarde dans l'obscurité.*

100 Comment lui annoncer brusquement que le notaire l'attend chez toi pour nous unir ? Elle trouvera mon projet bien hardi ; elle va me nommer audacieux.

FIGARO.

Si elle vous nomme audacieux, vous l'appellerez cruelle. Les femmes

105 aiment beaucoup qu'on les appelle cruelles. Au surplus, si son amour est tel que vous le désirez, vous lui direz qui vous êtes ; elle ne doutera plus de vos sentiments.

SCÈNE VI

LE COMTE, ROSINE, FIGARO.

(Figaro allume toutes les bougies qui sont sur la table.)

LE COMTE.

La voici. – Ma belle Rosine !…

110 **ROSINE,** *d'un ton très compassé.*

Je commençais, monsieur, à craindre que vous ne vinssiez pas.

LE COMTE.

Charmante inquiétude !… Mademoiselle, il ne me convient point d'abuser des circonstances pour vous proposer de partager le sort

115 d'un infortuné ! mais, quelque asile que vous choisissiez, je jure sur mon honneur…

ROSINE.

Monsieur, si le don de ma main n'avait pas dû suivre à l'instant celui de mon cœur, vous ne seriez pas ici. Que la nécessité justifie à vos yeux ce que cette entrevue a d'irrégulier !

LE COMTE.

Vous, Rosine ! la compagne d'un malheureux ! sans fortune, sans naissance !…

ROSINE.

La naissance, la fortune ! Laissons là les jeux du hasard ; et si vous m'assurez que vos intentions sont pures…

LE COMTE, *à ses pieds.*

Ah ! Rosine ! je vous adore !…

ROSINE, *indignée.*

Arrêtez, malheureux !… vous osez profaner… Tu m'adores !… va ! tu n'es plus dangereux pour moi : j'attendais ce mot pour te détester. Mais, avant de t'abandonner au remords qui t'attend (*en pleurant*), apprends que je t'aimais, apprends que je faisais mon bonheur de partager ton mauvais sort. Misérable Lindor ! j'allais tout quitter pour te suivre. Mais le lâche abus que tu as fait de mes bontés, et l'indignité de cet affreux comte Almaviva, à qui tu me vendais, ont fait rentrer dans mes mains ce témoignage de ma faiblesse. Connais-tu cette lettre ?

LE COMTE, *vivement.*

Que votre tuteur vous a remise ?

ROSINE, *fièrement.*

Oui, je lui en ai l'obligation[1].

LE COMTE.

Dieux, que je suis heureux ! Il la tient de moi. Dans mon embarras, hier, je m'en suis servi pour arracher sa confiance ; et je n'ai pu trouver l'instant de vous en informer. Ah ! Rosine ! il est donc vrai que vous m'aimez véritablement !

FIGARO.

Monseigneur, vous cherchiez une femme qui vous aimât pour vous-même…

---

1 avoir de l'obligation pour qqn *loc.v.* = avoir de la reconnaissance pour qqn 【旧】受过某人的恩惠，欠某人的人情

ROSINE.

Monseigneur !… Que dit-il ?

LE COMTE, *jetant son large manteau, paraît en habit magnifique.*

Ô la plus aimée des femmes ! il n'est plus temps de vous abuser :

155 l'heureux homme que vous voyez à vos pieds n'est point Lindor ; je

suis le comte Almaviva, qui meurt d'amour, et vous cherche en vain

depuis six mois.

ROSINE *tombe dans les bras du comte.*

Ah !…

160 **LE COMTE**, *effrayé.*

Figaro ?

FIGARO.

Point d'inquiétude, monseigneur ; la douce émotion de la joie n'a

jamais de suites fâcheuses : la voilà, la voilà qui reprend ses sens.

165 Morbleu ! qu'elle est belle !

ROSINE.

Ah ! Lindor !… ah ! monsieur ! que je suis coupable ! j'allais me

donner cette nuit même à mon tuteur.

LE COMTE.

170 Vous, Rosine !

ROSINE.

Ne voyez que ma punition ! J'aurais passé ma vie à vous détester.

Ah, Lindor, le plus affreux supplice n'est-il pas de haïr, quand on sent

qu'on est faite pour aimer ?

175 **FIGARO** *regarde à la fenêtre.*

Monseigneur, le retour est fermé ; l'échelle est enlevée.

LE COMTE.

Enlevée !

ROSINE, *troublée.*

180 Oui, c'est moi… c'est le docteur. Voilà le fruit de ma crédulité. Il m'a

trompée. J'ai tout avoué, tout trahi : il sait que vous êtes ici, et va

venir avec main-forte.

FIGARO *regarde encore.*

Monseigneur, on ouvre la porte de la rue.

185 **ROSINE**, *courant dans les bras du comte avec frayeur.*

Ah ! Lindor !…

LE COMTE, *avec fermeté.*

Rosine, vous m'aimez ! Je ne crains personne ; et vous serez ma femme. J'aurai donc le plaisir de punir à mon gré l'odieux vieillard !…

190 **ROSINE.**

Non, non, grâce pour lui, cher Lindor ! Mon cœur est si plein, que la vengeance ne peut y trouver place.

Laplace, 1876.

Questions et Réflexions

1. Résumez les traits de caractère de Figaro dans ces passages.
2. Comment Beaumarchais établit-il une comparaison entre Figaro et le comte issus de différentes classes sociales ?
3. Relevez et analysez le lexique utilisé par Figaro.

LE MARIAGE DE FIGARO
(1784)

〰 Résumé

Acte I

La folle journée est le jour des noces de Suzanne et de Figaro. En grande conversation au sujet de projet comme des jeunes mariés peuvent le faire, Suzanne annonce à son futur époux que le Comte lui montre un intérêt particulier. Il est adepte et pratiquant du droit de cuissage et il espère bien le faire valoir auprès de la première domestique de sa femme. Figaro comprend alors, pourquoi le Comte tenait tellement à l'envoyer à Londres. Le Comte chercherait donc à ce que ce mariage n'ait pas lieu ? Il n'est malheureusement pas le seul. Marceline est amoureuse de Figaro depuis longtemps. Elle cherche à s'attirer le soutien de Bartholo pour que la cérémonie soit annulée. Elle veut montrer à Figaro que Suzanne ne peut refuser la proposition du Comte. Suzanne n'hésite jamais à se moquer de Marceline et du fait que Figaro ne peut pas être amoureux d'elle, vu son grand âge. Chérubin est amoureux de la Comtesse qui ne le voit pas. Il se fait aidé par Suzanne, mais ils ne parviennent jamais à leur fin. Le Comte les surprend alors que Chérubin est caché. Il croit en un rendez-vous inavouable. Il propose à Suzanne de l'argent pour obtenir un moment de galanterie.

Acte II

Figaro est tout aussi décidé à célébrer ses noces. Dans le même temps, Suzanne tente de transmettre à la Comtesse les intentions amoureuses de Chérubin. Figaro a donc l'idée de faire parvenir un billet au Comte pour qu'il surprenne ce soir son épouse en compagnie d'un galant qui ne serait en fait que Chérubin. Dans le but de mettre en place la supercherie, les personnages se déguisent en femme ou en officier. Ils sautent par les fenêtres. Ils se cachent. Ils écoutent aux portes.

Acte III

Après avoir été pris dans un piège où la Comtesse comprend qu'il était prêt à se rendre à un rendez-vous avec Suzanne, le Comte passe sa colère sur Figaro et il envoie Bazile chercher les gens de justice au village. On aménage la salle du « trône » en salle d'audience. Il comprend que le mariage aura bien lieu comme convenu. Soudain, Suzanne retourne la situation en lui donnant rendez-vous. Elle cherche à éloigner Marceline définitivement. Mais elle parle trop et le Comte découvre ses intentions. Il décide de se venger en condamnant Figaro à payer ou à épouser Marceline. Figaro dévoile ses nobles origines pour échapper aux décisions cruelles du Comte. Il avoue que Marceline est sa mère naturelle et que Bartholo, son père, refuse de l'épouser depuis toujours. Figaro arrive à dissiper les doutes chez Suzanne bien qu'aidée par la Comtesse elle pouvait payer l'argent demandé.

Acte IV

Le mariage entre Suzanne et Figaro redevient d'actualité même si la Comtesse cherche à prouver la mauvaise conduite de son mari auprès des domestiques notamment vis-à-vis de Fanchette que Chérubin aime malgré tout.

Acte V

Le piège tendu au Comte par la Comtesse, Figaro et Suzanne le ridiculise grâce à un faux rendez-vous galant avec Fanchette. La situation pousse le Comte à se faire pardonner de son épouse devant tout le village. Bien que Bazile aide le Comte à faire des avances à Suzanne jusqu'au bout, le mariage a bien lieu avec le consentement de toute la population.

✐ Commentaire

Comédie en cinq actes et en prose, *Le Mariage de Figaro* est écrite par Beaumarchais en 1778, mais créée le 27 avril 1784. Après plusieurs années de censure, cette pièce apporte à son auteur un triomphe sans égal. Beaumarchais y critique explicitement l'inégalité sociale d'Ancien Régime. Napoléon qualifie cette pièce de « Révolution en action ».

Cette comédie de l'amuseur de la cour de Louis XVI, Beaumarchais, est devenue un classique par l'excellence de l'utilisation des techniques de la comédie et par sa critique virulente mais réelle de la noblesse de l'époque. Les critiques viennent directement du peuple à une époque où l'organisation de la société française change en remettant en question les privilèges de l'aristocratie. Beaumarchais fait une peinture critique de la noblesse à travers le personnage du Comte Almaviva, en montrant l'immoralité de l'aristocratie à la veille de la Révolution. Figaro est un valet qui cherche à s'émanciper de sa condition dans un système monarchique vieillissant.

En fait, Beaumarchais n'est pas le premier à mettre en scène un valet dans une comédie. Le valet est un personnage qui s'inscrit dans une longue tradition comique qui remonte à la *Commedia Dell'arte* italienne puis à Molière et Marivaux qui ont utilisé des valets malicieux pour bousculer les hiérarchies en place. Tout comme les valets de Molière et de Marivaux, Figaro, sous la plume de Beaumarchais, est habile, rusé et plein de gaieté. Néanmoins, il se démarque de ses prédécesseurs : c'est un meneur qui se montre plus intelligent et habile que son maître. Figaro a l'intelligence, l'ironie et l'efficacité qui manquent à ses prédécesseurs comme Sganarelle chez Molière ou Arlequin chez Marivaux. À travers le personnage de Figaro, Beaumarchais valorise les itinéraires de vie indéterminés qui caractérisent la liberté et le choix.

⚓ Extrait

ACTE V
SCÈNE III

FIGARO, *seul, se promenant dans l'obscurité, dit du ton le plus sombre :*
Ô femme ! femme ! femme ! créature faible et décevante ! … nul animal créé ne peut manquer à son instinct : le tien est-il donc de tromper ?… Après m'avoir obstinément refusé quand je l'en
5 pressais devant sa maîtresse, à l'instant qu'elle me donne sa parole, au milieu même de la cérémonie… Il riait en lisant, le perfide ! et moi, comme un benêt[1]… ! Non, monsieur le Comte, vous ne l'aurez pas… vous ne l'aurez pas. Parce que vous êtes un grand seigneur, vous vous croyez un grand génie ! … noblesse, fortune, un rang, des
10 places ; tout cela rend si fier ! Qu'avez-vous fait pour tant de bien ? Vous vous êtes donné la peine de naître, et rien de plus : du reste, homme assez ordinaire ! tandis que moi, morbleu ! perdu dans la foule obscure, il m'a fallu déployer plus de science et de calculs, pour subsister seulement, qu'on n'en a mis depuis cent ans à gouverner
15 toutes les Espagnes ; et vous voulez jouter[2]… On vient… c'est elle… ce n'est personne. – La nuit est noire en diable, et me voilà faisant le sot métier de mari, quoique je ne le sois qu'à moitié ! (*Il s'assied sur un banc.*) Est-il rien de plus bizarre que ma destinée ? Fils de je ne sais pas qui, volé par des bandits, élevé dans leurs mœurs, je
20 m'en dégoûte et veux courir une carrière honnête ; et partout je suis

---

1 benêt *n.m.* = sot 傻瓜
2 jouter *v.t.* = combattre à cheval au moyen d'une lance（中世纪用长枪）马上比武；【转、书】竞赛；争斗；辩论，舌战

repoussé ! J'apprends la chimie, la pharmacie, la chirurgie ; et tout le crédit[1] d'un grand seigneur peut à peine me mettre à la main une lancette vétérinaire ! – Las d'attrister des bêtes malades, et pour faire un métier contraire, je me jette à corps perdu dans le théâtre ;

25   me fussé-je mis une pierre au cou[2] ! Je broche une comédie dans les mœurs du sérail[3]. Auteur espagnol, je croyais pouvoir y fronder[4] Mahomet sans scrupule : à l'instant un envoyé… de je ne sais où, se plaint que j'offense dans mes vers la sublime Porte[5], la Perse, une partie de la Presqu'Isle de l'Inde, toute l'Egypte, les royaumes de

30   Barca, de Tripoli, de Tunis, d'Alger et de Maroc : et voilà ma comédie flambée[6], pour plaire aux princes mahométans, dont pas un, je crois, ne sait lire, et qui nous meurtrissent[7] l'omoplate[8], en nous disant : *Chiens de chrétiens !* – Ne pouvant avilir l'esprit, on se venge en le maltraitant. – Mes joues creusaient, mon terme était échu[9] : je voyais

35   de loin arriver l'affreux recors[10], la plume fichée dans sa perruque : en frémissant je m'évertue. Il s'élève une question sur la nature des richesses ; et comme il n'est pas nécessaire de tenir les choses pour en raisonner[11], n'ayant pas un sou, j'écris sur la valeur de l'argent et sur son produit ; sitôt je vois du fond d'un fiacre[12], baisser pour moi

40   le pont d'un Château-fort[13], à l'entrée duquel je laissai l'espérance et la liberté. (*Il se lève.*) Que je voudrais bien tenir un de ces Puissans[14] de quatre jours ; si légers sur le mal qu'ils ordonnent, quand une bonne disgrâce a cuvé[15] son orgueil ! Je lui dirais… que les sottises imprimées n'ont d'importance qu'aux lieux où l'on en gêne le cours ;

---

1 crédit *n.m.* = prestige 【书】声望，威信
2 se mettre une pierre au cou = s'accrocher une pierre au cou en se noyant pour se suicider 【转】自寻死路
3 sérail *n.m.* = palais royal dans les pays mahométans 【旧】(伊斯兰教国家的)后宫
4 fronder *v.t.* = lancer des pierres, des balles avec une fronde; attaquer, critiquer 【旧】用投石器投射；【转】批评，攻击
5 la sublime Porte = porte d'honneur monumentale du grand vizir à Constantinople, siège du gouvernement du sultan de l'empire ottoman 奥斯曼帝国时期素丹政府建筑
6 flambé(e) *adj.* = enflammé à l'aide d'alcool 被火烧的；【转】被毁坏的，没有希望的
7 meurtrir *v.t.* = frapper au point de laisser une marque 打肿
8 omoplate *n.f.* 肩胛骨
9 échu(e) *adj.* = arrivé à échéance 到期的
10 recors *n.m.* = assistant d'un huissier, qui sert de témoin dans les exploits d'exécution et donne l'aide en cas de besoin 【法】(旧时执达吏的)助理
11 raisonner (+ de) *v.t.indir.* = développer une argumentation réfléchie (sur un sujet) 【旧】推理，推论
12 fiacre *n.m.* = voiture de location tirée par un cheval 【旧】出租马车
13 château fort 城堡，城寨
14 puissans 【旧】= puissants
15 cuver *v.t.* = apaiser progressivement 【俗】慢慢平息

45 que, sans la liberté de blâmer, il n'est point d'éloge flatteur ; et qu'il n'y a que les petits hommes qui redoutent les petits écrits. (*Il se rassied.*) Las de nourrir un obscur pensionnaire, on me met un jour dans la rue ; et comme il faut dîner, quoiqu'on ne soit plus en prison, je taille encore ma plume, et demande à chacun de quoi il est question :

50 on me dit que pendant ma retraite économique, il s'est établi dans Madrid un système de liberté sur la vente des productions, qui s'étend même à celles de la presse ; et que, pourvu que je ne parle en mes écrits ni de l'autorité, ni du culte, ni de la politique, ni de la morale, ni des gens en place, ni des corps en crédit, ni de l'Opéra, ni des autres

55 spectacles, ni de personne qui tienne à quelque chose, je puis tout imprimer librement, sous l'inspection de deux ou trois censeurs. Pour profiter de cette douce liberté, j'annonce un écrit périodique, et, croyant n'aller sur les brisées d'aucun autre, je le nomme *Journal inutile*. Pou-ou ! je vois s'élever contre moi mille pauvres diables à la

60 feuille ; on me supprime ; et me voilà derechef[1] sans emploi ! – Le désespoir m'allait saisir ; on pense à moi pour une place, mais par malheur j'y étais propre : il fallait un calculateur, ce fut un danseur qui l'obtint. Il ne me restait plus qu'à voler ; je me suis banquier[2] de Pharaon[3] : alors, bonnes gens ! je soupe[4] en ville, et les personnes

65 dites *comme il faut* m'ouvrent poliment leur maison, en retenant pour elles les trois quarts du profit. J'aurais bien pu me remonter ; je commençais même à comprendre que, pour gagner du bien, le savoir-faire vaut mieux que le savoir. Mais comme chacun pillait autour de moi en exigeant que je fusse honnête, il fallut bien périr

70 encore. Pour le coup je quittais le monde, et vingt brasses[5] d'eau m'en allaient séparer, lorsqu'un Dieu bienfaisant m'appelle à mon premier état. Je reprends ma trousse[6], et mon cuir anglais ; puis, laissant la fumée aux sots qui s'en nourrissent, et la honte au milieu du chemin, comme trop lourde à un piéton, je vais rasant de ville en ville, et je vis

75 enfin sans souci. Un grand seigneur passe à Séville ; il me reconnaît,

---

1 derechef *adv.* = de nouveau 【书】重新，再次
2 banquier *n.m.* = personne qui tient la banque dans les jeux d'argent（赌博中的）庄家
3 pharaon *n.m.* = ancien jeu de cartes 【旧】一种纸牌赌博
4 souper *v.i.* = dîner 【旧】吃晚餐
5 brasse *n.f.* = unité de mesure de la profondeur de la mer 【旧】法寻（水深单位，约合1.624米）
6 trousse *n.f.* = étui où l'on enferme les instruments nécessaires employés dans diverses professions 专业工具包

je le marie ; et pour prix d'avoir eu par mes soins son épouse, il veut intercepter la mienne ! intrigue, orage à ce sujet. Prêt à tomber dans un abîme, au moment d'épouser ma mère, mes parens[1] m'arrivent à la file[2]. (*Il se lève en s'échauffant.*) On se débat : c'est vous, c'est lui, c'est
80   moi, c'est toi ; non, ce n'est pas nous ; hé mais ! qui donc ? (*Il retombe assis*.) Ô bizarre suite d'événements ! Comment cela m'est-il arrivé ? Pourquoi ces choses et non pas d'autres. Qui les a fixées sur ma tête ? Forcé de parcourir la route où je suis entré sans le savoir, comme j'en sortirai sans le vouloir, je l'ai jonchée d'autant de fleurs que ma
85   gaieté me l'a permis : encore je dis ma gaieté sans savoir si elle est à moi plus que le reste, ni même quel est ce *moi* dont je m'occupe : un assemblage informe de parties inconnues ; puis un chétif être imbécile ; un petit animal folâtre ; un jeune homme ardent au plaisir, ayant tous les goûts pour jouir, faisant tous les métiers pour vivre
90   maître ici, valet là, selon qu'il plût à la fortune ; ambitieux par vanité, laborieux par nécessité, mais paresseux… avec délices ! orateur selon le danger ; poète par délassement ; musicien par occasion ; amoureux par folles bouffées[3] ; j'ai tout vu, tout fait, tout usé. Puis l'illusion s'est détruite, et trop désabusé… Désabusé ! … Désabusé !
95   … Suzon, Suzon, Suzon ! que tu me donnes de tourments !… J'entends marcher… on vient. Voici l'instant de la crise.

(*Il se retire près de la première coulisse à sa droite.*)

Laplace, 1876.

✒ Questions et Réflexions

1. À quels abus sociaux Figaro fait-il allusion dans ce monologue relatant sa vie passée ?
2. Quels procédés littéraires Beaumarchais utilise-t-il pour exposer son attitude envers les conventions de la société ?

---

1 parens 【旧】= parents
2 à la file *loc.adv.* = à la queue 排队，一个接着一个地
3 bouffée *n.f.* = souffle de l'haleine, manifestation subite et passagère (d'un sentiment) (从嘴里或鼻子里吹出或喷出的)一口；【转】(感情)突然发作

‖ 文化点滴 ‖

"费加罗三部曲"

"三部曲"（la trilogie）最初指古希腊悲剧作家埃斯库罗斯（Eschyle）根据神话故事改编的三联剧《俄瑞斯忒亚》（Oresteia）。剧作以阿耳戈斯国王阿特柔斯家族的世仇为背景，包括《阿伽门农》（Agamemnon）、《奠酒人》（Les Choéphores）和《欧墨尼得》（Les Euménides）三个剧本。《俄瑞斯忒亚》被后世奉为古希腊悲剧经典，"三部曲"也因此被广泛用于形容由三部故事情节连贯的作品构成的整体。1775–1792年，博马舍先后创作了三部以仆人费加罗（Figaro）为主人公的戏剧作品，分别是《塞维勒的理发师》（Le Barbier de Séville）、《费加罗的婚礼》（Le Mariage de Figaro）和《有罪的母亲》（La Mère coupable）。这三部作品以主人公费加罗在阿勒玛维华伯爵（le Comte Almaviva）家的生活为背景，依次讲述了他在人生不同阶段的遭遇，被后世称为"费加罗三部曲"，又称"西班牙三部曲"（la trilogie espagnole）。

在三部曲中，尤以《费加罗的婚礼》的成功演出而带来最为卓著的影响。1784年4月27日，在上流社会风传已久的《费加罗的婚礼》，终于在法兰西剧院首演。演出大获成功，当年演出67场。两年之后，莫扎特（Mozart）谱曲的同名歌剧在维也纳成功上演，成为莫扎特最杰出的喜歌剧之一，在世界范围内广为流传至今。法国大革命中，革命家丹东（Danton）评价"费加罗杀死了贵族阶级"，拿破仑则将《费加罗的婚礼》称为"进入行动的革命"。《费加罗的婚礼》早已超越文学的疆界，而成为一起"政治事件"。如今法国发行量最大的报纸之一《费加罗报》（Le Figaro），报名即取自"费加罗"这一"真正法国人的肖像"，并以费加罗那句著名的台词作为刊物座右铭："倘若批评不自由，则赞美亦无意义"。三部曲中的《塞维勒的理发师》和《有罪的母亲》也激发了作曲家们的创作灵感，分别由意大利作曲家罗西尼（Rossini）于1816年、法国作曲家达里斯·米约（Darius Milhaud）于1966年谱为歌剧。

CHAPITRE III

LE THÉÂTRE DU XIXᵉ SIÈCLE

　　19 世纪初的法兰西剧坛仍保留着旧制度下的各种剧型创作。然而，经过大革命洗礼，政治格局风云万变，回应时代需求的新型戏剧类型——浪漫主义戏剧（le théatre romantique）应运而生。1830 年 2 月 25 日注定是载入法国戏剧史册的一天：雨果（Victor Hugo）的剧作《艾那尼》（*Hernani*）得以在法兰西喜剧院首演。该剧的主题、风格及内容都与古典主义戏剧法则格格不入，引发了"现代"与"古典"的对立，掀起了古典派与浪漫派的文艺大论争——"艾那尼之战"（la bataille d'*Hernani*）。《艾那尼》的成功上演象征着戏剧史上浪漫派对古典派、浪漫主义戏剧对古典主义戏剧的胜利。1832 年到 1843 年的十年间，浪漫主义戏剧占据了法兰西的戏剧舞台。浪漫主义戏剧作家们从根本上摒弃古典主义法则及诗体创作，要求剧种的混合，致力于展现现实世界的普遍样貌。这种崭新的戏剧形式与古典主义戏剧写作必须尊崇的规则，包括谨守三一律、合式、逼真等等是格格不入的。浪漫主义戏剧往往包含历史主题，混合悲剧的、崇高的、伤感的、喜剧的、怪诞的等多种风格。浪漫主义戏剧的主角常以反抗者或"世纪病"（« le Mal du siècle »）的形象出现，情绪激昂又自相矛盾。例如缪塞（Alfred de Musset）笔下的罗朗萨丘，雨果的吕·布拉斯。浪漫主义戏剧野心勃勃地试图自我构建成一种综合性的、有能力囊括历史与当代真实总和的剧型，代表性剧作家有：大仲马（Alexandre Dumas）、雨果、缪塞。1829 年，大仲马的《亨利三世及其宫廷》（*Henri III et sa cour*）已经进入法兰西剧院（la Comédie-Française）演出，此为浪漫主义戏剧的先声；雨果的浪漫剧具有鲜明的批判色彩与揭发力量；缪塞则打破悲剧与喜剧之间的绝对界限，将悲剧元素纳入喜剧中，在探索浪漫主义喜剧该如何发展的过程中给出了自己的答案。浪漫主义戏剧曾一度退出历史舞台，直至 19 世纪末 20 世纪初，才凭借罗斯当（Edmond Rostand）《西哈诺·德·贝尔日拉克》（*Cyrano de Bergerac*）一剧的成功上演，赢得大众的喜爱，重获新生。

　　轻喜剧（le vaudeville）最初指一种由喜剧和歌唱混合起来的剧型，后逐渐发展成一种无关乎心理分析和道德说教，以情境取胜的喜剧。在整个 19 世纪，轻喜剧都是一个颇受欢迎的剧型。尤其在第二帝国时期（1852–1870），新贵布尔乔亚是轻喜剧最忠实的观众，轻喜剧再获发展，成为一种轻松的、大众化的戏剧体裁，充满曲折多变、滑稽甚至轻佻的戏剧情节，又称林荫道戏剧（le théâtre de boulevard）。最为突出的代表性剧作家有拉比什（Eugène Labiche）、费多（Georges Feydeau）和古尔特林（Georges Courteline）。拉比什的成功主要归功于他异想天开的才能，例如：在剧作《意大利草帽》（*Un Chapeau de paille d'Italie*）中，一切都围绕着一顶跨越时间的帽子展开。他对大众通俗的笑剧进行艺术加工，使之登上大雅之堂，同时对小资产阶级的缺点进行具有戏谑意味的审视和批判。费多则是"美好时代"（19 世纪末至一战爆发）创作最丰富、影响最大的轻喜剧作家，将"林荫道戏剧"推向发展高峰。

在结束 19 世纪之前，一个具有变革意味的事件值得关注。1896 年，雅里（Alfred Jarry）的《愚比王》（*Ubu Roi*）在巴黎上演。剧本和演出都充满对浪漫主义历史剧的戏仿、对各种权威的猛烈讽刺，荒诞不经，引发剧坛哗然。这部带有挑衅性质的大胆之作，是对林荫道戏剧的最初反叛，同时宣告超现实主义运动及荒诞派（le théâtre de l'absurde）戏剧即将登场。

ALEXANDRE DUMAS (1802–1870)

Biographie

Alexandre Dumas (appelé aussi Dumas père), né en 1802 à Villers-Cotterêts et mort à l'âge de 68 ans, est à la fois célèbre comme dramaturge et comme romancier. Orphelin de père dès l'âge de 4 ans, le jeune Alexandre passe une enfance peu réjouissante. Il s'initie à la poésie, puis part s'installer à Pairs dès 1822. Après s'être imprégné d'une certaine culture littéraire (Shakespeare, Walter Scott), il fréquente assidûment les théâtres parisiens. Au début proche des romantiques et tourné vers le théâtre, il écrit d'abord avec Adolphe Leuven un vaudeville *La Chasse et l'Amour* (1825) qui connaît un grand succès, dès lors il commence à écrire son premier drame historique *Henri III et sa cour* (1828), considéré comme la prééminence de la révolution romantique théâtrale. Par la suite il rédige *Christine* (1830), *Antony* (1831), *La Tour de Nesle* (1832) et *Kean* (1836) qui lui apportent un succès grandissant. En 1846, Dumas fait construire son théâtre : le « Théâtre-historique » à Paris où il fait jouer ses pièces et les œuvres théâtrales des auteurs européens, mais en 1850, le théâtre fait faillite. L'œuvre théâtrale de Dumas, comme sa création romanesque, frappe par son ampleur et sa variété : drame romantique, tragédie historique, comédie de mœurs contemporaines, pièce sociale et politique, etc. En 2002, les cendres d'Alexandre Dumas sont transférées au Panthéon et rejoignent celles de Voltaire, Rousseau, Hugo et Zola, écrivains qui participent symboliquement à la construction de la nation.

HENRI III ET SA COUR
(1829)

✎ Résumé

Acte I

Le premier acte nous emmène dans le cabinet de travail de Côme Ruggieri, le célèbre astrologue de Catherine de Médicis. Celle-ci lui explique son plan pour dresser l'un contre l'autre deux hommes qui ont trop d'influence sur son fils, le roi de France Henri III : Henri de Guise et Saint-Mégrin. L'astrologue doit encourager par ses prédictions Saint-Mégrin dans son amour pour la duchesse de Guise. À l'aide d'une potion donnée par Catherine de Médicis, la duchesse se retrouve endormie et par un jeu de porte à secret se réveille en face de Saint-Mégrin auquel elle avoue son amour avant de s'enfuir en entendant son mari arriver chez l'astrologue pour une réunion de la Ligue. Mais Henri de Guise retrouve un mouchoir aux armes de sa femme dans la pièce que vient de quitter Saint-Mégrin.

Acte II

Le deuxième acte s'ouvre au palais du Louvre avec les « mignons » du roi qui, en l'attendant, essayent de s'occuper. Le roi arrive, puis le duc de Guise qui vient demander que le roi reconnaisse la Ligue catholique et lui donne un chef. Le roi diffère sa décision au soir, et Saint-Mégrin, cherchant querelle au duc de Guise, le provoque en duel pour le lendemain.

Acte III

Au troisième acte, le duc de Guise, qui n'a aucune envie de se battre avec Saint-Mégrin, est dans l'oratoire de sa femme. En la brutalisant, il la force à écrire une lettre à Saint-Mégrin pour « l'inviter à profiter d'une réunion de ligueur chez son mari pour venir la rejoindre ».

Acte IV

Au quatrième acte, retour au Louvre où le roi, sur les conseils de sa mère, se désigne chef de la sainte Ligue, déjouant ainsi les plans du duc de Guise. Le roi retient Saint-Mégrin en lui prodiguant des conseils pour le combat du lendemain, alors que celui-ci n'a qu'une envie : ne pas arriver en retard à son rendez-vous d'amour. Enfin libre, il court vers son destin.

Acte V

Le cinquième acte voit, dans le salon dans lequel la duchesse de Guise est enfermée, le piège du Duc réussir. Malgré l'aide apportée par Arthur, le jeune page dévoué à la duchesse, pour essayer de sauver Saint-Mégrin, celui-ci est étouffé avec le mouchoir aux armes de la duchesse du premier acte.

✎ Commentaire

Henri III et sa cour, drame historique en cinq actes, écrit en 1828 et présenté à la Comédie-Française en 1829, est l'œuvre la mieux venue de Dumas père. « J'ai fait cinquante drames depuis *Henri III*, aucun n'est plus savamment fait », voilà le jugement porté par Dumas lui-même sur sa pièce dans ses *Mémoires*. L'auteur décrit la lutte, la tromperie et la conspiration entre le roi Henri III et les nobles réactionnaires pendant les guerres de religion au XVIᵉ siècle. Il est vrai que l'intensité dramatique monte au fur et à mesure des scènes et que l'on voit le dénouement arriver avec angoisse. D'ailleurs, ce drame en prose rompt complètement avec les critères du théâtre classique. C'est en fait le premier drame romantique historique et même si Dumas se défend dans la préface de cette pièce d'avoir « inventé » le genre, il n'en est pas moins le précurseur. Dans sa carrière de romancier, Dumas reviendra sur la plupart des protagonistes de *Henri III et sa cour*, notamment dans sa trilogie sur les Valois. Cette pièce a été jouée cent cinquante-trois fois avant d'être retirée du répertoire de la Comédie-Française en 1895.

À l'Acte V, le duc Guise, ayant découvert la trahison de sa femme, la force à fixer un rendez-vous au comte de Saint-Mégrin afin de le faire assassiner. Mégrin est pris au piège et vient dans la chambre de la duchesse, elle lui explique la vérité. En face de la mort, la duchesse finalement révèle ses sentiments amoureux à Mégrin.

✎ Extrait

ACTE V

SCÈNE II

LA DUCHESSE DE GUISE, SAINT-MÉGRIN.

SAINT-MÉGRIN.

Je ne m'étais donc pas trompé, c'était votre voix que j'avais entendue ; elle m'a guidé…

LA DUCHESSE DE GUISE.

5   Ma voix ! ma voix ! elle vous disait de fuir !

SAINT-MÉGRIN.

Que j'étais insensé ! je ne pouvais croire à tant de bonheur.

LA DUCHESSE DE GUISE.

Cette porte est encore ouverte ! fuyez, monsieur le comte, fuyez !

10   **SAINT-MÉGRIN.**

Ouverte ! oui… imprudent que je suis !

(Il la referme et jette la clef.)

LA DUCHESSE DE GUISE.

Monsieur le comte, écoutez-moi !

15 **SAINT-MÉGRIN.**

Oh ! oui, oui ! parle ! j'ai besoin de t'entendre, pour croire à ma félicité.

LA DUCHESSE DE GUISE.

Fuyez, fuyez ! la mort est là !... des assassins !...

SAINT-MÉGRIN.

20 Que dis-tu ? quels sont ces mots de mort et d'assassins que tu
prononces, avec une robe de fête, et le front couronné de fleurs ?

LA DUCHESSE DE GUISE.

Des fleurs... ah ! qu'elles soient anéanties !

(Elle les arrache.)

25 **SAINT-MÉGRIN.**

Que faites-vous ?

LA DUCHESSE DE GUISE.

Écoutez-moi... écoutez-moi... Au nom du ciel ! sortez de ce délire
insensé... il y va de la vie, vous dis-je ; ils vous ont attiré dans un piège
30 *infernal ; ils veulent vous assassiner.*

SAINT-MÉGRIN.

M'assassiner ! cette lettre n'était donc pas de vous ?

LA DUCHESSE DE GUISE.

Elle était de moi ; mais, la violence, la torture... Voyez ! – *(Elle lui*
35 *montre son bras.)* Voyez...

SAINT-MÉGRIN.

Ah !

LA DUCHESSE DE GUISE.

C'est moi qui ai écrit ce billet... mais c'est le duc qui l'a dicté.

40 **SAINT-MÉGRIN,** *le déchirant.*

Le duc ! et j'ai pu croire... Non, non, je ne l'ai pas cru un seul instant.
Mon Dieu ! mon Dieu ! elle ne m'aime pas !

LA DUCHESSE DE GUISE.

Maintenant que vous savez tout, fuyez, fuyez ! je vous l'ai dit, il y va
45 de la vie.

SAINT-MÉGRIN, *sans l'écouter.*

Elle ne m'aime pas...

(Il met sa main dans sa poitrine, et la meurtrit.)

LA DUCHESSE DE GUISE.

50 Oh ! mon Dieu ! mon Dieu !

SAINT-MÉGRIN, *riant.*

C'est ma vie, dites-vous, qu'ils veulent ! Eh bien ! je vais la leur porter : mais sans rien conserver de vous ! tenez ! voilà ce bouquet, que mon existence a failli payer. D'un mot, vous m'avez détaché de la vie,

55 comme ces fleurs de leurs tiges. Adieu ! adieu pour jamais. (*Il veut rouvrir la porte.*) Cette porte est refermée.

LA DUCHESSE DE GUISE.

C'est lui ! il sait déjà que vous êtes ici.

SAINT-MÉGRIN.

60 Ah ! qu'il vienne ! qu'il vienne ! Henri… Henri ! n'auras-tu de courage que pour meurtrir le bras d'une femme… Ah ! viens, viens !

LA DUCHESSE DE GUISE.

Ne l'appelez pas ! ne l'appelez pas ! il doit venir !

SAINT-MÉGRIN.

65 Que vous importe ? je vous suis indifférent. Ah ! la pitié ! oui…

LA DUCHESSE DE GUISE.

Mais si vous m'aidiez, peut-être pourriez-vous fuir.

SAINT-MÉGRIN.

Moi, fuir ! et pourquoi ? ma mort et ma vie ne sont-elles pas des

70 événements également étrangers dans votre existence… Fuir ! et fuirais-je aussi votre indifférence, votre haine, peut-être ?

LA DUCHESSE DE GUISE.

Mon indifférence ! ma haine ! ah ! plût au ciel !

SAINT-MÉGRIN.

75 Plût au ciel ! dis-tu ? Un mot, un mot encore, et je t'obéirai aveuglé-ment… Dis ; ma mort doit-elle être pour toi plus affreuse que l'assas-sinat d'un homme ?

LA DUCHESSE DE GUISE.

Grand Dieu ! il le demande… Oh ! oui… oui.

80 **SAINT-MÉGRIN.**

Tu ne me trompes pas ! ah ! je te rends grâce ! Tu parlais de fuir ! de moyens ! quels sont-ils ?… Fuir ! moi, fuir devant le duc de Guise !… Jamais !…

LA DUCHESSE DE GUISE.

85 Ce n'est pas devant le duc de Guise que vous fuiriez ; c'est devant

des assassins. Retenu dans une autre partie de l'hôtel par cette réunion de ligueurs, il a voulu s'assurer qu'une fois ici vous ne sauriez lui échapper. Si nous pouvions seulement fermer cette porte, nous aurions encore quelques instants ; mais la barre en a été enlevée ;

90 une seconde clef est entre ses mains, – (*Cherchant.*) et l'autre…

SAINT-MÉGRIN.

N'est-ce que cela ? attendez. – (*Il brise la pointe de son poignard dans la serrure.*) Maintenant cette porte ne s'ouvrira plus qu'on ne l'enfonce.

LA DUCHESSE DE GUISE.

95 Bien, bien ! cherchons un moyen, une issue… Mes idées se heurtent ! ma tête se brise !…

SAINT-MÉGRIN, *s'élançant vers la fenêtre.*

Cette fenêtre…

LA DUCHESSE DE GUISE.

100 Gardez-vous-en bien ! vous vous tueriez !

SAINT-MÉGRIN.

Me tuer sans vengeance ! Vous avez raison ; je les attendrai.

LA DUCHESSE DE GUISE.

Oh ! mon Dieu ! mon Dieu ! secourez-nous ! Oh ! toutes les mesures

105 de vengeance ne sont que trop bien prises… Et c'est moi, moi, qui n'ai pas su souffrir. – (*Tombant à genoux.*) Comte, au nom du ciel ! votre pardon ! – (*Se relevant.*) ou plutôt, non, non, ne me pardonnez pas… et, si vous mourez, je mourrai avec vous !

(*Elle tombe dans un fauteuil.*)

110 **SAINT-MÉGRIN**, *à ses pieds.*

Eh bien ! rends-moi donc la mort plus douce. Dis, dis-moi que tu m'aimes… C'est un pied dans la tombe que je t'en conjure. Je ne suis plus pour toi qu'un mourant. Les préjugés du monde disparaissent, les liens de la société se brisent devant l'agonie. Entoure mes derniers

115 moments des félicités du ciel… Ah ! dis, dis-moi que je suis aimé.

LA DUCHESSE DE GUISE.

Eh bien oui, je vous aime ! et depuis longtemps. Que de combats je me suis livrés pour fuir vos yeux, pour m'éloigner de votre voix ! vos regards, vos paroles me poursuivaient partout. Non ! pour nous la

120 société n'a plus de liens, le monde n'a plus de préjugés… Écoute-moi donc : oui, oui, je t'aime…. Ici, dans cette même chambre, que de fois j'ai fui un monde que ton absence dépeuplait pour moi ! Que

de fois je suis venue m'isoler avec mon amour et mes pleurs ! et alors je revoyais tes yeux, j'entendais encore tes paroles, et je te répondais.

125 Eh bien ! ces moments, ils ont été les plus doux de ma vie.

SAINT-MÉGRIN.

Oh ! assez, assez… Tu ne veux donc pas que je puisse mourir… Malédiction !… Là, toutes les félicités de la terre, et là, la mort, l'enfer… Oh ! tais-toi, ne me dis plus que tu m'aimes… Avec ta haine,
130 j'aurais bravé leurs poignards ; et maintenant, ah ! je crois que j'ai peur !

LA DUCHESSE DE GUISE.

Saint-Mégrin, oh ! ne me maudis pas.

SAINT-MÉGRIN.

135 Si, si, je te maudis pour ton amour qui me fait entrevoir le ciel et mourir… mourir ! Jeune, aimé de toi ! est-ce que je puis mourir ! Non, non ; redis-moi que tout cela n'était qu'illusion et mensonge !

(*On entend du bruit.*)

LA DUCHESSE DE GUISE.

140 Ah ! ce sont eux !

SAINT-MÉGRIN.

Ce sont eux. – (*Tirant son épée et s'appuyant dessus avec calme.*) Éloigne-toi ; tu m'as vu faible, insensé ; en face de la mort, je redeviens un homme… éloigne-toi.

145 **LA DUCHESSE DE GUISE,** *après un moment de réflexion.*

Saint-Mégrin ! écoute… écoutez. Cette fenêtre est… oui ! je m'en souviens… Il y a un balcon au premier étage ; si vous l'atteigniez une fois… une ceinture… une corde ; vous pouvez descendre jusque-là, et alors vous êtes sauvé. – (*Cherchant.*) Mon Dieu ! rien, rien.

150 **SAINT-MÉGRIN.**

Calme-toi ! Catherine, Voyons ! – (*Allant à la fenêtre.*) Si je pouvais seulement distinguer ce balcon… mais rien qu'un gouffre.

LA DUCHESSE DE GUISE.

On entend du bruit dans la rue. – (*Se précipitant vers la fenêtre.*) Qui
155 que vous soyez, au secours ! au secours !

SAINT-MÉGRIN, *l'arrachant de la fenêtre.*

Que fais-tu ? veux-tu les avertir ! – (*Un paquet de cordes tombe dans la chambre.*) Qu'est-ce là ?

LA DUCHESSE DE GUISE.

160   Ah ! vous êtes sauvé ! – (*Elle le prend.*) D'où vient-il ? Un billet. – (*Elle lit.*) *Quelques mots que j'ai entendus m'ont tout appris. Je n'ai que ce moyen de vous sauver, et je l'emploie. Arthur. Arthur ! ô cher enfant ! – (À Saint-Mégrin.*) C'est Arthur ; fuyez, fuyez vite.

SAINT-MÉGRIN, *attachant la corde.*

165   En aurai-je le temps ? cette porte ; – (*On l'agite violemment.*) Cette porte…

LA DUCHESSE DE GUISE.

    Attendez.

    (*Elle passe son bras entre les deux anneaux de fer.*)

170 **SAINT-MÉGRIN.**

    Ah ! Dieu ! que faites-vous ?

LA DUCHESSE DE GUISE.

    Laisse ! laisse ! c'est le bras qu'il a déjà meurtri.

SAINT-MÉGRIN.

175   J'aime mieux mourir.

LE DUC DE GUISE, *ébranlant la porte.*

    Ouvrez, madame, ouvrez,

LA DUCHESSE DE GUISE.

    Fuyez donc, mon Dieu ! En fuyant vous sauvez ma vie ; si vous restez,

180   je jure de mourir avec vous, et je mourrai déshonorée… Fuyez, fuyez.

SAINT-MÉGRIN.

    Tu m'aimeras toujours ?

LA DUCHESSE DE GUISE.

    Oui, oui.

185 **LE DUC DE GUISE**, *du dehors.*

    Des leviers, des haches… que j'enfonce cette porte.

LA DUCHESSE DE GUISE.

    Pars donc !

SAINT-MÉGRIN.

190   Adieu.

LA DUCHESSE DE GUISE.

    Oui… oui… adieu… !

SAINT-MÉGRIN.

    Adieu ! …

195   (*Il met son épée entre ses dents et descend par la fenêtre.*)

LA DUCHESSE DE GUISE.

Mon Dieu ! mon Dieu ! je te remercie ; il est sauvé. – (*Un moment de silence, puis tout à coup des cris, un cliquetis d'armes.*) Ah ! – (*Elle quitte la porte, court à la fenêtre.*) Arthur ! Saint-Mégrin !

200 (*Elle pousse un second cri, et revient tomber au milieu de la scène.*)

Meline, Cans et Cie, 1838.

✐ Questions et Réflexions

1. Analysez le développement des sentiments de Saint-Mégrin pour la duchesse de Guise.
2. Le personnage de Saint-Mégrin, comme la figure de Rodrigue dans *Le Cid* de Corneille, devrait faire face au dilemme de la fidélité et de l'amour. Quelle sont les différences entre les deux héros ?
3. Relevez les termes utilisés par le dramaturge pour souligner l'intensité de la passion entre les amoureux, et appréciez le style linguistique du dramaturge dans cet extrait.

‖ 文化点滴 ‖

古今之争

"古今之争"(la Querelle des Anciens et des Modernes)是法国文学史上的重要事件。这个发端于17世纪末、关于崇古抑或崇今的文学论战，是法国古典主义文化衰败的表征，预示着启蒙时代的来临。

在法兰西学院内部，崇古派包括戏剧理论家布瓦洛(Boileau)、诗人拉封丹(La Fontaine)、剧作家拉辛及拉布吕耶尔(Jean de La Bruyère)等法国文坛的权威学者，他们将古希腊与古罗马的文学视为优秀文学的唯一典范。崇今派则以诗人夏尔·佩罗(Charles Perrault)、作家丰特奈尔(Fontenelle)及法兰西学院的大部分院士为代表，他们更加推崇17世纪法国的当代文学创作。在自由公开的辩论中，双方相继撰写论文，或者通过创作诗歌、戏剧等文艺作品来重新评估古代文化、异域文化和法国文化的价值。

法国19世纪著名文学评论家居斯塔夫·朗松(Gustave Lanson)认为，"古今之争"是法国文学与文化的重要转折，即从古典主义转向现代风格。"古今之争"的出现，深刻地改变了古典主义后期法国文艺界的发展图景，对法国现代审美和艺术品味的形成有重要意义。在广阔的历史视阈下，"古今之争"这场发生在欧洲知识分子内部、旷日持久的论战，在欧洲其他国家有着深远的回响。

VICTOR HUGO (1802–1885)

Biographie

Fils d'un général, Victor Hugo passe son enfance en une errance, de Besançon, où il est né, à Marseille, Bastia, l'Ile d'Elbe, l'Italie, l'Espagne, et enfin Paris, en 1812. Il commence à écrire dès 1813. En 1817, son premier poème obtient une mention au concours de l'Académie française. En 1827, dans la préface de *Cromwell*, il formule la théorie du drame romantique. Sa première pièce, *Amy Robsart* (1828), échoue à l'Odéon. *Hernani* triomphe au Théâtre-Français en 1830. Victor Hugo devient le porte-parole de la jeune école, qui veut mettre en œuvre le « libéralisme en littérature ». C'est l'époque du *Roi s'amuse* (1832), de *Ruy Blas* (1838) et de *Notre-Dame de Paris* (1831). Au théâtre, Hugo est considéré comme un des chefs du romantisme français lorsqu'il expose sa théorie du drame romantique dans la préface de *Cromwell*, puis dans *Hernani* qui marque le triomphe du romantisme sur scène. Hugo s'oppose aux traditions de la création classique en proposant ses idées romantiques : il faut exprimer l'intrigue de manière concrète plutôt que formelle et promouvoir le principe du contraste entre la beauté et la laideur. Ses œuvres dramatiques comprennent également *Lucrèce Borgia* (1833), *Marie Tudor* (1833) et *Les Burgraves* (1843). Il est élu à l'Académie française en 1841.

HERNANI
(1830)

✐ Résumé

LE ROI

Acte I

Le roi d'Espagne Don Carlos s'introduit la nuit dans la chambre de Doña Sol dont il est secrètement amoureux. Caché derrière une armoire, il assiste à la rencontre entre Doña Sol et Hernani, un banni. Hernani, fils d'un homme décapité sur ordre du père de Don Carlos, s'est promis de venger son père. Doña Sol aime Hernani mais on l'a fiancée à son oncle, Don Ruy Gomez de Silva. Don Carlos sort de sa cachette et les deux rivaux s'apprêtent à croiser le fer. Mais le vieux duc frappe à la porte. Don Ruy Gomez de Silva s'indigne en voyant deux hommes chez sa nièce. Mais l'inconnu découvre son visage et se présente. Le roi justifie sa présence et fait passer Hernani pour quelqu'un de sa suite. Il indique que l'heure est grave, l'empereur Maximilien, son aïeul venant de mourir. Il vient consulter Don Ruy Gomez de Silva, son fidèle sujet, et écouter ses conseils. Doit-il se porter candidat au trône du Saint-Empire ? Resté seul, Hernani qui a retrouvé l'assassin de son père exprime sa haine et médite sa vengeance.

LE BANDIT

Acte II

Le lendemain, à minuit. Don Carlos se rend sous la fenêtre de Doña Sol. Il souhaite enlever la jeune fille avant Hernani, dont il connaît maintenant l'identité. Trompée par l'obscurité, Doña Sol le rejoint. C'est alors que surgit Hernani. Il propose un duel au roi, qui refuse avec beaucoup de mépris. Cette fois c'est Hernani qui a l'avantage. Grand seigneur, il laisse la vie sauve au roi et lui donne son manteau pour qu'il puisse traverser sans dommage, sa troupe de bandits. Restés seuls, Hernani et Doña Sol échangent quelques mots d'amour. Mais l'armée du roi est déjà à sa poursuite. Hernani quitte Doña Sol et part rejoindre sa troupe.

LE VIEILLARD

Acte III

Le vieux duc Don Ruy Gomez de Silva va épouser Doña Sol, sa jeune nièce. On prépare le mariage. Don Ruy Gomez de Silva savoure son bonheur, d'autant qu'on lui apprend la mort probable d'Hernani. Le jour des noces, un pèlerin frappe à la porte du château de Da Silva. Découvrant doña Sol en tenue de mariée, le pèlerin déchire son habit et déclare son identité : « je suis Hernani ». La tête d'Hernani est mise à prix, mais la loi de l'hospitalité étant sacrée, Don Ruy Gomez de Silva fait barricader le château et décide de protéger Hernani. Hernani et Doña Sol restent seuls et dissipent tout malentendu. La jeune femme lui montre le poignard qu'elle a dérobé au roi. Hernani et Doña Sol échangent des mots d'amour et s'enlacent. C'est alors que surgit Don Ruy Gomez qui a des mots très durs sur l'attitude d'Hernani mais au nom de l'honneur, il se refuse toujours à trahir son hôte. C'est alors que les trompettes annoncent l'arrivée du roi. Don Ruy Gomez cache Hernani. Le roi pénètre dans le château et est furieux d'apprendre que Don Ruy Gomez cache ce scélérat d'Hernani. Il lui propose le choix : ou il accepte de livrer Hernani ou il fera prisonnière Doña Sol. Le duc hésite, mais finalement refuse de livrer Hernani. Il assiste impuissant à l'enlèvement de Doña Sol. Après son départ, Don Ruy Gomez et Hernani complotent pour tuer le roi. Hernani offre son bras et sa vie à Don Ruy Gomez.

LE TOMBEAU

Acte IV

Don Carlos apprend qu'on prépare un complot contre lui. Il se retire seul dans le tombeau de Charlemagne et réfléchit à son futur rôle d'empereur. Les conjurés arrivent dans le tombeau et n'aperçoivent pas Don Carlos qui se cache. Ils tirent au sort celui qui sera chargé d'assassiner le roi d'Espagne. Don Carlos sort de sa cachette et confond les conjurés. Il ordonne d'arrêter les coupables. C'est alors qu'Hernani révèle sa véritable identité : Il est Jean d'Aragon, fils d'un grand d'Espagne assassiné. Don Carlos se montre intraitable vis-à-vis des conjurés. C'est alors qu'intervient Doña Sol qui supplie le monarque. Le roi se montre sensible à cette démarche : il souhaite inaugurer son règne par une mesure de clémence. Il pardonne à tous les conjurés et permet à Doña Sol d'épouser Hernani.

LA NOCE

Acte V

Le palais de Jean d'Aragon. On y célèbre les noces de Jean d'Aragon et de Doña Sol. Alors que la fête s'achève, on entend le son d'un cor. Un homme masqué répète à Hernani la promesse que celui-ci avait faite à Don Ruy Gomez. Doña Sol apparaît. Elle supplie Don Ruy Gomez qui ne veut rien entendre. Elle arrache la fiole de poison que le duc a donné à Hernani et en boit la moitié. Hernani achève la fiole et les deux amants meurent dans les bras l'un de l'autre. Don Ruy Gomez se poignarde sur leurs cadavres.

✐ Commentaire

Hernani, tragédie en cinq actes, est le premier drame romantique de Hugo représenté sur scène. Influencé par *Le Cid* de Corneille, l'auteur présente le thème du héros face au dilemme de la fidélité et de l'amour. L'amour pur se heurte à une fatalité interne : bannissement d'Hernani, déclassement social du héros, puis vengeance de Don Ruy Gomez.

Hernani peut être considérée comme une pièce-manifeste, une arme de combat contre les règles de la tragédie classique. Cette pièce, parmi les plus célèbres de Victor Hugo, et dont la représentation déclencha la bataille d'*Hernani*, consacra le genre du drame romantique. Dans la Préface de 1830, Hugo reprend des questions déjà soulevées notamment dans la préface de *Cromwell* : au nom de la liberté du créateur, le dramaturge critique vigoureusement les règles héritées de la dramaturgie classique et invite à s'en affranchir. Il en appelle à la multiplicité des lieux et au pittoresque des décors, à l'allongement du temps, au mélange des tons et des genres, à l'abandon des bienséances, au déplacement permanent des corps et des objets, contribuant à une action spectaculaire.

Par ses hardiesses de ton, de style et de versification, Hernani faisait passer un souffle de jeunesse sur le théâtre de l'époque. Il était bien fait pour enthousiasmer les Jeunes-France ; avec le lyrisme de ses sentiments simples, généreux, chevaleresques, avec sa tendresse, il reste entraînant, exaltant même ; par ses qualités romanesques et ses accents héroïques, il s'inscrit dans la lignée du *Cid*. Comme le note Théophile Gautier, « pour la génération de 1830, *Hernani* a été ce que fut *Le Cid* pour les contemporains de Corneille. Tout ce qui était jeune, vaillant, amoureux, poétique, en reçut le souffle. »

La pièce est jouée trente-neuf fois en 1830. Jusqu'en 1927, la pièce est reprise annuellement. Depuis les années 1970, le théâtre contemporain compte peu de reprises de la pièce.

✐ Extrait

ACTE V

SCÈNE VI

DOÑA SOL, HERNANI, DON RUY GOMEZ

[…]

DOÑA SOL.

Pardonnez ! Nous autres Espagnoles,

Notre douleur s'emporte à de vives paroles,

5   Vous le savez. Hélas ! vous n'étiez pas méchant !

Pitié ! Vous me tuez, mon oncle, en le touchant !

Pitié ! Je l'aime tant !…

DON RUY GOMEZ, *sombre.*

Vous l'aimez trop !

10 **HERNANI.**

Tu pleures !

DOÑA SOL.

Non, non, je ne veux pas, mon amour, que tu meures !

Non, je ne le veux pas.

15   À don Ruy.

Faites grâce aujourd'hui !

Je vous aimerai bien aussi, vous.

DON RUY GOMEZ.

Après lui !

20   De ces restes d'amour, d'amitié, – moins encore,

Croyez-vous apaiser la soif qui me dévore[1] ?

Montrant Hernani.

Il est seul ! il est tout ! Mais moi, belle pitié !

Qu'est-ce que je peux faire avec votre amitié ?

25   O rage ! il aurait, lui, le cœur, l'amour, le trône,

Et d'un regard de vous il me ferait l'aumône[2] !

Et s'il fallait un mot à mes vœux insensés,

C'est lui qui vous dirait : – Dis cela, c'est assez ! –

En maudissant tout bas le mendiant avide

30   Auquel il faut jeter le fond du verre vide !

Honte ! dérision ! Non. Il faut en finir,

Bois !

HERNANI.

Il a ma parole, et je dois la tenir.

35 **DON RUY GOMEZ.**

Allons.

---

1 De ces restes d'amour, d'amitié, – moins encore, Croyez-vous apaiser la soif qui me dévore ? = Croyez-vous apaiser la soif de ces restes d'amour, d'amitié, – moins encore, qui me dévore ?

2 faire l'aumône à qqn *loc.v.* = faire un petit don d'argent à une personne dans le besoin 给某人施舍

Hernani approche la fiole de ses lèvres. Doña Sol se jette sur son bras.

DOÑA SOL.

Oh ! pas encor ! Daignez tous deux m'entendre.

40 **DON RUY GOMEZ.**

Le sépulcre[1] est ouvert, et je ne puis attendre.

DOÑA SOL.

Un instant, – Mon seigneur ! Mon don Juan ! – Ah ! Tous deux,

Vous êtes bien cruels ! Qu'est-ce que je veux d'eux ?

45 Un instant ! voilà tout, tout ce que je réclame ! –

Enfin, on laisse dire à cette pauvre femme

Ce qu'elle a dans le cœur ! … – oh ! Laissez-moi parler !

DON RUY GOMEZ, *à Hernani.*

J'ai hâte.

50 **DOÑA SOL.**

Messeigneurs, vous me faites trembler !

Que vous ai-je donc fait ?

HERNANI.

Ah ! Son cri me déchire.

55 **DOÑA SOL,** *lui retenant toujours le bras.*

Vous voyez bien que j'ai mille choses à dire.

DON RUY GOMEZ, *à Hernani.*

Il faut mourir.

DOÑA SOL, *toujours pendue au bras d'Hernani.*

60 Don Juan, lorsque j'aurai parlé,

Tout ce que tu voudras, tu le feras.

Elle lui arrache la fiole.

Je l'ai.

Elle élève la fiole aux yeux d'Hernani et du vieillard étonné.

65 **DON RUY GOMEZ.**

Puisque je n'ai céans[2] affaire qu'à deux femmes,

Don Juan, il faut qu'ailleurs j'aille chercher des âmes.

Tu fais de beaux serments par le sang dont tu sors,

Et je vais à ton père en parler chez les morts !

70 – Adieu !…

---

1 sépulcre *n.m.* = tombeau 【书】坟墓
2 céans *adv.* = ici 【旧】此处

Il fait quelques pas pour sortir. Hernani le retient.

HERNANI.

Duc, arrêtez.

À doña Sol.

75   Hélas ! Je t'en conjure,

Veux-tu me voir faussaire[1], et félon[2], et parjure[3] ?

Veux-tu que partout j'aille avec la trahison

Écrite sur le front ? Par pitié, ce poison,

Rends-le-moi ! Par l'amour, par notre âme immortelle !…

80   **DOÑA SOL**, *sombre.*

Tu veux ?

Elle boit.

Tiens maintenant !

DON RUY GOMEZ.

85   Ah ! c'était donc pour elle !

DOÑA SOL, *tendant à Hernani la fiole à demi vidée.*

Prends, te dis-je.

HERNANI, *à don Ruy.*

Vois-tu, misérable vieillard ?

90   **DOÑA SOL.**

Ne te plains pas de moi, je t'ai gardé ta part.

HERNANI, *prenant la fiole.*

Dieu !

DOÑA SOL.

95   Tu ne m'aurais pas ainsi laissé la mienne,

Toi ! Tu n'as pas le cœur d'une épouse chrétienne,

Tu ne sais pas aimer comme aime une Silva.

Mais j'ai bu la première et suis tranquille. – Va !

Bois si tu veux !

100   **HERNANI.**

Hélas ! qu'as-tu fait, malheureuse ?

DOÑA SOL.

C'est toi qui l'as voulu.

---

1 faussaire *n.m.* = personne qui produit un faux 伪造者，造假者
2 félon *n.m.* = vassal qui ne respecte par son serment de fidélité envers son seigneur 【史】(封建社会中对宗主)不忠的人；【书】叛徒
3 parjure *n.m.* = personne qui commet un faux serment 发伪誓的人

HERNANI.

105   C'est une mort affreuse !…

DOÑA SOL.

     Non. Pourquoi donc ?

HERNANI.

     Ce philtre au sépulcre conduit.

110 **DOÑA SOL.**

     Devions-nous pas dormir ensemble cette nuit ?

     Qu'importe dans quel lit ?

HERNANI.

     Mon père, tu te venges

115   Sur moi qui t'oubliais !

     Il porte la fiole à sa bouche.

DOÑA SOL, *se jetant sur lui.*

     Ciel ! des douleurs étranges !…

     Ah ! jette loin de toi ce philtre ! – Ma raison

120   S'égare. Arrête ! Hélas ! mon don Juan, ce poison

     Est vivant, ce poison dans le cœur fait éclore

     Une hydre[1] à mille dents qui ronge et qui dévore !

     Oh ! Je ne savais pas qu'on souffrît à ce point !

     Qu'est-ce donc que cela ? C'est du feu ! Ne bois point !

125   Oh ! Tu souffrirais trop !

HERNANI, *à don Ruy.*

     Ah ! Ton âme est cruelle !

     Pouvais-tu pas choisir d'autre poison pour elle ?

     Il boit et jette la fiole.

130 **DOÑA SOL.**

     Que fais-tu ?

HERNANI.

     Qu'as-tu fait ?

DOÑA SOL.

135   Viens, ô mon jeune amant,

     Dans mes bras.

     Ils s'assoient l'un près de l'autre.

---

1   hydre *n.m.* = serpent fabuleux à plusieurs têtes qui renaissent dès qu'on lui en coupe une 【希神】海德拉，
希腊神话中的九头蛇，传说它拥有九颗头，若其中一颗被斩断，立刻又会再生出两颗头。

N'est-ce pas qu'on souffre horriblement ?

HERNANI.

140 Non !

DOÑA SOL.

Voilà notre nuit de noce commencée !

Je suis bien pâle, dis, pour une fiancée ?

HERNANI.

145 Ah !

DON RUY GOMEZ.

La fatalité s'accomplit.

HERNANI.

Désespoir !

150 Ô tourment ! Doña Sol souffrir, et moi le voir !

DOÑA SOL.

Calme-toi. Je suis mieux. – Vers des clartés nouvelles

Nous allons tout à l'heure ensemble ouvrir nos ailes.

Partons d'un vol égal vers un monde meilleur.

155 Un baiser seulement, un baiser !

Ils s'embrassent.

DON RUY GOMEZ.

Ô douleur !

HERNANI, *d'une voix affaiblie.*

160 Oh ! Béni soit le ciel qui m'a fait une vie

D'abîmes entourée et de spectres suivie,

Mais qui permet que, las d'un si rude chemin,

Je puisse m'endormir, ma bouche sur ta main !

DON RUY GOMEZ.

165 Ils sont encore heureux !

HERNANI, *d'une voix de plus en plus faible.*

Viens, viens… doña Sol… tout est sombre…

Souffres-tu ?

DOÑA SOL, *d'une voix également éteinte.*

170 Rien, plus rien.

HERNANI.

Vois-tu des feux dans l'ombre ?

DOÑA SOL.

Pas encor.

175 **HERNANI**, *avec un soupir.*

Voici…

Il tombe.

DON RUY GOMEZ, *soulevant sa tête, qui retombe.*

Mort !

180 **DOÑA SOL**, *échevelée*[1] *et se dressant à demi sur son séant*[2].

Mort ! non pas ! nous dormons.

Il dort ! C'est mon époux, vois-tu. Nous nous aimons.

Nous sommes couchés là. C'est notre nuit de noce…

D'une voix qui s'éteint.

185 Ne le réveillez pas, seigneur duc de Mendoce.

Il est las…

Elle retourne la figure d'Hernani.

Mon amour, tiens-toi vers moi tourné… Plus près… plus près encor…

Elle retombe.

190 **DON RUY GOMEZ.**

Morte ! – Oh ! Je suis damné.

Il se tue.

FIN

Hetzel, 1889.

✍ Questions et Réflexions

1. Comparée avec l'image de la noblesse dans les tragédies classiques, celle du comte Don Ruy Gomez dans *Hernani* serait assez étrangère aux spectateurs de l'époque. Comment comprenez-vous l'intention de l'auteur pour en avoir bouleversé les conventions ?

2. Qu'est-ce que le dramaturge a réalisé afin de rendre remarquable le caractère spectaculaire de l'action ?

3. Par ses accents héroïques, *Hernani* s'inscrit logiquement dans le classicisme du *Cid* de Corneille. Essayez donc de comparer les deux pièces pour faire ressortir les traits non conventionnels d'*Hernani*.

---

1 écheveler *v.t.* = mettre en désordre les cheveux de qqn 【书】弄乱头发
2 séant *n.m.* = fesse 【俗】屁股；se dresser sur son séant (从躺着的状态) 坐起来

RUY BLAS
(1838)

✏ Résumé

DON SALLUSTE

Acte I

Un salon dans le palais du roi, à Madrid, sous le règne de Charles II, à la fin du XVIIe siècle. Don Salluste de Bazan, ministre de la Police, disgracié par la reine d'Espagne, doña Maria de Neubourg, médite sa vengeance. Il veut se servir d'un cousin dévoyé, don César, qui refuse dans un sursaut d'honneur. Ruy Blas, valet de Don Salluste, resté seul avec Don César, lui avoue son amour pour la Reine. Ayant tout entendu, don Salluste fait enlever don César, dicte des lettres compromettantes à Ruy Blas et, le couvrant de son manteau, le présente à la Cour comme son cousin César. Il lui ordonne de plaire à la Reine et d'être son amant.

LA REINE D'ESPAGNE

Acte II

Un salon contigu à la chambre de la Reine. Délaissée par son époux et prisonnière d'une étiquette tyrannique, la Reine s'ennuie. Restée seule pour ses dévotions, elle rêve à l'inconnu qui lui a déposé des fleurs et un billet, laissant un bout de dentelle sur une grille. Entre Ruy Blas, devenu écuyer de la reine, porteur d'une lettre du roi. Grâce à la dentelle, la Reine reconnaît en lui son mystérieux amoureux, que don Guritan, vieil aristocrate épris de la Reine, provoque en duel, mais celle-ci, prévenue, envoie le jaloux en mission chez ses parents à Neubourg, en Allemagne.

RUY BLAS

Acte III

La salle du gouvernement dans le palais royal. Six mois plus tard, les conseillers commentent l'ascension de Ruy Blas (portant toujours le nom de don César), devenu premier ministre, et se disputent les biens de l'Espagne. Ruy Blas les fustige de sa tirade méprisante : « Bon appétit, messieurs ! ». La Reine qui, cachée, a tout entendu, lui avoue son amour et lui demande de sauver le royaume. Resté seul, Ruy Blas s'émerveille de cette déclaration quand paraît don Salluste habillé en valet, qui, humiliant son domestique, lui commande de se rendre dans une maison secrète et d'y attendre ses ordres.

DON CÉSAR

Acte IV

Une petite chambre dans la mystérieuse demeure. Ruy Blas envoie un page demander à don Guritan de prévenir la Reine : elle ne doit pas sortir. Dégringolant par la cheminée, don César, tout en se restaurant, raconte ses picaresques aventures. Un laquais apporte de l'argent pour le faux don César : le vrai l'empoche. Une duègne vient ensuite confirmer de la part de la Reine le rendez-vous, organisé en fait par don Salluste. Don Guritan vient pour tuer Ruy Blas en duel : don César le tue. Arrive don Salluste, inquiet. Don César lui apprend la mort de Guritan et la confirmation du rendez-vous. Don Salluste s'en débarrasse en le faisant passer pour le bandit Matalobos auprès des alguazils, qui l'arrêtent.

LE TIGRE ET LE LION

Acte V

La même chambre, la nuit. Ruy Blas croit avoir sauvé la Reine et veut s'empoisonner. Elle paraît cependant, ainsi que don Salluste, qui, savourant sa vengeance, prétend la faire abdiquer et fuir avec Ruy Blas, qui se découvre pour ce qu'il est aux yeux de son amante. Révolté, le domestique de don Salluste, avale le poison et meurt dans les bras de la Reine, qui, se jetant sur son corps, lui pardonne et l'appelle de son véritable nom, Ruy Blas.

Commentaire

Ruy Blas, drame romantique en cinq actes, publié en 1838, a été représenté pour la première fois par la compagnie du théâtre de la Renaissance. La pièce a reçu un accueil critique des milieux conservateurs qui y voyaient une mise en cause du gouvernement de Louis-Phillippe. *Ruy Blas* inaugure le Théâtre de la Renaissance. Le public applaudit, la critique attaque, reprenant ses arguments habituels contre l'inconvenance du sujet, contre le système dramatique et la place du grotesque, contre l'incapacité supposée de Hugo à mettre en scène les passions. Sous le Second Empire, la pièce est interdite, et il faut attendre 1872 pour une nouvelle représentation. En 1879, la pièce entre à la Comédie-Française. Depuis cette date, la pièce a été représentée plus d'un millier de fois.

Tout le système des personnages repose en effet sur un clivage et un dédoublement, nés d'une implacable dynamique, qui implique l'obstacle des conditions et les contradictions scindant les personnages en figures, ou en rôles, qui ne recouvrent pas leur être : « Le sujet philosophique de Ruy Blas, c'est le peuple aspirant aux régions élevées ; le sujet humain, c'est un homme qui aime une femme ; le sujet dramatique, c'est un laquais qui aime une reine. » Non seulement Hugo fait s'opposer chez son héros le génie et la condition, mais il montre en outre la conséquence de cet écart sur la passion amoureuse, puisque l'incommensurable distance du laquais à la Reine figure l'inconvenance sociale de cet amour, pourtant fondé sur le mérite personnel, donc sur les vertus de l'individu. Ce clivage entre individu et être social concerne aussi la Reine, jeune femme étouffée par son rang et son rôle, qui subit l'étiquette et succombe sous le poids d'une tyrannie incarnée par la Camerera Mayor. Pas plus que le valet, la Reine n'est libre.

À travers *Ruy Blas*, Hugo arrive à créer une pièce d'aventure qui échappe aux écueils spécifiques du genre. Il évite ainsi les excès de diversions. Le suspens débute au commencement de la première scène et se poursuit jusqu'à la fin. Le dénouement de la pièce est d'ailleurs frappant. Victor Hugo a avoué lui-même avoir privilégié « un effet de gradation plutôt que d'étonnement ». Donc l'action se met en place petit à petit, au fil des scènes, pour se dénouer en chaîne au dernier acte.

Dans *Ruy Blas*, un des derniers drames romantiques de l'auteur, on retrouve les ingrédients qui ont fait le succès de *Hernani,* huit ans auparavant : une vraie rupture par rapport à la dramaturgie classique, des héros contrastés, des passions fortes et même brutales, une action spectaculaire, un mélange de sublime et de grotesque, des vers somptueux et parfois provocateurs, un engagement de Hugo contre la situation politique et sociale de son temps.

Extrait

ACTE V
SCÈNE III
RUY BLAS, LA REINE, DON SALLUSTE.

RUY BLAS.

Grand Dieu ! – Fuyez, madame !

DON SALLUSTE.

Il n'est plus temps !

5   Madame de Neubourg n'est plus reine d'Espagne.

LA REINE, *avec horreur.*

Don Salluste !

DON SALLUSTE, *montrant Ruy Blas.*

À jamais vous êtes la compagne

10   De cet homme.

LA REINE.

Grand Dieu ! c'est un piège en effet !

Et don César…

RUY BLAS, *désespéré.*

15   Madame, hélas ! qu'avez-vous fait !

DON SALLUSTE, *s'avançant à pas lent vers la reine.*

Je vous tiens. – Mais je vais parler, sans lui déplaire,

À votre majesté, car je suis sans colère.

Je vous trouve, – écoutez, ne faisons pas de bruit, –

20   Seule avec don César, dans sa chambre, à minuit.

Ce fait, – pour une reine, – étant public, – en somme

Suffit pour annuler le mariage à Rome.

Le saint-père en serait informé promptement.

Mais on supplée au fait par le consentement.

25   Tout peut rester secret.

Il tire de sa poche un parchemin qu'il déroule et qu'il présente à la reine.

Signez-moi cette lettre

Au seigneur notre roi. Je la ferai remettre

Par le grand écuyer[1] au notaire mayor.

30   Ensuite, – une voiture, où j'ai mis beaucoup d'or,

Désignant le dehors.

Est là. – Partez tous deux sur-le-champ. Je vous aide.

Sans être inquiétés, vous pourrez par Tolède

Et par Alcantara gagner le Portugal.

35   Allez où vous voudrez, cela nous est égal.

Nous fermerons les yeux. – Obéissez. Je jure

Que seul en ce moment je connais l'aventure ;

Mais si vous refusez, Madrid sait tout demain.

Ne nous emportons pas. Vous êtes dans ma main.

40   *Montrant la table sur laquelle il y a une écritoire.*

Voilà tout ce qu'il faut pour écrire, madame.

LA REINE, *attérée, tombant sur le fauteuil.*

Je suis en son pouvoir !

---

1 grand écuyer = intendant général des écuries du roi 法国古代王室的马厩总管

DON SALLUSTE.

45   De vous je ne réclame

Que ce consentement pour le porter au roi.

Bas à Ruy Blas, qui écoute tout immobile et comme frappé de la foudre.

Laisse-moi faire, ami, je travaille pour toi !

À la reine.

50   Signez.

LA REINE, *tremblante, à part.*

Que faire ?

DON SALLUSTE, *se penchant à son oreille et lui présentant une plume.*

Allons ! qu'est-ce qu'une couronne ?

55   Vous gagnez le bonheur si vous perdez le trône.

Tous mes gens sont restés dehors. On ne sait rien

De ceci. Tout se passe entre nous trois.

Essayant de lui mettre la plume entre les doigts sans qu'elle la repousse

ni la prenne.

60   Eh bien ?

La reine indécise et égarée le regarde avec angoisse.

Si vous ne signez point, vous vous frappez vous-même.

Le scandale et le cloître[1] !

LA REINE, *accablée.*

65   Ô Dieu !

DON SALLUSTE, *montrant Ruy Blas.*

César vous aime.

Il est digne de vous. Il est, sur mon honneur,

De fort grande maison. Presqu'un prince. Un seigneur

70   Ayant donjon sur roche et fief dans la campagne.

Il est duc d'Olmedo, Bazan, et grand d'Espagne…

Il pousse sur le parchemin la main de la reine éperdue et tremblante et

qui semble prête à signer.

RUY BLAS, *comme se réveillant tout à coup.*

75   Je m'appelle Ruy Blas, et je suis un laquais !

Arrachant des mains de la reine la plume et le parchemin qu'il déchire.

Ne signez pas, madame ! – Enfin ! – Je suffoquais !

---

1 cloître *n.m.* = monastère 【俗】隐修院

LA REINE.

Que dit-il ? don César !

80 **RUY BLAS**, *laissant tomber sa robe et se montrant vêtu de la livrée ; sans épée.*

Je dis que je me nomme

Ruy Blas, et que je suis le valet de cet homme !

Se tournant vers don Salluste.

85 Je dis que c'est assez de trahison ainsi,

Et que je ne veux pas de mon bonheur ! – Merci !

– Ah vous avez eu beau me parler à l'oreille ! –

Je dis qu'il est bien temps qu'enfin je me réveille,

Quoique tout garrotté[1] dans vos complots hideux,

90 Et que je n'irai pas plus loin, et qu'à nous deux,

Monseigneur, nous faisons un assemblage infâme.

J'ai l'habit d'un laquais, et vous en avez l'âme !

DON SALLUSTE, *à la reine, froidement.*

Cet homme est en effet mon valet.

95 *À Ruy Blas avec autorité.*

Plus un mot.

LA REINE, *laissant enfin échapper un cri de désespoir et se tordant les mains.*

Juste ciel !

100 **DON SALLUSTE**, *poursuivant.*

Seulement il a parlé trop tôt.

Il croise les bras et se redresse, avec une voix tonnante.

Eh bien oui ! maintenant disons tout. Il n'importe !

Ma vengeance est assez complète de la sorte.

105 *À la reine.*

Qu'en pensez-vous ? Madrid va rire, sur ma foi !

Ah ! vous m'avez cassé ! je vous détrône, moi.

Ah ! vous m'avez banni ! je vous chasse, et m'en vante !

Ah ! vous m'avez pour femme offert votre suivante !

110 *Il éclate de rire.*

Moi, je vous ai donné mon laquais pour amant.

---

1 garrotté(e) *adj.* = oppressé, étouffé 透不过气来的，气闷的；感到难受的

Vous pourrez l'épouser aussi ! certainement.

Le roi s'en va ! – Son cœur sera votre richesse !

Il rit.

115   Et vous l'aurez fait duc afin d'être duchesse !

Grinçant des dents.

Ah ! vous m'avez brisé, flétri, mis sous vos pieds,

Et vous dormiez en paix, folle que vous étiez !

Pendant qu'il a parlé, Ruy Blas est allé à la porte du fond et en a poussé le

120   *verrou, puis il s'est approché de lui sans qu'il s'en soit aperçu, par derrière,*

à pas lents. Au moment où don Salluste achève, fixant des yeux pleins

de haine et de triomphe sur la reine anéantie, Ruy Blas saisit l'épée du

marquis par la poignée et la tire vivement.

RUY BLAS, *terrible, l'épée de don Salluste à la main.*

125   Je crois que vous venez d'insulter votre reine !

Don Salluste se précipite vers la porte. Ruy Blas la lui barre.

– Oh ! n'allez point par là, ce n'en est pas la peine,

J'ai poussé le verrou depuis longtemps déjà. –

Marquis, jusqu'à ce jour Satan te protégea,

130   Mais s'il veut t'arracher de mes mains, qu'il se montre !

– À mon tour ! – On écrase un serpent qu'on rencontre.

– Personne n'entrera, ni tes gens, ni l'enfer !

Je te tiens écumant sous mon talon de fer !

– Cet homme vous parlait insolemment, madame ?

135   Je vais vous expliquer. Cet homme n'a point d'âme,

C'est un monstre. En riant hier il m'étouffait.

Il m'a broyé le cœur à plaisir. Il m'a fait

Fermer une fenêtre, et j'étais au martyre !

Je priais ! je pleurais ! je ne peux pas vous dire !

140   *Au marquis.*

Vous contiez vos griefs dans ces derniers moments.

Je ne répondrai pas à vos raisonnements,

Et d'ailleurs – je n'ai pas compris. – Ah ! misérable !

Vous osez, – votre reine ! une femme adorable !

145   Vous osez l'outrager quand je suis là ! – Tenez,

Pour un homme d'esprit, vraiment, vous m'étonnez !

Et vous vous figurez que je vous verrai faire

Sans rien dire ! – Écoutez, quelle que soit sa sphère,

Monseigneur, lorsqu'un traître, un fourbe tortueux,

150   Commet de certains faits rares et monstrueux,

Noble ou manant[1], tout homme a droit, sur son passage,

De venir lui cracher sa sentence au visage,

Et de prendre une épée, une hache, un couteau !… –

Pardieu ! j'étais laquais ! quand je serais bourreau ?

155   **LA REINE.**

Vous n'allez pas frapper cet homme ?

RUY BLAS.

Je me blâme

D'accomplir devant vous ma fonction, madame.

160   Mais il faut étouffer cette affaire en ce lieu.

Il pousse don Salluste vers le cabinet.

– C'est dit, monsieur ! allez là-dedans prier Dieu !

DON SALLUSTE.

C'est un assassinat !

165   **RUY BLAS.**

Crois-tu ?

DON SALLUSTE, *désarmé, et jetant un regard plein de rage autour de lui.*

Sur ces murailles

Rien ! pas d'arme !

170   *À Ruy Blas.*

Une épée au moins !

RUY BLAS.

Marquis ! tu railles !

Maître ! est-ce que je suis un gentilhomme, moi ?

175   Un duel ! fi[2] donc ! je suis un de tes gens à toi,

Valetaille[3] de rouge et de galons vêtue,

Un maraud qu'on châtie et qu'on fouette, – et qui tue.

Oui, je vais te tuer, monseigneur, vois-tu bien ?

Comme un infâme ! comme un lâche ! comme un chien !

180   **LA REINE.**

Grâce pour lui !

---

1   manant *n.m.* = paysan ou habitant d'un village sous l'Ancien Régime (法国封建时代村镇的) 居民，平民
2   fi *interj.* = interjection pour exprimer le dégoût, la désapprobation 【旧】呸！(表示轻蔑、不满、嫌恶等)
3   valetaille *n.f.* = ensemble des domestiques 【俗、贬】仆人

RUY BLAS, *à la reine, saisissant le marquis.*

Madame, ici chacun se venge.

Le démon ne peut plus être sauvé par l'ange !

185 **LA REINE**, *à genoux.*

Grâce !

DON SALLUSTE, *appelant.*

Au meurtre ! au secours !

RUY BLAS, *levant l'épée.*

190 As-tu bientôt fini ?

DON SALLUSTE, *se jetant sur lui en criant.*

Je meurs assassiné ! Démon !

RUY BLAS, *le poussant dans le cabinet,*

Tu meurs puni !

195 *Ils disparaissent dans le cabinet, dont la porte se referme sur eux.*

LA REINE, *restée seule, tombant demi-morte sur le fauteuil.*

Ciel !

Un moment de silence. Rentre Ruy Blas, pâle, sans épée.

Société Belge de librairie, 1839.

✐ Questions et Réflexions

1. Essayez de comparer les caractères de Don Salluste et de Ruy Blas, qui sont présentés dans les dialogues entre eux.

2. À quelles figures de rhétorique l'auteur a-t-il recours pour faire ressortir notre protagoniste ?

3. Que peut-on relever des actions de Ruy Blas à propos des valeurs sociales que préconise l'auteur ?

‖ 文化点滴 ‖

"艾那尼之战"

19世纪初，古典主义戏剧法则仍然主宰法兰西舞台，而1827年英国剧团携莎士比亚戏剧来法巡演，则激发了观众对新型戏剧的热情和兴趣。政治上，复辟的波旁王朝（1815–1830）苟延残喘，蓄势的七月革命（1830）一触即发。政治与文学专制的气氛双重交织、相互映照，戏剧界内一股冲击老旧戏剧传统的浪潮在孕育。

1830年2月25日，浪漫主义文学运动领袖维克多·雨果的剧本《艾那尼》，登上惯于上演古典主义戏剧的法兰西剧院舞台。在这出剧中，国王被描绘成卑劣之徒，德不配位；古典主义法则被抛诸九霄云外，情节、人物体现了雨果大力倡导的对照原则，鲜明地体现了浪漫主义美学特点。演出现场演变为新旧两派的对决。反对派早早进场，以嬉笑、嘘声、喝倒彩冲击舞台角色发出的每一个诗句；而以诗人戈蒂耶（Théophile Gautier）为首、包括新派青年、使人、画家等人数的浪漫派阵营也早已形成，用掌声和喝彩给予反对派以坚决回击。整个演出变成一场场"震耳欲聋的喧吵"，被称为"艾那尼之战"（la bataille d'Hernani）。

《艾那尼》接连上演45场，获得巨大成功，成为七月革命的序幕。作为法国文学史上的标志性事件，"艾那尼之战"展现了浪漫派对伪古典主义清规戒律的挑战，以及对自由创作权利的追求。从此，伪古典主义逐渐退出历史舞台，浪漫主义美学崛起。

ALFRED DE MUSSET (1810–1857)

Biographie

Alfred de Musset est né à Paris en 1810 dans une famille aristocratique. Élevé dans un milieu cultivé, l'amour des lettres et des arts lui est transmis. Brillant lycéen, il abandonne rapidement des études de médecine et de droit pour se lancer dans une carrière littéraire. À seulement 19 ans, il publie son premier recueil poétique *Contes d'Espagne et d'Italie*. Faisant partie des tout premiers poètes du mouvement romantique, la plume d'Alfred de Musset se fait remarquer. Son style se caractérise par un romantisme flamboyant, où le lyrisme se mêle à la fantaisie et à la dérision. Dans le même temps, il commence à mener une vie de dandy. Auteur de poèmes tourmentés, Musset s'essaie au théâtre. En décembre 1830, il écrit sa toute première pièce, une comédie intitulée *La Nuit vénitienne* qui est un véritable échec. Musset renonce alors à la scène, mais continue d'écrire des pièces. Il choisit donc de publier des pièces dans la *Revue des deux Mondes*. Regroupées en décembre 1832 dans le volume *Un Spectacle dans un fauteuil*, Musset y aborde déjà les thématiques récurrentes de son œuvre : la débauche et la pureté, douloureusement liées. La période la plus créative de Musset coïncide avec des années de souffrances qui affectent sa sensibilité. Sa liaison avec George Sand influence profondément sa création littéraire, surtout des pièces théâtrales, comme *Les Caprices de Marianne* (1833), *On ne badine pas avec l'amour* (1834) et *Lorenzaccio* (1834). Il publie parallèlement des recueils poétiques comme *Les Nuits* (1835) et un roman autobiographique, *La Confession d'un enfant du siècle* (1836). Musset écrit de moins en moins après l'âge de 30. En 1852, il est élu à l'Académie française.

ON NE BADINE PAS AVEC L'AMOUR
(1834)

✎ Résumé

Acte I

DEUX AMIS D'ENFANCE SE RETROUVENT.

Perdican, fils du baron et jeune bachelier, revient chez son père en compagnie de son précepteur, maître Blazius. Sa cousine Camille, accompagnée, elle de dame Pluche, sa gouvernante, rentre également au château. Le baron rêve d'unir Camille et Perdican et il confie ce dessein à maître Blazius et à Bridaine, le curé du village. Mais les retrouvailles entre le cousin et la cousine sont glaciales. Camille reste insensible lorsque son cousin évoque leurs souvenirs d'enfance. Aux propos nostalgiques de Perdican, Camille oppose des répliques sèches et laconiques. Durant la soirée, contrarié, Perdican emmène souper au château la jeune paysanne Rosette, sœur de lait de Camille. Le baron est consterné d'apprendre que son fils fait la cour à une simple paysanne.

Acte II

ILS BADINENT AVEC L'AMOUR.

Camille annonce à Perdican qu'elle doit et veut partir « irrévocablement ». Elle demande à dame Pluche de faire parvenir à son cousin un billet pour le convier à un rendez-vous. Perdican continue de rendre Camille jalouse avec Rosette. Il se rend cependant à l'invitation de sa cousine. Camille lui révèle qu'on lui a appris dans son couvent à craindre l'amour et que les religieuses l'ont mise en garde des dangers de la passion. Une amie de couvent l'a également éclairée sur l'égoïsme des hommes. Perdican met en cause l'éducation religieuse et célèbre la passion qui transfigure les êtres. Il plaide en vain la cause de l'amour : c'est une chose sainte et sublime, même si l'on est trompé et blessé. Camille lui annonce sa décision : elle renonce au monde et va rentrer au couvent.

Acte III

UNE MORT TRAGIQUE LES SÉPARE À JAMAIS.

Perdican parvient à se saisir d'une lettre que Camille adresse à son amie religieuse. La jeune fille se flatte de « l'avoir réduit au désespoir ». En proie à une rage froide, Perdican va s'efforcer de rendre Camille jalouse. Il va « faire la cour à Rosette devant Camille elle-même ». Il se fiance à Rosette. La jeune paysanne est fascinée par le fils du baron et croit en son bonheur. Mais Camille ne désarme pas. Elle fait venir son cousin après avoir caché la petite paysanne derrière un rideau. Après s'être échangé des reproches, les deux jeunes gens se laissent aller à leur passion et tombent dans les bras l'un de l'autre. Rosette qui a assisté à la scène meurt d'émotion. La conscience de leur faute les sépare à jamais. Camille quitte Perdican.

Commentaire

On ne badine pas avec l'amour, une pièce de théâtre en trois actes, publiée en 1834, n'est représentée qu'en 1961 à la Comédie-Française, et comme toutes les autres pièces de Musset, cette pièce n'est pas écrite pour être jouée. La pièce figure la même année dans le volume *Un Spectacle dans un fauteuil* (Prose). L'auteur y joue avec les attentes du lecteur, invité à imaginer un spectacle en lisant. Il suggère que le théâtre peut se passer d'une salle mais non d'un public, fût-il réduit à un seul individu. Ce principe lui permet d'exprimer toute sa fantaisie.

Le marivaudage tragique combine le sublime de l'amour qui ne demande qu'à s'épanouir et le tragique qui envahit peu à peu le troisième acte, traduit notamment par l'intériorisation du drame chez ces « deux insensés [qui] ont joué avec la vie et la mort » (III, 8). Si les fantoches, dépourvus d'âme, sont condamnés à la solitude de leur monstrueux égocentrisme et au comique d'un langage mécanique formé de clichés, Rosette est soumise à la fatalité. Jouet, instrument des amoureux, elle ne peut comprendre les sous-entendus, les conventions de la galanterie, les manipulations : figure ingénue de l'innocence, sa mort signifie aussi l'irrémédiable perte de l'enfance et des illusions. Elle laisse deux cœurs brûlés et probablement morts.

Si la mise en scène de la guerre des sexes répond aux préoccupations de Musset au sortir d'une grave crise sentimentale, elle permet un subtil contrepoint du comique et du tragique, remarquable exemple de la fantaisie du mélange des tons, articulé selon une apparente juxtaposition des scènes. Les personnages vivants se prennent au piège des malentendus, que les marionnettes bouffonnes redoublent par leur stupidité. Le thème privilégié demeure l'erreur sur soi, sujet classique, qui, combiné à la version romantique du moi, éclaire le dénouement comme révélation trop tardive de la vérité des êtres, que leur jeunesse ne sauve pas.

Extrait

ACTE II
SCÈNE V

[…]

PERDICAN.

Ma ressemblance, à moi ?

CAMILLE.

5   Oui, et cela est naturel : vous étiez le seul homme que j'eusse connu.

En vérité, je vous ai aimé, Perdican.

PERDICAN.

Quel âge as-tu, Camille ?

CAMILLE.

10   Dix-huit ans.

PERDICAN.

Continue, continue ; j'écoute.

CAMILLE.

Il y a deux cents femmes dans notre couvent ; un petit nombre de

15   ces femmes ne connaîtra jamais la vie ; et tout le reste attend la mort.

Plus d'une parmi elles sont sorties du monastère comme j'en sors

aujourd'hui, vierges et pleines d'espérances. Elles sont revenues peu

de temps après, vieilles et désolées. Tous les jours il en meurt dans

nos dortoirs, et tous les jours il en vient de nouvelles prendre la place

20   des mortes sur les matelas de crin. Les étrangers qui nous visitent

admirent le calme et l'ordre de la maison ; ils regardent attentivement

la blancheur de nos voiles ; mais ils se demandent pourquoi nous les

rabaissons sur nos yeux. Que pensez-vous de ces femmes, Perdican ?

Ont-elles tort, ou ont-elles raison ?

25 **PERDICAN.**

Je n'en sais rien.

CAMILLE.

Il s'en est trouvé quelques-unes qui me conseillent de rester vierge.

Je suis bien aise de vous consulter. Croyez-vous que ces femmes-

30   là auraient mieux fait de prendre un amant et de me conseiller d'en

faire autant ?

PERDICAN.

Je n'en sais rien.

CAMILLE.

35   Vous aviez promis de me répondre.

PERDICAN.

J'en suis dispensé tout naturellement ; je ne crois pas que ce soit toi

qui parles.

CAMILLE.

40   Cela se peut, il doit y avoir dans toutes mes idées des choses très

ridicules. Il se peut bien qu'on m'ait fait la leçon, et que je ne sois

qu'un perroquet mal appris. Il y a dans la galerie un petit tableau qui représente un moine courbé sur un missel[1], à travers les barreaux obscurs de sa cellule glisse un faible rayon de soleil, et on aperçoit

45 une locanda[2] italienne, devant laquelle danse un chevrier[3]. Lequel de ces deux hommes estimez-vous davantage ?

PERDICAN.

Ni l'un ni l'autre et tous les deux. Ce sont deux hommes de chair et d'os ; il y en a un qui lit et un autre qui danse ; je n'y vois pas autre

50 chose. Tu as raison de te faire religieuse.

CAMILLE.

Vous me disiez non tout à l'heure.

PERDICAN.

Ai-je dit non ? Cela est possible.

55 **CAMILLE.**

Ainsi vous me le conseillez ?

PERDICAN.

Ainsi tu ne crois à rien ?

CAMILLE.

60 Lève la tête, Perdican ! quel est l'homme qui ne croit à rien ?

PERDICAN, *se levant.*

En voilà un ; je ne crois pas à la vie immortelle. – Ma sœur chérie, les religieuses t'ont donné leur expérience ; mais, crois-moi, ce n'est pas la tienne ; tu ne mourras pas sans aimer.

65 **CAMILLE.**

Je veux aimer, mais je ne veux pas souffrir ; je veux aimer d'un amour éternel, et faire des serments qui ne se violent pas. Voilà mon amant. *Elle montre son crucifix*[4].

PERDICAN.

70 Cet amant-là n'exclut pas les autres.

CAMILLE.

Pour moi, du moins, il les exclura. Ne souriez pas, Perdican ! Il y a dix ans que je ne vous ai vu, et je pars demain. Dans dix autres années, si nous nous revoyons, nous en reparlerons. J'ai voulu ne pas rester

---

1 missel *n.m.* = livre liturgique contenant les lectures, les prières et les chants de la messe pour chaque jour 【宗】弥撒经书，祈祷书
2 locanda（意大利语）*n.f.* = auberge ou pension de famille 旅馆；膳宿公寓
3 chevrier *n.m.* = personne dont le métier est de garder les chèvres 牧羊人
4 crucifix *n.m.* = objet de dévotion représentant le Christ sur la croix 【宗】带耶稣像的十字架

75 dans votre souvenir comme une froide statue ; car l'insensibilité mène au point où j'en suis. Écoutez-moi ; retournez à la vie, et tant que vous serez heureux, tant que vous aimerez comme on peut aimer sur la terre, oubliez votre sœur Camille ; mais s'il vous arrive jamais d'être oublié ou d'oublier vous-même, si l'ange de l'espérance
80 vous abandonne, lorsque vous serez seul avec le vide dans le cœur, pensez à moi qui prierai pour vous.

PERDICAN.

Tu es une orgueilleuse ; prends garde à toi.

CAMILLE.

85 Pourquoi ?

PERDICAN.

Tu as dix-huit ans, et tu ne crois pas à l'amour !

CAMILLE.

Y croyez-vous, vous qui parlez ? vous voilà courbé près de moi avec
90 des genoux qui se sont usés sur les tapis de vos maîtresses, et vous n'en savez plus le nom. Vous avez pleuré des larmes de joie et des larmes de désespoir ; mais vous saviez que l'eau des sources est plus constante que vos larmes, et qu'elle serait toujours là pour laver vos paupières gonflées. Vous faites votre métier de jeune homme,
95 et vous souriez quand on vous parle de femmes désolées ; vous ne croyez pas qu'on puisse mourir d'amour, vous qui vivez et qui avez aimé. Qu'est-ce donc que le monde ? Il me semble que vous devez cordialement mépriser les femmes qui vous prennent tel que vous êtes, et qui chassent leur dernier amant pour vous attirer dans leurs
100 bras avec les baisers d'un autre sur les lèvres. Je vous demandais tout à l'heure si vous aviez aimé ; vous m'avez répondu comme un voyageur à qui l'on demanderait s'il a été en Italie ou en Allemagne, et qui dirait : Oui, j'y ai été ; puis qui penserait à aller en Suisse, ou dans le premier pays venu. Est-ce donc une monnaie que votre
105 amour, pour qu'il puisse passer ainsi de mains en mains jusqu'à la mort ? Non, ce n'est pas même une monnaie ; car la plus mince pièce d'or vaut mieux que vous, et dans quelques mains qu'elle passe, elle garde son effigie[1].

---

1 effigie *n.f.* = figure représentée sur la face d'une monnaie ou d'une médaille （钱币、纪念章上的）人头像

PERDICAN.

110   Que tu es belle, Camille, lorsque tes yeux s'animent !

CAMILLE.

Oui, je suis belle, je le sais. Les complimenteurs ne m'apprendront rien ; la froide nonne[1] qui coupera mes cheveux, pâlira peut-être de sa mutilation[2] ; mais ils ne se changeront pas en bagues et en chaînes

115   pour courir les boudoirs[3] ; il n'en manquera pas un seul sur ma tête lorsque le fer y passera ; je ne veux qu'un coup de ciseau, et quand le prêtre qui me bénira me mettra au doigt l'anneau d'or de mon époux céleste, la mèche[4] de cheveux que je lui donnerai, pourra lui servir de manteau.

120   **PERDICAN.**

Tu es en colère, en vérité.

CAMILLE.

J'ai eu tort de parler ; j'ai ma vie entière sur les lèvres. Ô Perdican ! ne raillez pas, tout cela est triste à mourir.

125   **PERDICAN.**

Pauvre enfant, je te laisse dire, et j'ai bien envie de te répondre un mot. Tu me parles d'une religieuse qui me paraît avoir eu sur toi une influence funeste ; tu dis qu'elle a été trompée, qu'elle a trompé elle-même et qu'elle est désespérée. Es-tu sûre que si son mari ou son

130   amant revenait lui tendre la main à travers la grille du parloir, elle ne lui tendrait pas la sienne ?

CAMILLE.

Qu'est-ce que vous dites. J'ai mal entendu.

PERDICAN.

135   Es-tu sûre que si son mari ou son amant revenait lui dire de souffrir encore, elle répondrait non ?

CAMILLE.

Je le crois.

PERDICAN.

140   Il y a deux cents femmes dans ton monastère, et la plupart ont au

---

1 nonne *n.f.* = religieuse【旧】修女
2 mutilation *n.f.* = blessure qui entraîne la perte irréversible de certains membres du corps（肢体等的）毁伤，切断
3 boudoir *n.m.* = petit salon intime（贵妇的）小客厅
4 mèche *n.f.* = fine touffe de cheveux 发绺

fond du cœur des blessures profondes ; elles te les ont fait toucher, et elles ont coloré ta pensée virginale des gouttes de leur sang. Elles ont vécu, n'est-ce pas ? et elles t'ont montré avec horreur la route de leur vie ; tu t'es signée[1] devant leurs cicatrices[2], comme devant les plaies

145 de Jésus ; elles t'ont fait une place dans leurs processions lugubres[3], et tu te serres contre ces corps décharnés avec une crainte religieuse, lorsque tu vois passer un homme. Es-tu sûre que si l'homme qui passe était celui qui les a trompées, celui pour qui elles pleurent et elles souffrent, celui qu'elles maudissent en priant Dieu, es-tu sûre

150 qu'en le voyant elles ne briseraient pas leurs chaînes pour courir à leurs malheurs passés, et pour presser leurs poitrines sanglantes sur le poignard qui les a meurtries ? Ô mon enfant ! sais-tu les rêves de ces femmes qui te disent de ne pas rêver ? Sais-tu quel nom elles murmurent quand les sanglots qui sortent de leurs lèvres font

155 trembler l'hostie qu'on leur présente ? Elles qui s'assoient près de toi avec leurs têtes branlantes pour verser dans ton oreille leur vieillesse flétrie, elles qui sonnent dans les ruines de ta jeunesse le tocsin[4] de leur désespoir, et font sentir à ton sang vermeil[5] la fraîcheur de leurs tombes, sais-tu qui elles sont ?

160 **CAMILLE.**

Vous me faites peur : la colère vous prend aussi.

PERDICAN.

Sais-tu ce que c'est que des nonnes, malheureuse fille ? Elles qui te représentent l'amour des hommes comme un mensonge, savent-

165 elles qu'il y a pis encore, le mensonge de l'amour divin ? Savent-elles que c'est un crime qu'elles font, de venir chuchoter à une vierge des paroles de femme ? Ah ! comme elles t'ont fait la leçon ! Comme j'avais prévu tout cela quand tu t'es arrêtée devant le portrait de notre vieille tante ! Tu voulais partir sans me serrer la main ; tu ne voulais

170 revoir ni ce bois, ni cette pauvre petite fontaine qui nous regarde tout en larmes ; tu reniais les jours de ton enfance, et le masque de plâtre que les nonnes t'ont plaqué sur les joues, me refusait un baiser

---

1 se signer *v.pr.* = faire un geste rituel qui représente une croix chrétienne 【宗】（基督徒）划十字
2 cicatrice *n.f.* = marque laissée par une plaie 伤疤；【转】心灵创伤
3 lugubre *adj.* = qui marque ou qui inspire une sombre tristesse 悲伤的；凄惨的
4 tocsin *n.m.* = sonnerie d'une cloche répétée et prolongée pour donner l'alarme 警钟声
5 vermeil(le) *adj.* = qui est d'un rouge vif et lumineux 鲜红的

de frère ; mais ton cœur a battu ; il a oublié sa leçon, lui qui ne sait

pas lire, et tu es revenue t'asseoir sur l'herbe où nous voilà. Eh bien !

175 Camille, ces femmes ont bien parlé ; elles t'ont mise dans le vrai

chemin ; il pourra m'en coûter le bonheur de ma vie ; mais dis-leur

cela de ma part : le ciel n'est pas pour elles.

CAMILLE.

Ni pour moi, n'est-ce pas ?

180 **PERDICAN.**

Adieu, Camille, retourne à ton couvent, et lorsqu'on te fera de ces

récits hideux qui t'ont empoisonnée, réponds ce que je vais te

dire : Tous les hommes sont menteurs, inconstants, faux, bavards,

hypocrites, orgueilleux ou lâches, méprisables et sensuels ; toutes

185 les femmes sont perfides, artificieuses, vaniteuses, curieuses et

dépravées ; le monde n'est qu'un égout sans fond où les phoques les

plus informes rampent et se tordent sur des montagnes de fange[1] ;

mais il y a au monde une chose sainte et sublime, c'est l'union de

deux de ces êtres si imparfaits et si affreux. On est souvent trompé

190 en amour, souvent blessé et souvent malheureux ; mais on aime, et

quand on est sur le bord de sa tombe, on se retourne pour regarder

en arrière, et on se dit : j'ai souffert souvent, je me suis trompé

quelquefois, mais j'ai aimé. C'est moi qui ai vécu, et non pas un être

factice[2] créé par mon orgueil et mon ennui.

195 (*Il sort.*)

Clarendon Press, 1884.

Questions et Réflexions

1. Quels abus sociaux Musset voudrait-il révéler à travers les discussions sur l'amour entre Perdican et Camille ?

2. Commentez le choix de l'utilisation rare de didascalies par le dramaturge dans ces passages.

3. Comment comprenez-vous la fatalité du dénouement tragique des amoureux ?

---

1 fange *n.f.* = boue marine 海泥
2 factice *adj.* = qui manque d'authenticité, de naturel 假装的，不自然的，矫揉造作的

‖ 文化点滴 ‖

缪塞：案头剧

"案头剧"又名"椅子戏剧"（spectacle dans un fauteuil），最初由缪塞提出。顾名思义，指只适宜放在案头阅读，不适合舞台演出或者根本无法演出的戏剧文本。1830年，作品《威尼斯之夜》（*La Nuit vénitienne*）首演失败后，缪塞宣称"将永远地远离（剧院）嘈杂之地"。然而，放弃舞台的缪塞并未停止对戏剧艺术的热爱。同年，作家开始为文学杂志《两个世界》（*Revue des deux Mondes*）撰稿，并于1832年发表以《案头剧》命名的戏剧作品合辑。两年后，缪塞再次发表《案头剧》第二辑，包括《玛丽亚娜的任性》（*Les Caprices de Marianne*）、《罗朗萨丘》（*Lorenzaccio*）、《勿以爱情为戏》（*On ne badine pas avec l'amour*）等五部作品。在缪塞看来，戏剧应该取消剧院而保留作为独立个体的观众/读者，他邀请读者在阅读剧本过程中构思表演，以保证作家能够尽情发挥想象力。"案头剧"的剧本创作理念被认为是对自雨果以来浪漫主义戏剧理论的重要创新。

EUGÈNE LABICHE (1815–1888)

Biographie

Né à Paris en 1815, Eugène Labiche est issu d'une famille bourgeoise aisée. En 1837, Eugène Labiche fonde avec Auguste Lefranc et Marc-Michel une association de production théâtrale, qu'il appelle avec humour « l'usine dramatique » et crée en collaboration avec ses deux amis sa première pièce, *La Cuvette d'eau*. L'année suivante, en 1838, il remporte un premier succès avec *Monsieur de Coislin*. Sa production s'accélère à partir de 1848 avec en moyenne 10 pièces par an. Il devient le principal vaudevilliste des années 1840–1860. Ses créations peuvent être grossièrement divisées en deux catégories : l'une est le vaudeville, comme *Un Chapeau de paille d'Italie* (1851) qui montre des images ridicules de différents personnages à travers une série de malentendus ; l'autre est le drame philosophique qui reflète la vie réelle, comme *Le Voyage de monsieur Perrichon* (1860). Au total, Eugène Labiche a écrit 176 pièces dont la quasi-totalité (172) en collaboration avec d'autres auteurs. Un grand nombre de ces pièces sont données au théâtre du Palais-Royal, qui accueille des comédies et des vaudevilles. En 1880, il est élu à l'Académie française. Lors de son discours de réception à l'Académie, Labiche définit clairement son objectif à travers ses œuvres : amuser le public. Labiche meurt à Paris en 1888, à l'âge de soixante-treize ans. Il est enterré au cimetière de Montmartre.

UN CHAPEAU DE PAILLE D'ITALIE
(1851)

✐ Résumé

Acte I

Fadinard, rentier, doit épouser ce jour Hélène, fille de Nonancourt, pépiniériste. Il raconte à son oncle Vézinet, vieillard sourd venu apporter son cadeau de mariage, un incident qui lui est survenu un peu plus tôt. Alors qu'il traversait le bois de Vincennes en cabriolet, son cheval a dévoré le chapeau de paille d'une inconnue surprise en galante compagnie. La voici qui paraît. Anaïs, femme mariée, flanquée de son amant, le lieutenant Émile. Ils exigent le remplacement du chapeau sans lequel la femme infidèle ne peut regagner le domicile conjugal. Survient la noce. Nonancourt, Hélène et son amoureux de cousin, Bobin et tous les invités réclament Fadinard. Il parvient à se débarrasser de la noce avec difficulté, mais doit consentir devant les menaces du lieutenant à partir à la recherche d'un nouveau chapeau. En attendant, les amants campent chez lui.

Acte II

Fadinard arrive en trombe chez Clara, la modiste. Il reconnaît en elle une de ses anciennes maîtresses. Il feint de renouer avec elle. La noce arrive à son tour alors que Fadinard s'est absenté quelques instants. Tardiveau, le vieil employé de Clara, revient de ses courses avec un lot d'écharpes tricolores. La noce le prend pour le maire. La noce ne le lâche pas un instant. Pendant ce temps, Clara apprend à Fadinard que le seul chapeau de ce genre a été vendu à la baronne de Champigny. Fadinard part chez elle. Cela devient urgent car son domestique lui apprend que le lieutenant a entrepris de tout casser chez lui.

Acte III

La baronne a organisé une soirée musicale suivie d'un dîner. Elle attend le célèbre ténor Nisnardi. Survient Fadinard qu'elle prend pour le ténor. Il s'est cependant marié entre temps. Il fait patienter la noce dans la cour, lui faisant croire qu'il se renseigne sur le dîner à l'auberge du Veau-qui-tête. En guise de cachet de chanteur, il demande à la baronne son chapeau. Dommage, celui-ci est en crêpe de Chine. Il apprend que l'autre se trouve chez une filleule de la baronne, une certaine madame de Beauperthuis. Ignorant le nom de la personne qui est chez lui, il ne fait pas le rapprochement. Pendant ce temps, la noce a envahi l'appartement de la baronne et a dévoré le repas de ses invités avec lesquels les noceurs se préparent à danser.

Acte IV	Beauperthuis, tout en prenant un bain de pied, commence à soupçonner sa femme d'infidélité. Fadinard arrive à la recherche du chapeau. Beauperthuis le prend pour un voleur. Survient Nonancourt qui se croit chez son gendre. Fadinard ignorant la situation de Beauperthuis lui montre les restes du chapeau. Le mari trompé comprend que sa femme est chez Fadinard qui lui se rend compte de sa bévue. Beauperthuis, en rage, part pour faire un carnage chez Fadinard suivi de la noce enfin détrompée.
Acte V	La noce est en bas de chez le marié. Un propos mal interprété de Félix, le valet de Fadinard, fait croire à Nonancourt qu'Anaïs est la maîtresse de Fadinard. La noce décide de remballer les cadeaux. Pris pour des voleurs, ils sont arrêtés par la garde nationale. Entre temps, Fadinard a découvert par hasard que le cadeau de mariage de l'oncle Vézinet (sourd comme un pot) était un chapeau de paille d'Italie. Après de multiples péripéties, Anaïs peut le coiffer. Le mari jaloux se confond en excuses et la nuit de noce de Fadinard peut commencer.

Commentaire

Un Chapeau de paille d'Italie, comédie en cinq actes, créée en 1851 en collaboration avec Marc Michel, apporte à Labiche le premier triomphe théâtral. L'originalité de cette comédie est que Labiche fait du chapeau le héros de la pièce, il met en branle tous les éléments comiques en utilisant la forme débridée.

Le genre de vaudeville est né à la fin du XVIIᵉ et au début du XVIIIᵉ siècle. Un vaudeville est une comédie sans intentions psychologiques ou morales. C'est le comique de situation qui est au cœur du récit. Il y a toujours des tromperies, des infidélités, des amants et des maîtresses. La particularité du vaudeville repose sur la présence, au sein de la pièce, de passages chantés ou dansés par les personnages.

La situation comique dans *Un Chapeau de paille d'Italie* repose principalement sur le personnage du mari trompé. À la suite de nombreux quiproquos, il apprend enfin la vérité, l'infidélité de sa femme. Mais un retournement de situation protège finalement Anaïs, qui feint l'innocence. Le mari doit s'excuser, alors qu'il a été trompé. C'est la double énonciation qui permet le comique.

Le dramaturge se moque d'ailleurs de la bourgeoisie. Labiche montre comment la bourgeoisie prend petit à petit le pouvoir. Il se moque de leurs manières, de leur préciosité. Le bourgeois est associé à la bêtise. De même, la poursuite du chapeau provoque une intrusion dans le monde de l'aristocratie monarchique. Labiche présente ainsi l'ancienne noblesse qui impressionne le bourgeois. Le monde de l'aristocratie tente de se mettre au goût du jour, ce qui montre au contraire une aristocratie ridicule, enfermée dans son passé.

✏ Extrait

ACTE III
SCÈNE IX
FADINARD, NONANCOURT, LA BARONNE.

❦

LA BARONNE, *à Fadinard.*

Que faites-vous donc, avec ce candélabre ?

FADINARD.

Moi ?… je… cherche mon mouchoir… que j'ai perdu… (*Il se retourne*

5   *comme pour chercher, on voit son mouchoir à moitié sorti de sa poche.*)

LA BARONNE, *riant.*

Mais… vous l'avez dans votre poche…

FADINARD.

Tiens ! c'est vrai… il était dans ma poche.

10 **LA BARONNE.**

Eh bien, monsieur… vous a-t-on remis ce que vous désirez ?…

FADINARD, *se plaçant devant Nonancourt pour le cacher.*

Pas encore, madame… pas encore ! et… je suis pressé !…

NONANCOURT, *à lui-même, se levant.*

15 Je ne sais pas ce que j'ai… Je crois que je suis un peu pochard.

LA BARONNE, *indiquant Nonancourt.*

Quel est ce monsieur ?

FADINARD.

C'est mon… Monsieur m'accompagne… (*Il lui donne machinalement*

20 *le flambeau. Nonancourt le met dans son bras, comme s'il tenait son*

myrte.)

LA BARONNE, *à Nonancourt.*

Mon compliment – c'est un talent, monsieur, que de bien accompa-

gner…

25 **FADINARD**, *à part.*

Elle le prend pour un musicien

NONANCOURT.

Salut, madame et la compagnie…

(*À part.*) C'est une belle femme ! (*Bas à Fadinard.*) Elle est de la noce ?

30 **FADINARD**, *à part.*

S'il parle, je suis perdu… Et le chapeau qui ne vient pas !

LA BARONNE, *à Nonancourt.*

Monsieur est italien ?

NONANCOURT.

35 Je suis de Charentonneau…

FADINARD.

Oui… un petit village… près d'Albano.

NONANCOURT.

Figurez-vous, madame, que j'ai perdu mon myrte.

40 **LA BARONNE.**

Quel myrte ?

FADINARD.

Une romance… le Myrte… c'est très gracieux !

LA BARONNE, *à Nonancourt.*

45 Si Monsieur désire essayer le piano ?… C'est un Pleyel.

NONANCOURT.

Comment que vous dites ?

FADINARD.

Non… c'est inutile…

50 **LA BARONNE**, *apercevant les rubans à la boutonnière de Nonancourt.*

Tiens… ces rubans ?…

FADINARD.

Oui… une décoration

NONANCOURT.

55 La jarretière !

FADINARD.

C'est ça… l'ordre de la jarretière de… Santo-Campo, Piétro-Néro… (*À part.*) Dieu ! que j'ai chaud !

LA BARONNE.

60 Ah ! ce n'est pas joli… J'espère, messieurs, que vous nous ferez l'honneur de dîner avec nous ?

NONANCOURT.

Comment donc, madame !… demain !… Pour aujourd'hui j'ai ma

suffisance…

65 **LA BARONNE**, *riant.*

Tant pis !… (*À Fadinard.*) Je vais chercher nos invités, qui meurent d'impatience de vous entendre…

FADINARD.

Trop bons !…

70 **NONANCOURT**, *à part.*

Encore des invités !… Quelle crâne noce !…

LA BARONNE, *à Nonancourt.*

Votre bras, monsieur ?

FADINARD, *à part.*

75 Oh ! me voilà gentil !

NONANCOURT, *passant son candélabre au bras gauche et offrant le droit à la baronne, tout en l'emmenant.*

Figurez-vous, madame, que j'ai perdu mon myrte…

La baronne et Nonancourt entrent à gauche, Nonancourt tenant tou-
80 *jours le candélabre.*

[…]

SCÈNE XI

LA BARONNE, NONANCOURT, INVITÉS ; PUIS FADINARD ET ACHILLE ; PUIS TOUTE LA NOCE

❧

Nonancourt donne toujours le bras à la baronne et tient toujours le candélabre ; tous les invités les suivent.

CHŒUR.

85 *Air de la Valse de Satan*

Quel plaisir ! nous allons entendre
Ce fameux, ce divin chanteur !
On dit que sa voix douce et tendre
Sait ravit l'oreille et le cœur.

90 **LA BARONNE**, *aux invités.*

Veuillez prendre place… le concert va commencer. (*Les invités s'asseyent. À Nonancourt.*) Où est donc M. Nisnardi ?

NONANCOURT.

Je ne sais. (*Criant.*) On demande M. Nisnardi !

95 **TOUS.**

Le voici ! le voici !

ACHILLE, *ramenant Fadinard.*

Comment ! signor, une désertion ?

NONANCOURT, *à part.*

100 Lui, Nisnardi ?…

FADINARD, *à Achille qui le ramène.*

Je ne m'en allais pas… je vous assure que je ne m'en allais pas !…

TOUS.

Bravo ! bravo ! (*On l'applaudit avec frénésie.*)

105 **FADINARD**, *salue à droite et à gauche.*

Messieurs… mesdames… (*À part.*) Pincé sur le marchepied du fiacre !

LA BARONNE, *à Nonancourt.*

Mettez-vous au piano… (*Elle s'assied sur la causeuse auprès d'une dame.*)

110 **NONANCOURT.**

Vous voulez que je me mette au piano ? je vais me mettre au piano. (*Il pose le candélabre et s'assied devant le piano. Toute la société est assise à gauche, de manière à ne pas masquer la porte du fond.*)

LA BARONNE.

115 Signor Nisnardi, nous sommes prêts à vous applaudir.

FADINARD.

Certainement… madame… trop bonne…

QUELQUES VOIX.

Silence ! silence !

120 **FADINARD**, *près du piano à l'extrême droite.*

Quelle position !… Je chante comme une corde à puits… (*Haut, toussant.*) Hum ! hum !

TOUS.

Chut ! chut !

125 **FADINARD**, *à part.*

Qu'est-ce que je vais leur chanter ? (*Haut et toussant.*) Hum ! hum !

NONANCOURT.

Faut-y taper ? Je tape ! (*Il frappe très fort sur le piano, sans jouer aucun air.*)

130   **FADINARD**, *entonnant[1] à pleine voix.*

     Toi qui connais les hussards[2] de la garde.

CRIS AU FOND.

     Vive la mariée !!! (*Étonnement de la société. La noce entonne au fond l'air du galop autrichien. Les trois portes du fond s'ouvrent. La noce fait*

135   *irruption dans le salon, en criant.*) En place pour la contredanse[3] !

NONANCOURT.

     Au diable la musique ! Voilà toute la noce ! (*À Fadinard.*) Vous allez faire danser votre femme !

FADINARD.

140   Allez vous promener ! (*À part.*) Sauve qui peut ! (*Les invités de la noce s'emparent malgré elles des dames de la société de la baronne et les font danser. Cris, tumulte. Le rideau tombe.*)

Clamann-Lévy, 1898.

✐ Questions et Réflexions

1. Décrivez les traits de caractère du personnage de Nonancourt révélés dans ces passages.

2. Comment l'auteur profite-t-il de cette histoire enchaînée par la poursuite d'un chapeau de paille de manière à insinuer sa position à l'égard des abus sociaux ?

3. Comment se reflètent les caractéristiques du vaudeville dans ce drame ?

---

1   entonner *v.t.* = chanter le début (d'un air musical) 给……起音
2   hussard *n.m.* = soldat d'un corps de cavalerie légère【旧】轻骑兵
3   contredanse *n.f.* = danse, d'origine anglaise, qui s'exécute généralement à huit personnes sur un rythme vif 四组舞

‖ 文化点滴 ‖

林荫道戏剧

19世纪下半叶以来，伴随工业革命的发展，法国经济和生活水平普遍提高，巴黎歌剧院周围的林荫大道上涌现出一大批商业剧院，专门上演以消遣和营利为目的的通俗喜剧，以迎合新兴布尔乔亚观众的审美趣味。"林荫道戏剧(le théâtre de boulevard)"由此得名并成为法国商业戏剧的代名词。"林荫道戏剧"经历了两个重要发展阶段。自19世纪下半叶至20世纪初期，这一时期戏剧舞台上主要上演纯粹嬉闹逗乐的轻喜剧(le vaudeville)，后者不再致力于反映现实生活，而是对人物的社会阶层进行模糊化处理，以出人意料的情节编排、频繁的场景变化以及曲折跌宕的故事节奏制造戏剧性效果，供观众消遣一乐。代表剧作家有拉比什、萨尔杜(Victorien Sardou)以及费多。"林荫道戏剧"的流行以及剧作家们的走红令巴黎林荫道地区一度成为闻名欧洲的娱乐胜地，直到一战爆发。

20世纪20年代，受到战争冲击的法国娱乐行业百废待兴。在此背景下，轻松欢快的"林荫道戏剧"成为民众慰藉战争创伤的重要娱乐消遣活动。巴黎林荫道恢复昔日繁华景象。"丈夫、妻子和情人"的三角关系成为戏剧舞台上最受欢迎的主题。"林荫道戏剧"在法国剧坛一统天下的局面一直持续到50年代。在经历达达主义、超现实主义、残酷戏剧等先锋文艺思潮的洗礼后，法国戏剧界在二战后转向了探讨人类生存境况的荒诞派与存在主义戏剧。昔日叱咤剧坛的"林荫道戏剧"虽风光不再，但其类型化的情节编排模式对后世剧作家的创作产生了深远影响。

GEORGES FEYDEAU (1862–1921)

Biographie

Georges Feydeau, né à Paris en 1862, est fils du romancier Ernest Feydeau qui est ami de Flaubert. Grandissant au sein d'un milieu littéraire et bohème, il s'intéresse très tôt au théâtre. Pour se consacrer au théâtre, il renonce à des études poussées et tente tout d'abord une carrière d'acteur et fonde au sein du Lycée Saint-Louis la compagnie Le Cercle des Castagnettes, destiné à donner des concerts et des représentations théâtrales. Suite à cette expérience d'acteur vaine, Georges Feydeau se tourne vers l'écriture, et rédige, en 1882, sa première pièce, *Par la fenêtre* qui rencontre un succès. Sa première grande pièce en trois actes, *Tailleur pour dames* (1887), qui est fort bien accueillie en 1886 au théâtre de la Renaissance, lui vaut les encouragements de Labiche. Après le succès avec *Tailleur pour dames*, son vaudeville *Monsieur Chasse* (1892) lui apporte un grand triomphe, ensuite *Le Système Ribadier* (1892), toutes ces pièces lui valent le titre de « roi du vaudeville ». Dès lors, Feydeau enchaîne les réussites : *L'Hôtel du Libre Échange* et *Un fil à la patte* en 1894, *La Dame de chez Maxim* en 1899, *La Puce à l'oreille* (1907), *Occupe-toi d'Amélie !* (1908) et bien d'autres. Feydeau renouvelle le genre du vaudeville, représenté surtout par Labiche, par une étude plus approfondie des caractères dans ses comédies de mœurs en un acte, qui présente la médiocrité de la bourgeoisie. Il meurt en 1921, à l'âge de 58 ans, et repose depuis au cimetière Montmartre.

LA DAME DE CHEZ MAXIM
(1899)

🖋 Résumé

Acte I

Le docteur Petypon n'est pas un noceur mais, entraîné par son ami Mongicourt, il a fait la fête jusqu'au petit matin chez Maxim ; et à midi, il dort encore. Mongicourt le découvre sous un canapé renversé quand de son lit émerge une jeune femme en chemise de jour, la Môme Crevette, danseuse au Moulin Rouge. C'est alors que survient l'oncle de Petypon, le général, qui débarque à l'improviste, de retour d'Afrique. Ne se doutant pas des frasques de son neveu, il prend la Môme pour l'épouse de celui-ci. Petypon laisse son oncle dans l'erreur.

Acte II

Le général est là pour inviter son neveu au mariage de sa nièce Clémentine, dans son château en Touraine. Le docteur se voit contraint d'emmener la Môme avec lui. Gabrielle, l'épouse du docteur, reçoit tardivement la lettre qui lui annonce le mariage. Elle part à son tour pour la Touraine. Mongicourt, apprenant le départ de Gabrielle, y part lui aussi.

Acte III

Tous se retrouvent au château, où la Môme avec ses manières lestes sème un charmant désordre. Les dames de province, prenant la Môme pour une Parisienne, se mettent, par snobisme, à l'imiter. Dans un coin, un militaire se demande où il a déjà vu cette dame.

🖋 Commentaire

La Dame de chez Maxim est un vaudeville en trois actes de Georges Feydeau, représentée pour la première fois en 1899 au Théâtre des Nouveautés. Exceptionnelle par son ampleur, sa folie et la densité des occasions de rire, *La Dame de chez Maxim* est l'œuvre la plus justement célèbre de Feydeau. C'est celle de tous les excès, tant du point de vue de sa longueur et du nombre de personnages, que du point de vue de sa mécanique jubilatoire, où le vaudeville est poussé à son paroxysme.

D'ailleurs, *La Dame de chez Maxim* est un bel exemple de la machinerie mise en place pour faire naître le comique à partir d'une situation qui est déjà au départ ingérable et qui va, au fil du temps et des circonstances, engendrer quiproquos, malentendus, délires et mensonges en tout genre improvisés à la dernière seconde, pour arrêter la catastrophe imminente le plus souvent au sein d'une famille ou d'un couple. La perfection de la pièce tient aussi à sa finesse de dessin des personnages et de leurs caractères, la maîtrise de différents niveaux de langue, et l'exploitation optimale des objets, décors, accessoires et espaces mis à portée des comédiens.

Plus fine qu'il n'y paraît à première vue, *La Dame de chez Maxim* ne déclenche pas une franche rigolade, plutôt une réflexion amusée sur cette satire de la bonne société et sa morale, ce qui confère à un simple vaudeville l'espèce de dignité « supérieure ». Après avoir obtenu les faveurs de la critique, la pièce est jouée plus de 500 fois. Son succès est tel que Feydeau lui donne une suite, en 1902, *La Duchesse des Folies-Bergère*.

 Extrait

ACTE I

SCÈNE XI

PETYPON, LE GÉNÉRAL, LA MÔME.

❧

PETYPON, *arrivant de gauche et derrière le canapé.*

Je ne sais pas où cet animal d'Étienne a fourré ma robe de chambre ?…
(*Apercevant du monde au fond.*) Eh bien ! qu'est-ce qui est là, donc ?

LE GÉNÉRAL, *se retournant et descendant, reconnaissant Petypon.*

5   Eh ! te voilà, toi !

PETYPON, *s'effondrant et roulant pour ainsi dire contre le dossier du canapé, ce qui l'amène à l'avant-scène gauche.*

Nom d'un chien ! mon oncle !

LA MÔME, *à part.*

10   V'là l'bouquet[1] !

PETYPON, *ahuri, et ressassant sa surprise.*

Mon oncle ! C'est mon oncle ! C'est pas possible ! Mon oncle du Grêlé !…
C'est mon oncle !

LE GÉNÉRAL, *qui est descendu milieu de la scène.*

15   Eh ! bien, oui, quoi ? c'est moi ! Embrasse-moi, que diable ! Qu'est-ce que tu attends ?

---

1 bouquet *n.m.* = ce qu'il y a de mieux et qui a été réservé pour la fin dans un récit, une fête 【引、俗】最后放的、最精彩的烟火；voilà/c'est le bouquet *loc.v.* = c'est le comble (de l'audace, de la stupéfaction ou de la contrariété) 【俗】这是最厉害的一下

PETYPON.

Hein ? Mais, voilà ! j'allais vous le demander !… (*À part, tout en passant devant le canapé pour aller au général.*) Mon Dieu ! et la Môme !…

20 en chemise !… dans mon lit ! (*Haut, au général.*) Ah ! mon oncle !

Ils s'embrassent.

LA MÔME, *sur son séant, dans le lit, et les jambes sous le drap.*

Non ! ce que je me marre !

PETYPON, *les deux mains du général dans les siennes.*

25 Ah ! bien, si je m'attendais !… depuis dix ans !

LE GÉNÉRAL.

N'est-ce pas ? C'est ce que je disais : « Il va avoir une de ces surprises ! »

PETYPON, *riant jaune.*

Ça, pour une surprise !…

30 **LE GÉNÉRAL,** *dévisageant Petypon.*

C'est qu'il n'a pas changé depuis dix ans, l'animal !… Toujours le même !… (*Même modulation.*) en plus vieux !

PETYPON, *un peu vexé.*

Vous êtes bien aimable. (*Lui reprenant les mains.*) Ah ! ben, vous

35 savez !… si je m'attendais !…

LE GÉNÉRAL, *retirant ses mains et sur le ton grognard.*

Oui ! Tu l'as déjà dit !

PETYPON, *interloqué.*

Hein ? Ah ! oui !… oui ! en effet !

40 **LE GÉNÉRAL,** *descendant plus en scène.*

Tel que tu me vois, j'arrive d'Afrique !… avec ta cousine Clémentine !

PETYPON.

Oui ?… Ah ! ben, si je m'attendais !

Il descend à lui les mains tendues.

45 **LE GÉNÉRAL.**

Eh ! bien, oui ! oui ! c'est entendu ! (*À part.*) Oh !… il se répète, mon neveu !

PETYPON.

Et vous n'êtes pas pour longtemps à Paris ? Non ?… Non ?

50 **LE GÉNÉRAL.**

Non, je pars tout à l'heure.

PETYPON.

Ah ?… Ah ?… Parfait ! Parfait !

LE GÉNÉRAL.

55   Comment, parfait ?

PETYPON.

Non ! c'est une façon de parler !

LE GÉNÉRAL.

Ah ! bon ! Je me suis accordé un congé de quinze jours que je passe
60   en Touraine ; le temps de la marier, cette enfant ! Et, à ce propos, j'ai
besoin de toi ! Tu es libre pour deux ou trois jours ?

PETYPON, *avec une amabilité exagérée.*

Mais il n'est d'affaires que je ne remette pour vous êtes agréable !

LE GÉNÉRAL, *riant.*

65   Allons, allons ! n' p'lote pas ! Tu n'as qu'à répondre oui ou non sans
faire de phrases ! Ce n'est pas parce que je suis l'oncle à héritage !…
Je ne suis pas encore mort, tu sauras !

PETYPON.

Oh ! mais, ça n'est pas pour vous presser !

70   **LE GÉNÉRAL.**

Tu es bien bon de me le dire ! (*Sur le ton de commandement.*) Donc, je
vais t'annoncer une nouvelle : tu pars avec nous ce soir !

PETYPON.

Moi ?

75   **LE GÉNÉRAL,** *même jeu.*

Oui !… Ne dis pas non, c'est entendu.

PETYPON.

Ah ? Bon !

LE GÉNÉRAL.

80   Et ta femme vient avec toi.

PETYPON, *gracieux.*

Ma femme ? Mais elle sera ravie.

LE GÉNÉRAL.

Je le sais ! Elle me l'a dit !

85   **PETYPON,** *ahuri.*

Elle vous l'a… Qui ?

LE GÉNÉRAL.

Ta femme ?

LA MÔME, *sous cape.*

90 Boum !

PETYPON.

Ma femme ? Où ça ? Quand ça ?... Qui, ça, ma femme ?

LE GÉNÉRAL.

Mais, elle !

95 *Il désigne la Môme.*

PETYPON, *outré.*

Hein ! Elle !... Elle ! ma femme, ah ! non ! Ah ! non, alors !

Il redescend extrême gauche.

LE GÉNÉRAL.

100 Comment, non ?

PETYPON, *même jeu.*

Ah ! non, vous en avez de bonnes !... elle, ma femme, ah ! ben... jamais de la vie !...

LE GÉNÉRAL.

105 Qu'est-ce que tu me chantes ! Ça n'est pas ta femme, elle ? que je trouve chez toi ? couchée dans ton lit ? au domicile conjugal ? (*À Petypon.*) Eh ! bien, qu'est-ce que c'est, alors ?

PETYPON.

Eh ! bien, c'est... c'est... Enfin, ce n'est pas ma femme, là !

110 **LE GÉNÉRAL.**

Ah ! c'est comme ça ! Eh ! bien, c'est ce que nous allons voir !

Il remonte vivement à droite de la baie et saisit de la main gauche le cordon de sonnette.

PETYPON, *se précipitant sur le général pour l'empêcher de sonner.*

115 Qu'est-ce que vous faites ?

LE GÉNÉRAL, *le bras gauche tendu, tandis que de la main droite il écarte Petypon, mais sans sonner.*

Je sonne les domestiques ! ils me diront, eux, si madame n'est pas ta femme !

120 **PETYPON,** *faisant des efforts pour atteindre la main du général.*

Eh ! là ! eh ! là, non, ne faites pas ça !

LE GÉNÉRAL, *triomphant, lâchant le cordon de sonnette.*

Ah ! Tu vois donc bien que c'est ta femme !

PETYPON, *à part, redescendant jusque devant le canapé.*

125   Oh ! mon Dieu, mais c'est l'engrenage ! (*Prenant son parti de la chose.*) Ah ! ma foi, tant pis ! puisqu'il le veut absolument !… (*Se tournant vers le général et affectant de rire, comme après une bonne farce.*) Ehé ?… éhéhéhéhé. éhé !…

LE GÉNÉRAL, *le regardant d'un air gouailleur.*

130   Qu'est-ce qui te prend ? T'es malade ?

PETYPON.

Ehé !… On ne peut rien vous cacher !… Eh ! bien, oui, là !… c'est ma femme !

LE GÉNÉRAL, *victorieux.*

135   Ah ! je savais bien !

Il remonte.

PETYPON, *à part, tout en redescendant extrême gauche.*

Après tout, pour le temps qu'il passe à Paris, autant le laisser dans son erreur !

140   **LE GÉNÉRAL**, *redescendant vers lui.*

Ah ! tu en as de bonnes, « ça n'est pas ta femme !… » Et, à ce propos, laisse-moi te faire des compliments, ta femme est charmante !

LA MÔME, *du lit, avec force courbettes.*

Ah ! général !… général !

145   **LE GÉNÉRAL**, *se tournant vers elle, mais sans quitter sa place.*

Si, si ! je dis ce que je pense ! j'dis c'que je pense ! (*À Petypon.*) Figure-toi qu'on m'avait dit que tu avais épousé une vieille toupie ! *Il remonte.*

PETYPON, *riant jaune.*

150   Oh ! Qui est-ce qui a pu vous dire ? (*À part.*) Ma pauvre Gabrielle, comme on t'arrange !

On frappe à la porte du vestibule.

LE GÉNÉRAL, *tout en remontant.*

Entrez !

155   **PETYPON**, *vivement, presque crié.*

Mais non !

SCÈNE XII
Les Mêmes, ÉTIENNE.

──────────────✦──────────────

ÉTIENNE, *un grand carton sur les bras, – s'arrêtant strictement sur le pas de la porte.*

Monsieur…

160 **PETYPON**, *bourru.*

Qu'est-ce qu'il y a ? On n'entre pas.

ÉTIENNE, *avec calme.*

Oh ! je le sais, monsieur !

LE GÉNÉRAL, *à Petypon, en indiquant Étienne.*

165 C'est-à-dire que, si tu le fais entrer, tu seras malin !

PETYPON.

Qu'est-ce que vous voulez ?

ÉTIENNE, *tendant son carton.*

Ce sont des vêtements que l'on apporte de chez la couturière pour

170 madame.

LE GÉNÉRAL, *au mot de « madame », poussant à l'intention de Petypon une petite exclamation de triomphe.*

Ah ! (*Allant à Étienne et le débarrassant de son carton.*) C'est bien, donnez ! (*Le congédiant.*) Allez ! (*À Petypon, tandis qu'Étienne sort.*)

175 Et tiens ! voilà encore une preuve que madame est ta femme : ces vêtements qu'on apporte pour elle !

PETYPON, *prévoyant la conséquence inévitable.*

Hein !

LE GÉNÉRAL.

180 Elle m'avait dit qu'elle les attendait pour se lever ; les voilà ! (*À la Môme.*) Tenez, mon enfant, allez vous habiller.

Il lance le carton à la Môme qui le rattrape au vol.

LA MÔME.

Merci, m' n' onc' !

185 **PETYPON**, *à part.*

C'est ça ! il lui donne les robes de ma femme !

LA MÔME, *ouvrant le carton et en tirant la robe à destination de madame*

Petypon. À part.

Oh ! là ! là ! Je vais avoir l'air d'une ouvreuse, moi, avec ça ! Enfin, ça
190   vaut encore mieux que rien. (*Haut, au général.*) M'n'onc' !

LE GÉNÉRAL.

Ma nièce ?

PETYPON.

« *Mon oncle !* » Elle a tous les toupets[1] !

195 **LA MÔME.**

M'n'onc', voulez-vous-t'y tirer les rideaux ?

LE GÉNÉRAL, *ravi allant tirer les tapisseries.*

« *Voulez-vous-t'y tirer les rideaux !* » Mais, comment donc ! (*Descendant
vers Petypon une fois sa mission accomplie.*) Elle est charmante, ma
200   nièce ! charmante ! Ce qu'elle va en faire un effet en Touraine ! Ce
qu'elle va les révolutionner, les bons provinciaux !

PETYPON, *à part, avec conviction.*

Ah ! j'en ai peur !

Librairie Théâtrale, 1914.

✐ Questions et Réflexions

1. Comment l'intrigue se déroule-t-elle sur une suite de mensonges ?
2. Relevez les caractéristiques du vaudeville démontrées dans ces passages.
3. Appréciez la maîtrise remarquable de différents niveaux de langue pour assurer le comique de l'action.

---

1   toupet *n.m.* = impertinence【转、俗】厚颜，胆量

文化点滴

假面喜剧

　　"假面喜剧"（la commedia dell'arte）又称"即兴喜剧"，是16世纪诞生于意大利的独特喜剧形式。commedia dell'arte字面意思为"由专业演员表演的戏剧"。在专业剧院尚未建立的时期，辗转各地演出的民间剧团在没有固定舞台的情况下进行露天表演。为吸引过路民众，演员们戴着面具，采取即兴创作的方式，"因地制宜"地在既有剧本"大纲"（canevas）的基础上融入各地时事要闻，以迎合当地民众的审美趣味。在"假面喜剧"中，面具、小丑和演员起着主要作用。这种独具特色的表演形式伴随文艺复兴运动在欧洲各国传播开来，深刻影响了法国剧作家的创作。例如：高乃依在其革旧立新之作《戏剧幻象》（L'Illusion comique）中引入意大利即兴喜剧中的典型丑角"马塔摩尔"（Matamore）；马里沃与意大利剧团（la Comédie-Italienne）合作完成其三分之二的戏剧作品。

　　"假面喜剧"也与狂欢节文化有关，独立使用的面具逐渐拥有更深层次的隐喻内涵。巴洛克时代的面具带有游戏的象征性质；在19世纪的浪漫主义文学中，面具则往往有暗示意味，成为揭示人与世界真实本质的某种意象；在19世纪末以降的实验戏剧舞台上，面具在剧场美学中扮演重要角色，其蕴含的怪诞、审丑、讽刺、悲剧等内涵给戏剧带来丰富的阐释空间。

EDMOND ROSTAND (1868–1918)

Biographie

Né en 1868 à Marseille, Edmond Rostand est issu de la bourgeoisie marseillaise. Son père exerce la profession d'économiste et son arrière-grand-père fut maire de la ville. Il monte à Paris pour y poursuivre des études de droit, qui le conduisent au barreau. Edmond Rostand n'exercera pourtant jamais comme avocat, préférant se consacrer à sa passion pour les lettres. Sa carrière littéraire débute par la poésie. En 1890, sont publiés deux recueils de poèmes, *Les Musardises* et *Ode à la musique*. Edmond Rostand décide ensuite de s'essayer à l'écriture de pièces de théâtre. Il connaît un honnête succès en 1894 avec sa pièce en vers *Les Romanesques*, présentée à la Comédie-Française, et en 1897 avec *La Samaritaine*. Ensuite, la création de *Cyrano de Bergerac* lui apporte une vraie prospérité. En 1900, *L'Aiglon* est un nouveau succès. Mais le grand triomphe écrase l'auteur, pendant plusieurs années, il travaille irrégulièrement à la pièce *Chantecler*, après l'insuccès critique, il ne fait plus jouer de nouvelles pièces. Les œuvres de Rostand présentent les caractéristiques suivantes : le mélange des genres, l'alexandrin disloqué, la variété des lieux et des époques et le respect de la couleur locale. Sa création est une réincarnation d'un certain romantisme flamboyant face aux canons symbolistes et naturalistes en exergue lors de cette fin de XIXᵉ siècle. De son vivant, il est fait commandeur de la Légion d'honneur et est élu à l'Académie française le 4 juin 1903. Edmond Rostand décède le 2 décembre 1918 de la grippe espagnole, il n'a que 50 ans.

CYRANO DE BERGERAC
(1897)

✍ Résumé

Acte I	**UNE REPRÉSENTATION À L'HÔTEL DE BOURGOGNE.** La scène se déroule dans le théâtre de Bourgogne. Un public nombreux et très mélangé va assister à la représentation de *La Clorise,* une pastorale de Balthasar Baro. Il y a là des bourgeois, des soldats, des voleurs, des petits marquis et aussi un père qui veut faire découvrir le théâtre à son jeune fils. On y découvre aussi Roxane, une jeune femme précieuse, Christian de Neuvillette, un jeune noble provincial secrètement amoureux d'elle, et le comte de Guiche, qui lui, a décidé de marier la même Roxane au Marquis Valvert, l'un de ses amis. Le rideau se lève et la pièce commence. C'est alors qu'intervient Cyrano, le cousin de Roxane, au moment où Montfleury, l'un des acteurs, déclame sa première tirade. Il interrompt la représentation et chasse l'acteur. Valvert intervient et se moque du nez de Cyrano. Cyrano lui répond et donne son propre spectacle à travers une brillante tirade célébrant son long appendice. Le pauvre marquis qui n'a pas la verve poétique de son adversaire est la risée de tout le parterre. Le calme revient. Cyrano, qui, malgré sa laideur, est secrètement amoureux de sa cousine, Roxane, a le bonheur d'apprendre que celle-ci lui fixe un rendez-vous pour le lendemain.
Acte II	**LA RÔTISSERIE DES POÈTES.** Cyrano rencontre Roxane chez son ami, le restaurateur Ragueneau. Roxane et Cyrano évoquent leur enfance heureuse. Puis Roxane révèle à son cousin qu'elle est amoureuse non de lui, mais d'un beau jeune homme qu'elle lui demande de protéger. Elle n'a jamais parlé à ce jeune homme et n'en connaît que le nom : Christian de Neuvillette. Elle lui raconte que leur amour est né d'un regard lors d'une représentation à la Comédie. Ce jeune homme vient d'entrer comme cadet dans la compagnie de Cyrano. Désespéré, Cyrano accepte pourtant. Il rencontre Christian et se prend de sympathie pour ce jeune homme courageux. Ce dernier lui avoue qu'il ne sait pas parler d'amour. Cyrano lui propose de l'aider à conquérir Roxane. Il écrira, à sa place, les lettres pour Roxane. Le jeune cadet accepte.

LE BAISER DE ROXANE.

Christian est beau et courageux, mais est totalement incapable de se déclarer auprès de la belle précieuse. Caché dans l'ombre, Cyrano souffle à Christian, sous le balcon de Roxane, sa déclaration d'amour. La jeune fille est séduite par un si bel esprit. Roxane parvient, avec beaucoup d'adresse à repousser les avances du comte de Guiche, dont le régiment doit partir à la guerre. Roxane, qui craint le départ du régiment de Christian, décide de précipiter son mariage avec le jeune homme. Se rendant compte qu'il a été abusé, de Guiche se venge et envoie aussitôt Christian et Cyrano pour combattre au siège d'Arras.

Acte III

LES CADETS DE GASCOGNE.

Bloqués par les Espagnols, les gascons sont affamés et commencent à se décourager. Cyrano, lui, franchit régulièrement au péril de sa vie les lignes ennemies pour faire parvenir à Roxane des lettres qu'il écrit et qu'il signe du nom de Christian. Touchée par ces lettres, Roxane parvient, grâce à la complicité de Ragueneau, à se rendre au siège d'Arras avec un carrosse rempli de victuailles. Elle veut témoigner à Christian son amour. Lorsque le jeune homme réalise que Cyrano a écrit toutes ces lettres, il comprend que lui aussi est amoureux de Roxane. Il réalise aussi que ce n'est pas de lui que Roxane est amoureuse mais du poète qui a écrit ces lettres d'amour. Christian exige que Cyrano avoue toute la vérité à Roxane et court au combat se faire tuer. Il meurt dans les bras de Roxane, lui laissant une dernière lettre écrite par son ami. Cyrano décide de garder le secret.

Acte IV

LA GAZETTE DE CYRANO.

Quinze ans plus tard, Roxane, toujours amoureuse de Christian, s'est retirée au couvent. Cyrano vient très régulièrement lui rendre visite. Ce jour-là, Cyrano est tombé dans un attentat et arrive blessé à la tête. Il est mourant, mais il ne dit rien à Roxane. Il lui demande juste de pouvoir lire la dernière lettre de Christian. Il la lit avec une telle aisance et une telle émotion que Roxane se pose des questions. Elle reconnaît cette voix entendue du haut de son balcon. Malgré l'obscurité, due à la tombée de la nuit, Cyrano continue de lire cette lettre qu'il connaît par cœur. Roxane réalise qu'alors qu'elle croyait aimer Christian, c'est de Cyrano qu'elle était vraiment amoureuse. Elle comprend alors que l'amour qu'elle éprouvait ne venait pas de la beauté extérieure mais de la grandeur d'âme. En découvrant que c'est lui qu'elle aime, Cyrano meurt heureux.

Acte V

✎ Commentaire

Cyrano de Bergerac, comédie héroïque en cinq actes, représentée pour la première fois en 1897, est une des pièces les plus connues du théâtre français. Inspiré de la vie et de l'œuvre d'un écrivain libertin du XVIIe siècle, Rostand crée son héros Cyrano, poète et physicien Cyrano de Bergerac sous les traits d'un homme au nez difforme. Ce personnage sublime et grotesque n'ose avouer à sa cousine qu'il aime. À travers cette antithèse entre la beauté extérieure et intérieure, la pièce interroge la superficialité du sentiment amoureux.

À travers Cyrano de Bergerac, la pièce fait l'éloge du panache, que l'on peut définir comme le goût pour l'héroïsme, la vaillance guerrière et la force individuelle. Outre la bravoure guerrière et littéraire, son panache consiste également en un dégoût profond pour la médiocrité, qu'elle soit artistique ou morale. Son panache plein d'orgueil lui vaut cependant de courir bien des périls, et de s'attirer la haine de bien des ennemis puissants. À cet égard, on pourrait entrevoir en Cyrano l'incarnation de la résistance héroïque à la standardisation qui touche la société de cette fin du XIXe siècle.

La variété des personnages, des scènes et des registres font de la pièce un véritable drame romantique, celui-ci dresse également un panorama de la société et de la littérature française au XVIIe siècle. L'aura de la pièce aujourd'hui tient également à l'adaptation cinématographique de Jean-Paul Rappeneau, où Gérard Depardieu s'illustre dans le rôle-titre de Cyrano de Bergerac.

✎ Extrait

ACTE III
SCÈNE VII

Roxane, Christian, Cyrano, d'abord caché sous le balcon.

[…]

ROXANE.

Je vous parle, en effet, d'une vraie altitude !

CYRANO.

5   Certe, et vous me tueriez si de cette hauteur

Vous me laissiez tomber un mot dur sur le cœur !

ROXANE, *avec un mouvement.*

Je descends.

CYRANO, *vivement*

10   Non !

ROXANE, *lui montrant le banc qui est sous le balcon.*

Grimpez sur le banc, alors, vite !

CYRANO, *reculant avec effroi dans la nuit.*

Non !

15 **ROXANE.**

Comment… non ?

CYRANO, *que l'émotion gagne de plus en plus.*

Laissez un peu que l'on profite…

De cette occasion qui s'offre… de pouvoir

20   Se parler doucement, sans se voir.

ROXANE.

Sans se voir ?

CYRANO.

Mais oui, c'est adorable. On se devine à peine.

25   Vous voyez la noirceur d'un long manteau qui traîne,

J'aperçois la blancheur d'une robe d'été.

Moi je ne suis qu'une ombre, et vous qu'une clarté !

Vous ignorez pour moi ce que sont ces minutes !

Si quelquefois je fus éloquent…

30 **ROXANE.**

Vous le fûtes !

CYRANO.

Mon langage jamais jusqu'ici n'est sorti

De mon vrai cœur…

35 **ROXANE.**

Pourquoi ?

CYRANO.

Parce que… jusqu'ici

Je parlais à travers…

40 **ROXANE.**

Quoi ?

CYRANO.

… le vertige où tremble

Quiconque est sous vos yeux !… Mais, ce soir, il me semble…

45   Que je vais vous parler pour la première fois !

ROXANE.

C'est vrai que vous avez une tout autre voix.

CYRANO, *se rapprochant avec fièvre.*

Oui, tout autre, car dans la nuit qui me protège

50 J'ose être enfin moi-même, et j'ose…

(*Il s'arrête et, avec égarement.*)

Où en étais-je ?

Je ne sais… tout ceci, – pardonnez mon émoi, –

C'est si délicieux… c'est si nouveau pour moi !

55 **ROXANE.**

Si nouveau ?

CYRANO, *bouleversé, et essayant toujours de rattraper ses mots.*

Si nouveau… mais oui… d'être sincère.

La peur d'être raillé, toujours au cœur me serre…

60 **ROXANE.**

Raillé de quoi ?

CYRANO.

Mais de… d'un élan !… Oui, mon cœur

Toujours, de mon esprit s'habille, par pudeur.

65 Je pars pour décrocher l'étoile, et je m'arrête

Par peur du ridicule, à cueillir la fleurette !

ROXANE.

La fleurette a du bon.

Mais l'esprit ?…

70 **CYRANO.**

Ce soir, dédaignons-la !

ROXANE.

Vous ne m'aviez jamais parlé comme cela !

CYRANO.

75 Ah ! si loin des carquois, des torches et des flèches,

On se sauvait un peu vers des choses… plus fraîches !

Au lieu de boire goutte à goutte, en un mignon

Dé à coudre[1] d'or fin, l'eau fade du Lignon,

Si l'on tentait de voir comment l'âme s'abreuve

---

1 dé à coudre 顶针

80   En buvant largement à même le grand fleuve !

    J'en ai fait pour vous faire rester

    D'abord, mais maintenant ce serait insulter

    Cette nuit, ces parfums, cette heure, la Nature,

    Que de parler comme un billet doux de Voiture !

85   – Laissons, d'un seul regard de ses astres, le ciel

    Nous désarmer de tout notre artificiel.

    Je crains tant que parmi notre alchimie exquise

    Le vrai du sentiment ne se volatilise[1],

    Que l'âme ne se vide à ces passe-temps vains,

90   Et que le fin du fin[2] ne soit la fin des fins !

ROXANE.

    Mais l'esprit ?…

CYRANO.

    Je le hais dans l'amour !

95   C'est un crime

    Lorsqu'on aime de trop prolonger cette escrime[3] !

    Le moment vient d'ailleurs inévitablement,

    – Et je plains ceux pour qui ne vient pas ce moment ! –

    Où nous sentons qu'en nous un amour noble existe

100   Que chaque joli mot que nous disons rend triste !

ROXANE.

    Eh bien ! si ce moment est venu pour nous deux,

    Quels mots me direz-vous ?

CYRANO.

105   Tous ceux, tous ceux, tous ceux

    Qui me viendront, je vais vous les jeter, en touffe,

    Sans les mettre en bouquet : je vous aime, j'étouffe,

    Je t'aime, je suis fou, je n'en peux plus, c'est trop ;

    Ton nom est dans mon cœur comme dans un grelot[4],

110   Et comme tout le temps, Roxane, je frissonne,

    Tout le temps, le grelot s'agite, et le nom sonne !

    De toi, je me souviens de tout, j'ai tout aimé.

---

1 se volatiliser *v.pr.* = disparaître 【转、俗】消失，化为乌有

2 le fin du fin = essence 精华

3 escrime *n.f.* = sport de combat où deux adversaires s'affrontent à l'épée 剑术

4 grelot *n.m.* = clochette 铃，铃铛

Je sais que l'an dernier, un jour, le douze mai,

Pour sortir le matin tu changeas de coiffure !

115 J'ai tellement pris pour clarté ta chevelure

Que, comme lorsqu'on a trop fixé le soleil,

On voit sur toute chose ensuite un rond vermeil,

Sur tout, quand j'ai quitté les feux dont tu m'inondes,

Mon regard ébloui pose des taches blondes !

120 **ROXANE**, *d'une voix troublée.*

Oui, c'est bien de l'amour…

CYRANO.

Certes, ce sentiment

Qui m'envahit, terrible et jaloux, c'est vraiment

125 De l'amour, il en a toute la fureur triste !

De l'amour, – et pourtant il n'est pas égoïste !

Ah ! que pour ton bonheur je donnerais le mien,

Quand même tu devrais n'en savoir jamais rien,

S'il se pouvait, parfois, que de loin, j'entendisse

130 Rire un peu le bonheur né de mon sacrifice !

– Chaque regard de toi suscite une vertu

Nouvelle, une vaillance en moi ! Commences-tu

À comprendre, à présent ? voyons, te rends-tu compte ?

Sens-tu mon âme, un peu, dans cette ombre, qui monte ?…

135 Oh ! mais vraiment, ce soir, c'est trop beau, c'est trop doux !

Je vous dis tout cela, vous m'écoutez, moi, vous !

C'est trop ! Dans mon espoir même le moins modeste,

Je n'ai jamais espéré tant ! Il ne me reste

Qu'à mourir maintenant ! C'est à cause des mots

140 Que je dis qu'elle tremble entre les bleus rameaux !

Car vous tremblez, comme une feuille entre les feuilles !

Car tu trembles ! car j'ai senti, que tu le veuilles

Ou non, le tremblement adoré de ta main

Descendre tout le long des branches du jasmin !

145 (*Il baise éperdument l'extrémité d'une branche pendante.*)

ROXANE.

Oui, je tremble, et je pleure, et je t'aime, et suis tienne !

Et tu m'as enivrée !

CYRANO.

150   Alors, que la mort vienne !

Cette ivresse, c'est moi, moi, qui l'ai su causer !

Je ne demande plus qu'une chose…

CHRISTIAN, *sous le balcon.*

Un baiser !

155 **ROXANE**, *se rejetant en arrière.*

Hein ?

CYRANO.

Oh !

ROXANE.

160   Vous demandez ?

CYRANO.

Oui… je…

(*À Christian, bas.*)

Tu vas trop vite.

165 **CHRISTIAN.**

Puisqu'elle est si troublée, il faut que j'en profite !

CYRANO, *à Roxane.*

Oui, je… j'ai demandé, c'est vrai… mais justes cieux !

Je comprends que je fus bien trop audacieux.

170 **ROXANE**, *un peu déçue.*

Vous n'insistez pas plus que cela ?

CYRANO.

Si ! j'insiste…

Sans insister !… Oui, oui ! votre pudeur s'attriste !

175   Eh bien ! mais, ce baiser… ne me l'accordez pas !

CHRISTIAN, *à Cyrano, le tirant par son manteau.*

Pourquoi ?

CYRANO.

Tais-toi, Christian !

180 **ROXANE**, *se penchant.*

Que dites-vous tout bas ?

CYRANO.

Mais d'être allé trop loin, moi-même je me gronde ;

Je me disais : tais-toi, Christian !…

185   (*Les théorbes[1] se mettent à jouer.*)

On vient !

(*Roxane referme la fenêtre. Cyrano écoute les théorbes, dont l'un joue un air folâtre[2] et l'autre un air lugubre[3].*)

190   Air triste ? Air gai ?… Quel est donc leur dessein ?

Est-ce un homme ? Une femme ? – Ah ! c'est un capucin[4] !

(*Entre un capucin qui va de maison en maison, une lanterne à la main, regardant les portes.*)

E. Fasquelle, 1926.

✍ Questions et Réflexions

1. Expliquez les modifications du style linguistique de la tirade de Cyrano qui va remplacer Christian pour s'adresser directement à Roxane.

2. Résumez l'image de Cyrano en ayant pour preuve ses comportements et ses paroles.

---

1 théorbe *n.m.* = luth de grande taille pourvu de deux manches et de nombreuses cordes（16、17世纪欧洲流行的）短双颈鲁特琴

2 folâtre *adj.* = allègre【旧】愉快的

3 lugubre *adj.* = funèbre 令人悲伤的

4 capucin(e) *n.* = religieux ou religieuse d'une branche réformée de l'ordre franciscain, prêchant la pauvreté【宗】（方济各会的分支修会）嘉布遣会修士/修女。方济各会又称方济会，成立于1209年，天主教托钵修会之一，提倡过清贫生活

‖ 文化点滴 ‖

《大鼻子情圣》

上个世纪90年代，根据罗斯当（Edmond Rostand）的剧作《西哈诺·德·贝尔日拉克》（*Cyrano de Bergerac*）改编而成的同名电影在法国上映，中文译名《大鼻子情圣》。这部由法国著名演员德帕尔迪约（Gérard Depardieu）领衔主演的电影，塑造了"大鼻子情圣"这一智慧勇敢而多愁善感的经典银幕形象，深得观众喜爱。

主人公西哈诺暗恋表妹罗克莎娜，却自惭于大鼻子的丑貌不敢表露心迹。在知道罗克莎娜爱上英俊的克里斯蒂安后，西哈诺为毫无文采的克里斯蒂安代写情书以成全两人的爱情。识破西哈诺真心的克里斯蒂安决定将西哈诺写的情书交给罗克莎娜，不料在途中负伤身亡。直到15年后，西哈诺在临终前才向表妹解释情书背后的原委。

凭借原作巧妙的情节设定以及德帕尔迪约深入人心的演绎，该片荣获1991年度第16届凯撒奖最佳影片、最佳导演、最佳男演员、最佳摄影等十个奖项，"大鼻子情圣"也成为法国电影史上最成功的角色之一。

ALFRED JARRY (1873–1907)

Biographie

Né en 1873 à Laval (Mayenne), Alfred Jarry commence à écrire très tôt et compose ses premières comédies à l'âge de 12 ans. Échouant au concours d'entrée de l'École Normale Supérieure, il entame alors un travail de rédacteur dans la revue *Mercure de France* de 1894 à 1899. Il côtoie les milieux littéraires parisiens et fait la rencontre de brillants écrivains tels que Stéphane Mallarmé. En 1896, Alfred Jarry publie son chef-d'œuvre *Ubu Roi*. Ce drame fait partie de la trilogie qui comporte aussi *Ubu cocu* (1897) et *Ubu enchaîné* (1899). Dans ces drames, le personnage devient un antihéros, symbole de l'éternelle imbécillité humaine. Jarry tire une farce grotesque et absurde du drame shakespearien et transforme le langage traditionnel, le bouleverse, de la même façon que Rabelais. Durant cette période, l'auteur écrit aussi de multiples romans, surtout *Gestes et opinions du docteur Faustroll, pataphysicien* (1898). Dans ce roman, Alfred Jarry invente la « pataphysique » qui est défini alors par l'auteur comme la « science des solutions imaginaires, qui accorde symboliquement aux linéaments les propriétés des objets décrits par leur virtualité », pour exprimer son refus du naturalisme et du symbolisme. Cette « science des solutions imaginaires » inspirera les écrivains surréalistes tels que Raymond Queneau, Eugène Ionesco et Boris Vian. À la fin de sa vie, Alfred Jarry qui est poursuivi par ses créanciers vit dans la pauvreté. Atteint de la tuberculose, il meurt en 1907 à Paris. Il n'est âgé que de 34 ans.

UBU ROI
(1896)

✐ Résumé

Acte I

La scène est en Pologne, c'est-à-dire nulle part. Le Père Ubu est l'officier de confiance du roi Venceslas. Il est content de ses titres, mais la Mère Ubu essaye de le convaincre de conspirer pour renverser le roi Venceslas. Il invite à sa table le capitaine Bordure pour le rallier à lui en promettant de le faire duc de Lituanie. Le roi l'appelle, il croit être découvert, mais il le nomme comte de Sandomir en récompense de services. Ubu ne change pas de projet.

Acte II

La reine tente en vain de dissuader Venceslas de se rendre à la fatale revue. Le roi n'écoute pas les avertissements de sa famille et se fait assassiner par Ubu et ses partisans. Deux de ses fils, Boleslas et Ladislas, sont tués mais Bougrelas s'enfuit avec sa mère. Elle meurt et Bougrelas veut se venger.

Acte III

Ubu n'écoute pas sa femme et ne tient pas sa promesse à Bordure. Il fait massacrer tous les nobles, magistrats et financiers. Il rassure sa femme effrayée : il compte faire fortune, tuer tout le monde et fuir. Il va récolter les impôts en personne, use de violence et la révolte éclate. Il fait emprisonner Bordure, mais il s'échappe et va à Moscou pour rétablir Bougrelas avec le tsar Alexis. Ses conseillers et sa femme convainquent Ubu d'entrer en guerre. Elle est régente.

Acte IV

La mère Ubu tente de voler le trésor des rois de Pologne mais Bougrelas organise une révolte et la chasse. Ubu est en Ukraine avec l'armée polonaise, il apprend la révolte. Il est battu par les Russes. Il se réfugie dans une grotte avec deux complices mais ils l'abandonnent.

Acte V

La mère Ubu le retrouve dans la caverne. Elle se fait passer pour une apparition mais le jour la démasque et il se fâche. Bougrelas les surprend mais ils se défendent et les complices d'Ubu reviennent avec des renforts. Le couple fuit pour Paris.

✍ Commentaire

Ubu roi, drame en cinq actes, publié et représenté pour la première fois en 1896 par la troupe du théâtre de l'Œuvre au Nouveau-Théâtre, est l'œuvre la plus connue d'Alfred Jarry. Son titre pourrait être inspiré de la tragédie de Sophocle, *Œdipe roi*. Dès la première représentation, elle provoque un scandale. Il est vrai que la présence dès la première scène des deux personnages principaux, Mère Ubu et Père Ubu, introduit le spectateur dans une conversation qui commence par un « merdre » provocateur et se poursuit en brèves répliques au vocabulaire grossier. Le ton est donné et les décors et costumes choisis par Jarry contribuent également à cette provocation. Jarry avait conscience de bouleverser « l'horizon d'attente » de ses contemporains. Loin du théâtre de boulevard ou du théâtre naturaliste de l'époque, Ubu annonce une véritable révolution dramaturgique.

Ubu roi est marqué par le mouvement symboliste. Ce mouvement a connu son apogée entre 1886 et 1900. S'opposant au réel du naturalisme, le théâtre symboliste impose certaines règles. Il faut réciter plutôt que montrer l'action, la diction des auteurs doit être impersonnelle, le ton monotone. *Ubu roi* est symboliste par l'irréalisme des décors, de l'intrigue et des personnages.

Le dramaturge théorise d'ailleurs les principes théâtraux qu'il utilise dans *Ubu roi* dans un article, « De l'inutilité du théâtre au théâtre », qui paraît en 1896. Il explique que le théâtre ne doit pas chercher à imiter le réel. Le décor doit être intemporel et le personnage doit être une synthèse de caractères. Ce qu'il aimerait, c'est un acteur-marionnette, portant un masque, qui serait une sorte d'homme universel. La psychologie ne l'intéresse pas, il veut montrer seulement les violentes passions sans les expliquer. Ainsi Jarry ouvre la voie au théâtre moderne.

✍ Extrait

ACTE I
SCÈNE I
PÈRE UBU, MÈRE UBU

PÈRE UBU.

Merdre.

MÈRE UBU.

Oh ! voilà du joli, Père Ubu, vous estes un fort grand voyou[1].

---

1 voyou *n.m.* = homme grossier 【旧】流氓

5 **PÈRE UBU.**

Que ne vous assom'je, Mère Ubu !

MÈRE UBU.

Ce n'est pas moi, Père Ubu, c'est un autre qu'il faudrait assassiner.

PÈRE UBU.

10 De par ma chandelle¹ verte, je ne comprends pas.

MÈRE UBU.

Comment, Père Ubu, vous estes content de votre sort ?

PÈRE UBU.

De par ma chandelle verte, merdre, madame, certes oui, je suis

15 content. On le serait à moins : capitaine de dragons, officier de confiance du roi Venceslas, décoré de l'ordre de l'Aigle Rouge de Pologne et ancien roi d'Aragon, que voulez-vous de mieux ?

MÈRE UBU.

Comment ! après avoir été roi d'Aragon vous vous contentez de

20 mener aux revues une cinquantaine d'estafiers armés de coupe-choux, quand vous pourriez faire succéder sur votre fiole la couronne de Pologne à celle d'Aragon ?

PÈRE UBU.

Ah ! Mère Ubu, je ne comprends rien de ce que tu dis.

25 **MÈRE UBU.**

Tu es si bête !

PÈRE UBU.

De par ma chandelle verte, le roi Venceslas est encore bien vivant ; et même en admettant qu'il meure, n'a-t-il pas des légions d'enfants ?

30 **MÈRE UBU.**

Qui t'empêche de massacrer toute la famille et de te mettre à leur place ?

PÈRE UBU.

Ah ! Mère Ubu, vous me faites injure et vous allez passer tout à l'heure

35 par la casserole².

MÈRE UBU.

Eh ! pauvre malheureux, si je passais par la casserole, qui te raccommoderait tes fonds de culotte ?

---

1 chandelle *n.f.* 【俗】(流下的) 鼻涕
2 passer par la casserole *loc.v.* = se faire tuer 【转、俗】被杀死

PÈRE UBU.

40   Eh vraiment ! et puis après ? N'ai-je pas un cul[1] comme les autres ?

MÈRE UBU.

À ta place, ce cul, je voudrais l'installer sur un trône. Tu pourrais augmenter indéfiniment tes richesses, manger fort souvent de l'andouille[2] et rouler carrosse par les rues.

45   **PÈRE UBU.**

Si j'étais roi, je me ferais construire une grande capeline[3] comme celle que j'avais en Aragon et que ces gredins d'Espagnols m'ont impudemment volée.

MÈRE UBU.

50   Tu pourrais aussi te procurer un parapluie et un grand caban[4] qui te tomberait sur les talons.

PÈRE UBU.

Ah ! je cède à la tentation. Bougre de merdre, merdre de bougre, si jamais je le rencontre au coin d'un bois, il passera un mauvais quart

55   d'heure.

MÈRE UBU.

Ah ! bien, Père Ubu, te voilà devenu un véritable homme.

PÈRE UBU.

Oh non ! moi, capitaine de dragons, massacrer le roi de Pologne !

60   plutôt mourir !

MÈRE UBU, *à part.*

Oh ! merdre !

Haut.

Ainsi tu vas rester gueux comme un rat, Père Ubu.

65   **PÈRE UBU.**

Ventrebleu, de par ma chandelle verte, j'aime mieux être gueux comme un maigre et brave rat que riche comme un méchant et gras chat.

MÈRE UBU.

70   Et la capeline ? et le parapluie ? et le grand caban ?

---

1 cul *n.m.* = fesse 【俗】屁股，臀部
2 andouille *n.m.* = boyau de porc ou de veau rempli des tripes de l'animal coupées 一种香肠
3 capeline *n.f.* = chapeau féminin à bord large et souple 宽边女软帽
4 caban *n.m.* = manteau court en tissu de laine imperméable porté par les marins 厚衣料的无帽短大衣

PÈRE UBU.

Eh bien, après, Mère Ubu ?

Il s'en va en claquant la porte.

MÈRE UBU, *seule.*

75 Vrout, merdre, il a été dur à la détente, mais vrout, merdre, je crois pourtant l'avoir ébranlé. Grâce à Dieu et à moi-même, peut-être dans huit jours serai-je reine de Pologne.

SCÈNE II
PÈRE UBU, MÈRE UBU

La scène représente une chambre de la maison du Père Ubu où une table splendide est dressée.

80 **MÈRE UBU.**

Eh ! nos invités sont bien en retard.

PÈRE UBU.

Oui, de par ma chandelle verte. Je crève de faim. Mère Ubu, tu es bien laide aujourd'hui. Est-ce parce que nous avons du monde ?

85 **MÈRE UBU,** *haussant les épaules.*

Merdre.

PÈRE UBU, *saisissant un poulet rôti.*

Tiens, j'ai faim. Je vais mordre dans cet oiseau. C'est un poulet, je crois. Il n'est pas mauvais.

90 **MÈRE UBU.**

Que fais-tu, malheureux ? Que mangeront nos invités ?

PÈRE UBU.

Ils en auront encore bien assez. Je ne toucherai plus à rien. Mère Ubu, va donc voir à la fenêtre si nos invités arrivent.

95 **MÈRE UBU,** *y allant.*

Je ne vois rien.

Pendant ce temps le Père Ubu dérobe une rouelle de veau.

MÈRE UBU.

Ah ! voilà le capitaine Bordure et ses partisans qui arrivent. Que

100 manges-tu donc, Père Ubu ?

PÈRE UBU.

Rien, un peu de veau.

MÈRE UBU.

Ah ! le veau ! le veau ! veau ! Il a mangé le veau ! Au secours !

105 **PÈRE UBU.**

De par ma chandelle verte, je te vais arracher les yeux.

La porte s'ouvre.

SCÈNE III

PÈRE UBU, MÈRE UBU, CAPITAINE BORDURE ET SES PARTISANS

PÈRE UBU.

Bonjour, messieurs, nous vous attendons avec impatience. Asseyez-
110 vous.

CAPITAINE BORDURE.

Bonjour, madame. Mais où est donc le Père Ubu ?

PÈRE UBU.

Me voilà ! me voilà ! Sapristi[1], de par ma chandelle verte, je suis
115 pourtant assez gros.

CAPITAINE BORDURE.

Bonjour, Père Ubu. Asseyez-vous, mes hommes.

Ils s'asseyent tous.

PÈRE UBU.

120 Ouf, un peu plus, j'enfonçais ma chaise.

CAPITAINE BORDURE.

Eh ! Mère Ubu ! que nous donnez-vous de bon aujourd'hui ?

MÈRE UBU.

Voici le menu.

125 **PÈRE UBU.**

Oh ! ceci m'intéresse.

MÈRE UBU.

Soupe polonaise, côtes de rastron, veau, poulet, pâté de chien,
croupions de dinde, charlotte russe…

130 **PÈRE UBU.**

Eh ! en voilà assez, je suppose. Y en a-t-il encore ?

---

1 sapristi *interj.* = juron marquant l'étonnement 哎呀！天哪！（表示诧异、吃惊的感叹词）

MÈRE UBU, *continuant.*

Bombe, salade, fruits, dessert, bouilli, topinambours, choux-fleurs à la merdre.

135 **PÈRE UBU.**

Eh ! me crois-tu empereur d'Orient pour faire de telles dépenses ?

MÈRE UBU.

Ne l'écoutez pas, il est imbécile.

PÈRE UBU.

140 Ah ! je vais aiguiser mes dents contre vos mollets.

MÈRE UBU.

Dîne plutôt, Père Ubu. Voilà de la polonaise.

PÈRE UBU.

Bougre, que c'est mauvais.

145 **CAPITAINE BORDURE.**

Ce n'est pas bon, en effet.

MÈRE UBU.

Tas d'Arabes, que vous faut-il ?

PÈRE UBU, *se frappant le front.*

150 Oh ! j'ai une idée. Je vais revenir tout à l'heure. Il s'en va.

MÈRE UBU.

Messieurs, nous allons goûter du veau.

CAPITAINE BORDURE.

Il est très bon, j'ai fini.

155 **MÈRE UBU.**

Aux croupions[1], maintenant.

CAPITAINE BORDURE.

Exquis, exquis ! Vive la mère Ubu.

TOUS.

160 Vive la mère Ubu.

PÈRE UBU, *rentrant.*

Et vous allez bientôt crier vive le Père Ubu.

Il tient un balai[2] innommable à la main et le lance sur le festin.

MÈRE UBU.

165 Misérable, que fais-tu ?

---

1 croupion *n.m.* = partie postérieure du corps des oiseaux (禽类的)尾部，屁股
2 balai *n.m.* = queue d'un oiseau【旧】猛禽的尾巴

PÈRE UBU.

Goûtez un peu.

Plusieurs goûtent et tombent empoisonnés.

PÈRE UBU.

170   Mère Ubu, passe-moi les côtelettes de rastron, que je serve.

MÈRE UBU.

Les voici.

PÈRE UBU.

À la porte tout le monde ! Capitaine Bordure, j'ai à vous parler.

175 **LES AUTRES.**

Eh ! nous n'avons pas dîné.

PÈRE UBU.

Comment, vous n'avez pas dîné ! À la porte tout le monde ! Restez, Bordure.

180 *Personne ne bouge.*

PÈRE UBU.

Vous n'êtes pas partis ? De par ma chandelle verte, je vais vous assommer de côtes de rastron.

Il commence à en jeter.

185 **TOUS.**

Oh ! Aïe ! Au secours ! Défendons-nous ! malheur ! je suis mort !

PÈRE UBU.

Merdre, merdre, merdre. À la porte ! je fais mon effet.

TOUS.

190   Sauve qui peut ! Misérable Père Ubu ! traître et gueux voyou !

PÈRE UBU.

Ah ! les voilà partis. Je respire, mais j'ai fort mal dîné. Venez, Bordure.

Ils sortent avec la Mère Ubu.

Revue blanche, 1900.

✎ Questions et Réflexions

1. En quoi la conversation entre Mère Ubu et Père Ubu est-elle ridicule ?
2. Qu'est-ce qu'on peut entendre du style linguistique grossier de la pièce ?

‖ 文化点滴 ‖

雅里与《愚比王》

《愚比王》，是剧作家雅里（Alfred Jarry）在1986年加入由吕涅-波（Aurélien Lugné-Poe）领导的独立剧团——作品剧团（le Théâtre de l'Œuvre）后创作的首部作品。无论从剧本内容或表演形式上看，该剧都是雅里挑战西方理性主义戏剧创作传统的实验之作：在情节编排与人物塑造方面，"逼真性"让位于抽象夸张的创作理念；为了凸显原作荒诞滑稽的非理性精神，雅里对舞台装置以及表演形式提出了严格要求，包括以白布作为舞台背景、人物上下场由管弦乐队音乐伴奏、演员必须佩戴面具、演出时采用特殊口音、次要人物由柳条扎成等。独立剧团的演出形式赋予了剧作家与导演等同的权力，"反戏剧"的叛逆精神得以完整地呈现给观众。离经叛道的《愚比王》（Ubu Roi）被认为真正预示了现代戏剧的萌芽，雅里因此成为20世纪下半叶"反戏剧"思潮的预言家与开拓者。

CHAPITRE IV

LE THÉÂTRE DU XXe SIÈCLE

20 世纪初，林荫道戏剧凭借张冠李戴的轻松情节，占据了大大小小的剧院。为与林荫道戏剧决裂，自然主义戏剧应运而生，它提倡一种严肃的戏剧观，试图通过对真实世界的客观描摹来追求艺术进步。法国戏剧界盼望创新，也将目光转向外国剧作家，借道象征主义。象征主义戏剧反对自然主义等写实主义戏剧，否认终极的真理存在于理性的思考过程之中，主张真理需靠直觉来把握。诺贝尔文学奖获得者梅特林克（Maurice Maeterlinck）是象征主义剧作家群体中的佼佼者，其作品皆以全新而独具特色的面貌出现在读者面前。

20 世纪的戏剧革新聚焦于演员和导演艺术。尤其在战后，导演成为戏剧的主宰，法国戏剧经历了翻天覆地的变化。然而，对某些作家而言，戏剧仍然遵循着文学范畴里的发生机制。他们坚守戏剧文学阵地，构成了法国文学戏剧作家群。基督教作家克洛岱尔（Paul Claudel）在长达半个多世纪的创作生涯中，始终坚信戏剧远非一种消遣娱乐，而是一种精神追求和宗教慰藉。与克洛岱尔风格迥异，吉罗杜（Jean Giraudoux）、阿努伊（Jean Anouilh）和科克托（Jean Cocteau）致力于重新书写伟大的古代神话，在剧中以现代视角质疑命运、责任等概念。他们分别在《特洛伊战争不会发生》（*La guerre de Troie n'aura pas lieu*）、《俄狄浦斯王》（*Œdipe ou le Roi boiteux*）、《安提戈涅》（*Antigone*）等剧作中通过去神话、以今观古、给悲剧注入喜剧性元素，使神话现代化。蒙泰朗（Henri de Montherlant）则是一位将戏剧与小说、散文、诗歌创作等量齐观的剧作家。他认为阅读剧本远比剧院观看演出要重要得多，因此其剧作在整体上呈现出强烈的文学性。

在战后西方精神迷惘的普遍情绪中，一批带有哲学背景的作家如萨特（Jean-Paul Sartre）、加缪（Albert Camus）主张一种强调政治介入的戏剧，试图通过戏剧来传递对于行动、革命、责任的思考，为民众提供精神解药。热奈（Jean Genet）则凭借《女仆》（*Les Bonnes*）、《阳台》（*Le Balcon*）、《黑人》（*Les Nègres*）等剧作，发展了以违抗为主题的戏剧，并越来越具有政治色彩。从政治的角度看，阿努伊的《安提戈涅》表达了为护卫某种价值观而不屈反抗的必要性，戏剧成为抵抗残暴的方式。介入戏剧在法国现代戏剧史上占有重要地位，姆努什金（Ariane Mnouchkine）及其太阳剧团（le Théâtre du Soleil）亦作出了重要贡献。

安托南·阿尔托（Antonin Artaud）是西方戏剧史上无法绕过的戏剧理论家。作为 20 世纪法国戏剧理论建构的先行者和实践者，阿尔托在《戏剧及其重影》（*Le Théâtre et son double*）一书中揭示了戏剧对语言的从属地位，为布尔乔亚的"语言戏剧"判了死刑。他主张从东方戏剧中汲取艺术灵感，回到戏剧艺术本初的完整性，强调演员身体的物质性以及一切艺术手段的舞台运用，是为"残酷戏剧"（le théâtre de la cruauté）。阿尔托对戏剧语言的质疑为五六十年代荒诞派戏剧的出现埋下了伏笔。在荒诞派戏剧作家贝克特（Samuel Beckett）、尤奈斯库（Eugène Ionesco）的某些作品中，如《等待戈多》（*En attendant Godot*）、《噢美好的日子》（*Oh les beaux jours*）、《秃头歌女》（*La Cantatrice chauve*）、《椅子》（*Les Chaises*）等，人物被简化为傀儡，使任何交流变为不可能，情节不再统一，语言结构完全遭到了破坏。表面上看这是戏剧标准的丧失以及对语言操纵者的质疑，实际上剧作者糅合悲剧性、形而上学以及幽默的风格，更新了戏剧艺术。强调人类境遇的荒诞性，表现空乏与无意义，是荒诞派戏剧作家的共同特点。

在与传统决裂的道路上，除了荒诞派，传统文学戏剧对语言的创新是另一条较为隐蔽的线索。杜拉斯（Marguerite Duras）、萨洛特（Nathalie Sarraute）在 80 年代完成了各自写作生涯中最杰出的戏剧作品。当代剧作家科尔代斯（Bernard-Marie Koltès）则对语言与人际关系提出了一种形而上学的思考，这种思考在诺瓦里纳（Valère Novarina）、拉戛尔斯、维纳威尔（Michel Vinaver）的戏剧中以各种形式再次出现。重新回归语言，探索戏剧语言的可能性与多样性，已成为法国当代戏剧的自我突破口。这是一个文艺思潮纷涌的时代。不拘一格、自成一派的诸位现当代剧作家作品，造就了这个世纪的异彩纷呈，并延续至今。

MAURICE MAETERLINCK (1862–1949)

Biographie

Né à Gand en Belgique, Maurice Polydore Marie Bernard Maeterlinck est l'aîné d'une famille de trois enfants, flamande, bourgeoise, catholique, conservatrice et francophone. Après des études au collège, Maeterlinck publie, dès 1885, des poèmes d'inspiration parnassienne. Il part à Paris où il rencontre plusieurs écrivains qui vont l'influencer, dont Stéphane Mallarmé et Villiers de l'Isle-Adam. Ce dernier lui fait découvrir les richesses de l'idéalisme allemand (Hegel, Schopenhauer). À la même époque, Maeterlinck découvre Ruysbroeck l'Admirable, un mystique flamand du XIVᵉ siècle dont il traduit les écrits (*Ornement des noces spirituelles*). C'est ainsi qu'il se tourne vers les richesses intuitives du monde germanique en s'éloignant du rationalisme français. Maeterlinck compte parmi les grands dramaturges qui, vers 1880, ont contribué à transformer la conception du drame. De 1889 à 1894, il publie huit pièces où il crée un théâtre de l'âme, comme le rêvait le symbolisme. Dans cette forme neuve, trois concepts sont à retenir : le drame statique (personnages immobiles, passifs et réceptifs à l'inconnu) ; le personnage sublime (assimilé souvent à la mort, il est la Destinée ou la Fatalité, quelque chose de plus cruel peut-être que la mort) ; le tragique quotidien (pas d'héroïsme, le simple fait de vivre est tragique). L'action, par le jeu stylisé des acteurs, doit suggérer les attitudes de l'âme face au destin, l'éveil lent à la fatalité. Sa pièce de théâtre, *Pelléas et Mélisande*, 1892, est un des sommets du symbolisme. Écrivain précoce, il reçoit le prix Nobel de littérature en 1911, à 49 ans. Il décède en 1949 à Nice en France.

L'OISEAU BLEU
(1908)

✐ Résumé

Acte I
(tableau 1)

La vieille fée Bérylune est à la recherche de l'Oiseau bleu pour sa petite fille malade. Elle charge Tyltyl et Mytyl, les enfants du bûcheron, de trouver l'oiseau ; pour cela, il leur faudra emporter le chapeau vert qui permet de voir l'âme de toute chose. Autour des enfants l'âme du Pain, du Sucre, de la Lumière, du Chien, de la Chatte, du Lait, du Feu, de l'Eau leur apparaît.

Acte II
(tableau 2, 3)

Au palais de Bérylune, les âmes tiennent conseil : la fée a annoncé que la fin de la quête de l'Oiseau bleu marquera la fin de leur vie. La Chatte veut empêcher les enfants de trouver l'Oiseau, mais le Chien qui vénère l'homme comme un dieu s'y oppose. Tyltyl et Mytyl s'arrêtent au pays du Souvenir pour voir leurs grands-parents qui vivent dans un univers semblable à celui qui était le leur sur terre.

Acte III
(tableau 4, 5)

La Chatte, traîtresse, prévient la reine de la Nuit de l'arrivée des enfants. L'Oiseau bleu, le vrai, le seul qui puisse vivre à la clarté du jour, se cacherait dans le palais de la Nuit parmi les oiseaux bleus des songes. Malgré la Nuit et la Chatte, les enfants découvrent les oiseaux mais ne savent reconnaître celui qui est le vrai. Dans la forêt, l'Oiseau bleu est perché sur l'épaule du chêne mais celui-ci ne veut pas prendre la responsabilité de livrer aux hommes « le grand secret des choses et du bonheur » ; aussi convoque-t-il les âmes des animaux pour une assemblée. Tous décident qu'il faut se débarrasser des enfants. L'arrivée de la Lumière sauve Tyltyl et Mytyl.

Acte IV
(tableau 6, 7, 8, 9)

Un mot de la fée Bérylune informe la Lumière que l'Oiseau bleu se trouve dans un cimetière. Il faut faire sortir les âmes des tombes. Tyltyl tourne le diamant sur le chapeau et de toutes les tombes béantes monte une floraison blanche et virginale qui transforme le cimetière en un jardin féerique. Dans les jardins enchantés se trouvent réunis sous la garde du Destin toutes les Joies et tous les Bonheurs des Hommes. Le Chien, le Pain et le Sucre accompagnent les enfants et la Lumière. Les gros Bonheurs, vulgaires et obèses, se vautrent dans la ripaille tandis que les petits Bonheurs chantent, dansent et que les grandes Joies acclament l'arrivée de la Lumière.

Acte V **(tableau 10)**	Au royaume de l'Avenir vivent les enfants à naître qui attendent leur tour pour descendre sur terre.
Acte VI **(tableau 11, 12)**	Tyltyl et Mytyl sont de retour chez eux mais sans l'Oiseau bleu. Ils prennent congé de leurs amies les âmes qui les ont accompagnés pendant leur long voyage. Lorsqu'ils racontent leurs aventures, la mère Tyl les croit malades. Dans la cage, la tourterelle est devenue bleue : « Mais c'est l'Oiseau bleu que nous avons cherché !… Nous sommes allés si loin et il était ici ! » La voisine emporte l'oiseau pour sa petite fille malade qui recouvre la santé mais la tourterelle s'échappe.

✍ Commentaire

L'Oiseau bleu est une féerie en six actes et douze tableaux en prose de Maeterlinck, créée dans une mise en scène de Stanislavski en septembre 1908 à Moscou au théâtre d'Art, et publiée à Paris chez Fasquelle. Elle est la pièce la plus jeune, la plus familière de Maeterlinck et sans doute celle qui lui procura le plus vif bonheur d'écriture. La quête de l'Oiseau bleu tient lieu de fil directeur à des scènes de fantaisie aux décors lumineux, pleins de couleurs et de poésie. Le récit prend l'allure d'un songe enfantin dans lequel l'auteur réussit à rendre sensibles des abstractions, des sentiments ; cette quête de l'oiseau qui détient le secret du monde, c'est-à-dire le bonheur, marque l'inutilité d'aller chercher ailleurs ce que l'on a à portée de main. En s'adressant aux enfants, les seuls à savoir reconnaître que le bonheur est dans la maison, Maeterlinck parle aux adultes et leur montre que le monde du visible est trompeur. L'homme doit apprendre à éduquer son imaginaire, à retrouver son esprit d'enfance pour accéder au monde spirituel.

✍ Extrait

ACTE III
QUATRIÈME TABLEAU
LE PALAIS DE LA NUIT

[…]

TYLTYL : Bonjour, madame la Nuit…

LA NUIT, *froissée* : Bonjour ? Je ne connais pas ça… Tu pourrais bien me dire : bonne nuit, ou tout au moins : bonsoir…

5   **TYLTYL**, *mortifié* : Pardon, madame… Je ne savais pas. (*Montrant du doigt les deux enfants.*) Ce sont vos deux petits garçons ?… Ils sont gentils…

  LA NUIT : Oui, voici le Sommeil…

  TYLTYL : Pourquoi qu'il est si gros ?…

10   **LA NUIT** : C'est parce qu'il dort bien…

  TYLTYL : Et l'autre qui se cache ?… Pourquoi qu'il se voile la figure ?… Est-ce qu'il est malade ?… Comment c'est qu'il se nomme ?…

  LA NUIT : C'est la sœur du Sommeil… Il vaut mieux ne pas la nommer…

  TYLTYL : Pourquoi ?…

15   **LA NUIT** : Parce que c'est le nom qu'on n'aime pas à entendre… Mais parlons d'autre chose… La Chatte vient de me dire que vous venez ici pour chercher l'Oiseau Bleu ?…

  TYLTYL : Oui, madame, si vous le permettez… Voulez-vous me dire où il est ?…

20   **LA NUIT** : Je n'en sais rien, mon petit ami… Tout ce que je puis affirmer, c'est qu'il n'est pas ici… Je ne l'ai jamais vu…

  TYLTYL : Si, si… La Lumière m'a dit qu'il est ici ; et elle sait ce qu'elle dit la Lumière… Voulez-vous me remettre vos clefs ?…

  LA NUIT : Mais, mon petit ami, tu comprends bien que je ne puis
25   donner ainsi mes clefs au premier venu… J'ai la garde de tous les secrets de la Nature, j'en suis responsable et il m'est absolument défendu[1] de les livrer à qui que ce soit, surtout à un enfant…

  TYLTYL : Vous n'avez pas le droit de les refuser à l'Homme qui les demande… je le sais…

30   **LA NUIT** : Qui te l'a dit ?…

  TYLTYL : La Lumière…

  LA NUIT : Encore la Lumière ! et toujours la Lumière !… De quoi se mêle-t-elle à la fin ?…

  LE CHIEN : Veux-tu que je les lui prenne de force[2], mon petit dieu ?…

35   **TYLTYL** : Tais-toi, tiens-toi tranquille et tâche d'être poli… (*À la Nuit.*) Voyons, madame, donnez-moi vos clefs, s'il vous plaît…

  LA NUIT : As-tu le signe, au moins ?… Où est-il ?…

  TYLTYL, *touchant son chapeau* : Voyez le Diamant…

---

1 être défendu de faire qqch. *loc.v.* = être interdit de faire qqch. 被禁止做某事
2 de force *loc.adv.* = en employant la violence 依靠武力强行地

LA NUIT, *se résignant à l'inévitable* : Enfin… Voici celle qui ouvre toutes
40 les portes de la salle… Tant pis pour toi s'il t'arrive malheur… Je ne
réponds de[1] rien.

LE PAIN, *fort inquiet* : Est-ce que c'est dangereux ?…

LA NUIT : Dangereux… C'est-à-dire que moi-même je ne sais pas
comment je pourrai m'en tirer[2], lorsque certaines de ces portes de
45 bronze s'ouvriront sur[3] l'abîme… Il y a là, tout autour de la salle, dans
chacune de ces cavernes de basalte[4], tous les maux, tous les fléaux,
toutes les maladies, toutes les épouvantes, toutes les catastrophes,
tous les mystères qui affligent la vie depuis le commencement du
monde… J'ai eu assez de mal à les enfermer avec l'aide de Destin ; et
50 ce n'est pas sans peine, je vous assure, que je maintiens un peu d'ordre
parmi ces personnages indisciplinés… On voit ce qu'il arrive lorsque
l'un d'eux s'échappe et se montre sur terre…

LE PAIN : Mon grand âge, mon expérience et mon dévouement font
de moi le protecteur naturel de ces deux enfants ; c'est pourquoi,
55 madame la Nuit, permettez-moi de vous poser une question…

LA NUIT : Faites…

LE PAIN : En cas de danger, par où faut-il fuir ?…

LA NUIT : Il n'y a pas de moyen de fuir.

TYLTYL, *prenant la clef et montant les premières marches* : Commençons
60 par ici… Qu'y a-t-il derrière cette porte de bronze ?…

LA NUIT : Je crois que ce sont les Fantômes… Il y a bien longtemps
que je l'ai ouverte et qu'ils ne sont sortis…

TYLTYL, *mettant la clef dans la serrure* : Je vais voir… (*Au Pain.*) Avez-
vous la cage de l'Oiseau Bleu ?…

65 **LE PAIN**, *claquant des dents* : Ce n'est pas que j'ai peur, mais ne croyez-
vous pas qu'il serait préférable de ne pas ouvrir et de regarder par le
trou de la serrure ?…

TYLTYL : Je ne vous demande pas votre avis…

MYTYL, *se mettant à pleurer tout à coup* : J'ai peur !… Où est le Sucre ?…
70 Je veux rentrer à la maison !…

LE SUCRE, *empressé, obséquieux* : Ici, mademoiselle, je suis ici… Ne

---

1 répondre de *loc.v.* = être responsable de 为……负责
2 s'en tirer *loc.v.* = réchapper, s'en sortir 逃离，脱身
3 s'ouvrir sur *loc.v.* = avoir une vue ou donner accès sur qqch. 朝向
4 basalte *n.m.* = roche volcanique noire et compacte 玄武岩

pleurez pas. Je vais couper un de mes doigts pour vous offrir un sucre d'orge…

TYLTYL : Finissons-en…

75 *Il tourne la clef et entrouvre prudemment la porte. Aussitôt s'échappent cinq ou six Spectres de formes diverses et étranges qui se répandent de tous côtés. Le Pain épouvanté jette la cage et va se cacher au fond de la salle, pendant que la Nuit, pourchassant les Spectres, crie à Tyltyl :*

LA NUIT : Vite ! vite !… Ferme la porte !… Ils s'échapperaient tous et
80 nous ne pourrions plus les rattraper !… Ils s'ennuient là-dedans, depuis que l'Homme ne les prend plus au sérieux… (*Elle pourchasse les Spectres en s'efforçant, à l'aide d'un fouet formé de serpents, de les ramener vers la porte de leur prison.*) Aidez-moi !… Par ici !… Par ici !…

TYLTYL, *au Chien* : Aide-la, Tylô, vas-y donc !…

85 **LE CHIEN**, *bondissant en aboyant* : Oui ! oui ! oui !…

TYLTYL : Et le Pain ; où est-il ?…

LE PAIN, *du fond de la salle* : Ici… Je suis près de la porte pour les empêcher de sortir…

Comme un des Spectres s'avance de ce côté, il fuit à toutes jambes[1], *en
90 poussant des hurlements d'épouvante.*

LA NUIT, *à trois Spectres qu'elle a pris au collet* : Par ici, vous autres !… (*À Tyltyl.*) Rouvre un peu la porte… (*Elle pousse les Spectres dans la caverne.*) Là, ça va bien… (*Le Chien en ramène deux autres.*) Et encore ceux-ci… Voyons, vite, rangez-vous… Vous savez bien que vous ne
95 sortez plus qu'à la Toussaint.

Elle referme la porte.

TYLTYL, *allant à une autre porte* : Qu'y a-t-il derrière celle-ci ?…

LA NUIT : À quoi bon ?…Je te l'ai déjà dit, l'Oiseau Bleu n'est jamais venu par ici… Enfin, comme tu voudras… Ouvre-la si ça te fait
100 plaisir… Ce sont les Maladies…

TYLTYL, *la clef dans la serrure* : Est-ce qu'il faut prendre garde en ouvrant ?…

LA NUIT : Non, ce n'est pas la peine… Elles sont bien tranquilles, les pauvres petites… Elles ne sont pas heureuses… L'Homme, depuis
105 quelque temps, leur fait une telle guerre !… Surtout depuis la

---

1 à toute jambes *loc.adv.* = le plus vite possible 以最快速度

découverte des microbes… Ouvre donc, tu verras…

Tyltyl ouvre la porte toute grande. Rien ne paraît.

TYLTYL : Elles ne sortent pas ?…

LA NUIT : Je t'avais prévenu, presque toutes sont souffrantes et bien
110 découragées… Les médecins ne sont pas gentils pour elles… Entre
donc un instant, tu verras…

Tyltyl entre dans la caverne et ressort aussitôt après.

TYLTYL : L'Oiseau Bleu n'y est pas… Elles ont l'air bien malades, vos
Maladies… Elles n'ont même pas levé la tête… (*Une petite Maladie,*
115 *en pantoufles, robe de chambre et bonnet de coton, s'échappe de la*
caverne et se met à gambader dans la salle.) Tiens !… Une petite qui
s'évade !… Qu'est-ce que c'est ?…

LA NUIT. – Ce n'est rien, c'est la plus petite, c'est le Rhume de cerveau…
C'est une de celles qu'on persécute le moins et qui se porte le
120 mieux… (*Appelant le Rhume de cerveau.*) Viens ici, ma petite… C'est
trop tôt, il faut attendre le printemps…

Le Rhume de cerveau, éternuant, toussant et se mouchant, rentre dans
la caverne dont Tyltyl referme la porte.

TYLTYL, *allant à la porte voisine* : Voyons donc celle-ci… Qu'est-ce que
125 c'est ?…

LA NUIT : Prends garde… Ce sont les Guerres… Elles sont plus terribles
et plus puissantes que jamais… Dieu sait ce qui arriverait si l'une
d'elles s'échappait !… Heureusement, elles sont assez obèses et
manquent d'agilité… Mais tenons-nous prêts à repousser la porte
130 tous ensemble, pendant que tu jetteras un rapide coup d'œil dans la
caverne…

Tyltyl, avec mille précautions, entrebâille la porte de manière qu'il n'y ait
qu'une petite fente où il puisse appliquer l'œil. Aussitôt, il s'arcboute en
criant :

135 **TYLTYL** : Vite ! vite !… Poussez donc !… Elles m'ont vu !… Elles
viennent toutes !… Elles ouvrent la porte !…

LA NUIT : Allons, tous !… Poussez ferme !… Voyons, le Pain, que faites-
vous ?… Poussez tous !… Elles ont une force !… Ah ! voilà ! Ça y est…
Elles cèdent… Il était temps !… As-tu vu ?…

140 **TYLTYL** : Oui, oui !… Elles sont énormes, épouvantables !… Je crois
qu'elles n'ont pas l'Oiseau Bleu…

LA NUIT : Bien sûr qu'elles ne l'ont point… Elles le mangeraient tout de suite… Eh bien, en as-tu assez ?… Tu vois bien qu'il n'y a rien à faire…

145　**TYLTYL** : Il faut que je voie tout… La Lumière l'a dit…

LA NUIT : La Lumière l'a dit… C'est facile à dire quand on a peur et qu'on reste chez soi…

TYLTYL : Allons à la suivante… Qu'est-ce ?…

LA NUIT : Ici, j'enferme les Ténèbres et les Terreurs.

150　**TYLTYL** : Est-ce qu'on peut ouvrir ?…

LA NUIT : Parfaitement… Elles sont assez tranquilles ; c'est comme les Maladies…

TYLTYL, *entrouvrant la porte avec une certaine méfiance et risquant un regard dans la caverne* : Elles n'y sont pas…

155　**LA NUIT**, *regardant à son tour dans la caverne* : Eh bien, les Ténèbres, que faites-vous ?… Sortez donc un instant, ça vous fera du bien, ça vous dégourdira. Et les Terreurs aussi… Il n'y a rien à craindre… (*Quelques Ténèbres et quelques Terreurs, sous la figure de femmes couvertes, les premières de voiles noirs, les dernières de voiles verdâtres,*

160　*risquent piteusement quelques pas hors de la caverne, et, sur un geste qu'ébauche Tyltyl, rentrent précipitamment.*) Voyons, tenez-vous donc… C'est un enfant, il ne vous fera pas de mal… (*À Tyltyl.*) Elles sont devenues extrêmement timides ; excepté les grandes, celles que tu vois au fond…

165　**TYLTYL**, *regardant vers le fond de la caverne* : Oh ! qu'elles sont effrayantes !…

LA NUIT : Elles sont enchaînées… Ce sont les seules qui n'aient pas peur de l'Homme… Mais referme la porte, de crainte qu'elles ne se fâchent…

170　**TYLTYL**, *allant à la porte suivant* : Tiens !… Celle-ci est plus sombre… Qu'est-ce que c'est ?…

LA NUIT : Il y a plusieurs Mystères derrière celle-ci… Si tu y tiens absolument, tu peux l'ouvrir aussi… Mais n'entre pas… Sois bien prudent, et puis préparons-nous à repousser la porte, comme nous

175　avons fait pour les Guerres…

TYLTYL, *entrouvrant avec des précautions inouïes, et passant craintive-*

ment la tête dans l'entrebâillement[1] : Oh !... Quel froid !... Mes yeux cuisent[2] !... Fermez vite !... Poussez donc ! On repousse !... (*La Nuit, le Chien, la Chatte et le Sucre repoussent la porte.*) Oh ! j'ai vu !...

180 **LA NUIT** : Quoi donc ?...

TYLTYL, *bouleversé* : Je ne sais pas, c'était épouvantable !... Ils étaient tous assis comme des monstres sans yeux... Quel était le géant qui voulait me saisir ?

LA NUIT : C'est probablement le Silence ; il a la garde de[3] cette porte...

185 Il paraît que c'était effrayant ?... Tu en es encore tout pâle et tout tremblant...

TYLTYL : Oui, je n'aurais pas cru... Je n'avais jamais vu... Et j'ai les mains gelées...

LA NUIT : Ce sera bien pis tout à l'heure si tu continues...

190 **TYLTYL**, *allant à la porte suivante* : Et celle-ci ?... Est-elle aussi terrible ?...

LA NUIT : Non, il y a un peu de tout... J'y mets les Étoiles sans emploi, mes Parfums personnels, quelques Lueurs qui m'appartiennent, telles que feux follets, vers luisants, lucioles ; on y serre aussi la Rosée, le Chant des Rossignols, etc.

195 **TYLTYL** : Justement, les Étoiles, le Chant des Rossignols... Ce doit être celle-là.

LA NUIT : Ouvre donc si tu veux ; tout cela n'est pas bien méchant...

Tyltyl ouvre la porte toute grande. Aussitôt les Étoiles, sous la forme de belles jeunes filles voilées de lueurs versicolores, s'échappent de leur

200 *prison, se répandent dans la salle et forment sur les marches et autour des colonnes de gracieuses rondes baignées d'une sorte de lumineuse pénombre[4]. Les Parfums de la Nuit, presque invisibles, les Feux follets, les Lucioles, la Rosée transparente se joignent à elles, cependant que le Chant des Rossignols, sortant à flots de la caverne, inonde le palais*

205 *nocturne.*

MYTYL, *ravie, battant des mains* : Oh ! les jolies madames !...

TYLTYL : Et qu'elles dansent bien !...

MYTYL : Et qu'elles sentent bon !...

TYLTYL : Et qu'elles chantent bien !...

---

1 entrebâillement *n.m.* = intervalle produit par ce qui est entrebâillé （门、窗等微开时的）缝隙
2 cuire à qqn *loc.v.* = produire une sensation de brûlure à qqn 使某人感到灼痛
3 avoir la garde de *loc.v.* = garder 看守
4 pénombre *n.m.* = lumière dont l'intensité est très faible 微光

210 **MYTYL** : Qu'est-ce que c'est, ceux-là, qu'on ne voit presque pas ?…

LA NUIT : Ce sont les Parfums de mon ombre…

TYLTYL : Et les autres, là-bas, qui sont en verre filé[1] ?…

LA NUIT. – C'est la Rosée des forêts et des plaines… Mais en voilà assez… Ils n'en finiraient pas… C'est le diable de les faire rentrer une
215 fois qu'ils se sont mis à danser… (*Frappant dans ses mains*) Allons, vite, les Étoiles !… Ce n'est pas le moment de danser… Le ciel est couvert, il y a de gros nuages… Allons, vite, rentrez tous, sinon j'irai chercher un rayon de soleil…

Labor, 2005.

✐ Questions et Réflexions

1. Analysez l'effet de la figure de style de la personnification dans cet extrait, en donnant des exemples.

2. Sur le plan de la dramaturgie, quelles sont les différences entre les dramaturges du réalisme et Maeterlinck ? Comment comprenez-vous cette évolution par le dramaturge ?

3. Dans la pièce, les protagonistes s'en tiennent à trouver l'oiseau bleu. D'après vous, qu'est-ce que « l'oiseau bleu » signifie sous la plume de Maeterlinck ?

---

1 verre filé 嵌丝玻璃

文化点滴

静默剧

"静默剧"（le théâtre statique）又称"死亡剧"，是由比利时诗人、剧作家梅特林克于20世纪90年代首次提出的一种戏剧新类型。梅特林克明确反对情节跌宕起伏、人为性极强的现实主义戏剧。在他看来，真实隐藏在"卑微的日常生活"背后，而诗人的任务就是揭示生活中隐秘不可见的真相，因此他主张戏剧应该表现人物的内心活动、神秘体验和无意识行为，而不是外在的行为动作。对人物内心真实的关注将梅特林克的"静默剧"导向梦境与幻想的神秘境地。

梅特林克的成名作《佩雷阿斯与梅利桑德》（*Pelléas et Mélisande*, 1892）讲述了在抽象时空下神秘少女梅利桑德与王室兄弟高洛与佩雷阿斯之间的爱情故事：出于嫉妒之心，高洛杀害了与梅利桑德来往密切的佩雷阿斯。随后，梅利桑德突然产下一女并在临死前向高洛坦诚自己与佩雷阿斯之间的纯洁关系。剧本中没有出现任何自然主义式的细节描写或强烈的情感场面，而是营造出虚幻神秘的氛围，凸显寓意深奥的象征元素。梅特林克率先扛起了象征主义戏剧的大旗，将象征派诗人的神秘主义倾向运用于戏剧创作：物质世界的客观表象仅仅是真实精神世界的"象征"，唯有依靠心灵才能把握"真理"。

PAUL CLAUDEL (1868–1955)

Biographie

Écrivain, poète et diplomate, Paul Claudel est également l'auteur de pièces de théâtre. Sa vie, comme l'ensemble de son œuvre, est marquée par sa foi catholique. C'est à la Bible qu'il emprunte sa matière préférée : le verset dont il use autant dans sa poésie (*Cinq Grandes Odes*) que dans son théâtre (*Partage du Midi*, 1906). Entre 1910–1920, Claudel compose sa trilogie sur la société de l'époque comprenant *L'Otage* (1911), *Le Pain dur* (1918) et *Le Père humilié* (1920). À partir de 1924, Claudel se concentre sur l'écriture de son œuvre principale, *Le Soulier de satin* (1929), qui lui apporte une gloire méritée. Élu à l'Académie française en 1946, il consacre le reste de sa vie à l'étude de textes bibliques.

LE SOULIER DE SATIN
(1929)

✐ Résumé

(La pièce se déroule à la fin du XVIe et au début du XVIIe siècles.)

Prologue Attaché au mât d'un bateau malmené dans l'Atlantique, un Jésuite prie Dieu d'éloigner son frère Rodrigue du péché.

1re journée Prouhèze, femme de Pélage, est aimée de Camille et de Rodrigue qu'elle aime et à qui elle a demandé de l'enlever. Elle implore la protection de la Vierge en déposant aux pieds de sa statue son soulier de satin : « Quand j'essayerai de m'élancer vers le Mal, que ce soit avec un pied boiteux ». L'auberge où Rodrigue doit la rejoindre est attaquée, mais elle s'échappe, de même que dona Musique, qui a fui un mariage imposé et qui embarque pour Naples.

2e journée Pélage propose à Prouhèze une mission-sacrifice : renoncer à Rodrigue et gouverner Mogador, citadelle africaine commandée par Camille, soupçonné de déloyauté. Elle accepte. Rodrigue, qui l'a suivie, lui propose de l'accompagner en Amérique où le roi l'envoie. Après une entrevue avec Camille, il renonce à elle, comprenant qu'ils sont liés par une union spirituelle qui s'affermit dans le sacrifice et l'absence.

3e journée Dix ans plus tard, à Prague où le vice-roi de Naples, son mari, est venu combattre l'hérésie, Musique, enceinte, prie Dieu. Rodrigue, vice-roi des Indes, reçoit la lettre écrite dix ans plus tôt par Prouhèze: Pélage mort, elle a dû épouser Camille. Rodrigue part pour Mogador où Camille, devenu musulman, lui fait dire par Prouhèze que, s'il se retire, elle le suivra et que sinon, elle mourra dans l'explosion de la citadelle. Prouhèze veut obtenir de lui le renoncement total, la purification absolue de leur amour qu'elle a obtenus d'elle-même. Elle lui laisse Maria des Sept-Épées, la fille qu'elle a eue de Camille, mais qui est le portrait de Rodrigue.

4ᵉ journée   Dix ans plus tard. Prouhèze est morte et Rodrigue, disgracié et mutilé, vend des images saintes. Alors que Sept-Épées, qui veut délivrer les Espagnols captifs des Musulmans, l'appelle à l'aide, il cède au piège tendu par le Roi qui, après l'échec de l'Invincible Armada, lui propose de gouverner l'Angleterre. Elle quitte le bateau à la nage pour rejoindre celui de Jean d'Autriche afin de combattre les Turcs avec lui. Rodrigue, devenu esclave des soldats, est donné à une vieille religieuse : alors qu'il pense à Prouhèze, il entend le coup de canon promis par Sept-Épées quand elle atteindrait le vaisseau de jean.

✎ Commentaire

Le Soulier de satin est une pièce de théâtre d'une dimension rare : 500 pages de texte, des représentations qui durent une demi-journée. Elle est rarement jouée en raison de sa durée et des effets que nécessite la mise en scène. Les règles classiques sont ignorées par l'auteur : « la scène est le monde », écrit Claudel. Nous nous retrouvons en Espagne, au Maroc, en Italie, en Amérique, changeant parfois de continent d'une scène à l'autre. De même, la durée de l'action est impressionnante : l'histoire s'étale sur environ un quart de siècle à la Renaissance et est découpée par l'auteur en quatre journées.

Autour de l'amour impossible entre Doña Prouhèze et le capitaine Don Rodrigue, elle fait apparaître de nombreux personnages, en divers pays. Cette histoire des amants séparés, qui ne se rejoindront qu'une seule fois et ne consommeront jamais leur amour, sert de colonne vertébrale à la pièce. Autour de cette tragédie du désir et du salut, Claudel entremêle d'innombrables autres histoires, la plupart n'étant que des anecdotes qui n'occuperont qu'une seule scène mais permettent de multiplier les tonalités, contribuant à faire du *Soulier de satin* une œuvre protéiforme aux thématiques universelles : la politique, la quête de pouvoir, la reconnaissance, la mort, l'amour, la religion, le romantisme, etc.

✎ Extrait

PREMIÈRE JOURNÉE
SCÈNE V
DOÑA PROUHÈZE, DON BALTHAZAR.

Même lieu qu'à la scène II. Le soir. Toute une caravane prête à partir. Mules, bagages, armes, chevaux sellés, etc.

DON BALTHAZAR : Madame, puisqu'il a plu à votre époux par une inspiration subite de me confier le commandement de Votre Seigneurie hautement respectée. Il m'a paru nécessaire, avant de partir, de vous donner communication des clauses qui doivent régler notre entretien.

DOÑA PROUHÈZE : Je vous écoute avec soumission.

DON BALTHAZAR : Ah ! je voudrais être encore à la retraite de Bréda ! Oui, plutôt que le commandement d'une jolie femme. Je préfère celui d'une troupe débandée[1] de mercenaires sans pain que l'on conduit à travers un pays de petits bois vers un horizon de potences !

DOÑA PROUHÈZE : Ne vous désolez pas, Seigneur, et donnez-moi ce papier que je vois tout prêt dans votre main.

DON BALTHAZAR : Lisez-le, je vous prie, et veuillez y mettre votre seing[2] à la marque que j'ai faite. Oui, je me suis senti tout soulagé depuis que j'ai couché ainsi mes ordres sur ce papier. C'est lui qui nous commandera à tous désormais, moi le premier. Vous y trouverez toute chose bien indiquée, les étapes, les heures du départ et des repas, et ces moments aussi où vous aurez permission de m'entretenir, car je sais qu'on ne saurait condamner les femmes au silence. Alors je vous raconterai mes campagnes, les origines de ma famille, les mœurs de la Flandre, mon pays.

DOÑA PROUHÈZE : Mais moi aussi, n'aurai-je pas licence[3] de dire un mot parfois ?

DON BALTHAZAR : Sirène, je ne vous ai prêté déjà les oreilles que trop !

DOÑA PROUHÈZE : Est-il si désagréable de penser que pendant quelques jours mon sort et ma vie ne seront pas moins pour vous que votre propre vie ? Et qu'étroitement associés, vous sentirez bien à chaque minute que j'ai pour défenseur vous seul !

DON BALTHAZAR : Je le jure ! on ne vous tirera pas d'entre mes mains.

DOÑA PROUHÈZE : Pourquoi essayerais-je de fuir alors que vous me conduisez là précisément où je voulais aller ?

DON BALTHAZAR : Et ce que j'avais refusé, c'est votre époux qui me l'enjoint !

---

1 débandé(e) *adj.* = désorganisée 【旧】溃散的，溃乱的
2 seing *n.m.* = signature permettant de certifier l'authenticité 【旧】画押
3 licence *n.f.* = permission 【旧】允许

DOÑA PROUHÈZE : Si vous m'aviez refusé, alors je serais partie seule. Oui-da[1], j'aurais trouvé quelque moyen.

DON BALTHAZAR : Doña Merveille, je suis fâché d'entendre ainsi parler la fille de votre père.

40 **DOÑA PROUHÈZE** : Était-ce un homme qu'on avait habitude de contrarier dans ses desseins ?

DON BALTHAZAR : Non, pauvre Comte ! Ah ! quel ami j'ai perdu ! Je me ressens encore de ce grand coup d'épée qu'il me fournit au travers du corps un matin de carnaval. C'est ainsi que commença notre
45 fraternité. Il me semble que je le revois quand je vois vos yeux, vous y étiez déjà.

DOÑA PROUHÈZE : Je ferais mieux de ne pas vous dire que j'ai envoyé cette lettre.

DON BALTHAZAR : Une lettre à qui ?

50 **DOÑA PROUHÈZE** : À Don Rodrigue, oui, pour qu'il vienne me retrouver en cette auberge précisément où vous allez me conduire.

DON BALTHAZAR : Avez-vous fait cette folie ?

DOÑA PROUHÈZE : Et si je n'avais pas profité de l'occasion inouïe de cette gitane qui gagnait directement Avila où je sais qu'est la
55 résidence de ce cavalier, n'aurait-ce pas été un péché, comme disent les Italiens ?

DON BALTHAZAR : Ne blasphémez pas – et veuillez ne pas me regarder ainsi, je vous prie, fi ! N'avez-vous point vergogne[2] de votre conduite ? et aucune crainte de Don Pélage ? que ferait-il s'il venait à
60 l'apprendre ?

DOÑA PROUHÈZE : Il me tuerait, nul doute, sans hâte comme il fait tout et après avoir pris le temps de considérer.

DON BALTHAZAR : Aucune crainte de Dieu ?

DOÑA PROUHÈZE : Je jure que je ne veux point faire le mal, c'est
65 pourquoi je vous ai tout dit. Ah ! ce fut dur de vous ouvrir mon cœur et je crains que vous n'ayez rien compris, rien que ma bonne affection pour vous. Tant pis ! Maintenant c'est vous qui êtes responsable et chargé de me défendre.

DON BALTHAZAR : Il faut m'aider, Prouhèze.

---

1 Oui-da *loc.adv.* = en vérité 确实，的确
2 vergogne *n.f.* = honte 【旧】耻辱

70 **DOÑA PROUHÈZE** : Ah ! ce serait trop facile ! Je ne cherche point d'occasion, j'attends qu'elle vienne me trouver. Et je vous ai loyalement averti, la campagne s'ouvre. C'est vous qui êtes mon défenseur. Tout ce que je pourrai faire pour vous échapper et pour rejoindre Rodrigue. Je vous donne avertissement que je le ferai.

75 **DON BALTHAZAR** : Vous voulez cette chose détestable ?

DOÑA PROUHÈZE : Ce n'est point vouloir que prévoir. Et vous voyez que je me défie tellement de ma liberté que je l'ai remise entre vos mains.

DON BALTHAZAR : N'aimez-vous point votre mari ?

80 **DOÑA PROUHÈZE** : Je l'aime.

DON BALTHAZAR : L'abandonneriez-vous à cette heure où le Roi lui-même l'oublie, tout seul sur cette côte sauvage au milieu des infidèles, sans troupes, sans argent, sans sécurité d'aucune sorte ?

DOÑA PROUHÈZE : Ah ! cela me touche plus que tout le reste. Oui,
85 l'idée de trahir ainsi l'Afrique et notre pavillon, et l'honneur du nom de mon mari, je sais qu'il ne peut se passer de moi, ces tristes enfants que j'ai recueillis, à la place de ceux que Dieu ne m'a pas donnés, ces femmes qu'on soigne à l'infirmerie, ces partisans rares et pauvres qui se sont donnés à nous, abandonner tout cela. Je peux dire que cela
90 me fait horreur.

DON BALTHAZAR : Et qu'est-ce donc qui vous appelle ainsi vers ce cavalier ?

DOÑA PROUHÈZE : Sa voix.

DON BALTHAZAR : Vous ne l'avez connu que peu de jours.

95 **DOÑA PROUHÈZE** : Sa voix ! Je ne cesse de l'entendre.

DON BALTHAZAR : Et que vous dit-elle donc ?

DOÑA PROUHÈZE : Ah ! si vous voulez m'empêcher d'aller à lui. Alors du moins liez-moi, ne me laissez pas cette cruelle liberté ! Mettez-moi dans un cachot profond derrière des barres de fer ! Mais quel
100 cachot serait capable de me retenir quand celui même de mon corps menace de se déchirer ? Hélas ! il n'est que trop solide, et quand mon maître m'appelle, il ne suffit que trop à retenir cette âme, contre tout droit, qui est à lui, mon âme qu'il appelle et qui lui appartient !

DON BALTHAZAR : L'âme et le corps aussi ?

105 **DOÑA PROUHÈZE** : Que parlez-vous de ce corps quand c'est lui qui est mon ennemi et qui m'empêche de voler d'un trait[1] jusqu'à Rodrigue ?

DON BALTHAZAR : Ce corps aux yeux de Rodrigue n'est-il que votre prison ?

DOÑA PROUHÈZE : Ah ! c'est une dépouille[2] que l'on jette aux pieds de
110 celui qu'on aime !

DON BALTHAZAR : Vous le lui donneriez donc si vous le pouviez ?

DOÑA PROUHÈZE : Qu'ai-je à moi qui ne lui appartienne ? Je lui donnerais le monde entier si je le pouvais !

DON BALTHAZAR : Partez. Rejoignez-le !

115 **DOÑA PROUHÈZE** : Seigneur, je vous ai déjà dit que je me suis placée non plus en ma propre garde, mais en la vôtre.

DON BALTHAZAR : C'est Don Pélage seul qui est votre gardien.

DOÑA PROUHÈZE : Parlez. Dites-lui tout.

DON BALTHAZAR : Ah ! pourquoi vous ai-je donné si vite ma parole ?

120 **DOÑA PROUHÈZE** : Quoi, la confiance que j'ai mise en vous, n'en êtes-vous pas touché ? Ne me forcez pas à avouer qu'il y a des choses que je ne pouvais dire qu'à vous seul.

DON BALTHAZAR : Après tout je ne fais qu'obéir à Don Pélage.

DOÑA PROUHÈZE : Ah ! que vous allez bien me garder et que je vous
125 aime ! je n'ai plus rien à faire, on peut s'en remettre à vous[3]. Et déjà je concerte dans mon esprit mille ruses pour vous échapper.

DON BALTHAZAR : Il y aura un autre gardien qui m'aidera et auquel vous n'échapperez pas si aisément.

DOÑA PROUHÈZE : Lequel, Seigneur ?

130 **DON BALTHAZAR** : L'Ange que Dieu a placé près de vous, dès ce jour que vous étiez un petit enfant innocent.

DOÑA PROUHÈZE : Un ange contre les démons ! et pour me défendre contre les hommes il me faut une tour[4] comme mon ami Balthazar, la Tour et l'Épée cheminant d'un seul morceau, et cette belle barbe
135 dorée qui montre de loin où vous êtes !

DON BALTHAZAR : Vous êtes restée Française.

1　d'un trait *loc.adv.* = sans s'arrêter ou s'interrompre une seule fois 不间断地
2　dépouille *n.f.* = corps privé de vie【转】尸体，遗骸
3　s'en remettre à *loc.v.* = faire confiance à 信任
4　tour *n.f.* = homme d'une grande taille【转、俗】高大魁梧的人

DOÑA PROUHÈZE : Comme vous êtes resté Flamand ; n'est-ce pas joli, mon petit accent de Franche-Comté ? Ce n'est pas vrai ! mais tous ces gens avaient bien besoin de nous pour apprendre à être Espagnols,

140 ils savent si peu s'y prendre[1] !

DON BALTHAZAR : Comment votre mari a-t-il pu vous épouser, lui vieux déjà, et vous si jeune ?

DOÑA PROUHÈZE : Je m'arrangeais[2] sans doute avec les parties de sa nature les plus sévèrement maintenues, les plus secrètement

145 choyées. De sorte que quand j'accompagnai mon père à Madrid où les affaires de sa province l'appelaient. L'accord ne fut pas long à établir entre ces deux hauts seigneurs, Que j'aimasse Don Pélage aussitôt qu'on me l'aurait présenté, par-dessus toute chose et pour tous les jours de ma vie, comme cela est légal et obligatoire entre

150 mari et femme.

DON BALTHAZAR : Lui, du moins, vous ne pouvez pas douter qu'il ne remplisse pas envers vous sa part.

DOÑA PROUHÈZE : S'il m'aime, je n'étais pas sourde pour que je l'entende me le dire. Oui, si bas qu'il me l'aurait avoué, un seul mot,

155 j'avais l'oreille assez fine pour le comprendre. Je n'étais pas sourde pour entendre ce mot auquel mon cœur était attentif. Bien des fois j'ai cru le saisir dans ses yeux dont le regard changeait dès que le mien voulait y pénétrer. J'interprétais cette main qui se posait une seconde sur la mienne. Hélas ! je sais que je ne lui sers de rien, ce que je fais

160 jamais je ne suis sûre qu'il l'approuve. Je n'ai même pas été capable de lui donner un fils. Ou peut-être, ce qu'il éprouve pour moi, j'essaye parfois de le croire. C'est chose tellement sacrée peut-être qu'il faut la laisser s'exhaler seule, il ne faut pas la déranger avec les paroles qu'on y mettrait. Oui, il m'a fait entendre quelque chose de ce genre

165 une fois, à sa manière étrange et détournée. Ou peut-être est-il si fier que pour que je l'aime il dédaigne de faire appel à autre chose que la vérité. Je le vois si peu souvent ! et je suis si intimidée avec lui ! Et cependant longtemps je n'imaginais pas que je pouvais être ailleurs qu'à son ombre. Et vous voyez que c'est lui-même aujourd'hui qui

---

1 s'y prendre *loc.v.* = commencer à agir 开始做
2 s'arranger avec *loc.v.* = s'entendre avec 与……合得来，与……谈得拢

170 me congédie et non pas moi qui ai voulu le quitter. Presque tout le jour il me laisse seule, et c'est bien lui, cette maison déserte et sombre ici, si pauvre, si fière, Avec ce tuant soleil au dehors et cette odeur délicieuse qui la remplit ! Oui, on dirait que c'est sa mère qui l'a laissée ainsi dans un ordre sévère et qui vient de partir à l'instant.

175 Une grande dame infiniment noble et qu'on oserait à peine regarder.

DON BALTHAZAR : Sa mère est morte en lui donnant la vie.

DOÑA PROUHÈZE, *montrant la statue au-dessus de la porte* : Peut-être est-ce de celle-ci que je parle.

(*Don Balthazar ôte gravement son chapeau. Tous deux regardent la*
180 *statue de la Vierge en silence. – Doña Prouhèze, comme saisie d'une inspiration*) Don Balthazar, voudriez-vous me rendre le service de tenir cette mule ?

Don Balthazar tient la tête de la mule.

DOÑA PROUHÈZE *monte debout sur la selle et se déchaussant elle met*
185 *son soulier de satin entre les mains de la Vierge.* : Vierge, patronne et mère de cette maison, répondante et protectrice de cet homme dont le cœur vous est pénétrable plus qu'à moi et compagne de sa longue solitudeé, alors si ce n'est pas pour moi, que ce soit à cause de lui, puisque ce lien entre lui et moi n'a pas été mon fait, mais votre
190 volonté intervenante : Empêchez que je sois à cette maison dont vous gardez la porte, auguste tourière[1], une cause de corruption ! Que je manque à[2] ce nom que vous m'avez donné à porter, et que je cesse d'être honorable aux yeux de ceux qui m'aiment. Je ne puis dire que je comprends cet homme que vous m'avez choisi, mais vous, je
195 comprends, qui êtes sa mère comme la mienne. Alors, pendant qu'il est encore temps, tenant mon cœur dans une main et mon soulier dans l'autre, je me remets à vous ! Vierge mère, je vous donne mon soulier ! Vierge mère, gardez dans votre main mon malheureux petit pied ! Je vous préviens que tout à l'heure je ne vous verrai plus et
200 que je vais tout mettre en œuvre contre vous ! Mais quand j'essayerai de m'élancer vers le mal, que ce soit avec un pied boiteux ! la barrière que vous avez mise, Quand je voudrai la franchir, que ce soit avec

---

1 tourière *n.f.* = religieuse chargée des relations avec l'extérieur de la communauté monastique（修道院中）负责转递院外送来物品的（修士，修女），从事同外界联系的（修士，修女）
2 manquer à *loc.v.* = être infidèle à 冒犯，对……不敬

une aile rognée ! J'ai fini ce que je pouvais faire, et vous, gardez mon
pauvre petit soulier, gardez-le contre votre cœur, ô grande Maman
205   effrayante !

Gallimard,1929.

Questions et Réflexions

1. Décrivez l'évolution de l'état d'esprit de Doña Prouhèze pendant sa conversation avec Don Balthazar.
2. Évaluez la dernière tirade de Doña Prouhèze dans la scène V et analysez la
signification de « Soulier de satin ».
3. « *L'Ordre est le plaisir de la raison : mais le désordre est le délice de l'imagination* »,
Claudel écrit-il dans la préface du *Soulier de Satin*. Après la lecture de ces
passages ci-dessus, comment interpréteriez-vous cette phrase de Claudel dans
le cadre de la dramaturgie ?

‖文化点滴‖

小剧场运动

　　"小剧场运动"（le Mouvement du Petit Théâtre）是19世纪下半叶席卷整个欧美戏剧界的一场戏剧革新运动。该运动直接推动了独立剧团的成立以及现代导演艺术的确立，是西方现代戏剧发展史上的重要转折点，对此后现代戏剧的发展走向产生了深远影响。

　　这场声势浩大的戏剧改革事业肇始于对"林荫道戏剧"的抵抗。19世纪80年代，法国戏剧界一批有识之士主动担负起捍卫戏剧艺术的文学性与艺术性的使命，积极投身戏剧创作与表演实践。安托瓦纳（André Antoine）就是其中一员。1887年，安托瓦纳创建业余戏剧团体——"自由剧团"（le Théâtre-Libre），掀开了小剧场运动的帷幕。与传统剧场不同，"小剧场"以"避免艺术商业化、维护艺术尊严与自由"为己任，演出场所小，演员与观众更为接近，在艺术上展现出很强的探索性和实验性。

　　自由剧团把以左拉为代表的自然主义作家的作品搬上舞台。自然主义的舞台与法国传统戏剧舞台对舞美的要求大相径庭，此举在商业戏剧泛滥的法国戏剧界惊世骇俗，但引起广泛的响应。针对巴黎林荫道剧场经营管理政策的混乱与僵化，安托瓦纳提出了四项改革措施：新的剧本、舒适的剧场、廉价的戏票和整一的剧团，并创建了一套行之有效的剧场经营和管理制度，为小剧场的生存和发展开辟了道路。这场戏剧革命的热潮随即蔓延至欧洲其他国家，直至大洋彼岸的美洲国家，在整个西方世界促成了一场轰轰烈烈的戏剧改革运动。

JEAN GIRAUDOUX (1882–1944)

Biographie

Jean Giraudoux, né le 29 octobre 1882 à Bellac dans la Haute-Vienne et mort le 31 janvier 1944 à Paris, est à la fois écrivain et diplomate. Pendant la Première Guerre mondiale, Giraudoux, occupant des fonctions diplomatiques, ne cesse d'écrire des romans (*Siegfried et le Limousin*,1922 ; *Juliette au pays des hommes*, 1924). En 1928, il se dirige vers le théâtre après sa rencontre avec le comédien Louis Jouvet qui mettra en scène et interprétera ses œuvres principales. Comme d'autres dramaturges des années 1930–1940, Giraudoux s'occupe de la réécriture des mythes antiques éclairés par les mentalités modernes. Parmi ses pièces : *Amphitryon 38* (1929), *Electre* (1937) et *La guerre de Troie n'aura pas lieu* (1935).

LA GUERRE DE TROIE N'AURA PAS LIEU
(1935)

✎ Résumé

La reine grecque, Hélène, a été enlevée par le Troyen Pâris et les Grecs vont attaquer la ville de Troie si elle ne leur est pas rendue. À Troie, deux clans s'opposent : les partisans de la guerre, menés par le poète officiel Démokos, et les pacifiques qui veulent éviter la guerre à tout prix, dont Hector, fils aîné du roi de Troie.

À leur arrivée, un des émissaires grecs du nom d'Oiax gifle Hector. Mais, fidèle à son désir de paix, Hector refuse de céder à la provocation. Il a une entrevue avec Ulysse, l'ambassadeur des Grecs, et les deux hommes se quittent avec sagesse sur une négociation qui devrait éviter le conflit.

De son côté, Démokos continue d'ameuter les Troyens pour les pousser à la guerre. Voyant le fragile espoir de paix menacé par ce fanatique, Hector le tue pour le faire taire. Le conflit semble évité. Mais avant de mourir, Démokos accuse le Grec Oiax d'être son meurtrier et appelle les Troyens à la vengeance. La guerre de Troie aura lieu.

La scène présentée se déroule devant « les portes de la Guerre » où le Conseil des Anciens est réuni autour de Démokos qui se charge de composer « le chant de guerre » et d'organiser le concours d'épithètes (c'est-à-dire d'insultes), qui pourront démoraliser l'ennemi et stimuler l'ardeur des combattants.

✎ Commentaire

La guerre de Troie n'aura pas lieu de Giraudoux est jouée la première fois en 1935 au Théâtre de l'Athénée. Dans cette pièce en deux actes, au titre illogique pour la tradition, le spectateur est transporté dans Troie à la veille de la fameuse guerre, et l'imminence du combat fait développer aux personnages, hommes et femmes, des considérations philosophiques sur l'amour, la mort, la patrie.

Giraudoux, qui fut blessé à deux reprises durant la Première Guerre mondiale, écrit cette pièce entre l'automne 1934 et juin 1935, alors que les dictatures montent en Europe et que la crise de 1929 continue de sévir, à l'aube de la Seconde Guerre mondiale. Sa pièce décrit la situation en Europe où tout le monde voit venir la guerre mais n'en fait rien. Son œuvre se termine par l'inévitable guerre, reflet de la réalité. Giraudoux cherche donc à déchiffrer les motivations fratricides de la future Seconde Guerre mondiale, comme un avertissement.

Inscrite dans une tradition consistant à créer un spectacle qui évoque les faits d'actualité, à partir d'un mythe antique, *La guerre de Troie n'aura pas lieu* met en lumière le pacifisme de Giraudoux qui y fait allusion au cynisme des politiciens. L'analyse du conflit entre les bellicistes et les pacifistes nous permettra de mettre en avant le parti pris de Giraudoux, en comparant les qualités d'un représentant-modèle des pacifistes (Hector) à celles d'un représentant-modèle des bellicistes (Demokos / Oiax).

Fondée sur une série d'oppositions, comme le suggère le conflit entre les pacifistes et les bellicistes, les hommes et les femmes, le pouvoir militaire et le pouvoir moral, la pièce témoignerait d'une poétique du contraste, qui vaut à la pièce non seulement son succès éclatant et immédiat en 1935, mais le fait qu'elle intéresse encore les spectateurs aujourd'hui.

Extrait

PREMIER ACTE

SCÈNE VI

Hécube, Andromaque, Cassandre, Hector, Pâris, Demokos, la petite Polyxène, le géomètre.

[…]

HÉCUBE : Tu as bien fait de les démasquer, Hector. Ils veulent faire la
5   guerre pour une femme, c'est la façon d'aimer des impuissants.

DEMOKOS : C'est vous donner beaucoup de prix ?

HÉCUBE : Ah oui ! par exemple !

DEMOKOS : Permets-moi de ne pas être de ton avis. Le sexe à qui je
    dois ma mère, je le respecterai jusqu'en ses représentantes les moins
10   dignes.

HÉCUBE : Nous le savons. Tu l'y as déjà respecté…

Les servantes accourues au bruit de la dispute éclatent de rire.

PRIAM : Hécube ! Mes filles ! Que signifie cette révolte de gynécée[1] ? Le

---

1 gynécée *n.f.* = lieu qui regroupe l'ensemble des femmes, maîtresses ou concubines dans un palais oriental.
    【讽】后宫

15 conseil se demande s'il ne mettra pas la ville en jeu[1] pour l'une d'entre
vous ; et vous en êtes humiliées ?

ANDROMAQUE : Il n'est qu'une humiliation pour la femme, l'injustice.

DEMOKOS : C'est vraiment pénible de constater que les femmes sont
les dernières à savoir ce qu'est la femme.

LA JEUNE SERVANTE, *qui repasse* : Oh ! là ! là !

20 **HÉCUBE** : Elles le savent parfaitement. Je vais vous le dire, moi, ce
qu'est la femme.

DEMOKOS : Ne les laisse pas parler, Priam. On ne sait jamais ce qu'elles
peuvent dire.

HÉCUBE : Elles peuvent dire la vérité.

25 **PRIAM** : Je n'ai qu'à penser à l'une de vous, mes chéries, pour savoir ce
qu'est la femme.

DEMOKOS : Primo. Elle est le principe de notre énergie. Tu le sais bien,
Hector. Les guerriers qui n'ont pas un portrait de femme dans leur
sac ne valent rien.

30 **CASSANDRE** : De votre orgueil, oui.

HÉCUBE : De vos vices.

ANDROMAQUE : C'est un pauvre tas d'incertitude, un pauvre amas de
crainte, qui déteste ce qui est lourd, qui adore ce qui est vulgaire et
facile.

35 **HECTOR** : Chère Andromaque !

HÉCUBE : C'est très simple. Voilà cinquante ans que je suis femme et je
n'ai jamais pu encore savoir au juste ce que j'étais.

DEMOKOS : Secundo. Qu'elle le veuille ou non, elle est la seule prime
du courage… Demandez au moindre soldat. Tuer un homme, c'est
40 mériter une femme.

ANDROMAQUE : Elle aime les lâches, les libertins. Si Hector était lâche
ou libertin, je l'aimerais autant. Je l'aimerais peut-être davantage.

PRIAM : Ne va pas trop loin, Andromaque. Tu prouverais le contraire de
ce que tu veux prouver.

45 **LA PETITE POLYXÈNE** : Elle est gourmande. Elle ment.

DEMOKOS : Et de ce que représentent dans la vie humaine la fidélité,
la pureté, nous n'en parlons pas, hein ?

---

1 mettre en jeu *loc.v.* = faire intervenir 使干预

LA SERVANTE : Oh ! là ! là !

DEMOKOS : Que racontes-tu, toi ?

50 **LA SERVANTE** : Je dis : Oh ! là ! là ! Je dis ce que je pense.

LA PETITE POLYXÈNE : Elle casse ses jouets. Elle leur plonge la tête dans l'eau bouillante.

HÉCUBE : À mesure que nous vieillissons, nous les femmes, nous voyons clairement ce qu'ont été les hommes, des hypocrites, des
55 vantards, des boucs. À mesure que les hommes vieillissent, ils nous parent de toutes les perfections. Il n'est pas un souillon accolé derrière un mur qui ne se transforme dans vos souvenirs en créature d'amour.

PRIAM : Tu m'as trompé, toi ?

60 **HÉCUBE** : Avec toi-même seulement, mais cent fois.

DEMOKOS : Andromaque a trompé Hector ?

HÉCUBE : Laisse donc Andromaque tranquille. Elle n'a rien à voir dans les histoires de femme.

ANDROMAQUE : Si Hector n'était pas mon mari, je le tromperais avec
65 lui-même. S'il était un pêcheur pied bot, bancal, j'irais le poursuivre jusque dans sa cabane. Je m'étendrais dans les écailles d'huîtres et les algues. J'aurais de lui un fils adultère.

LA PETITE POLYXÈNE : Elle s'amuse à ne pas dormir la nuit, tout en fermant les yeux.

70 **HÉCUBE** *à Polyxène* : Oui, tu peux en parler, toi ! C'est épouvantable ! Que je t'y reprenne !

LA SERVANTE : Il n'y a pire que l'homme. Mais celui-là !

DEMOKOS : Et tant pis si la femme nous trompe ! Tant pis si elle-même méprise sa dignité et sa valeur. Puisqu'elle n'est pas capable de
75 maintenir en elle cette forme idéale qui la maintient rigide et écarte les rides de l'âme, c'est à nous de le faire…

LA SERVANTE : Ah ! le bel embauchoir ![1]

PÂRIS : Il n'y a qu'une chose qu'elles oublient de dire : qu'elles ne sont pas jalouses.

80 **PRIAM** : Chères filles, votre révolte même prouve que nous avons

---

1 Ah ! le bel embauchoir ! = Ah ! voilà l'homme qui par son action sur la femme l'empêchera de se rider comme l'embauchoir prévient les plis sur les chaussures ! 花言巧语 On dit bien en amour : « trouver chaussure à son pied ».

raison. Est-il une plus grande générosité que celle qui vous pousse à vous battre en ce moment pour la paix, la paix qui donnera des maris veules, inoccupés, fuyants, quand la guerre vous fera d'eux des hommes !…

85 **DEMOKOS** : Des héros.

HÉCUBE : Nous connaissons le vocabulaire. L'homme en temps de guerre s'appelle le héros. Il peut ne pas en être plus brave, et fuir à toutes jambes. Mais c'est du moins un héros qui détale.

ANDROMAQUE : Mon père, je vous en supplie. Si vous avez cette
90 amitié pour les femmes, écoutez ce que toutes les femmes du monde vous disent par ma voix. Laissez-nous nos maris comme ils sont. Pour qu'ils gardent leur agilité et leur courage, les dieux ont créé autour d'eux tant d'entraîneurs vivants ou non vivants ! Quand ce ne serait que l'orage ! Quand ce ne serait que les bêtes ! Aussi longtemps qu'il
95 y aura des loups, des éléphants, des onces, l'homme aura mieux que l'homme comme émule et comme adversaire. Tous ces grands oiseaux qui volent autour de nous, ces lièvres dont nous les femmes confondons le poil avec les bruyères, sont de plus sûrs garants de la vue perçante de nos maris que l'autre cible, que le cœur de l'ennemi
100 emprisonné dans sa cuirasse. Chaque fois que j'ai vu tuer un cerf ou un aigle, je l'ai remercié. Je savais qu'il mourait pour Hector. Pourquoi voulez-vous que je doive Hector à la mort d'autres hommes ?

PRIAM : Je ne le veux pas, ma petite chérie. Mais savez-vous pourquoi vous êtes là, toutes si belles et si vaillantes ? C'est parce que vos
105 maris et vos pères et vos aïeux furent des guerriers. S'ils avaient été paresseux aux armes, s'ils n'avaient pas su que cette occupation terne et stupide qu'est la vie se justifie soudain et s'illumine par le mépris que les hommes ont d'elle, c'est vous qui seriez lâches et réclameriez la guerre. Il n'y a pas deux façons de se rendre immortel ici-bas, c'est
110 d'oublier qu'on est mortel.

ANDROMAQUE : Oh ! justement, père, vous le savez bien ! Ce sont les braves qui meurent à la guerre. Pour ne pas y être tué, il faut un grand hasard ou une grande habileté. Il faut avoir courbé la tête ou s'être agenouillé au moins une fois devant le danger. Les soldats qui
115 défilent sous les arcs de triomphe sont ceux qui ont déserté la mort. Comment un pays pourrait-il gagner dans son honneur et dans sa force en les perdant tous les deux ?

PRIAM : Ma fille, la première lâcheté est la première ride d'un peuple.

ANDROMAQUE : Où est la pire lâcheté ? Paraître lâche vis-à-vis des
120   autres, et assurer la paix ? Ou être lâche vis-à-vis de soi-même et
provoquer la guerre ?

DEMOKOS : La lâcheté est de ne pas préférer à toute mort la mort pour
son pays.

HÉCUBE : J'attendais la poésie à ce tournant. Elle n'en manque pas une.

125 **ANDROMAQUE** : On meurt toujours pour son pays ! Quand on a vécu
en lui digne, actif, sage, c'est pour lui aussi qu'on meurt. Les tués ne
sont pas tranquilles sous la terre, Priam. Ils ne se fondent pas en elle
pour le repos et l'aménagement éternel. Ils ne deviennent pas sa
glèbe, sa chair. Quand on retrouve dans le sol une ossature humaine,
130   il y a toujours une épée près d'elle. C'est un os de la terre, un os
stérile. C'est un guerrier.

HÉCUBE : Ou alors que les vieillards soient les seuls guerriers. Tout pays
est le pays de la jeunesse. Il meurt quand la jeunesse meurt.

DEMOKOS : Vous nous ennuyez avec votre jeunesse. Elle sera la
135 vieillesse dans trente ans.

CASSANDRE : Erreur.

HÉCUBE : Erreur ! Quand l'homme adulte touche à ses quarante ans,
on lui substitue un vieillard. Lui disparaît. Il n'y a que des rapports
d'apparence entre les deux. Rien de l'un ne continue en l'autre.

140 **DEMOKOS** : Le souci de ma gloire a continué, Hécube.

HÉCUBE : C'est vrai. Et les rhumatismes…

Nouveaux éclats de rire des servantes.

HECTOR : Et tu écoutes cela sans mot dire, Pâris ! Et il ne te vient pas
à l'esprit de sacrifier une aventure pour nous sauver d'années de
145 discorde et de massacre ?

PÂRIS : Que veux-tu que je te dise ! Mon cas est international.

HECTOR : Aimes-tu vraiment Hélène, Pâris ?

CASSANDRE : Ils sont le symbole de l'amour. Ils n'ont même plus à
s'aimer.

150 **PÂRIS** : J'adore Hélène.

CASSANDRE, *au rempart* : La voilà, Hélène.

HECTOR : Si je la convaincs de s'embarquer, tu acceptes ?

PÂRIS : J'accepte, oui.

155 **HECTOR** : Père, si Hélène consent à repartir pour la Grèce, vous la retiendrez de force ?

PRIAM : Pourquoi mettre en question l'impossible ?

HÉCUBE : Et pourquoi l'impossible ? Si les femmes sont le quart de ce que vous prétendez, Hélène partira d'elle-même.

PÂRIS : Père, c'est moi qui vous en prie. Vous les voyez et les entendez.
160 Cette tribu royale, dès qu'il est question d'Hélène, devient aussitôt un assemblage de belle-mère, de belles-sœurs, et de beau-père digne de la meilleure bourgeoisie. Je ne connais pas d'emploi plus humiliant dans une famille nombreuse que le rôle du fils séducteur. J'en ai assez de leurs insinuations. J'accepte le défi d'Hector.

165 **DEMOKOS** : Hélène n'est pas à toi seul, Pâris. Elle est à la ville. Elle est au pays.

LE GÉOMÈTRE : Elle est au paysage.

HÉCUBE : Tais-toi, géomètre.

CASSANDRE : La voilà, Hélène…

170 **HECTOR** : Père, je vous le demande. Laissez-moi ce recours. Écoutez… On nous appelle pour la cérémonie. Laissez-moi et je vous rejoins.

PRIAM : Vraiment, tu acceptes, Pâris ?

PÂRIS : Je vous en conjure.

PRIAM : Soit. Venez mes enfants. Allons préparer les portes de la
175 guerre.

CASSANDRE : Pauvres portes. Il faut plus d'huile pour les fermer que pour les ouvrir.

Priam et sa suite s'éloignent. Demokos est resté.

HECTOR : Qu'attends-tu là ?

180 **DEMOKOS** : Mes transes[1].

HECTOR : Tu dis ?

DEMOKOS : Chaque fois qu'Hélène apparaît, l'inspiration me saisit. Je délire, j'écume et j'improvise. Ciel, la voilà !

Il déclame.

185 *Belle Hélène, Hélène de Sparte,*
À gorge douce, à noble chef.
Les dieux nous gardent que tu partes,

---

1 transe *n.m.* = exaltation intense qui permet d'être transporté hors du monde réel 鬼魂附身的状态

Vers ton Ménélas derechef !

HECTOR : Tu as fini de terminer tes vers avec ces coups de marteau qui
190   nous enfoncent le crâne.

DEMOKOS : C'est une invention à moi. J'obtiens des effets bien plus
surprenants encore. Écoute :

Viens sans peur au-devant d'Hector,

La gloire et l'effroi du Scamandre !

195   *Tu as raison et lui as tort…*

Car il est dur et tu es tendre…

HECTOR : File[1] !

DEMOKOS : Qu'as-tu à me regarder ainsi ? Tu as l'air de détester autant
la poésie que la guerre.

200 **HECTOR** : Va ! Ce sont les deux sœurs[2] !

Le poète disparaît.

CASSANDRE, *annonçant* : Hélène !

Bernard Grasset, 1935.

✐ Questions et Réflexions

1. Lisez la sixième scène et recensez les divergences d'opinions entre ceux qui
sont pour la paix et ceux qui sont pour la guerre.

2. D'après vous, qu'est-ce qui rend la pièce de Giraudoux particulière sur le plan
de la dramaturgie, parmi les productions théâtrales du temps qui mettent
surtout l'accent sur l'action dramatique ?

---

1 filer *v.i.* = s'en aller 【俗】走开
2 ce sont les deux sœurs = ils sont de la même espèce 他们是同一种人

║ 文化点滴 ║

导演力量的崛起

　　20世纪初，安托瓦纳（André Antoine）创建的"自由剧团"（le Théâtre-Libre）的成功为导演艺术（la mise en scène）在法国戏剧界的发展发挥了重要的奠基作用。同样面对戏剧艺术日益娱乐化、商业化的发展预势，1913年时任《新法兰西杂志》（*La Nouvelle Revue Française*）社长的科波（Jacques Copeau）毅然辞职，创办"老鸽巢剧院"（le Théâtre du Vieux Colombier），立志恢复昔日古典戏剧的质朴与高贵的精神。在科波所领导的这项戏剧革新事业中，与科波有直接或间接合作关系的四位导演——杜兰（Charles Dullin）、茹威（Louis Jouvet）、巴蒂（Gaston Baty）和庇托耶夫（Georges Pitoëff）——组成"四人联盟"（Le Cartel），为法国现代戏剧导演的发展作出了不可忽视的贡献。

　　尽管具体艺术追求不同，但四位导演都明确反对商业化戏剧，坚决捍卫戏剧艺术的尊严与高贵，积极推动法国戏剧在导演艺术层面的重大革新。"美人鸟剧团"（Les Compagnons de la Chimère）创始人巴蒂曾公开否认剧作家的主导地位，主张导演创作的绝对自由，表达了激进的导演艺术创作理念。"四人联盟"的发展标志着导演力量在20世纪法国戏剧界的正式崛起。

JEAN COCTEAU (1889–1963)

Biographie

Jean Cocteau, artiste aux mille facettes, est à la fois poète, dramaturge, graphiste, dessinateur et cinéaste. En publiant son premier recueil de poèmes à 20 ans, Cocteau fait ses débuts prometteurs dans la république des lettres française. Dès lors, Cocteau ne cesse de faire preuve de son talent autant dans la littérature que dans l'art. En dépit de la multiplicité de son œuvre, Cocteau insiste toujours sur l'essence poétique de toute sa production tant artistique que littéraire. Pour Cocteau, la poésie est le symbole de la création par excellence. Dans son œuvre, on trouve des types différents de poésie : la poésie de théâtre comme *Antigone* (1922), *Orphée* (1926), *La Machine infernale* (1934), la poésie de roman comme *Les Enfants terribles* (1929), la poésie cinématographique comme *La Belle et la Bête* (1946). Il est élu à l'Académie française en 1955.

LA MACHINE INFERNALE
(1934)

✐ Résumé

LE FANTÔME

Acte I
Malgré tous ses efforts, le spectre du roi de Thèbes, Laïos, qui apparaît chaque nuit à deux soldats sur le chemin de ronde, ne peut avertir sa veuve Jocaste qu'un terrible danger la menace.

LA RENCONTRE D'ŒDIPE ET DU SPHINX

Acte II
Au même moment, sous les traits d'une simple jeune fille, Le Sphinx, accompagné du dieu Anubis, erre dans les environs de Thèbes. Le Sphinx n'est pas reconnu d'une matrone qui lui raconte les malheurs de la cité, pas plus que d'Œdipe qui fuit son pays natal pour empêcher la réalisation d'un oracle. Las de tuer, pris de sentiments amoureux pour le jeune prince, le Sphinx lui rélève la solution de l'énigme. Œdipe réalise ainsi le destin que les oracles avaient fixé et dont le Sphinx, en fait la déesse de la vengeance Némésis, voulait l'écarter.

LA NUIT DE NOCES

Acte III
Jocaste et Œdipe se préparent pour leur nuit de noces. Œdipe ne croit pas aux mises en garde du prêtre aveugle, Tirésias, contre qui il s'emporte. Ni les cauchemars, ni les confidences que se font les deux époux ne peuvent empêcher le Destin de se réaliser : Jocaste et Œdipe ne se rendent pas compte qu'ils sont mère et fils.

ŒDIPE-ROI

Acte IV
Après dix-sept ans, la machine infernale explose ; alors que la peste ravage Thèbes, quand survient la nouvelle de la mort du père adoptif d'Œdipe, celui-ci réalise qu'il est coupable de parricide et d'inceste. Jocaste se pend avec son écharpe, Œdipe se crève les yeux sur la broche de la reine. C'est le fantôme de Jocaste qui conduit son fils, aidé d'Antigone, hors de Thèbes.

✍ Commentaire

La Machine infernale, tragédie en quatre actes, se fonde sur *Œdipe roi* de Sophocle. Cocteau reste très fidèle à ce que le poète grec représentait sur scène et reprend toutes les données essentielles du mythe : l'oracle d'Apollon, l'assassinat de Laïos, la victoire sur le Sphinx, les noces incestueuses, la découverte de son identité par Œdipe. Néanmoins, contrairement à Sophocle qui concentrait l'intrigue sur les actes de la révélation finale, Cocteau tient à représenter sur scène ce qui était à peine évoqué ou narré chez Sophocle : il imagine la rencontre entre Œdipe et le Sphinx et représente les noces de Jocaste et de son fils.

Comme le suggère le titre de la pièce, la pièce est tout entière construite autour du thème du destin. Avant que l'action ne commence, la voix se présente sur la scène pour raconter l'intégralité du mythe. À l'acte IV, l'action commence dix-sept ans après le mariage d'Œdipe et Jocaste. Un berger, messager de Corinthe, vient apprendre à Œdipe la mort de son père adoptif, mais aussi ses crimes de parricide et d'inceste. Apprenant la vérité, Jocaste se donne la mort, et puis Œdipe se crève les yeux sur la broche de la reine.

✍ Extrait

ACTE IV
Œdipe roi
(Dix-sept ans après.)

———————————✦———————————

    […]

    Paraît un vieux berger qui tremble.

    ŒDIPE : Quel est cet homme ?

    CREON : L'homme qui t'a porté blessé et lié sur la montagne d'après les
5   ordres de ta mère. Qu'il avoue.

    LE BERGER : Parler m'aurait valu la mort. Princes, que ne suis-je mort
    afin de ne pas vivre cette minute.

    ŒDIPE : De qui suis-je le fils, bonhomme ? Frappe, frappe vite.

    LE BERGER : Hélas !

10   ŒDIPE : Je suis près d'une chose impossible à entendre.

    LE BERGER : Et moi… d'une chose impossible à dire.

    CREON : Il faut la dire. Je le veux.

LE BERCER : Tu es le fils de Jocaste, ta femme, et de Laïus tué par toi au carrefour des trois routes. Inceste et parricide, les dieux te
15 pardonnent.

ŒDIPE : J'ai tué celui qu'il ne fallait pas. J'ai épousé celle qu'il ne fallait pas. J'ai perpétué ce qu'il ne fallait pas. Lumière est faite[1]...

Il sort. Créon chasse le berger.

CREON : De quelle lingère, de quelle sœur de lait parlait-il ?

20 **TIRESIAS** : Les femmes ne peuvent garder le silence. Jocaste a dû mettre son crime sur le compte d'une de ses servantes pour tâter le terrain[2].

Il lui tient le bras et écoute, la tête penchée.

Rumeurs sinistres. La petite Antigone, les cheveux épars, apparaît à la
25 *logette.*

ANTIGONE : Mon oncle ! Tirésias ! Montez vite, vite, c'est épouvantable ! J'ai entendu crier dans la chambre ; petite[3] mère ne bouge plus, elle est tombée tout de son long et petit père se roule sur elle et il se donne des coups dans les yeux avec sa grosse broche en or. Il y a du
30 sang partout. J'ai peur ! J'ai trop peur, montez... montez vite...

Elle rentre.

CREON : Cette fois, personne ne m'empêchera...

TIRESIAS : Si ! je vous empêcherai. Je vous le dis. Créon, un chef-d'œuvre d'horreur s'achève. Pas un mot, pas un geste, il serait
35 malhonnête de poser une seule ombre de nous.

CREON : C'est de la pure folie !

TIRESIAS : C'est la pure sagesse... Vous devez admettre...

CREON : Impossible. Du reste, le pouvoir retombe entre mes mains.

Au moment où, s'étant dégagé, il s'élance, la porte s'ouvre. Œdipe
40 *aveugle apparaît.*

Antigone s'accroche à sa robe.

TIRESIAS : Halte !

CREON : Je deviens fou. Pourquoi, pourquoi a-t-il fait cela ? Mieux valait la mort.

45 **TIRESIAS** : Son orgueil ne le trompe pas. Il a voulu être le plus heureux

---

1 faire la lumière *loc.v.* = découvrir la vérité 发现真相
2 tâter le terrain *loc.v.* = se faire une idée préalable de la situation en se renseignant 预先查探形势
3 petit(e) *adj.* = employé comme terme d'amitié, d'affection ou de mépris 【引】娇小的（表示亲昵或轻视）

des hommes, maintenant il veut être le plus malheureux.

ŒDIPE : Qu'on me chasse, qu'on m'achève, qu'on me lapide, qu'on abatte la bête immonde.

ANTIGONE : Père !

50 **ŒDIPE** : Laisse-moi… ne touche pas mes mains, ne m'approche pas.

TIRESIAS : Antigone ! Mon bâton d'augure. Offre-le-lui de ma part. Il lui portera chance.

Antigone embrasse la main de Tirésias et porte le bâton à Œdipe.

ANTIGONE : Tirésias t'offre son bâton.

55 **ŒDIPE** : Il est là ?… J'accepte, Tirésias… J'accepte… Souvenez-vous, il y a dix-huit ans, j'ai vu dans vos yeux que je deviendrais aveugle et je n'ai pas su comprendre. J'y vois clair, Tirésias, mais je souffre… J'ai mal… La journée sera rude.

CREON : Il est impossible qu'on le laisse traverser la ville, ce serait un
60 scandale épouvantable.

TIRESIAS, *bas* : Une ville de peste ? Et puis, vous savez, ils voyaient le roi qu'Œdipe voulait être ; ils ne verront pas celui qu'il est.

CREON : Vous prétendez qu'il deviendra invisible parce qu'il est aveugle.

65 **TIRESIAS** : Presque.

CREON : Eh bien, j'en ai assez de vos devinettes et de vos symboles. J'ai ma tête sur mes épaules, moi, et les pieds par terre. Je vais donner des ordres.

TIRESIAS : Votre police est bien faite, Créon ; mais où cet homme se
70 trouve, elle n'aurait plus le moindre pouvoir.

CREON : Je…

Tirésias l'empoigne par le bras et lui met la main sur la bouche… Car Jocaste paraît dans la porte. Jocaste morte, blanche, belle, les yeux clos. Sa longue écharpe enroulée autour du cou.

75 **ŒDIPE** : Jocaste ! Toi ! Toi vivante !

JOCASTE : Non, Œdipe. Je suis morte. Tu me vois parce que tu es aveugle ; les autres ne peuvent plus me voir.

ŒDIPE : Tirésias est aveugle…

JOCASTE : Peut-être me voit-il un peu… Mais il m'aime, il ne dira rien…

80 **ŒDIPE** : Femme ! ne me touche pas…

JOCASTE : Ta femme est morte pendue, Œdipe. Je suis ta mère. C'est ta mère qui vient à ton aide… Comment ferais-tu rien que pour descendre seul cet escalier, mon pauvre petit ?

ŒDIPE : Ma mère !

85   **JOCASTE** : Oui, mon enfant, mon petit enfant… Les choses qui paraissent abominables aux humains, si tu savais, de l'endroit où j'habite, si tu savais comme elles ont peu d'importance.

ŒDIPE : Je suis encore sur la terre.

JOCASTE : À peine…

90   **CREON** : Il parle avec des fantômes, il a le délire, la fièvre, je n'autoriserai pas cette petite…

TIRESIAS : Ils sont sous bonne garde.

CREON : Antigone ! Antigone ! je t'appelle…

ANTIGONE : Je ne veux pas rester chez mon oncle ! Je ne veux pas, je ne

95   veux pas rester à la maison. Petit père, petit père, ne me quitte pas ! Je te conduirai, je te dirigerai…

CREON : Nature ingrate.

ŒDIPE : Impossible, Antigone. Tu dois être sage… je ne peux pas t'emmener.

100 **ANTIGONE** : Si ! si !

ŒDIPE : Tu abandonnerais Ismène ?

ANTIGONE : Elle doit rester auprès d'Etéocle et de Polynice. Emmène-moi, je t'en supplie ! Je t'en supplie ! Ne me laisse pas seule ! Ne me laisse pas chez mon oncle ! Ne me laisse pas à la maison.

105 **JOCASTE** : La petite est si fière. Elle s'imagine être ton guide. Il faut le lui laisser croire.

Emmène-la. Je me charge de tout.

ŒDIPE : Oh !…

Il porte la main à sa tête.

110 **JOCASTE** : Tu as mal ?

ŒDIPE : Oui, dans la tête et dans la nuque et dans les bras… C'est atroce.

JOCASTE : Je te panserai à la fontaine.

ŒDIPE, *abandonné* : Mère…

115 **JOCASTE** : Crois-tu ! cette méchante écharpe et cette affreuse broche ! L'avais-je assez prédit.

CREON : C'est im-pos-si-ble. Je ne laisserai pas un fou sortir en liberté avec Antigone. J'ai le devoir…

TIRESIAS : Le devoir ! Ils ne t'appartiennent plus ; ils ne relèvent plus de
120   ta puissance.

CREON : Et à qui appartiendraient-ils ?

TIRESIAS : Au peuple, aux poètes, aux cœurs purs.

JOCASTE : En route ! Empoigne ma robe solidement… n'aie pas peur…

Ils se mettent en route.

125 **ANTIGONE** : Viens, petit père… partons vite…

ŒDIPE : Où commencent les marches ?

JOCASTE et ANTIGONE : Il y a encore toute la plate-forme…

Ils disparaissent… On entend Jocaste et Antigone parler exactement ensemble.

130 **JOCASTE et ANTIGONE** : Attention… compte les marches… Un, deux, trois, quatre, cinq…

CREON : Et en admettant qu'ils sortent de la ville, qui s'en chargera, qui les recueillera ?…

TIRESIAS : La gloire.

135 **CREON** : Dites plutôt le déshonneur, la honte…

TIRESIAS : Qui sait ?

Bernard Grasset, 1934.

✐ Questions et Réflexions

1. Essayez de résumer le processus de la découverte du secret de son identité par Œdipe.
2. En lisant les extraits cités au-dessus, comment comprenez-vous le titre de la pièce « *La Machine infernale* » ?

‖ 文化点滴 ‖

"戏剧诗人" 科克托

　　身处20世纪上半叶风云激荡的艺术变革时代，科克托凭借在多个艺术领域的天才型表现，从一代先锋作家与艺术家中脱颖而出。科克托始终以"诗人"自居，坚持认为一切文艺创作都是诗歌创作。超现实主义诗人路易·阿拉贡（Louis Aragon）曾评价其为"诗人—交响乐手"（poète-orchestre）。的确，这位艺术多面手既擅长写诗，也热衷于创作"戏剧诗""绘画诗""电影诗"……"诗人"两字完美定义了科克托标榜先锋、丰富多彩的艺术创作生涯。

HENRY DE MONTHERLANT (1895–1972)

Biographie

Né en 1895 à Paris, Henry de Montherlant descend d'une famille de la noblesse catalane. Simple soldat gravement blessé sur le front en 1918, Montherlant voit sa jeunesse marquée par la guerre et par sa passion pour le sport et la tauromachie. Après quoi, avide de dépaysement, il fait de nombreux voyages (Italie, Espagne, Afrique du Nord) durant lesquels il prend le temps de la méditation. Cette dualité – goût pour l'action d'une part, besoin de spiritualité de l'autre – traverse son œuvre romanesque, puis théâtrale à partir des années quarante. Montherlant est l'auteur d'une très abondante œuvre littéraire, notamment connu pour son roman *Les Jeunes Filles* (1936–1939) et ses pièces de théâtre *La Reine morte* (1942), *Le Maître de Santiago* (1947) et *La Ville dont le prince est un enfant* (1951). En 1962, l'Académie française lui ouvre ses portes en honorant l'écrivain soucieux d'examiner nos ressorts psychologiques, et de rendre compte de « la bête » et de « l'ange » qui se partagent également notre conscience. Devenu aveugle, il se suicide en 1972.

LA REINE MORTE
(1942)

✐ Résumé

Acte I

L'Infante de Navarre, venue pour épouser Pedro, Infant du Portugal, éclate en imprécations contre le roi Ferrante, s'estimant humiliée par l'aveu que lui a fait Pedro de sa liaison avec Inès de Castro. Ferrante s'en prend violemment à son fils qui n'ose avouer qu'il est marié à Inès. Le roi convoque Inès pour la convaincre, mais elle lui révèle leur mariage secret. Ferrante fait arrêter son fils.

Acte II

Ses conseillers suggèrent au roi d'éliminer Inès, mais il hésite et envisage une annulation du mariage par le Pape. Par sympathie, il l'avertit de ce qui la menace et l'autorise à voir Pedro, d'où un duo d'amour qui nous apprend qu'elle est enceinte. L'Infante propose à Inès de la sauver en l'emmenant avec elle, mais Inès refuse par amour pour Pedro.

Acte III

Malgré les mauvaises nouvelles et la pression de ses conseillers, Ferrante hésite encore. Il confie sa lassitude à Inès, mais, quand elle lui révèle qu'elle attend un enfant (qui, pour lui, signifie à la fois une nouvelle vie et des problèmes de succession), il donne l'ordre secret de la tuer. Peu après, il meurt devant le corps qu'il a fait ramener au palais. Pedro, nouveau roi, fait couronner le ventre d'Inès, et toute la Cour abandonne le corps de Ferrante pour s'agenouiller devant celui de la reine morte.

✐ Commentaire

La Reine morte, tragédie en trois actes, est une des pièces les plus connues de l'auteur qui développe le thème classique de l'amour contrarié par la raison d'État. C'est pendant la guerre, avec la création de *La Reine morte*, que Montherlant, célèbre depuis une vingtaine d'années déjà pour ses romans et ses essais, se fait connaître sur la scène française. Persuadé que la tragédie est l'une des clefs pour déchiffrer l'énigme des agissements humains et des rapports entre les êtres, Montherlant ressuscite avec *La Reine morte* la grande tragédie, mêlant conflits politiques et affrontements familiaux.

La pièce met en scène une reprise d'un drame historique intitulé « *Régner après sa mort* » (1652) de l'auteur espagnol Luis Vélez de Guevara du Siècle d'or. L'auteur explique ainsi que « toute cette production dramatique du siècle d'or est peut-être un moment important de l'histoire du théâtre : superficielle et sans caractères, elle n'a pas d'importance humaine ». Beaucoup plus différente en détail, la pièce de Montherlant comprend les conflits des protagonistes, nourris par la force de ses personnages et la subtilité des dialogues.

La Reine morte consacre l'histoire tragique d'Inès de Castro. Montherlant qui se défend dans ses Carnets d'avoir mêlé toute allusion à la guerre, pourrait dire en relisant son œuvre bien des années après que ce drame a, pour l'essentiel, mérité la profonde complexité des caractères, et la singularité de deux personnages : le roi Ferrante et l'Infante de Navarre. Fatigué du pouvoir et de l'existence, le grand Roi sent s'avancer vers lui la mort. Il lui faut transmettre son pouvoir et marier son fils à l'Infante de Navarre, alliance dont l'avantage politique est tout assuré. Pourtant, Pedro aime une autre femme, Inès de Castro avec laquelle il s'est uni devant Dieu. L'intrigue est alors fermement déployée autour d'une même difficulté que Ferrante ne peut dissoudre ni résoudre mais à laquelle il peut seulement donner « une autre forme ». La pièce aboutit enfin à l'assassinat d'Inès par Ferrante. En fait, le Roi accomplit cet acte monstrueux malgré sa sympathie pour Inès alors que le seul coupable aux yeux du Roi est son fils.

Montherlant raconte dans ses *Notes* l'étonnant processus de création des personnages dont il se reconnaît l'entière paternité : « Dans le silence de la nuit, je sentais affluer en elles le sang qui sortait de moi-même. L'infante devenait malade d'orgueil, parce que je fus ainsi en certaines périodes de ma jeunesse. Le roi, dont le caractère est à peine esquissé chez Guevara, prenait forme, pétri de moments de moi. Inès n'était plus une femme qui a un enfant mais une femme qui en attend un parce qu'il y avait là une matière humaine que des dames amies m'avaient rendue familière, etc. Chacune de ces créatures devenait tour à tour le porte-parole d'un de mes moi. » Ces notes nous racontent comment la pièce se nourrit de son créateur et peuvent résoudre pour nous la question de savoir comment ces êtres s'édifient avec cette étrange humanité.

Extrait

ACTE III
SCENE VI

[...]

INÈS : Ô mon Roi, je ne vous abandonnerai pas parce que vous dites la vérité, mais au contraire, moi aussi, je vous dirai enfin la vérité totale, que j'ai un peu retenue jusqu'ici. Ô mon Roi, puisque cette nuit est
5 pleine de grandes choses, qu'enfin je vous en fasse l'aveu : un enfant de votre sang se forme en moi.

FERRANTE : Un enfant ! Encore un enfant ! Ce ne sera donc jamais fini !

INÈS : Et que vous importe s'il trouble vos projets, puisque vous venez de crier que vous ne croyez plus à la fonction de roi ! C'est ici que
10 nous allons voir si vraiment vous étiez véridique.

FERRANTE : Encore un printemps à recommencer, et à recommencer moins bien !

INÈS : Moi qui aime tant d'être aimée, j'aurai fait moi-même un être dont il dépendra entièrement de moi que je me fasse aimer ! Que je
15 voudrai lui donner de sa mère une idée qui le préserve de tout toute sa vie ! Il s'agit d'être encore plus stricte avec soi, de se sauver de toute bassesse, de vivre droit, sûr, net, et pur, pour qu'un être puisse garder plus tard l'image la plus belle possible de vous, tendrement et sans reproche. Il est une révision, ou plutôt une seconde création
20 de moi ; je le fais ensemble et je me refais. Je le porte et il me porte. Je me fonds en lui. Je coule en lui mon bien. Je souhaite avec passion qu'il me ressemble dans ce que j'ai de mieux.

FERRANTE : Et ce qu'il vous reprochera, c'est cela même : d'avoir voulu qu'il fut pareil à vous. Allez, je connais tout cela.

25 **INÈS** : S'il ne pense pas comme moi, il sera un étranger, lui qui est moi. Mais non. Il est le rêve de mon sang. Mon sang ne peut pas me tromper.

FERRANTE : Le rêve... Vous ne croyez pas si bien dire. Vous êtes en pleine rêverie.

30 **INÈS** : Est-ce rêverie, cette chair que je crée de la mienne ? Oh ! cela est grisant et immense.

FERRANTE : On dirait vraiment que vous êtes la première femme qui met au monde.

INÈS : Je crois que toute femme qui enfante pour la première fois est
35   en effet la première femme qui met au monde.

FERRANTE : Je n'aime pas la naïveté. Je hais le vice et le crime. Mais, en regard de la naïveté, je crois que je préfère encore le vice et le crime.

INÈS : Il me semble que je le vois, dans cinq ou six ans. Tenez, il vient de passer en courant sur la terrasse. En courant, mais il s'est retourné
40   aussi. Mon petit garçon.

FERRANTE : Un jour, en passant, il ne se retournera plus. Mais qui vous a dit que c'était un garçon ? L'astrologue ?

INÈS : Je le veux trop ainsi.

FERRANTE : Je comprends qu'un second Pedro soit en effet une
45   perspective enivrante.

INÈS : Oui, enivrante. Il s'appellera Dionis. Mon petit garçon aux cils invraisemblables, à la fois beau et grossier, comme sont les garçons. Qui demande qu'on se batte avec lui, qu'on danse avec lui. Qui ne supporte pas qu'on le touche. Qu'un excès de plaisir fait soupirer. Et,
50   s'il n'est pas beau, je l'aimerai davantage encore pour le consoler et lui demander pardon de l'avoir souhaité autre qu'il n'est.

FERRANTE : J'ai connu tout cela. Comme il embrassait[1], ce petit ! On l'appelait Pedrito (mais quelquefois, s'il dormait, et qu'on lui murmurât son nom, il disait dans son sommeil : « Pedrito ? qui est-
55   ce ? »). Son affection incompréhensible. Si je le taquinais, si je le plaisantais, si je le grondais, à tout il répondait en se jetant sur moi et en m'embrassant. Et il me regardait longuement, de près, avec un air étonné…

INÈS : Déjà !

60 **FERRANTE** : Au commencement, j'en étais gêné. Ensuite, j'ai accepté cela. J'ai accepté qu'il connût ce que je suis. Il m'agaçait un peu quand il me faisait des bourrades. Mais, lorsqu'il ne m'en a plus fait… Car il est devenu un homme, c'est-à-dire la caricature de ce qu'il était. Vous aussi, vous verrez se défaire ce qui a été votre enfant. Jusqu'à ce
65   qu'il n'en reste pas plus en vous que n'est restée cette page où pour

---

1   comme il embrasse = comme il est généreux 多么慷慨、宽容

la première fois, à cinq ans, le mien écrivit son prénom, cette page que je conservai durant des années, et qu'enfin j'ai déchirée et jetée au vent.

INÈS : mais un jour, peut-être, si vous l'aviez gardée, en la revoyant
70   vous vous mettriez à pleurer.

FERRANTE : Non, leurs mots ni leurs traits exquis ne sauvent pas les êtres, à l'heure des grands règlements de comptes.

INÈS : J'accepte de devoir mépriser l'univers entier, mais non mon fils. Je crois que je serais capable de le tuer, s'il ne répondait pas à ce que
75   j'attends de lui.

FERRANTE : Alors, tuez-le donc quand il sortira de vous. Donnez-le à manger aux pourceaux. Car il est sûr que, autant par lui vous êtes en plein rêve, autant par lui vous serez en plein cauchemar.

INÈS : Sire, c'est péché à vous de maudire cet enfant qui est de votre
80   sang.

FERRANTE : J'aime décourager. Et je n'aime pas l'avenir.

INÈS : L'enfant qui va naître a déjà son passé.

FERRANTE : Cauchemar pour vous. Cauchemar pour lui aussi. Un jour on le déchirera, on dira du mal de lui… Oh ! je connais tout cela.
85   **INÈS** : Est-il possible qu'on puisse dire du mal de mon enfant !

FERRANT : On le détestera…

INÈS : On le détestera, lui qui n'a pas voulu être !

FERRANTE : Il souffrira, il pleurera…

INÈS : Vous savez l'art de mots faits pour désespérer ! – Comment
90   retenir ses larmes, les prendre pour moi, les faire couler en moi ? Moi, je puis tout supporter : je puis souffrir à sa place. Mais lui ! Oh ! que je voudrais que mon amour eût le pouvoir de mettre dans sa vie un sourire éternel ! Déjà, cependant, on l'attaque, cet amour. On me désapprouve, on me conseille, on prétend être meilleure mère
95   que je ne le suis. Et voici que vous, Sire – mieux encore ! – sur cet amour vous venez jeter l'anathème. Alors qu'il me semblait parfois que, si les hommes savaient combien j'aime mon enfant, peut-être cela suffirait-il pour que la haine se tarît à jamais dans leur cœur. Car moi, tant que je le porte, je sens en moi une puissance merveilleuse
100   de tendresse pour les hommes. Et c'est lui qui défend cette région

profonde de mon être d'où sort ce que je donne à la création et aux créatures. Sa pureté défend la mienne. Sa candeur préserve la mienne contre ceux qui voudraient la détruire. Vous savez contre qui, Seigneur.

105 **FERRANTE** : Sa pureté n'est qu'un moment de lui, elle n'est pas lui. Car les femmes disent toujours : « Élever un enfant pour qu'il meure à la guerre ! » Mais il y a pis encore : élever un enfant pour qu'il vive, et se dégrade dans la vie. Et vous, Inès, vous semblez avoir parié singulièrement pour la vie. Est-ce que vous vous êtes regardée dans

110 un miroir ? Vous êtes bien fraîche pour quelqu'un que menacent de grands tourments. Vous aussi vous faites partie de toutes ces choses qui veulent continuer, continuer… Vous aussi, comme moi, vous êtes malade : votre maladie à vous est l'espérance. Vous mériteriez que Dieu vous envoie une terrible épreuve, qui ruine enfin votre folle

115 candeur, de sorte qu'une fois au moins vous voyiez ce qui est.

INÈS : Seigneur, inutile, croyez-moi, de me rappeler tout ce qui me menace. Quoi qu'il puisse paraître quelquefois, jamais je ne l'oublie.

FERRANTE, *à part* : Je crois que j'aime en elle le mal que je lui fais. (*Haut.*) Je ne vous menace pas, mais je m'impatiente de vous voir repartir,

120 toutes voiles dehors, sur la mer inépuisable et infinie de l'espérance. La foi des autres me déprime. Il n'y a que les enfants qui puissent croire ainsi dans le vide, sans être déprimants. L'espérance ! Lourenço Payva, lui aussi, à cette heure, est plein d'espérance. Et cependant il va mourir, immolé au bien de l'État.

125 **INÈS** : Mourir ! Est-ce donc décidé ?

FERRANTE : Oui, depuis un instant, cela est décidé.

INÈS : Mourir ! Et pour l'État ! Votre Majesté parle encore de l'État !

FERRANTE : Et pourquoi non ? Ah ! je vois, il vous semble que j'ai dit que je ne croyais pas à l'État. Je l'ai dit, en effet. Mais j'ai dit aussi

130 que je voulais agir comme si j'y croyais. Tantôt vous oubliez, tantôt vous vous rappelez trop, doña Inès. Je vous conseille de ne pas vous rappeler trop ce que j'ai dit, dans cette sorte de crise de sincérité, quand ces coquins s'enfuyaient pour ne pas m'entendre.

INÈS : J'aurais peut-être dû m'enfuir, moi aussi.

135 **FERRANTE** : C'est le sort des hommes qui se contraignent à l'excès,

qu'un jour vient où la nature éclate ; ils se débondent[1], et déversent en une fois ce qu'ils ont retenu pendant des années. De là qu'à tout prendre il est inutile d'être secret.

INÈS : Sire, puisque Votre Majesté connaît désormais l'existence de
140 mon enfant…

FERRANTE : En voilà assez avec cet enfant. Vous m'avez étalé vos entrailles[2], et vous avez été chercher les miennes. Vous vous êtes servie de votre enfant à venir, pour remuer mon enfant passé. Vous avez cru habile de me faire connaître votre maternité en ce moment,
145 et vous avez été malhabile.

INÈS : Ainsi votre majesté me reproche de n'avoir pas été habile.

FERRANTE : Oui, je vous le reproche.

INÈS : Je n'ai pas « cru habile ». Je vous ai parlé de votre petit-fils au moment où vous souffriez, où vous étiez faible, non pour profiter de
150 et affaiblissement, mais parce qu'alors vous disiez la vérité : j'ai voulu vous la dire moi aussi, et vous rendre confiance pour confiance. J'ai fait confiance en vous à la nature humaine comme je lui ai fait confiance toute ma vie. Laissez-moi avoir confiance en vous. Sire, est-ce qu'il ne serait pas beau de pouvoir vous dire : « Roi qui êtes
155 comme une main sur mon front… » ? Vous ne faites jamais confiance à l'homme, vous ?

FERRANTE : Je fais quelquefois à sa crainte.

INÈS : Moi, je n'ai jamais pu croire que l'homme, sauf exceptions rares, rendît méfaits pour générosité. Vous vous étonnez peut-être, Sire,
160 que je n'aie pas plus peur de vous. Mais, dans ces heures où l'on doute d'un être, où l'on est tentée d'avoir peur de lui, – dans ces heures où l'on me mettait en garde contre vous, – je me disais : « Non, le père de l'homme que j'aime, et auquel je n'ai jamais voulu et fait que du bien, n'agira pas contre moi. » Et d'ailleurs, si on doit être
165 puni seulement pour avoir en trop confiance, eh bien ! tant pis : on est puni par les hommes, mais on ne l'est pas devant Dieu. Voilà, Sire, pourquoi je n'ai pas et ne peux pas avoir très peur de vous, bien que j'aie depuis longtemps une peur vague de *quelque chose*.

---

1 se débonder *v.pr.* = se confier 【转】倾吐衷肠
2 entrailles *n.m.pl.* = profondeurs de la sensibilité et des émotions (d'une personne) 【转、书】肺腑，心肠

FERRANTE : Je vois que vous êtes consciente de votre générosité, et
170   que vous en attendez même une récompense. Mais laissons cela.
De ce que vous m'avez dit, je retiens que vous croyez m'avoir surpris
dans un instant de faiblesse. Quelle joie sans doute de pouvoir vous
dire, comme dont les femmes : « Tout roi qu'il est, il est un pauvre
homme comme les autres.! » Quel triomphe pour vous ! Mais je ne
175   suis pas faible, doña Inès. C'est une grande erreur où vous êtes, vous
et quelques autres. Maintenant je vous prie de vous retirer. Voilà
une heure que vous tournaillez autour de moi, comme un papillon
autour de la flamme. Toutes les femmes, je l'ai remarqué, tournent
avec destination autour de ce qui doit les brûler.

180 **INÈS** : Est-ce que vous me brûlerez, Sire ? Si peu que je vaille, il y a deux
êtres qui ont besoin de moi. C'est pour eux qu'il faut que je vive. –
Et puis, c'est pour moi aussi, oh oui ! c'est pour moi ! – Mais… Votre
visage est changé ; vous paraissez mal à l'aise.

FERRANTE : Excusez-moi, le tête-à-tête avec des gens de bien me rend
185   toujours un peu gauche¹. Allons, brisons là, et rentrez au Mondego
rassurée.

INÈS : Oui, vous ne me tueriez pas avant que je l'aie embrassé encore
une fois.

FERRANTE : Je ne crains pour vous que les bandits sur la route, à cette
190   heure. Vos gens sont-ils nombreux ?

INÈS : Quatre seulement.

FERRANTE : Et armés ?

INÈS : À peine. Mais la nuit est claire et sans embûches². Regardez. Il
fera beau demain : le ciel est plein d'étoiles.

195 **FERRANTE** : Tous ces mondes où n'a pas passé la Rédemption… Vous
voyez l'échelle ?

INÈS : L'échelle ?

FERRANTE : L'échelle qui va jusqu'aux cieux.

INÈS : L'échelle de Jacob, peut-être ?

200 **FERRANTE** : Non, pas du tout : l'échelle de l'enfer aux cieux. Moi, toute
ma vie, j'ai fait incessamment ce trajet ; tout le temps à monter et à

---

1 gauche *adj.* = maladroit 笨拙的
2 sans embûches = sans pièges et sans difficultés 【旧】埋伏

descendre, de l'enfer aux cieux. Car, avec tous mes péchés, j'ai vécu cependant enveloppé de la main divine. Encore une chose étrange.

INÈS : Oh ! Il y a une étoile qui s'est éteinte…

205 **FERRANTE** : Elle se rallumera ailleurs.

Gallimard, 1972.

Questions et Réflexions

1. Pendant la discussion avec Inès, Ferrante ne cesse de la désespérer. Essayez de faire les portraits comparés des deux protagonistes.

2. Montherlant se dit autre part que la finalité de son écriture est d'« exprimer avec le maximum de vérité, d'intensité et de profondeur un certain nombre de mouvements de l'âme humaine ». Essayez d'expliquer la dramaturgie de Montherlant tout en prenant les passages ci-dessus comme exemple.

‖ 文化点滴 ‖

阿尔托及其"残酷戏剧"

在整个西方现代戏剧发展史上，法国戏剧艺术家阿尔托(Antoine Artaud)及其"残酷戏剧"(le théâtre de la cruauté)对后世产生的影响几乎无人能及。苏珊·桑塔格(Susan Sontag)曾断言，"整个20世纪的现代戏剧可以分为两个阶段，阿尔托之前和阿尔托之后。"

1932年，阿尔托首次提出"残酷戏剧"理论，继而在超现实主义的先锋戏剧实践之后向传统戏剧发起了最猛烈的进攻。所谓"残酷"，意涵有二：一方面，人类社会同自然界一样，本质上充满暴力，只是文明掩盖了人性中潜藏的恶，一旦离开道德和理性的约束，原始凶残的暴力状态便卷土重来；另一方面，在宇宙不可扭转的力量面前，毫无抵御或反抗能力的人类只能选择屈从于宿命，这便引发生存的痛苦。阿尔托推崇"暴行、血腥、瘟疫"等各种不被传统戏剧舞台接纳的场面，其目的正在于使这些残酷因素得以宣泄，揭示生存的残酷本质和宇宙的必然性法则，迫使观众直面外部世界与人类内心世界的"严峻性和不可逆转的必然性"，令其体悟到现实世界的欺骗与人的麻痹，从而实现对其生命体验的改造。因此，阿尔托主张恢复戏剧在古代作为宗教仪式的原初本质，创造一种精神仪式，并取消舞台与观众席的区分，以促进演员与观众的直接交流。在此基础上，阿尔托指出剧本台词局限了戏剧艺术的范畴，因此应该寻找戏剧自身的舞台语言，主张在表演中引进形体语言、手势、布景道具以及各种非语言的自然声音，以表达剧本语词无法传达的内容。

阿尔托凭借其"残酷戏剧"理论摒弃了戏剧艺术的"再现"功能，实现了对自亚里士多德以降以"摹仿说"(Mimésis)为代表的西方理性主义戏剧创作传统的彻底颠覆。整个20世纪下半叶至今的西方后现代主义戏剧新思潮，都在不同程度上受益于阿尔托及其"残酷戏剧"理论。

JEAN ANOUILH (1910–1987)

Biographie

Né à Bordeaux le 23 juin 1910, Jean Anouilh se passionne très jeune pour le théâtre. En 1930, il quitte son emploi dans la publicité pour devenir secrétaire général de la comédie des Champs-Élysées. Auteur prolifique, Anouilh ne cesse d'écrire toute sa vie. Il a lui-même organisé ses pièces en séries thématiques : pièces roses, pièces noires, pièces costumées, pièces grinçantes. Il profite de sa popularité pour créer ses deux pièces noires : *Eurydice* (1941) et *Antigone* (1944). En laissant une œuvre considérable, Anouilh décède le 3 octobre 1987.

ANTIGONE
(1944)

✐ Résumé

Le prologue présente les personnages, rappelle la « fable » et expose les circonstances du drame.

Antigone entre au petit matin, et se fait accueillir par sa nourrice qui lui reproche ses errances nocturnes et inexpliquées. Ismène, sœur d'Antigone, a choisi de ne plus se révolter contre son oncle Créon, qui refuse une sépulture à Polynice, son frère, traître à la cité. Elle craint la mort promise à ceux qui enfreignent la loi. Antigone, têtue, refuse d'abandonner le combat : c'est pour enterrer son frère qu'elle était sortie. À un dialogue affectueux entre Antigone et sa nourrice succède une entrevue avec Hémon, son fiancé, le fils de Créon. Antigone lui réaffirme son amour, lui demande l'assurance du sien, puis lui annonce brutalement son intention de rompre. Un garde révèle ensuite à Créon que le cadavre de Polynice a été recouvert de terre durant la nuit. Le chœur intervient : il constate que tout est désormais en place pour que la mécanique se déroule, implacable.

Les gardes ont arrêté Antigone. Créon lui propose d'étouffer l'affaire ; Antigone refuse, et menace d'enterrer de nouveau Polynice, afin de préserver son âme de l'errance. Créon fait valoir la raison d'État, Antigone proclame la grandeur du « non » de l'opposition, de la résistance : elle choisit la mort. Les gardes l'entraînent. Le chœur et Hémon suppliant Créon, mais il est trop tard. Hémon s'enfuit.

Antigone sera emmurée vivante. Au moment où l'on termine le mur, on entend la voix d'Hémon à l'intérieur. Antigone s'est pendue. Quand survient Créon, Hémon se tue avec son épée. Eurydice, la mère d'Hémon, s'est suicidée, Créon reste seul.

✐ Commentaire

Antigone, la plus célèbre pièce du dramaturge français Jean Anouilh, devenu un classique du théâtre, fait partie de son cycle des « pièces noires » qui s'appuie sur des grands mythes grecs tragiques. Ainsi *Antigone* publié en 1944 en pleine occupation allemande fait suite à *Eurydice* (1941) et sera suivi de *Médée* (1946). Il s'agit d'une réécriture de la pièce du dramaturge de l'Antiquité grecque Sophocle, lui-même inspiré de la légende mythologique (cycle thébain, c'est-à-dire les légendes liées à la ville de

Thèbe). Anouilh est réputé pour dépeindre des « combats passionnés où l'idéalisme et la pureté se fracassent contre le réalisme et la compromission ».

Anouilh a conservé les grands épisodes de la pièce d'origine et sa problématique (le crime d'Antigone d'avoir voulu enterrer son frère Polynice mort dans une guerre fratricide contre Étéocle malgré l'interdiction royale au motif que ce dernier était un traître, et sa condamnation à mort qui en résulte) mais a modifié de façon plus ou moins profonde les motivations, les arguments et les caractères des personnages principaux (Antigone et Créon notamment).

Le roi Créon incarne l'autorité et le pouvoir politique. Chez Anouilh comme chez Sophocle, Créon démontre la même incompréhension voire mépris pour Antigone. Chez les deux auteurs Créon considère Antigone comme une criminelle qui a transgressé sa loi. Toutefois chez Sophocle, Créon apparaît plus cruel aussi et déterminé à exécuter Antigone sans remords. Le Créon d'Anouilh n'a nullement ses préoccupations, il s'agit pour lui de simplement répondre aux obligations de son « métier de roi », même si cela lui déplaît, et d'éviter la rébellion et l'anarchie dans sa ville (mort pour l'exemple). Il préfèrerait qu'Antigone ne soit pas exécutée et tente par tous les moyens de la dissuader de poursuivre son geste insensé d'enterrer son frère, ses arguments finiront d'ailleurs par faire vaciller sa détermination. Il a beaucoup plus d'empathie et de patience à la fois pour Antigone et pour son fils Hémon. Quant aux différences entre les deux Antigones ; elles se manifestent plus particulièrement dans leurs motivations respectives pour enterrer Polynice. Les raisons d'Antigone chez Anouilh sont plus floues et paradoxales voire contradictoires que celles d'Antigone chez Sophocle qui sait exactement pourquoi elle agit de la sorte. C'est ce qui explique à la fin sa confusion.

Avec Antigone incarnant la figure de la résistance anti-nazie, la pièce n'a jamais été pourtant revendiquée comme telle de façon explicite par son auteur, Anouilh. Écrite pendant la période de l'Occupation, l'écrivain ne prend position ni pour la collaboration, ni pour la résistance. Par ailleurs, certaines sources attribuent l'inspiration d'Anouilh à l'acte d'un jeune résistant, Paul Collette, qui en août 1942, tire sur un groupe de dirigeants collaborationnistes au cours d'un meeting de la Légion des volontaires français (L.V.F.) à Versailles. Ce serait la gratuité de son action et son caractère à la fois héroïque et vain (des caractéristiques similaires à celle d'Antigone) et leur essence tragique qui auraient marqué Anouilh. Sa transposition de la pièce de Sophocle est ainsi vue comme une version moderne de la résistance d'un individu face à l'État.

🖎 **Extrait**

[…]

CRÉON.

Alors, aie pitié de moi, vis. Le cadavre de ton frère qui pourrit sous mes fenêtres, c'est assez payé pour que l'ordre règne dans Thèbes.

5 Mon fils t'aime. Ne m'oblige pas à payer avec toi encore. J'ai assez payé.

ANTIGONE.

Non. Vous avez dit « oui ». Vous ne vous arrêterez jamais de payer maintenant !

10 **CRÉON,** *la secoue soudain, hors de lui.*

Mais, bon Dieu ! Essaie de comprendre une minute, toi aussi, petite idiote ! J'ai bien essayé de te comprendre, moi. Il faut pourtant qu'il y en ait qui disent oui. Il faut pourtant qu'il y en ait qui mènent la barque. Cela prend l'eau de toutes parts, c'est plein de crimes, de

15 bêtise, de misère… Et le gouvernail est là qui ballotte. L'équipage ne veut plus rien faire, il ne pense qu'à piller la cale et les officiers sont déjà en train de se construire un petit radeau confortable, rien que pour eux, avec toute la provision d'eau douce pour tirer au moins leurs os[1] de là. Et le mât craque, et le vent siffle, et les voiles vont se

20 déchirer, et toutes ces brutes vont crever toutes ensemble, parce qu'elles ne pensent qu'à leur peau[2], à leur précieuse peau et à leurs petites affaires. Crois-tu, alors, qu'on a le temps de faire le raffiné, de savoir s'il faut dire « oui » ou « non », de se demander s'il ne faudra pas payer trop cher un jour et si on pourra encore être un homme après ?

25 On prend le bout de bois, on redresse devant la montagne d'eau, on gueule un ordre et on tire dans le tas, sur le premier qui s'avance. Dans le tas ! Cela n'a pas de nom. C'est comme la vague qui vient de s'abattre sur le pont devant vous ; le vent qui vous gifle, et la chose qui tombe dans le groupe n'a pas de nom. C'était peut-être celui qui

30 t'avait donné du feu en souriant la veille. Il n'a plus de nom. Et toi non plus, tu n'as plus de nom, cramponné à la barre. Il n'y a plus que le bateau qui ait un nom et la tempête. Est-ce que tu le comprends, cela ?

---

1 tirer l'os de *loc.v.* = se sauver de 逃走，脱身
2 peau *n.f.* = vie 生命

ANTIGONE, *secoue la tête.*

Je ne veux pas comprendre. C'est bon pour vous. Moi je suis là pour
35   autre chose que pour comprendre. Je suis là pour vous dire non et
pour mourir.

CRÉON.

C'est facile de dire non !

ANTIGONE.

40   Pas toujours.

CRÉON.

Pour dire oui, il faut suer et retrousser ses manches, empoigner la vie
à pleines mains et s'en mettre jusqu'aux coudes. C'est facile de dire
non, même si on doit mourir. Il n'y a qu'à ne pas bouger et attendre.
45   Attendre pour vivre, attendre même pour qu'on vous tue. C'est trop
lâche. C'est une invention des hommes. Tu imagines un monde où
les arbres aussi auraient dit non contre la sève, où les bêtes auraient
dit non contre l'instinct de la chasse ou de l'amour ? Les bêtes, elles
au moins, sont bonnes et simples et dures. Elles vont, se poussant les
50   unes après les autres ; courageusement, sur le même chemin. Et si
elles tombent, les autres passent et il peut s'en perdre autant que l'on
veut, il en restera toujours une de chaque espèce prête à refaire des
petits et à reprendre le même chemin avec le même courage, toute
pareille à celles qui sont passées avant.

55 **ANTIGONE.**

Quel rêve, hein, pour un roi, des bêtes ! Ce serait si simple.

Un silence, Créon la regarde.

CRÉON.

Tu me méprises n'est-ce pas ? (*Elle ne répond pas, il continue comme*
60   *pour lui.*) C'est drôle. Je l'ai souvent imaginé, ce dialogue avec un
petit jeune homme pâle qui aurait essayé de me tuer et dont je ne
pourrais rien tirer après que du mépris. Mais je ne pensais pas que ce
serait avec toi et pour quelque chose d'aussi bête… (*Il a pris sa tête*
dans ses mains. On sent qu'il est à bout de forces.) Écoute-moi tout de
65   même pour la dernière fois. Mon rôle n'est pas bon, mais c'est mon
rôle et je vais te faire tuer. Seulement, avant, je veux que toi aussi tu
sois bien sûre du tien. Tu sais pourquoi tu vas mourir, Antigone ? Tu
sais au bas de quelle histoire sordide tu vas signer pour toujours ton
petit nom sanglant ?

70 **ANTIGONE.**

Quelle histoire ?

CRÉON.

Celle d'Étéocle et de Polynice, celle de tes frères. Non, tu crois la savoir, tu ne la sais pas. Personne ne la sait dans Thèbes, que moi.

75 Mais il me semble que toi, ce matin, tu as aussi le droit de l'apprendre. (*Il rêve*[1] *un temps, la tête dans ses mains, accoudé sur ses genoux. On l'entend murmurer.*) Ce n'est pas bien beau, tu vas voir. (*Et il commence sourdement sans regarder Antigone.*) Que te rappelles-tu de tes frères, d'abord ? Deux compagnons de jeux qui te méprisaient sans doute,

80 qui te cassaient tes poupées, se chuchotant éternellement des mystères à l'oreille l'un de l'autre pour te faire enrager ?

ANTIGONE.

C'étaient des grands…

CRÉON.

85 Après, tu as dû les admirer avec leurs premières cigarettes, leurs premiers pantalons longs ; et puis ils ont commencé à sortir le soir, à sentir l'homme, et ils ne t'ont plus regardée du tout.

ANTIGONE.

J'étais une fille…

90 **CRÉON.**

Tu voyais bien ta mère pleurer, ton père se mettre en colère, tu entendais claquer les portes à leur retour et leurs ricanements dans les couloirs. Et ils passaient devant toi, goguenards et veules, sentant le vin.

95 **ANTIGONE.**

Une fois, je m'étais cachée derrière une porte, c'était le matin, nous venions de nous lever, et eux, ils rentraient. Polynice m'a vue, il était tout pâle, les yeux brillants et si beau dans son vêtement du soir ! Il m'a dit : Tiens, tu es là, toi ? Et il m'a donné une grande fleur de papier

100 qu'il avait rapportée de sa nuit.

CRÉON.

Et tu l'as conservée, n'est-ce pas, cette fleur ? Et hier, avant de t'en aller, tu as ouvert ton tiroir et tu l'as regardée, longtemps, pour te

---

1 rêver *v.i.* = méditer 沉思

donner du courage ?

105 **ANTIGONE**, *tressaille.*

Qui vous a dit cela ?

CRÉON.

Pauvre Antigone, avec ta fleur de cotillon ! Sais-tu qui était ton frère ?

ANTIGONE.

110 Je savais que vous me diriez du mal de lui en tout cas !

CRÉON.

Un petit fêtard imbécile, un petit carnassier dur et sans âme, une
petite brute tout juste bonne à aller plus vite que les autres avec ses
voitures, à dépenser plus d'argent dans les bars. Une fois, j'étais là,

115 ton père venait de lui refuser une grosse somme qu'il avait perdue
au jeu ; il est devenu tout pâle et il a levé le poing en criant un mot
ignoble !

ANTIGONE.

Ce n'est pas vrai !

120 **CRÉON.**

Son poing de brute à toute volée dans le visage de ton père ! C'était
pitoyable. Ton père était assis à sa table, la tête dans ses mains. Il
saignait du nez. Il pleurait. Et, dans un coin du bureau, Polynice,
ricanant, qui allumait une cigarette.

125 **ANTIGONE**, *supplie presque maintenant.*

Ce n'est pas vrai !

CRÉON.

Rappelle-toi, tu avais douze ans. Vous ne l'avez pas revu pendant
longtemps. C'est vrai, cela ?

130 **ANTIGONE**, *sourdement.*

Oui, c'est vrai.

CRÉON.

C'était après cette dispute. Ton père n'a pas voulu le faire juger. Il s'est
engagé dans l'année argyenne. Et, dès qu'il a été chez les Argyens,

135 la chasse à l'homme[1] a commencé contre ton père, contre ce vieil
homme qui ne se décidait pas à mourir, à lâcher son royaume. Les
attentats se succédaient et les tueurs que nous prenions finissaient

---

1 chasse à l'homme *loc.v.* = opération de recherche très active d'une personne que l'on veut capturer 疯狂追捕
某人

toujours par avouer qu'ils avaient reçu de l'argent de lui. Pas seulement de lui, d'ailleurs. Car c'est cela que je veux que tu saches,

140 les coulisses de ce drame où tu brûles de jouer un rôle, la cuisine[1]. J'ai fait faire hier des funérailles grandioses à Étéocle. Étéocle est un héros et un saint pour Thèbes maintenant. Tout le peuple était là. Les enfants des écoles ont donné tous les sous de leur tirelire pour la couronne, des vieillards, faussement émus, ont magnifié, avec des

145 trémolos dans la voix, le bon frère, le fils fidèle d'Œdipe, le prince loyal. Moi aussi, j'ai fait un discours. Et tous les prêtres de Thèbes au grand complet, avec la tête de circonstance[2]. Et les honneurs militaires… Il fallait bien. Tu penses que je ne pouvais tout de même pas m'offrir le luxe d'une crapule dans les deux camps. Mais je vais

150 te dire quelque chose, à toi, quelque chose que je sais seul, quelque chose d'effroyable : Étéocle, ce prix de vertu, ne valait pas plus cher que Polynice. Le bon fils avait essayé, lui aussi, de faire assassiner son père, le prince loyal avait décidé, lui aussi, de vendre Thèbes au plus offrant[3]. Oui, crois-tu que c'est drôle ? Cette trahison pour laquelle

155 le corps de Polynice est en train de pourrir au soleil, j'ai la preuve maintenant qu'Étéocle, qui dort dans son tombeau de marbre, se préparait, lui aussi, à la commettre. C'est un hasard si Polynice a réussi son coup avant lui. Nous avions affaire à deux larrons en foire[4] qui se trompaient l'un l'autre en nous trompant et qui se sont

160 égorgés comme deux petits voyous qu'ils étaient, pour un règlement de comptes… Seulement, il s'est trouvé que j'ai eu besoin de faire un héros de l'un d'eux. Alors, j'ai fait rechercher leurs cadavres au milieu des autres. On les a retrouvés embrassés – pour la première fois de leur vie sans doute. Ils s'étaient embrochés mutuellement, et puis la

165 charge de la cavalerie argyenne leur avait passé dessus. Ils étaient en bouillie, Antigone, méconnaissables. J'ai fait ramasser un des corps, le moins abîmé des deux, pour mes funérailles nationales, et j'ai donné l'ordre de laisser pourrir l'autre où il était. Je ne sais même pas lequel. Et je t'assure que cela m'est égal.

---

1 cuisine *n.f.* = ensemble de manœuvres généralement douteuses ou malhonnêtes 【转、俗】诡计，花样，骗局

2 de circonstance *loc.adj.* = convenable 合适的

3 le plus offrant = personne qui propose un prix d'achat le plus haut 出价最高的人

4 larrons en foire = personnes qui s'entendent bien pour commettre une mauvaise action 狼狈为奸

170   Il y a un long silence, ils ne bougent pas, sans se regarder, puis

Antigone dit doucement :

ANTIGONE.

Pourquoi m'avez-vous raconté cela ?

CRÉON, *se lève, remet sa veste.*

175   **CRÉON.**

Valait-il mieux te laisser mourir dans cette pauvre histoire ?

ANTIGONE.

Peut-être. Moi, je croyais.

La Table Ronde, 1946.

✍ Questions et Réflexions

1. Pendant la discussion avec Créon, l'attitude d'Antigone à l'égard de la mort s'est modifiée plusieurs fois. Essayez de résumer les changements psychologiques d'Antigone.

2. Chez Sophocle, les protagonistes font preuve de caractères décidés et typiques. Anouilh, quant à lui, réinterprète à sa guise certaines actions des protagonistes de la version originelle. Veuillez relever les différences et les analyser pour comprendre les idées de créations du dramaturge.

‖ 文化点滴 ‖

集体创作：姆努什金及其太阳剧团

法国当代导演姆努什金（Ariane Mnouchkine）及其太阳剧团（le Théâtre du Soleil）是法国戏剧史上影响力最为广泛且深远的集体创作力量，是西方戏剧集体创作（la création collective）最典型的代表之一。

1964年，姆努什金创立太阳剧团，随后围绕戏剧集体创作开展了长达数十年的探索和实践，其代表作有《1789年》（*1798*）、《坝上的鼓手》（*Tambours sur la digue*）、《浮生若梦》（*Les Éphémères*）等等。在姆努什金的影响下，太阳剧团用强调艺术民主的集体创作方式，对抗传统的、由导演或编剧主导的戏剧创作等级制，将动作、灯光、布景等舞台元素提升至与台词比肩的重要地位。基于表演艺术"此时此地"的特性，太阳剧团凝练以即时性、在场性为原则的身体表演和舞台艺术，通过大量引用东方戏剧题材和演出形式，在西方戏剧舞台上创造了一种高度风格化的演出，并通过改造传统剧院空间促进观演融合，让观众获得极大参与感，使戏剧演出成为观众和演员共同经历的事件。

剧团坚持以人文主义价值观深刻洞察当下现实世界，积极参与学生和工人运动，深入边缘群体及社区开展艺术合作，不仅在宏大的人类视角下召唤戏剧艺术的社会使命，也使人类命运共同体意义上的集体创作成为可能。如今，姆努什金依旧带领太阳剧团不断创新关照现实世界的方式，不断探求跨国跨界合作，持续见证着异质文化的对话与碰撞，坚定地凝视并记录时代。

ALBERT
CAMUS (1913–1960)

Biographie

Né le 7 novembre 1913 à Mondovi en Algérie, Albert Camus est le deuxième fils de Lucien Auguste Camus, caviste, et de Catherine Hélène Sintès. Mobilisé en tant que soldat lors de la Première Guerre mondiale, son père meurt prématurément en 1914. Les deux frères deviennent pupilles de la Nation, et sont élevés tous deux auprès de leur famille maternelle. Albert Camus vit dans la pauvreté. À la fin des années 20, il est reçu au lycée Bugeaud d'Alger. Passionné de philosophie, il s'y investit dans ses études. Dans les années 1930, il fréquente le milieu littéraire algérien et côtoie de futurs grands écrivains et éditeurs. En 1935, il adhère au parti communiste algérien, puis le quitte en 1937. Il crée successivement deux théâtres, le Théâtre du Travail sous l'égide du PCA, puis le Théâtre de l'Équipe suite à son départ du parti. Durant la Seconde Guerre mondiale, Albert Camus est journaliste engagé dans la Résistance. En 1942, il publie son premier roman, *L'Étranger*, qui appartient à son cycle sur l'absurde. Il se rapproche ensuite des courants libertaires dans l'après-guerre. Toute son œuvre est imprégnée par ses idées humanistes sur la condition humaine et sur la révolte de l'homme en réaction à l'absurde. Parmi ses œuvres : des romans comme *L'Étranger* (1942) et *La Peste* (1947), des essais comme *Le Mythe de Sisyphe* (1942), et des pièces de théâtre comme *Caligula* (1944), *Le Malentendu* (1944) et *Les Justes* (1949). En 1957, il est récompensé par le prix Nobel de Littérature pour l'ensemble de son œuvre. Albert Camus meurt d'un accident de voiture en 1960, alors qu'il est accompagné de son éditeur Michel Gallimard, qui survit à l'accident.

CALIGULA
(1944)

✎ Résumé

Acte I	Depuis la mort de Drusilla, sa sœur et maîtresse, Caligula, empereur idéal, a disparu. Quand il revient, il a changé, ce qui inquiète tout le monde.
Acte II	Trois ans plus tard, les patriciens énumèrent les griefs accumulés contre Caligula qui les humilie et les exécute, ils ourdissent un complot pour l'éliminer. À son arrivée, Caligula les outrage et les provoque.
Acte III	Après les avoir obligés à se prosterner devant lui, Caligula entame une discussion avec Scipion, jadis son ami, et explique son attitude : il veut être le destin. Puis il se confie à Chéréa, chef du complot : ils confrontent leurs deux conceptions du monde et des valeurs. Chéréa, prêt à mourir, ne comprend pas pourquoi Caligula brûle la tablette de cire qui prouve le complot.
Acte IV	Caligula, après avoir fait croire aux sénateurs qu'il était mort, les convie à un concours poétique où il les ridiculise. En fait, il est décidé à mourir et à leur facilité la tâche : refusant l'aide de Scipion qu'il renvoie, puis de Caesonia, amie et maîtresse, qu'il étrangle, il connaît une crise de folie. Il est assassiné par les conjurés malgré son ami Hélicon qui meurt en le défendant.

✎ Commentaire

Caligula, pièce en quatre actes, est publiée pour la première fois en 1944. En prenant appui sur *La Vie des douze Césars*, de Suétone, Camus donne à voir un drame philosophique qui prolonge une réflexion commencée dans *L'Étranger* (roman, 1942), *Le Mythe de Sisyphe* (essai, 1942), et *Le Malentendu* (pièce, 1944). L'action se passe autour du personnage Caligula, empereur romain. Ayant été autrefois aimable, il se transforme en tyran après la mort de sa sœur et maîtresse, tout en découvrant que la vérité du monde est que les hommes meurent et ne sont pas heureux. Toutes les lois, toutes les valeurs s'effondrent en face de cette mort que rien ne justifie et qui constitue le trauma initial de la conscience moderne : comment alors fonder une morale en dehors de tout repère ?

En s'affranchissant de toute règle, Caligula cherche à exercer des actes incohérents pour pratiquer sa liberté. Il explore les limites de l'immoralité et espère ainsi faire émerger un obstacle face auquel pourrait enfin se définir sa liberté, mais, rien ne survenant, il est contraint d'attendre son propre assassinat, seule manifestation d'une résistance en face de lui ; la pulsion de mort se lit dès lors comme seul moyen de faire émerger sa propre liberté, de sorte que le paradoxe proprement tragique du personnage consiste en ceci que sa mort pourra lui autoriser la reconnaissance d'une authentique existence. Face à cette vie absurde qu'il dérègle avec patience, Caligula se protège en jouant la comédie : tout est prétexte à la mascarade et à la dérision, comme si cette distance prise par rapport à l'existence permettait de mieux la supporter, tout en révélant le vrai visage.

De sorte que, au bout du compte, se lit dans le personnage central une réactualisation du mythe romantique du génie qui paye de sa vie la révélation d'une vérité qu'il offre à ses frères. L'auteur essaie de circonscrire en ces marges la possibilité d'une morale efficace, hors de toute métaphysique, par la vertu essentielle de la révolte de l'homme conscient de lui-même.

Extrait

ACTE IV
SCÈNE XIII

SCIPION : Allons, Caïus, tout cela est inutile. Je sais déjà que tu as choisi.

CALIGULA : Laisse-moi.

SCIPION : Je vais te laisser, en effet, car je crois que je t'ai compris. Ni
5   pour toi, ni pour moi, qui te ressemble tant, il n'y a plus d'issue. Je vais partir très loin chercher les raisons de tout cela. (*Un temps, il regarde Caligula. Avec un grand accent.*) Adieu, cher Caïus. Quand tout sera fini, n'oublie pas que je t'ai aimé.

Il sort. Caligula le regarde. Il a un geste. Mais il se secoue brutalement et
10   *revient sur Cœsonia*

CŒSONIA : Qu'a-t-il dit ?

CALIGULA : Cela dépasse ton entendement.

CALIGULA : À quoi penses-tu ?

CŒSONIA : À celui-ci. Et puis à toi aussi. Mais c'est la même chose.

15   **CŒSONIA** : Qu'y a-t-il ?

CALIGULA, *la regardant* : Scipion est parti. J'en ai fini avec l'amitié. Mais toi, je me demande pourquoi tu es encore là…

CŒSONIA : Parce que je te plais.

CALIGULA : Non. Si je te faisais tuer, je crois que je comprendrais.

20 **CŒSONIA** : Ce serait une solution. Fais-le donc. Mais ne peux-tu, au moins pour une minute, te laisser aller à vivre librement ?

CALIGULA : Cela fait déjà quelques années que je m'exerce à vivre librement.

CŒSONIA : Ce n'est pas ainsi que je l'entends. Comprends-moi bien.

25 Cela peut être si bon de vivre et d'aimer dans la pureté de son cœur.

CALIGULA : Chacun gagne sa pureté comme il peut. Moi, c'est en poursuivant l'essentiel. Tout cela n'empêche pas d'ailleurs que je pourrais te faire tuer. (*Il rit.*) Ce serait le couronnement de ma carrière. *Caligula se lève et fait tourner le miroir sur lui-même. Il marche en rond,*

30 *en laissant pendre ses bras presque sans gestes, comme une bête.* C'est drôle. Quand je ne tue pas, je me sens seul. Les vivants ne suffisent pas à peupler l'univers et à chasser l'ennui. Quand vous êtes tous là, vous me faites sentir un vide sans mesure où je ne peux regarder. Je ne suis bien que parmi mes morts. (*Il se campe face au*

35 *public, un peu penché en avant, il a oublié Cœsonia.*) Eux sont vrais. Ils sont comme moi. Ils m'attendent et me pressent. (*Il hoche la tête.*) J'ai de longs dialogues avec tel ou tel qui cria vers moi pour être gracié et à qui je fis couper la langue.

CŒSONIA : Viens. Étends-toi près de moi. Mets ta tête sur mes genoux.

40 (*Caligula obéit.*) Tu es bien. Tout se tait.

CALIGULA : Tout se tait. Tu exagères. N'entends-tu pas ces cliquetis de fers ? (*On les entend.*) Ne perçois-tu pas ces mille petites rumeurs qui révèlent la haine aux aguets[1] ?

Rumeurs.

45 **CŒSONIA** : Personne n'oserait…

CALIGULA : Si, la bêtise.

CŒSONIA : Elle ne tue pas. Elle rend sage.

CALIGULA : Elle est meurtrière, Cœsonia. Elle est meurtrière lorsqu'elle se juge offensée. Oh ! ce ne sont pas ceux dont j'ai tué les fils ou le

50 père qui m'assassineront. Ceux-là ont compris. Ils sont avec moi, ils ont le même goût dans la bouche. Mais les autres, ceux que j'ai moqués et ridiculisés, je suis sans défense contre leur vanité.

---

1 se tenir aux aguets *loc.v.* = guetter, être sur le qui-vive 窺伺

CŒSONIA, *avec véhémence* : Nous te défendrons, nous sommes encore nombreux à t'aimer.

55 **CALIGULA** : Vous êtes de moins en moins nombreux. J'ai fait ce qu'il fallait pour cela. Et puis, soyons justes, je n'ai pas seulement la bêtise contre moi, j'ai aussi la loyauté et le courage de ceux qui veulent être heureux.

CŒSONIA, *même jeu* : Non, ils ne te tueront pas. Ou alors quelque chose, venu du ciel, les consumerait avant qu'ils t'aient touché.

60 **CALIGULA** : Du ciel ! Il n'y a pas de ciel, pauvre femme. (*Il s'assied.*) Mais pourquoi tant d'amour, tout d'un coup, ce n'est pas dans nos conventions ?

CŒSONIA, *qui s'est levée et marche* : Ce n'est donc pas assez de te voir tuer les autres qu'il faille encore savoir que tu seras tué ? Ce n'est pas assez de te recevoir cruel et déchiré, de sentir ton odeur de meurtre quand tu te places 65 sur mon ventre ! Tous les jours, je vois mourir un peu plus en toi ce qui a figure d'homme. (*Elle se tourne vers lui.*) Je suis vieille et près d'être laide, je le sais. Mais le souci que j'ai de toi m'a fait maintenant une telle âme qu'il n'importe plus que tu ne m'aimes pas. Je voudrais seulement te voir guérir, toi qui es encore un enfant. Toute une vie devant toi ! Et que demandes-tu 70 donc qui soit plus grand que toute une vie ?

CALIGULA, *se lève et il la regarde* : Voici déjà bien longtemps que tu es là.

CŒSONIA : C'est vrai. Mais tu vas me garder, n'est-ce pas ?

CALIGULA : Je ne sais pas. Je sais seulement pourquoi tu es là : pour toutes ces nuits où le plaisir était aigu et sans joie, et pour tout ce que tu connais 75 de moi.

Il la prend dans ses bras et, de la main, lui renverse un peu la tête.

J'ai vingt-neuf ans. C'est peu. Mais à cette heure où ma vie m'apparaît cependant si longue, si chargée de dépouilles, si accomplie enfin, tu restes le dernier témoin. Et je ne peux me défendre d'une sorte de tendresse 80 honteuse pour la vieille femme que tu vas être.

CŒSONIA : Dis-moi que tu veux me garder !

CALIGULA : Je ne sais pas. J'ai conscience seulement, et c'est le plus terrible, que cette tendresse honteuse est le seul sentiment pur que ma vie m'ait jusqu'ici donné.

85 *Cœsonia se retire de ses bras, Caligula la suit. Elle colle son dos contre lui, il l'enlace.*

Ne vaudrait-il pas mieux que le dernier témoin disparaisse ?

CŒSONIA : Cela n'a pas d'importance. Je suis heureuse de ce que tu m'as dit. Mais pourquoi ne puis-je pas partager ce bonheur avec toi ?

90   **CALIGULA** : Qui te dit que je ne suis pas heureux ?

CŒSONIA : Le bonheur est généreux. Il ne vit pas de destructions.

CALIGULA : Alors, c'est qu'il est deux sortes de bonheurs et j'ai choisi celui des meurtriers. Car je suis heureux. Il y a eu un temps où je croyais avoir atteint l'extrémité de la douleur. Eh bien ! non, on peut

95   encore aller plus loin. Au bout de cette contrée, c'est un bonheur stérile et magnifique. Regarde-moi.

Elle se tourne vers lui.

Je ris, Cœsonia, quand je pense que, pendant des années, Rome tout entière a évité de prononcer le nom de Drusilla. Car Rome s'est

100   trompée pendant des années. L'amour ne m'est pas suffisant, c'est cela que j'ai compris alors. C'est cela que je comprends aujourd'hui encore en te regardant. Aimer un être, c'est accepter de vieillir avec lui. Je ne suis pas capable de cet amour. Drusilla vieille, c'était bien pis que Drusilla morte. On croit qu'un homme souffre parce que l'être

105   qu'il aime meurt en un jour. Mais sa vraie souffrance est moins futile : c'est de s'apercevoir que le chagrin non plus ne dure pas. Même la douleur est privée de sens. Tu vois, je n'avais pas d'excuses, pas même l'ombre d'un amour, ni l'amertume de la mélancolie. Je suis sans alibi. Mais aujourd'hui, me voilà encore plus libre qu'il y a des

110   années, libéré que je suis du souvenir et de l'illusion. (*Il rit d'une façon passionnée.*) Je sais que rien ne dure ! Savoir cela ! Nous sommes deux ou trois dans l'histoire à en avoir fait vraiment l'expérience, accompli ce bonheur dément. Cœsonia, tu as suivi jusqu'au bout une bien curieuse tragédie. Il est temps que pour toi le rideau se baisse.

115   *Il passe à nouveau derrière elle et passe son avant-bras autour du cou de Cœsonia.*

CŒSONIA, *avec effroi* : Est-ce donc du bonheur, cette liberté épouvantable ?

CALIGULA, *écrasant peu à peu de son bras la gorge de Cœsonia* : Sois-

120   en sûre, Cœsonia. Sans elle, j'eusse été un homme satisfait. Grâce à elle, j'ai conquis la divine clairvoyance du solitaire. (*Il s'exalte de plus en plus, étranglant peu à peu Cœsonia qui se laisse aller sans résistance, les mains un peu offertes en avant. Il lui parle, penché sur son oreille.*) Je vis, je tue, j'exerce le pouvoir délirant du destructeur, auprès de quoi

125   celui du créateur paraît une singerie. C'est cela, être heureux. C'est cela le bonheur, cette insupportable délivrance, cet universel mépris,

le sang, la haine autour de moi, cet isolement non pareil de l'homme qui tient toute sa vie sous son regard, la joie démesurée de l'assassin impuni, cette logique implacable qui broie des vies humaines (*il rit*),

130   qui te broie, Cœsonia, pour parfaire enfin la solitude éternelle que je désire.

CŒSONIA, *se débattant faiblement* : Caïus !

CALIGULA, *de plus en plus exalté* : Non, pas de tendresse. Il faut en finir, car le temps presse. Le temps presse, chère Cœsonia !

135   *Cœsonia râle. Caligula la traîne sur le lit où il la laisse tomber. La regardant d'un air égaré, d'une voix rauque* : Et toi aussi, tu étais coupable. Mais tuer n'est pas la solution.

SCÈNE XIV

Il tourne sur lui-même, hagard, va vers le miroir.

CALIGULA : Caligula ! Toi aussi, toi aussi, tu es coupable. Alors, n'est-

140   ce pas, un peu plus, un peu moins ! Mais qui oserait me condamner dans ce monde sans juge, où personne n'est innocent ! (*Avec tout l'accent de la détresse, se pressant contre le miroir.*) Tu le vois bien, Hélicon n'est pas venu. Je n'aurai pas la lune. Mais qu'il est amer d'avoir raison et de devoir aller jusqu'à la consommation[1]. Car j'ai

145   peur de la consommation. Des bruits d'armes ! C'est l'innocence qui prépare son triomphe. Que ne suis-je à leur place ! J'ai peur. Quel dégoût, après avoir méprisé les autres, de se sentir la même lâcheté dans l'âme. Mais cela ne fait rien. La peur non plus ne dure pas. Je vais retrouver ce grand vide où le cœur s'apaise.

150   *Il recule un peu, revient vers le miroir. Il semble plus calme. Il recommence à parler, mais d'une voix plus basse et plus concentrée.*

Tout a l'air si compliqué. Tout est si simple pourtant. Si j'avais eu la lune, si l'amour suffisait, tout serait changé. Mais où étancher[2] cette soif ? Quel cœur, quel dieu auraient pour moi la profondeur d'un lac ?

155   (*S'agenouillant et pleurant.*) Rien dans ce monde, ni dans l'autre, qui soit à ma mesure. Je sais pourtant, et tu le sais aussi (*il tend les*

---

1 consommation *n.f.* = fin du monde 世界末日
2 étancher la soif *loc.v.* = apaiser la soif 止渴

mains vers le miroir en pleurant), qu'il suffirait que l'impossible soit. L'impossible ! Je l'ai cherché aux limites du monde, aux confins de moi-même. J'ai tendu mes mains (*criant*), je tends mes mains et

160 c'est toi que je rencontre, toujours toi en face de moi, et je suis pour toi plein de haine. Je n'ai pas pris la voie qu'il fallait, je n'aboutis à rien. Ma liberté n'est pas la bonne. Hélicon ! Hélicon ! Rien ! rien encore. Oh ! cette nuit est lourde ! Hélicon ne viendra pas : nous serons coupables à jamais ! Cette nuit est lourde comme la douleur

165 humaine.

Des bruits d'armes et des chuchotements s'entendent en coulisse.

HÉLICON, *surgissant au fond* : Garde-toi, Caïus ! Garde-toi !

Une main invisible poignarde Hélicon.

Caligula se relève, prend un siège bas dans la main et approche du

170 *miroir en soufflant. Il s'observe, simule un bond en avant et, devant le mouvement symétrique de son double dans la glace, lance son siège à toute volée en hurlant :*

CALIGULA : À l'histoire, Caligula, à l'histoire.

Le miroir se brise et, dans le même moment, par toutes les issues,

175 *entrent les conjurés en armes. Caligula leur fait face, avec un rire fou. Le vieux patricien le frappe dans le dos, Cherea en pleine figure. Le rire de Caligula se transforme en hoquets. Tous frappent. Dans un dernier hoquet, Caligula, riant et râlant, hurle.*

Je suis encore vivant !

RIDEAU

Gallimard, 1944.

✍ Questions et Réflexions

1. D'après vous, pourquoi Caligula n'a-t-il pas sifflé pour arrêter la déclamation de Scipion ? Essayez d'analyser les dialogues entre celui-ci et Caligula.

2. Pour « gagner sa pureté », Caligula choisit le moyen de tuer. Essayez de comprendre cette tirade de Caligula dans la scène XIII : « Chacun gagne sa pureté comme il peut… ».

3. Avant de tuer Cœsonia, Caligula fait une déclaration sur le bonheur pour légitimer son acte. En tenant compte de la philosophie de l'absurde de Camus, comment comprenez-vous ces excuses de Caligula ?

文化点滴

存在主义戏剧

"存在主义戏剧"（le théâtre existentialiste），源自二战后广泛流行于欧美的存在主义哲学思潮。法国存在主义哲学率先在文学界开花结果：除小说外，戏剧因其受众的广泛性而成为存在主义作家传播哲学理念的重要传播媒介。存在主义戏剧的代表作家有加缪（Albert Camus）和萨特（Jean-Paul Sartre）。存在主义哲学的主要观点包括：存在先于本质，人有权选择自己的本质，以及世界是荒诞的，人生是无意义的。对此，萨特与加缪呼吁文学应该走出象牙塔、"介入"世界，表现时代悲剧与人类生存困境。萨特因而提出戏剧新类型——"境遇剧"（le théâtre de situations），加缪则构想出一种以思考人类命运为核心的现代悲剧美学，其贡献主要体现在对人类命运以及时代发展困境的深刻体察与严肃思考。

JEAN-PAUL
SARTRE (1905–1980)

Biographie

Né le 21 juin 1905 à Paris, Jean-Paul Sartre perd son père très jeune et sera éduqué par son grand-père. Issu d'une famille bourgeoise, Sartre vit une enfance heureuse pendant 10 ans. À 16 ans, Sartre effectue ses études secondaires au prestigieux Lycée Henri IV à Paris. Après deux ans de classes préparatoires, il est reçu à l'École normale supérieure, où il côtoie notamment Raymond Aron, Simone de Beauvoir et Maurice Merleau-Ponty. Il est nommé professeur de philosophie au lycée du Havre, puis à Neuilly en 1937. La Seconde Guerre mondiale, dans laquelle Sartre est tour à tour soldat, prisonnier et auteur engagé, lui permet d'acquérir une conscience politique et de ne plus être l'individualiste qu'il a été dans les années 1930. Dans les années qui suivent la Libération, Jean-Paul Sartre connaît un énorme succès et une très grande notoriété comme chef de file du mouvement existentialiste qui devient une véritable mode. Auteur engagé, Sartre intègre ses pensées philosophiques et politiques dans son écriture qui témoigne d'une multiplicité de genres : le roman, l'essai, la pièce de théâtre, l'écrit philosophique et la biographie. Depuis *La Nausée* (1938), il est l'auteur de textes fondateurs de l'existentialisme : *L'Être et le Néant* (1943), *L'existentialisme est un humanisme* (1945) ou encore *Critique de la raison dialectique* (1960). Ses œuvres de théâtre sont aujourd'hui parmi les pièces les plus lues dans l'enseignement français, notamment *Les Mains sales*, *Huis clos* ou *Les Mouches*. En 1964, Sartre refuse le prix Nobel de littérature.

HUIS CLOS
(1944)

✐ Résumé

Scènes I à IV

Garcin, Inès et Estelle sont successivement introduits par un « garçon », dans le salon d'une sorte d'hôtel, caractérisé par une lumière continue et l'absence d'issue : en fait, ils sont tous trois morts et se trouvent en enfer.

Scène V

Ils se demandent pourquoi on les a réunis : Estelle et Garcin pensent à une erreur ou au hasard, mais Inès assure que leur réunion répond à une volonté et est la seule à reconnaître être ici à sa place. Pendant que Garcin propose le silence comme échappatoire, Inès tente de séduire Estelle qui lui préfère cependant Garcin Inès les pousse alors aux aveux : Inès a conduit au désespoir son amante qui l'a tuée et s'est suicidée, Estelle a noyé l'enfant qu'elle a eu de son amant qui s'est alors tué, Garcin le pacifiste a torturé moralement sa femme, a trahi sa cause pour sauver sa vie et est mort en lâche. Garcin propose un pacte de mutuelle pitié refusé par Inès mais accepté par Estelle qui se réfugie dans ses bras et lui promet de croire à son courage. Bien que la porte s'ouvre, Garcin décide de rester pour en convaincre aussi Inès. Estelle tente de reconquérir Garcin et de tuer Inès, puis accède enfin à la conscience que « L'enfer, c'est les autres » : il ne reste qu'à continuer sans fin ce huis clos.

✐ Commentaire

Pièce en un acte et cinq scènes, *Huis clos* est représentée pour la première fois en 1944. Sartre y pose les bases de l'existentialisme, en traitant de la question du rapport à autrui. L'action se déroule en enfer qui ressemble bien au monde réel. Trois personnages, Garcin, Estelle et Inès, se retrouvent dans ce microcosme. Chacun juge les deux autres tout en étant victime sous le regard accusateur des deux autres. D'abord sans lien entre eux, il s'avère que leurs histoires sont intimement liées, les uns aliénant les autres, amenant à la fameuse conclusion de l'un des personnages : « L'enfer, c'est les autres. »

Tout au long de la pièce, Jean-Paul Sartre met en place les principes fondamentaux de la notion d'existentialisme, avec l'omniprésence du regard. En effet, il n'existe plus que deux personnes pour Garcin : Estelle et Inès. La seule manière pour lui de se sentir encore un héros est de ne plus paraître un lâche aux yeux d'Inès : « Je suis mort trop tôt. On ne m'a pas laissé le temps de faire mes actes. » Ici Garcin ne peut exister qu'à travers le regard d'Inès et le jugement qu'elle porte sur lui. La vérité ressort ainsi du regard que les autres portent sur nous.

Dans l'enfer du *Huis clos*, les instruments de torture physique n'ont pas lieu d'être, puisqu'ici « l'enfer, c'est les autres ». Garcin, Inès et Estelle sont ainsi trois personnages destinés à une souffrance morale inhumaine, qui ne fait que commencer. Par cette pièce, Sartre met en scène une manière de penser et de définir l'être humain qui ne se justifie que par ce qu'il fait et qui interagit avec l'autre, tous les autres. Ainsi, liberté, responsabilité et solidarité sont trois principes indissociables chez Sartre.

Extrait

[…]

ESTELLE, *doucement* : Garcin !

GARCIN : Tu es là ? Eh bien, écoute, tu vas me rendre un service. Non, ne recule pas. Je sais : cela te semble drôle qu'on puisse te demander
5   du secours, tu n'as pas l'habitude. Mais si tu voulais, si tu faisais un effort, nous pourrions peut-être nous aimer pour de bon[1] ? Vois : ils sont mille à répéter que je suis un lâche. Mais qu'est-ce que c'est, mille ? S'il y avait une âme, une seule, pour affirmer de toutes ses forces que je n'ai pas fui, que je ne peux pas avoir fui, que j'ai du
10   courage, que je suis propre, je… je suis sûr que je serais sauvé ! Veux-tu croire en moi ? Tu me serais plus chère que moi-même.

ESTELLE, *riant* : Idiot ! cher idiot ! Penses-tu que je pourrais aimer un lâche ?

GARCIN : Mais tu disais…

15   **ESTELLE** : Je me moquais de toi. J'aime les hommes, Garcin, les vrais hommes, à la peau rude, aux mains fortes. Tu n'as pas le menton d'un lâche, tu n'as pas la bouche d'un lâche, tu n'as pas la voix d'un lâche, tes cheveux ne sont pas ceux d'un lâche. Et c'est pour ta bouche, pour ta voix, pour tes cheveux que je t'aime.

---

1   pour de bon *loc.adv.* = réellement, sérieusement 确实

20   **GARCIN** : C'est vrai ? C'est bien vrai ?

    ESTELLE : Veux-tu que je te le jure ?

    GARCIN : Alors, je les défie tous, ceux de là-bas et ceux d'ici. Estelle, nous sortirons de l'enfer. (*Inès éclate de rire. Il s'interrompt et la regarde.*) Qu'est-ce qu'il y a ?

25   **INÈS**, *riant* : Mais elle ne croit pas un mot de ce qu'elle dit ; comment peux-tu être si naïf ? « Estelle, suis-je un lâche ? » Si tu savais ce qu'elle s'en moque !

    ESTELLE : Inès. (À Garcin.) Ne l'écoute pas. Si tu veux ma confiance, il faut commencer par me donner la tienne.

30   **INÈS** : Mais oui, mais oui ! Fais-lui donc confiance. Elle a besoin d'un homme, tu peux le croire, d'un bras d'homme autour de sa taille, d'une odeur d'homme, d'un désir d'homme dans des yeux d'homme. Pour le reste… Ha ! elle te dirait que tu es Dieu le Père, si cela pouvait te faire plaisir.

35   **GARCIN** : Estelle ! Est-ce que c'est vrai ? Réponds ; est-ce que c'est vrai ?

    ESTELLE : Que veux-tu que je te dise ? Je ne comprends rien à toutes ces histoires. (*Elle tape du pied.*) Que tout cela est donc agaçant ! Même si tu étais un lâche, je t'aimerais, là ! Cela ne te suffit pas ?
    Un temps.

40   **GARCIN**, *aux deux femmes* : Vous me dégoûtez !

    Il va vers la porte.

    ESTELLE : Qu'est-ce que tu fais ?

    GARCIN : Je m'en vais.

    INÈS, *vite* : Tu n'iras pas loin : la porte est fermée.

45   **GARCIN** : Il faudra bien qu'ils l'ouvrent.

    Il appuie sur le bouton de sonnette. La sonnette ne fonctionne pas.

    ESTELLE : Garcin !

    INÈS, *à Estelle* : Ne t'inquiète pas ; la sonnette est détraquée.

    GARCIN : Je vous dis qu'ils ouvriront. (*Il tambourine contre la porte.*)
50   Je ne peux plus vous supporter, je ne peux plus. (*Estelle court vers lui, il la repousse.*) Va-t'en ! Tu me dégoûtes encore plus qu'elle. Je ne veux pas m'enliser dans tes yeux. Tu es moite ! tu es molle ! Tu es une pieuvre, tu es un marécage. (*Il frappe contre la porte.*) Allez-vous ouvrir ?

55   **ESTELLE** : Garcin, je t'en supplie, ne pars pas, je ne te parlerai plus, je te laisserai tout à fait tranquille, mais ne pars pas. Inès a sorti ses griffes, je ne veux plus rester seule avec elle.

      GARCIN : Débrouille-toi. Je ne t'ai pas demandé de venir.

      ESTELLE : Lâche ! Lâche ! Oh ! c'est bien vrai que tu es lâche.

60   **INÈS**, *se rapprochant d'Estelle* : Eh bien, mon alouette, tu n'es pas contente ? Tu m'as craché à la figure pour lui plaire et nous nous sommes brouillées à cause de lui. Mais il s'en va, le trouble-fête[1], il va nous laisser entre femmes.

      ESTELLE : Tu n'y gagneras rien ; si cette porte s'ouvre, je m'enfuis

65   **INÈS** : Où ?

      ESTELLE : N'importe où. Le plus loin de toi possible.

      Garcin n'a cessé de tambouriner contre la porte.

      GARCIN : Ouvrez ! Ouvrez donc ! J'accepte tout : les brodequins, les tenailles, le plomb fondu, les pincettes, le garrot, tout ce qui

70   brûle, tout ce qui déchire, je veux souffrir pour de bon. Plutôt cent morsures, plutôt le fouet, le vitriol, que cette souffrance de tête, ce fantôme de souffrance, qui frôle, qui caresse et qui ne fait jamais assez mal. (*Il saisit le bouton de la porte et le secoue.*) Ouvrirez-vous ? (*La porte s'ouvre brusquement, et il manque de tomber.*) Ha !

75   *Un long silence.*

      INÈS : Eh bien, Garcin ? Allez-vous-en !

      GARCIN, *lentement* : Je me demande pourquoi cette porte s'est ouverte.

      INÈS : Qu'est-ce que vous attendez ? Allez, allez vite !

      GARCIN : Je ne m'en irai pas.

80   **INÈS** : Et toi, Estelle ? (*Estelle 'ne bouge pas ; Inès éclate de rire.*) Alors ? Lequel ? Lequel des trois ? La voie est libre, qui nous retient ? Ha ! c'est à mourir de rire ! Nous sommes inséparables.

      Estelle bondit sur elle par-derrière.

      ESTELLE : Inséparables ? Garcin ! Aide-moi. Aide-moi vite. Nous la

85   traînerons dehors et nous fermerons la porte sur elle ; elle va voir.

      INÈS, *se débattant* : Estelle ! Estelle ! Je t'en supplie, garde-moi. Pas dans le couloir, ne me jette pas dans le couloir !

      GARCIN : Lâche-la.

---

1 trouble-fête *n.m.* = personne qui vient perturber et arrêter net l'allégresse générale 扫兴的人

ESTELLE : Tu es fou, elle te hait.

90 **GARCIN** : C'est à cause d'elle que je suis resté.

Estelle lâche Inès et regarde Garcin avec stupeur.

INÈS : À cause de moi ? (*Un temps.*) Bon, eh bien, fermez la porte. Il fait dix fois plus chaud depuis qu'elle est ouverte. (*Garcin va vers la porte et la ferme.*) À cause de moi ?

95 **GARCIN** : Oui. Tu sais ce que c'est qu'un lâche, toi.

INÈS : Oui, je le sais.

GARCIN : Tu sais ce que c'est que le mal, la honte, la peur. Il y a eu des jours où tu t'es vue jusqu'au cœur – et ça te cassait bras et jambes[1]. Et le lendemain, tu ne savais plus que penser, tu n'arrivais plus à

100 déchiffrer la révélation de la veille. Oui, tu connais le prix du mal. Et si tu dis que je suis un lâche, c'est en connaissance de cause, hein ?

INÈS : Oui.

GARCIN : C'est toi que je dois convaincre : tu es de ma race. T'imaginais-tu que j'allais partir ? Je ne pouvais pas te laisser ici, triomphante,

105 avec toutes ces pensées dans la tête ; toutes ces pensées qui me concernent.

INÈS : Tu veux vraiment me convaincre ?

GARCIN : Je ne peux plus rien d'autre. Je ne les entends plus, tu sais. C'est sans doute qu'ils en ont fini avec moi. Fini : l'affaire est classée[2],

110 je ne suis plus rien sur terre, même plus un lâche. Inès, nous voilà seuls : il n'y a plus que vous deux pour penser à moi. Elle ne compte pas. Mais toi, toi qui me hais, si tu me crois, tu me sauves.

INÈS : Ce ne sera pas facile. Regarde-moi : j'ai la tête dure.

GARCIN : J'y mettrai le temps qu'il faudra.

115 **INÈS** : Oh ! tu as tout le temps, tout le temps.

GARCIN, *la prenant aux épaules* : Écoute, chacun a son but, n'est-ce pas ? Moi, je me foutais de l'argent, de l'amour. Je voulais être un homme. Un dur. J'ai tout misé sur le même cheval. Est-ce que c'est possible qu'on soit un lâche quand on a choisi les chemins les plus dangereux ?

120 Peut-on juger une vie sur un seul acte ?

INÈS : Pourquoi pas ? Tu as rêvé trente ans que tu avais du cœur ; et tu te passais mille petites faiblesses parce que tout est permis aux

---

1 casser bras et jambes à qqn *loc.v.* = enlever tout moyen d'agir de qqn 使某人无计可施
2 classé(e) *adj.* = fini(e) 【转】结束

héros. Comme c'était commode ! Et puis, à l'heure du danger, on t'a mis au pied du mur[1] et… tu as pris le train pour Mexico.

125 GARCIN : Je n'ai pas rêvé cet héroïsme. Je l'ai choisi. On est ce qu'on veut.

INÈS : Prouve-le. Prouve que ce n'était pas un rêve. Seuls les actes décident de ce qu'on a voulu.

GARCIN : Je suis mort trop tôt. On ne m'a pas laissé le temps de faire
130 mes actes.

INÈS : On meurt toujours trop tôt – ou, trop tard. Et cependant la vie est là, terminée : le trait est tiré[2], il faut faire la somme. Tu n'es rien d'autre que ta vie.

GARCIN : Vipère ! Tu as réponse à tout.

135 INÈS : Allons ! allons ! Ne perds pas courage. Il doit t'être facile de me persuader. Cherche des arguments, fais un effort. (*Garcin hausse les épaules.*) Eh bien, eh bien ? Je t'avais dit que tu étais vulnérable. Ah ! comme tu vas payer à présent. Tu es un lâche, Garcin, un lâche parce que je le veux. Je le veux, tu entends, je le veux ! Et pourtant,
140 vois comme je suis faible, un souffle ; je ne suis rien que le regard qui te voit, que cette pensée incolore qui te pense. (*Il marche sur elle, les mains ouvertes.*) Ha ! elles s'ouvrent, ces grosses mains d'homme. Mais qu'espères-tu ? On n'attrape pas les pensées avec les mains. Allons, tu n'as pas le choix : il faut me convaincre. Je te tiens.

145 ESTELLE : Garcin !

GARCIN : Quoi ?

ESTELLE : Venge-toi.

GARCIN : Comment ?

ESTELLE : Embrasse-moi, tu l'entendras chanter.

150 GARCIN : C'est pourtant vrai, Inès. Tu me tiens, mais je te tiens aussi.
Il se penche sur Estelle. Inès pousse un cri.

INÈS : Ha ! lâche ! lâche ! Va ! Va te faire consoler par les femmes.

ESTELLE : Chante, Inès, chante !

INÈS : Le beau couple ! Si tu voyais sa grosse patte posée à plat sur ton
155 dos, froissant la chair et l'étoffe. Il a les mains moites ; il transpire. Il laissera une marque bleue sur ta robe.

---

1 au pied du mur *loc.adv.* = dans une situation où il est impossible de se dérober 深陷其中
2 le trait est tiré = la vie est finie 生命终止

ESTELLE : Chante ! Chante ! Serre-moi plus fort contre toi, Garcin ; elle en crèvera.

INÈS : Mais oui, serre-la bien fort, serre-la ! Mêlez vos chaleurs. C'est
160   bon l'amour, hein Garcin ? C'est tiède et profond comme le sommeil,
mais je t'empêcherai de dormir.

Geste de Garein.

ESTELLE : Ne l'écoute pas. Prends ma bouche ; je suis à toi tout entière.

INÈS : Eh bien, qu'attends-tu ? Fais ce qu'on te dit, Garcin le lâche tient
165   dans ses bras Estelle l'infanticide. Les paris sont ouverts. Garcin le
lâche l'embrassera-t-il ? Je vous vois, je vous vois ; à moi seule je suis
une foule, la foule. Garcin, la foule, l'entends-tu ? (*Murmurant.*) Lâche !
Lâche ! Lâche ! Lâche ! En vain tu me fuis, je ne te lâcherai pas. Que
vas-tu chercher sur ses lèvres ? L'oubli ? Mais je ne t'oublierai pas,
170   moi. C'est moi qu'il faut convaincre. Moi. Viens, viens ! Je t'attends. Tu
vois, Estelle, il desserre son étreinte, il est docile comme un chien…
Tu ne l'auras pas !

GARCIN : Il ne fera donc jamais nuit ?

INÈS : Jamais.

175   **GARCIN** : Tu me verras toujours ?

INÈS : Toujours.

*Garcin abandonne Estelle et fait quelques pas dans la pièce. Il s'approche
du bronze.*

GARCIN : Le bronze… (*Il le caresse.*) Eh bien, voici le moment. Le bronze
180   est là, je le contemple et je comprends que je suis en enfer. Je vous
dis que tout était prévu. Ils avaient prévu que je me tiendrais devant
cette cheminée, pressant ma main sur ce bronze, avec tous ces
regards sur moi. Tous ces regards qui me mangent… (*Il se retourne
brusquement.*) Ha ! vous n'êtes que deux ? Je vous croyais beaucoup
185   plus nombreuses. (*Il rit.*) Alors, c'est ça l'enfer. Je n'aurais jamais
cru… Vous vous rappelez : le soufre, le bûcher, le gril… Ah ! quelle
plaisanterie. Pas besoin de gril : l'enfer, c'est les Autres.

ESTELLE : Mon amour !

GARCIN. *la repoussant* : Laisse-moi. Elle est entre nous. Je ne peux pas
190   t'aimer quand elle me voit.

ESTELLE : Ha ! Eh bien, elle ne nous verra plus.

*Elle prend le coupe-papier sur la table, se précipite sur Inès et lui porte
plusieurs coups.*

INÈS, *se débattant et riant* : Qu'est-ce que tu fais, qu'est-ce que tu fais, tu
195   es folle ? Tu sais bien que je suis morte.

ESTELLE : Morte ?

*Elle laisse tomber le couteau. Un temps. Inès ramasse le couteau et s'en
frappe avec rage.*

INÈS : Morte ! Morte ! Morte ! Ni le couteau, ni le poison, ni la corde. C'est
200   déjà fait, comprends-tu ? Et nous sommes ensemble pour toujours.
Elle rit.

ESTELLE, *éclatant de rire* : Pour toujours, mon Dieu que c'est drôle !
Pour toujours !

GARCIN, *rit en les regardant toutes deux* : Pour toujours !

205   *Ils tombent assis, chacun sur son canapé. Un long silence. Ils cessent de
rire et se regardent. Garein se lève.*

GARCIN : Eh bien, continuons.

RIDEAU

Gallimard, 1947.

✎ Questions et Réflexions

1. Dans cet extrait qui consiste à nous présenter les relations complexes entre
les trois protagonistes, l'attitude de Garcin envers Estelle et Inès fait l'objet des
changements constants. Essayez de résumer le développement de l'état des
relations entre eux.

2. Sous la plume de Sartre, les objets ordinaires du décor théâtral se parent d'une
dimension symbolique. Relevez les éléments décoratifs dans ces passages et
analysez leurs significations.

3. En lisant le dénouement de la pièce, essayez d'interpréter cette réplique
de Garcin : « l'enfer, c'est les autres », tout en tenant compte des idées de
l'existentialisme de Sartre.

‖ 文化点滴 ‖

萨特与"境遇剧"

"境遇剧"（le théâtre de situations），指展现人的境遇的戏剧，是萨特在20世纪60年代首次提出的一种现代戏剧类型。之所以称为"境遇剧"，是因为萨特意在反对传统戏剧对人物心理描写的过度关注，而转向凸显人物所处情境的典型性。"境遇剧"理念明显受到萨特存在主义哲学观念的影响：为了表现人可以通过自由选择寻找生存之路、确立人生本质，萨特要求"境遇剧"将人物置于极端冲突中，并逼迫其作出被剥夺选择自由的选择，由此宣扬其存在主义的人道主义伦理观。表现人物极端境遇的《禁闭》是"境遇剧"的代表作：萨特将利益对立的主人公们置于超自然的"地狱"境遇中，呈现人物在极端环境下的恐惧、欲望与疯狂。该剧著名台词"他人即地狱"抽象地概括了"境遇剧"背后的存在主义自由观。

SAMUEL BECKETT (1906–1989)

Biographie

Né à Dublin en 1906 et mort en 1989 à Paris, Samuel Beckett est un écrivain, poète et dramaturge qui écrit à la fois en anglais et en français. Pendant la Seconde Guerre mondiale, Beckett participe à la Résistance. Après la guerre, il se concentre à l'écriture, tout en publiant sa trilogie romanesque *Molly* (1951), *Malone meurt* (1952) et *L'Innommable* (1953). À la même période, il écrit *En attendant Godot* (1952), sa célèbre pièce de théâtre absurde, après laquelle l'écrivain se consacre entièrement au théâtre. Il obtient le prix Nobel de littérature en 1969.

EN ATTENDANT GODOT
(1952)

✎ Résumé

Acte I

Vladimir et Estragon, deux clochards, se retrouvent sur une route, attendant un certain Godot. Pour meubler leur attente, ils bavardent à bâtons rompus. Survient un autre couple, dont l'un, Pozzo, tient l'autre, Lucky, par une corde. Pozzo explique que Lucky est son « knouk » un bouffon : sur son ordre, Lucky se lance dans un soliloque philosophique décousu. Après le départ de Pozzo et Lucky, un jeune garçon vient annoncer que Godot ne viendra pas ce soir mais sûrement demain.

Acte II

Vladimir et Estragon se retrouvent au même endroit le lendemain et reprennent leur conversation. Ils essaient de passer le temps en diverses occupations et se réjouissent de voir revenir Pozzo et Lucky. Pozzo, devenu aveugle, tombe et appelle au secours. En l'aidant, Didi et Gogo tombent aussi. Après bien des efforts, tous se relèvent et Pozzo repart avec Lucky. Le même garçon apporte le même message qu'à l'acte I. Ils décident de revenir le lendemain… mais ne bougent pas.

✎ Commentaire

En attendant Godot est une pièce en deux actes, qui est publiée et présentée pour la première fois en 1952 à Paris. Étant l'œuvre la plus célèbre de Beckett, cette pièce, interprétée comme l'expression d'un profond pessimisme face à la condition humaine, s'inscrit bel et bien dans le courant du théâtre de l'absurde. La pièce narre l'attente de deux personnages étranges : Vladimir et Estragon. Le titre est énigmatique et met en valeur un gérondif, on dirait qu'il ne se passe rien « en attendant ».

Après la première et la deuxième guerre mondiale, la société de la seconde moitié du XXᵉ siècle aspire au changement dans une volonté de s'éloigner de la violence et de la barbarie. Ces changements se traduisent dans le théâtre de l'absurde par un emprunt à la tradition mais également par l'accession à une forme de modernité. La période correspond à une perte de repères et à l'émergence de l'absurde en littérature et au théâtre. Cette pièce s'inscrit dans un mouvement dramatique particulier de la deuxième moitié du XXᵉ siècle : le théâtre de l'absurde. Après la Seconde Guerre mondiale, et en réaction aux atrocités qui s'y sont déroulées, naît un besoin de renouveau chez les dramaturges. C'est ainsi qu'apparaissent le théâtre « philosophique », et en opposition à ce dernier, le théâtre de l'absurde, qui bouleverse à la fois la signification, les structures et le langage de l'œuvre dramatique. Il accorde ainsi une grande importance au physique des personnages et aux objets, tout en remettant en cause le langage. L'absurde permet la suppression de l'échelle des valeurs et la cruauté, qui prend alors une grande place dans ces œuvres, devient ordinaire. Avec *En attendant Godot,* Samuel Beckett devient une des figures majeures du théâtre de l'absurde.

✍ Extrait

ACTE I

Route à la campagne, avec arbre.

Soir.

Estragon, assis sur une pierre, essaie d'enlever sa chaussure. Il s'y acharne des deux mains, en ahanant. Il s'arrête, à bout de forces, se repose en haletant,

5   recommence. Même jeu.

Entre Vladimir.

ESTRAGON, *renonçant à nouveau* : Rien à faire.

VLADIMIR, *s'approchant à petits pas raides, les jambes écartées* : Je commence à le croire. (*Il s'immobilise.*) J'ai longtemps résisté à cette pensée, en me

10   disant, Vladimir, sois raisonnable. Tu n'as pas encore tout essayé. Et je reprenais le combat. (*Il se recueille, songeant au combat. À Estragon.*) Alors, te revoilà, toi.

ESTRAGON : Tu crois ?

VLADIMIR : Je suis content de te revoir. Je te croyais parti pour toujours.

15   **ESTRAGON** : Moi aussi.

VLADIMIR : Que faire pour fêter cette réunion ? (*Il réfléchit.*) Lève-toi que je t'embrasse. (*Il tend la main à Estragon.*)

ESTRAGON, *avec irritation* : Tout à l'heure, tout à l'heure.

Silence.

20   **VLADIMIR,** *froissé, froidement* : Peut-on savoir où monsieur a passé la nuit ?

    ESTRAGON : Dans un fossé.

VLADIMIR, *épaté* : Un fossé ! Où ça ?

ESTRAGON, *sans geste* : Par là.

VLADIMIR : Et on ne t'a pas battu ?

25   ESTRAGON : Si… Pas trop.

VLADIMIR : Toujours les mêmes ?

ESTRAGON : Les mêmes ? Je ne sais pas.

Silence.

VLADIMIR : Quand j'y pense… depuis le temps… je me demande… ce
30   que tu serais devenu… sans moi… (*Avec décision.*) Tu ne serais plus
qu'un petit tas d'ossements[1] à l'heure qu'il est, pas d'erreur.

ESTRAGON, *piqué au vif* : Et après ?

VLADIMIR, *accablé* : C'est trop pour un seul homme. (*Un temps. Avec
vivacité.*) D'un autre côté, à quoi bon se décourager à présent, voilà
35   ce que je me dis. Il fallait y penser il y a une éternité, vers 1900.

ESTRAGON : Assez. Aide-moi à enlever cette saloperie.

VLADIMIR : La main dans la main, on se serait jeté en bas de la tour
Eiffel, parmi les premiers. On portait beau[2] alors. Maintenant il est
trop tard. On ne nous laisserait même pas monter. (*Estragon s'acharne
40   sur sa chaussure.*) Qu'est-ce que tu fais ?

ESTRAGON : Je me déchausse. Ça ne t'est jamais arrivé, à toi ?

VLADIMIR : Depuis le temps que je te dis qu'il faut les enlever tous les
jours. Tu ferais mieux de m'écouter.

ESTRAGON, *faiblement* : Aide-moi !

45   VLADIMIR : Tu as mal ?

ESTRAGON : Mal ! Il me demande si j'ai mal !

VLADIMIR, *avec emportement* : Il n'y a jamais que toi qui souffres ! Moi
je ne compte pas. Je voudrais pourtant te voir à ma place. Tu m'en
dirais des nouvelles.

50   ESTRAGON : Tu as eu mal ?

VLADIMIR : Mal ! Il me demande si j'ai eu mal !

ESTRAGON, *pointant l'index* : Ce n'est pas une raison pour ne pas te
boutonner.

VLADIMIR, *se penchant* : C'est vrai. (*Il se boutonne.*) Pas de laisser-aller
55   dans les petites choses.

---

1 ossement *n.m.* = os décharnés et desséchés d'un cadavre 骸骨
2 porter beau *loc.v.* = avoir belle allure 神采奕奕

ESTRAGON : Qu'est-ce que tu veux que je te dise, tu attends toujours le dernier moment.

VLADIMIR, *rêveusement*[1] : Le dernier moment… (*Il médite.*) C'est long, mais ce sera bon. Qui disait ça ?

60   **ESTRAGON** : Tu ne veux pas m'aider ?

VLADIMIR : Des fois je me dis que ça vient quand même. Alors je me sens tout drôle. (*Il ôte son chapeau, regarde dedans, y promène sa main, le secoue, le remet.*) Comment dire ? Soulagé et en même temps… (*il cherche*) … épouvanté. (*Avec emphase.*) É-POU-VAN-TÉ. (*Il* 65   *ôte à nouveau son chapeau, regarde dedans.*) Ça alors ! (*Il tape dessus comme pour en faire tomber quelque chose, regarde à nouveau dedans, le remet.*) Enfin… (*Estragon, au prix d'un suprême effort, parvient à enlever sa chaussure. Il regarde dedans, y promène sa main, la retourne, la secoue, cherche par terre s'il n'en est pas tombé quelque chose, ne* 70   *trouve rien, passe sa main à nouveau dans sa chaussure, les yeux vagues.*) Alors ?

ESTRAGON : Rien.

VLADIMIR : Fais voir.

ESTRAGON : Il n'y a rien à voir.

75   **VLADIMIR** : Essaie de la remettre.

ESTRAGON, *ayant examiné son pied* : Je vais le laisser respirer un peu.

VLADIMIR : Voilà l'homme tout entier, s'en prenant à[2] sa chaussure alors que c'est son pied le coupable. (*Il enlève encore une fois son chapeau, regarde dedans, y passe la main, le secoue, tape dessus, souffle* 80   *dedans, le remet.*) Ça devient inquiétant. (*Silence. Estragon agite son pied, en faisant jouer les orteils, afin que l'air y circule mieux.*) Un des larrons fut sauvé[3]. (*Un temps.*) C'est un pourcentage honnête. (*Un temps.*) Gogo…

ESTRAGON : Quoi ?

85   **VLADIMIR** : Si on se repentait ?

ESTRAGON : De quoi ?

---

1 rêveusement *adv.* = pensivement 沉思地
2 s'en prendre à qqn *loc.v.* = s'attaquer à 进攻，攻击；【转】抨击
3 un des larrons fut sauvé = allusion à la crucifixion : deux larrons entourent le Christ au moment de la cruci-fixion; l'un des brigand a été sauvé grâce à sa foi, et l'autre damné 此处作者借用圣经典故，意指事物发展的不可预测性与难以理解

VLADIMIR : Eh bien… (*Il cherche.*) On n'aurait pas besoin d'entrer dans les détails.

ESTRAGON : D'être né ?

90   *Vladimir part d'un bon rire qu'il réprime aussitôt, en portant sa main au pubis, le visage crispé.*

VLADIMIR : On n'ose même plus rire.

ESTRAGON : Tu parles d'une privation.

VLADIMIR : Seulement sourire. (*Son visage se fend dans un sourire*
95   *maximum qui se fige, dure un bon moment, puis subitement s'éteint.*) Ce n'est pas la même chose. Enfin… (*Un temps.*) Gogo…

ESTRAGON, *agacé* : Qu'est-ce qu'il y a ?

VLADIMIR : Tu as lu la Bible ?

ESTRAGON : La Bible… (*Il réfléchit.*) J'ai dû y jeter un coup d'œil.

100 **VLADIMIR**, *étonné* : À l'école sans Dieu ?

ESTRAGON : Sais pas si elle était sans ou avec.

VLADIMIR : Tu dois confondre avec la Roquette[1].

ESTRAGON : Possible. Je me rappelle les cartes de la Terre sainte. En couleur. Très jolies. La mer Morte était bleu pâle. J'avais soif rien qu'en
105   la regardant. Je me disais, c'est là que nous irons passer notre lune de miel. Nous nagerons. Nous serons heureux.

VLADIMIR : Tu aurais dû être poète.

ESTRAGON : Je l'ai été. (*Geste vers ses haillons.*) Ça ne se voit pas ?
Silence.

110 **VLADIMIR** : Qu'est-ce que je disais… Comment va ton pied ?

ESTRAGON : Il enfle.

VLADIMIR : Ah oui, j'y suis, cette histoire de larrons. Tu t'en souviens ?

ESTRAGON : Non.

VLADIMIR : Tu veux que je te la raconte ?

115 **ESTRAGON** : Non.

VLADIMIR : Ça passera le temps. (*Un temps.*) C'étaient deux voleurs, crucifiés en même temps que le Sauveur. On…

ESTRAGON : Le quoi ?

VLADIMIR : Le Sauveur. Deux voleurs. On dit que l'un fut sauvé et
120   l'autre… (*il cherche le contraire de sauvé*) …damné.

---

1 Roquette *n.f.* = les prisons de la roquette, qui sont d'anciens établissements pénitentiaires situés à Paris, dans le 11ᵉ arrondissement, de part et d'autre de la rue de la Roquette（法国）罗切特监狱

ESTRAGON : Sauvé de quoi ?

VLADIMIR : De l'enfer.

ESTRAGON : Je m'en vais. (*Il ne bouge pas.*)

VLADIMIR : Et cependant… (*Un temps.*) Comment se fait-il que… Je ne
125   t'ennuie pas, j'espère ?

ESTRAGON : Je n'écoute pas.

VLADIMIR : Comment se fait-il que des quatre évangélistes un seul
présente les faits de cette façon ? Ils étaient cependant là tous les
quatre – enfin, pas loin. Et un seul parle d'un larron de sauvé. (*Un
130   temps.*) Voyons, Gogo, il faut me renvoyer la balle[1] de temps en
temps.

ESTRAGON : J'écoute.

VLADIMIR : Un sur quatre. Des trois autres, deux n'en parlent pas du
tout et le troisième dit qu'ils l'ont engueulé tous les deux.

135   ESTRAGON : Qui ?

VLADIMIR : Comment ?

ESTRAGON : Je ne comprends rien… (*Un temps.*) Engueulé qui ?

VLADIMIR : Le Sauveur.

ESTRAGON : Pourquoi ?

140   VLADIMIR : Parce qu'il n'a pas voulu les sauver.

ESTRAGON : De l'enfer ?

VLADIMIR : Mais non, voyons ! De la mort.

ESTRAGON : Et alors ?

VLADIMIR : Alors ils ont dû être damnés tous les deux.

145   ESTRAGON : Et après ?

VLADIMIR : Mais l'autre dit qu'il y en a eu un de sauvé.

ESTRAGON : Eh bien ? Ils ne sont pas d'accord, un point c'est tout.

VLADIMIR : Ils étaient là tous les quatre. Et un seul parle d'un larron de
sauvé. Pourquoi le croire plutôt que les autres ?

150   ESTRAGON : Qui le croit ?

VLADIMIR : Mais tout le monde. On ne connaît que cette version-là.

ESTRAGON : Les gens sont des cons.

Minuit, 1952.

---

1 renvoyer la balle à qqn *loc.v.* = faire preuve de gratitude après un service rendu; renvoyer l'ascenseur 回复
某人

✍ **Questions et Réflexions**

1. Débutant par une rencontre accidentelle, l'entretien entre Vladimir et Estragon est consacré à leurs disputes gratuites et illogiques. Dans la mesure où les dialogues entre les personnages ne servent plus au développement de l'action, comment comprenez-vous dans cette innovation l'intention du dramaturge ?

2. En lisant les dialogues entre Vladimir et Estragon qui attendent Godot, essayez d'analyser comment le dramaturge arrive à créer une atmosphère d'absurdité dans la pièce ?

‖ 文化点滴 ‖

《等待戈多》——"戈多"究竟是谁？

　　贝克特的《等待戈多》已成为世界各地读者了解、研究荒诞派文学无法绕开的经典名作。作为荒诞派戏剧的奠基之作，《等待戈多》犀利解剖人类生存境况的荒诞性，一直以来都为读者与评论家们所津津乐道。剧中人物艾斯特拉贡（Estragon）曾一语道破剧情："什么也没有发生，谁也没有来，谁也没有去。"至于这场荒诞"等待"的对象——"戈多"，他究竟是谁，却一直是后世争议的焦点。有评论家认为神秘的"戈多"正是对"上帝"这一超现实存在的隐喻，而剧作家本人曾对此问题回应道："我要是早知道，早在戏里说出来了。"这一发言也令"戈多"的真实身份变得更加扑朔迷离。唯一可以确定的是，"戈多"并不直接指涉任何具象化的物质存在。在贝克特笔下，等待与被等待之物不确定的存在之间的冲突是推动剧情发展的主要动力，而对现实读者而言，这一冲突也在持续启发人们提出对人生终极意义的质询与拷问。

JEAN GENET (1910–1986)

Biographie

Jean Genet est né à Paris le 19 décembre 1910. Fils d'un père inconnu et d'une mère qui l'a abandonné, il est confié à l'Assistance publique et placé dans une famille du Morvan. À 10 ans, accusé de vol, il est envoyé dans une maison de correction. Ceci ouvre une longue trajectoire délinquante dans la vie du jeune Jean. En 1942, il est condamné à la prison où il écrit son premier poème, *Le Condamné à mort*. Ce poème va forcer la rencontre entre Genet et Jean Cocteau qui introduit le poète dans le milieu littéraire et mondain. Très productif entre 1942 et 1948, il écrit plusieurs romans dont *Notre-Dames-des-Fleurs* (1943) dépeint les nuits homosexuelles du Paris d'avant-garde, et deux pièces de théâtre : *Haute Surveillance* et *Les Bonnes* qui s'inscrivent dans le mouvement du Théâtre de l'absurde. De retour à l'écriture après un long passage à vide, Jean Genet écrit les pièces *Le Balcon* (1956), *Les Nègres* (1958) et *Les Paravents* (1961). Rongé par un cancer de la gorge, il meurt seul dans une chambre d'hôtel parisienne en 1986.

LE BALCON
(1956)

Résumé

Le Balcon est une pièce de théâtre qui se déroule dans le « salon » de madame Irma, une maison close, dans un contexte historique assez flou. Dehors, la révolution éclate mais les clients continuent de venir, risquant leur vie pour quelques moments de plaisir. Dans les différents salons qui composent le bordel, les hommes se déguisent alors et incarnent différents personnages, jouent, réalisent leurs fantasmes. Certains choisissent le rôle d'un évêque, d'autre celui d'un général, ou encore un juge.

La deuxième moitié de la pièce est plus tournée vers la révolte qui a lieu à l'extérieur, à laquelle on assiste indirectement, sans jamais vraiment la voir mais dont on comprend quelques aspects à travers les paroles des personnages.

Commentaire

Pièce en neuf tableaux, écrite en 1956, *Le Balcon* est créée en 1960 par Peter Brook au Théâtre du Gymnase. Genet associe dans la pièce la société occidentale à un bordel de luxe. Dans le « salon » de madame Irma, pendant que la révolution éclate à l'extérieur, les clients continuent de venir pour quelques moments de plaisir. Ils se déguisent et incarnent différents personnages, l'évêque, le juge, le général, afin d'assouvir leurs fantasmes, tout en nous livrant leurs secrètes perversions.

La difficulté du *Balcon* tiendrait sans doute à la radicalité de sa dramaturgie. Lieu métaphorique du pouvoir, le bordel de madame Irma est d'emblée désigné comme une maison d'illusions fonctionnant parfaitement, avec ses emboîtements de salons où se jouent les fantasmes pervers du commun des mortels, et se figurent ceux des tenants du pouvoir : Évêque, Juge, Général. Ayant intitulé la pièce *Le Balcon,* l'auteur met en valeur un théâtre trop intime d'une part – l'univers de la prison et des malfrats, le huis clos du ressassement obsessionnel, et surtout la *mimésis* de l'art théâtral d'autre part. Du balcon, le personnage se tourne également vers l'autre qui prend une figure de plus en plus réelle et pervertit la représentation en inaugurant un nouvel espace théâtral où, grâce au système des paravents, le simulacre règnera en maître.

Extrait

PREMIER TABLEAU

L'ÉVÊQUE, *assis dans le fauteuil, au milieu de la scène, d'une voix sourde, mais fervente* : En vérité, ce n'est pas tant la douceur ni l'onction qui devraient définir un prélat, mais la plus rigoureuse intelligence. Le cœur nous perd. Nous croyons être maître de notre bonté :

5   nous sommes l'esclave d'une sereine mollesse. C'est même d'autre chose encore que d'intelligence qu'il s'agit… (*Il hésite.*) Ce serait de cruauté. Et par-delà cette cruauté – et par elle – une démarche habile, vigoureuse, vers l'Absence. Vers la Mort. Dieu ? (*Souriant.*) Je vous vois venir ! (*À sa mitre*) : Toi, mitre en forme de bonnet d'évêque,

10   sache bien que si mes yeux se ferment pour la dernière fois, ce que je verrai, derrière mes paupières, c'est toi, mon beau chapeau doré… C'est vous, beaux ornements, chapes, dentelles…

IRMA, *brutale* : Ce qui est dit est dit. Quand les jeux sont faits…

  Durant tout le tableau, elle bougera à peine. Elle est placée très près de

15   *la porte.*

L'ÉVÊQUE, *très doux, d'un geste écartant Irma* : Et que les dés sont jetés…

IRMA : Non. Deux mille, c'est deux mille, et pas d'histoires. Ou je me fâche. Et ce n'est pas dans mes habitudes… Maintenant, si vous avez des difficultés…

20 **L'ÉVÊQUE**, *sec et jetant la mitre* : Merci.

IRMA : Ne cassez rien. Ça doit servir. (*À la Femme*) : Range ça. (*La Femme pose la mitre sur la table, près du broc.*)

L'ÉVÊQUE, *après un lourd soupir* : On m'a dit que cette maison allait être assiégée ? Les révoltés ont déjà passé le fleuve.

25 **IRMA**, *soucieuse* : Il y a du sang partout… Vous longerez le mur de l'archevêché. Vous prendrez la rue de la Poissonnerie…

  On entend soudain un grand cri de douleur poussé par une femme qu'on ne voit pas.

  (*Agacée.*) Je leur avais pourtant recommandé d'être silencieux.

30   Heureusement que j'ai pris la précaution de boucher toutes les fenêtres d'un rideau molletonné[1]. (*Soudain aimable, insidieuse.*) Et

---

1 molletonné(e) *adj.* = doublé ou garni avec du molleton 衬或镶莫列顿绒布的

qu'est-ce que nous avons accompli ce soir ? Bénédiction ? Prière ? Messe ? Adoration perpétuelle ?

L'ÉVÊQUE, *grave* : Ne parlez pas de ça maintenant. C'est fini. Je ne
35   songe qu'à rentrer… Vous dites que la ville est en sang…

LA FEMME, *l'interrompant* : Il y a eu bénédiction, madame. Ensuite ma confession…

IRMA : Après ?

L'ÉVÊQUE : Assez !

40   **LA FEMME** : C'est tout. À la fin mon absolution.

IRMA : Personne ne pourra donc y assister ? Rien qu'une fois ?

L'ÉVÊQUE, *effrayé* : Non, non. Ces choses-là doivent rester et resteront secrètes. Il est déjà indécent d'en parler pendant qu'on me déshabille. Personne. Et que toutes les portes soient fermées. Oh, bien fermées,
45   closes, boutonnées, lacées, agrafées, cousues…

IRMA : Je vous le demandais…

L'ÉVÊQUE : Cousues, madame Irma.

IRMA, *agacée* : Vous permettez au moins que je m'inquiète… professionnellement ? Je vous ai dit deux mille.

50   **L'ÉVÊQUE,** *sa voix soudain se clarifie, se précise, comme s'il s'éveillait. Il montre un peu d'irritation.* : On ne s'est pas fatigué. À peine six péchés, et loin d'être mes préférés.

LA FEMME : Six, mais capitaux ! Et j'ai eu du mal à les trouver.

L'ÉVÊQUE, *inquiet* : Comment, ils étaient faux ?

55   **LA FEMME** : Tous vrais ! Je parle du mal que j'ai eu pour les commettre. Si vous saviez ce qu'il faut traverser, surmonter, pour arriver à la désobéissance.

L'ÉVÊQUE : Je m'en doute, mon petit. L'ordre du monde est si anodin que tout y est permis – ou presque tout. Mais si tes péchés étaient
60   faux, tu peux le dire à présent.

IRMA : Ah non ! J'entends déjà vos réclamations quand vous reviendrez. Non. Ils étaient vrais.

(*À la Femme*) : Défais-lui ses lacets. Déchausse-le. Et en l'habillant qu'il ne prenne pas froid.

65   (*À l'Évêque*) : Vous voulez un grog, une boisson chaude ?

L'ÉVÊQUE : Merci. Je n'ai pas le temps. Il faut que je parte. (Rêveur) Oui, six, mais capitaux !

IRMA : Approchez, on va vous déshabiller !

L'EVÊQUE, *suppliant, presqu'à genoux* : Non, non, pas encore.

70 IRMA : C'est l'heure. Allons ! Vite ! Plus vite !

Tout en parlant, on le déshabille. Ou plutôt on ne défait que des épingles, on dénoue des cordons qui semblent retenir la chape, l'étole, le surplis.

L'ÉVÊQUE, *à la Femme* : Les péchés, tu les as bien commis ?

LA FEMME : Oui.

75 L'ÉVÊQUE : Tu as bien fait les gestes ? Tous les gestes ?

LA FEMME : Oui.

L'ÉVÊQUE : Quand tu t'approchais de moi, tendant ton visage, c'est bien les reflets du feu qui l'illuminaient ?

LA FEMME : Oui.

80 L'ÉVÊQUE : Et quand ma main baguée se posait sur ton front en le pardonnant…

LA FEMME : Oui.

L'ÉVÊQUE : Et que mon regard plongeait dans tes beaux yeux ?

LA FEMME : Oui.

85 IRMA : Dans ses beaux yeux, monseigneur, le repentir, au moins est-il passé ?

L'ÉVÊQUE, *se levant* : Au galop[1]. Mais, est-ce que j'y cherchais le repentir ? J'y vis le désir gourmand de la faute. En l'inondant, le mal tout à coup l'a baptisée. Ses grands yeux s'ouvrirent sur l'abîme…

90 une pâleur de mort avivait – oui madame Irma – avivait son visage. Mais notre sainteté n'est faite que de pouvoir vous pardonner vos péchés. Furent-ils joués ?

LA FEMME, *soudain coquette* : Et si mes péchés étaient vrais ?

L'ÉVÊQUE, *d'un ton différent, moins théâtral* : Tu es folle ! J'espère que tu

95 n'a pas réellement fait tout cela ?

IRMA, *à l'Évêque* : Mais ne l'écoutez pas. Pour ses péchés, soyez rassurés. Il n'y a pas ici…

L'ÉVÊQUE, *l'interrompant* : Je le sais bien. Ici il n'y a pas la possibilité de faire le mal. Vous vivez dans le mal. Dans l'absence de remords.

100 Comment pourriez-vous faire le mal ? Le Diable joue. C'est à cela qu'on le reconnaît. C'est le grand Acteur. Et c'est pourquoi l'Église a maudit les comédiens.

---

1 au galop *loc.adv.* = d'une façon très rapide 【俗、转】极快地

LA FEMME : La réalité vous fait peur, n'est-ce pas ?

L'ÉVÊQUE : S'ils étaient vrais, tes péchés seraient des crimes, et je serais
105   dans un drôle de pétrin.

LA FEMME : Vous iriez à la police ?

*Irma continue à le déshabiller. Toutefois il a encore la chape posée sur
ses épaules.*

IRMA, *à l'Évêque* : Mais laissez-la, avec toutes ces questions. (*On entend*
110   *encore le même cri terrible.*) Encore eux ! Je vais aller les faire taire.

L'ÉVÊQUE : Ce cri n'était pas joué.

IRMA, *inquiète* : Je ne sais pas... qu'en savons-nous, et quelle
   importance ?

L'ÉVÊQUE, *s'approchant lentement du miroir, il se plante devant lui* : ...
115   Mais répondez donc, miroir, répondez-moi. Est-ce que je viens ici
   découvrir le mal et l'innocence ?

(*À Irma, très doucement.*) Sortez ! Laissez-moi seul !

IRMA : Il est tard. Vous ne pourrez plus partir sans danger...

L'ÉVÊQUE, *suppliant* : Juste une minute.

120 **IRMA** : Il y a deux heures vingt que vous êtes ici. C'est-à-dire vingt
   minutes de trop...

L'ÉVÊQUE, *soudain courroucé* : Laissez-moi seul. Écoutez aux portes si
   vous voulez, je sais que vous le faites, et rentrez quand j'aurai fini.

Les deux femmes sortent en soupirant, l'air excédé. L'Évêque reste seul ;
125   *après avoir fait un effort visible pour se calmer, devant le miroir et tenant
son surplis.*

   ... Répondez-moi, miroir, répondez-moi. Est-ce que je viens ici
   découvrir le mal et l'innocence ? Et dans vos glaces dorées, qu'étais-
   je ? Je n'ai jamais, je l'atteste devant Dieu qui me voit, je n'ai jamais
130   désiré le trône épiscopal. Devenir évêque, monter les échelons –
   à force de vertus ou de vices – c'eût été m'éloigner de la dignité
   définitive d'évêque. Je m'explique : (*L'Évêque parlera d'un ton très
   précis, comme s'il poursuivait un raisonnement logique*) pour devenir
   évêque, il eût fallu que je m'acharne à ne l'être pas, mais à faire ce qui
135   m'y eût conduit. Devenu évêque, afin de l'être, il eût fallu – afin de
   l'être pour moi, bien sûr ! – il eût fallu que je ne cesse de me savoir
   l'être pour remplir ma fonction.

Il saisit le pan de son surplis et le baise.

Oh, dentelles, dentelles, travaillées par mille petites mains pour
140 voiler tant de gorges haletantes, gorges gorgées, et de visages, et
de cheveux, vous m'illustrez de branches et de fleurs ! Reprenons.
Mais – c'est là le hic ! (*il rit*) Ah ! je parle latin ! – une fonction est une
fonction. Elle n'est pas un mode d'être. Or, évêque, c'est un mode
d'être. C'est une charge. Un fardeau. Mitre, dentelles, tissu d'or et de
145 verroteries, génuflexions… Aux chiottes la fonction ![1]

Crépitement de mitrailleuse.[2]

IRMA, *passant la tête par la porte entrebâillée* : Vous avez fini ?

L'ÉVÊQUE : Mais laissez-moi, nom de Dieu. Foutez le camp ! Je
m'interroge.

150 *Irma referme la porte.*

La majesté, la dignité, illuminant ma personne, n'ont pas leur source
dans les attributions de ma fonction. – Non plus, ciel ! que dans
mes mérites personnels. – La majesté, la dignité qui m'illuminent,
viennent d'un éclat plus mystérieux : c'est que l'évêque me précède.
155 Te l'ai-je bien dit, miroir, image dorée, ornée comme une boîte de
cigares mexicains ? Et je veux être évêque dans la solitude, pour la
seule apparence… Et pour détruire toute fonction, je veux apporter
le scandale et te trousser, putain, putasse, pétasse et poufiasse…

IRMA, *rentrant* : Ça suffit, maintenant. Il va falloir partir.

160 **L'ÉVÊQUE** : Vous êtes folle, je n'ai pas fini. (*Les deux femmes sont
rentrées.*)

IRMA : Je ne vous cherche pas, et vous le savez, des querelles pour le
plaisir, mais vous n'avez pas de temps à perdre… Je vous répète qu'il
y a du danger pour tout le monde à s'attarder dans les rues. (*Bruit de
165 mitraillade, au loin.*)

L'ÉVÊQUE, *amer* : Vous vous foutez bien de ma sécurité. Quand tout est
fini, vous vous foutez du monde !

IRMA, *à la Fille* : Ne l'écoute plus et déshabille-le.

*À l'Évêque qui est descendu de ses patins et qui a maintenant les
170 dimensions normales d'un acteur, du plus banal des acteurs.*

Aidez-vous, vous êtes raide.

---

1 Aux chiottes la fonction ! = À bas, à mort la fonction ! 【俗】滚到茅厕里去吧！
2 mitrailleuse *n.f.* = arme dont les opérations de chargement, de percussion et d'éjection sont automatisées
pour permettre un tir continu 【军】机关枪

L'ÉVÊQUE, *l'air idiot* : Raide ? Je suis raide ? Raideur solennelle !
Immobilité définitive…

IRMA, *à la Fille* : Passe-lui son veston…

175 L'ÉVÊQUE, *regardant ses fripes qui s'entassent à terre* : Ornements,
dentelles, par vous je rentre en moi-même. Je reconquiers un
domaine. J'investis une très ancienne place forte d'où je fus chassé.
Je m'installe dans une clairière où, enfin, le suicide est possible. Le
jugement dépend de moi et me voici face à face avec ma mort.

180 IRMA : C'est beau, mais il faut partir. Vous avez laissé votre voiture à la
porte de la rue, près du pylône…

Très vite, sur ses vêtements civils, l'Évêque a jeté sa chape dorée.

L'ÉVÊQUE, *à Irma* : Car notre préfet de police, ce pauvre incapable, nous
laisse égorger par la racaille[1] ! (*Se tournant vers le miroir et déclamant.*)

185 Ornements ! Mitre ! Dentelles ! Chape dorée surtout, toi, tu me
gardes du monde. Où sont mes jambes, où sont mes bras ? Sous
tes pans moirés, glacés, que font mes mains ? Inaptes à autre chose
qu'esquisser un geste qui voltige, elles sont devenues moignons
d'ailes – non d'ange, mais de pintade[2] ! – chape rigide, tu permets

190 que s'élabore, au chaud et dans l'obscurité, la plus tendre, la plus
lumineuse douceur. Ma charité, qui va inonder le monde, c'est sous
cette carapace[3] que je l'ai distillée… Quelquefois, comme un couteau,
ma main sortait pour bénir ? Ou couper, faucher ? Tête de tortue, ma
main écartait les pans. Tortue ou vipère prudente ? Et rentrait dans le

195 roc. Dessous, ma main rêvait… Ornements, chape dorée…

*La scène se déplace de gauche à droite, comme si elle s'enfonçait dans la
coulisse. Apparaît alors le décor suivant.*

Gallimard, 1979.

✍ Questions et Réflexions

1. Analysez la pratique du procédé du théâtre dans le théâtre dans cette pièce.
2. Comment comprenez-vous le titre « Le Balcon » de la pièce ?

---

1 racaille *n.f.* = ensemble de personnes dignes de mépris【俗、贬】废物，渣滓
2 pintade *n.f.* = une des espèces d'oiseau gallinacés au plumage foncé pointillé de blanc 珍珠鸡
3 carapace *n.f.* = solide défense qui isole une personne des autres【引】保护层

‖ **文化点滴** ‖

荒诞派戏剧

　　"荒诞派戏剧"（le théâtre de l'absurde）指二战期间诞生于法国、随后扩散至整个西方世界的一种先锋派戏剧创作风格。荒诞派剧作家继承了达达主义与超现实主义反逻辑与非理性的艺术创作理念，公开挑战自亚里士多德以降西方理性主义戏剧创作传统，致力于构建一种"反戏剧"（anti-théâtre）美学：拒绝呈现完整的故事情节与人物性格，否定语言与动作的一致性，进而凸显交流的不可能性与无意义。荒诞派剧作家力图通过展现戏剧情境的荒诞性，进而反思人类生存境况的荒诞本质。因此，"荒诞派戏剧"也被认为是对存在主义哲学思想的文学阐释，即"人生本质上是无意义的"。

　　"荒诞派戏剧"一词最先由法国作家勒玛尔尚（Jacques Lemarchand）于20世纪50年代提出。随后，英国戏剧评论家艾斯林（Martin Esslin）出版《荒诞派戏剧》（*Le Théâtre de l'absurde*, 1961）一书，专事探讨现代戏剧理论，并将以下四位当代最具代表性的剧作家归入荒诞派：尤奈斯库（Eugène Ionesco）、贝克特（Samuel Beckett）、阿达莫夫（Arthur Adamov）以及让·热内（Jean Genet）。

　　位于巴黎的于塞特剧院（Théâtre de la Huchette）以上演尤奈斯库的荒诞派戏剧代表作《秃头歌女》（*La Cantatrice chauve*）而闻名。剧院将《秃头歌女》作为固定演出剧目，自1957年首次上演以来，每晚必演。截至2021年末，该剧已上演逾21000次，吸引了来自世界各地超过300万名观众，是法国戏剧史上演出最多的剧目之一。

EUGÈNE IONESCO (1909–1994)

Biographie

Eugène Ionesco, né en 1909 à Slatina en Roumanie et mort à Paris en 1994, est un écrivain et dramaturge roumano-français. Avant de s'établir définitivement en France en 1942, il voyage beaucoup entre la France et la Roumanie. En 1950, il présente sa première pièce, *La Cantatrice chauve,* qui fait sa renommée de père du théâtre de l'absurde. Dès lors, il ne cesse de travailler sur cette dramaturgie qui consiste à mettre en lumière la solitude de l'homme et l'insignifiance de son existence. Parmi ses nombreuses pièces, citons, entre autres, *La Leçon* (1950), *Les Chaises* (1952), *Rhinocéros* (1959). Il a aussi publié des essais sur le théâtre (*Notes et contre notes*, 1962). En 1970, il est reçu à l'Académie française.

RHINOCÉROS
(1959)

Résumé

Acte I

Sur la place d'une petite ville provinciale passe soudain un rhinocéros dont la venue fait réagir l'assistance : Jean semble le plus frappé, tandis que son ami Bérenger continue à boire son pastis et reçoit ses leçons de morale avec détachement, le chat de la Ménagère se fait écraser par le rhinocéros, ce qui amène conversations absurdes, en particulier entre un Logicien et un Vieux Monsieur, et disputes désopilantes.

Acte II

Le lendemain, Bérenger arrive en retard au bureau. Chacun se prononce sur le cas du rhinocéros : Daisy, la jeune secrétaire dont Bérenger est amoureux, Dudard, Botard, un instituteur à la retraite, et le chef de service, M. Papillon, échangent des clichés sur cette apparition quand Mme Bœuf, la femme d'un des employés, vient annoncer que son mari est souffrant. En fait, il s'est métamorphosé en rhinocéros et la pursuite jusque dans l'escalier de l'immeuble, provoquant la panique dans le bureau. Plus tard, en visite chez Jean, Bérenger s'aperçoit avec horreur que son ami est lui aussi gagné par la contagion.

Acte III

Bérenger, prostré chez lui, craint que « la rhinocérite » ne l'atteigne comme Botard ou M. Papillon. Daisy elle-même, malgré son amour pour Bérenger, se laisse progressivement séduire par les rhinocéros que l'on entend passer de plus en plus nombreux. Bérenger se retrouve seul à résister contre la maladie, décidé à être le dernier homme.

Commentaire

Pièce en trois actes et quatre tableaux, *Rhinocéros* est initialement une nouvelle et est adaptée au théâtre. Elle est représentée à Paris en 1960 par la mise en scène de Jean-Louis Barrault. Cette pièce, perçue comme l'œuvre emblématique du théâtre de l'absurde, suggère la montée du totalitarisme dans la société européenne durant l'entre-deux-guerres. Ionesco y dépeint une épidémie imaginaire de « rhinocérite », qui se diffuse dans une ville et transforme là-bas les habitants en rhinocéros. En effet, les mouvements de masse sont fréquents, à petite comme à grande échelle. Eugène Ionesco nous met en garde contre les mouvements de foule qui abolissent notre pensée. Il nous met également en garde contre l'anonymat : les personnages en se transformant perdent leur identité, ils n'ont plus de nom mais sont seulement désignés par leur nature : celle d'un rhinocéros. La pièce encourage donc à la diversité de l'être, à la variété des formes de pensées.

Étant un écrivain d'après-guerre, Eugène Ionesco publie ses écrits après la seconde guerre mondiale. Cette dernière a profondément ébranlé les croyances populaires. Le monde doit se reconstruire et on a surtout découvert les horreurs dont l'homme était capable. Eugène Ionesco, à travers son œuvre tente donc de sensibiliser le lecteur à l'horreur humaine et nous amène à réfléchir sur le sens de la vie. Pour cela, il utilise une écriture dite de la « tromperie ». Derrière des effets évidents, le spectateur doit y trouver un sens caché pas toujours évident. À titre d'exemple, lorsque des personnages parlent d'événements futiles, un événement beaucoup plus important et grave est annoncé, lorsque la situation devient absurde, elle prend en réalité un sérieux indéniable.

✎ Extrait

[...]

BÉRENGER : Je t'aime.

DAISY : Tu te répètes, mon chou.

BÉRENGER : Écoute, Daisy, nous pouvons faire quelque chose. Nous
5   aurons des enfants, nos enfants en auront d'autres, cela mettra du
       temps, mais à nous deux, nous pourrons régénérer[1] l'humanité.

DAISY : Régénérer l'humanité ?

BÉRENGER : Cela s'est déjà fait.

DAISY : Dans le temps. Adam et Ève... Ils avaient beaucoup de courage.

10   **BÉRENGER** : Nous aussi, nous pouvons avoir du courage. Il n'en faut
       pas tellement d'ailleurs. Cela se fait tout seul, avec du temps, de la
       patience.

DAISY : À quoi bon ?

BÉRENGER : Si, si, un peu de courage, un tout petit peu.

15   **DAISY** : Je ne veux pas avoir d'enfants. Ça m'ennuie.

BÉRENGER : Comment veux-tu sauver le monde alors ?

---

1 régénérer *v.t.* = reproduire 繁衍

DAISY : Pourquoi le sauver ?

BÉRENGER : Quelle question !… Fais ça pour moi, Daisy. Sauvons le monde.

20 **DAISY** : Après tout, c'est peut-être nous qui avons besoin d'être sauvés. C'est nous, peut-être, les anormaux.

BÉRENGER : Tu divagues[1], Daisy, tu as de la fièvre.

DAISY : En vois-tu d'autres de notre espèce ?

BÉRENGER : Daisy, je ne veux pas t'entendre dire cela !

25 *Daisy regarde de tous les côtés, vers tous les rhinocéros dont on voit les têtes sur les murs, à la porte du palier, et aussi apparaissant sur le bord de la rampe.*

DAISY : C'est ça, les gens. Ils ont l'air gais. Ils se sentent bien dans leur peau. Ils n'ont pas l'air d'être fous. Ils sont très naturels. Ils ont eu des

30 raisons.

BÉRENGER, *joignant les mains et regardant Daisy désespérément* : C'est nous qui avons raison, Daisy, je t'assure.

DAISY : Quelle prétention !…

BÉRENGER : Tu sais bien que j'ai raison.

35 **DAISY** : Il n'y a pas de raison absolue. C'est le monde qui a raison, ce n'est pas toi, ni moi.

BÉRENGER : Si, Daisy, j'ai raison. La preuve, c'est que tu me comprends quand je te parle.

DAISY : Ça ne prouve rien.

40 **BÉRENGER** : La preuve, c'est que je t'aime autant qu'un homme puisse aimer une femme.

DAISY : Drôle d'argument !

BÉRENGER : Je ne te comprends plus, Daisy. Ma chérie, tu ne sais plus ce que tu dis ! L'amour ! l'amour, voyons, l'amour…

45 **DAISY** : J'en ai un peu honte, de ce que tu appelles l'amour, ce sentiment morbide[2], cette faiblesse de l'homme. Et de la femme. Cela ne peut se comparer avec l'ardeur, l'énergie extraordinaire que dégagent tous ces êtres qui nous entourent.

---

1 divaguer *v.i.* = tenir des discours extravagants 胡言乱语
2 morbide *adj.* = pervers 病态的

BÉRENGER : De l'énergie ? Tu veux de l'énergie ? Tiens, en voilà de
50   l'énergie !

Il lui donne une gifle.

DAISY : Oh ! Jamais je n'aurais cru…

Elle s'effondre[1] dans le fauteuil.

BÉRENGER : Oh ! pardonne-moi, ma chérie, pardonne-moi ! (*Il veut*
55   *l'embrasser, elle se dégage.*) Pardonne-moi, ma chérie. Je n'ai pas
voulu. Je ne sais pas ce qui m'est arrivé, comment ai-je pu me laisser
emporter !

DAISY : C'est parce que tu n'as plus d'arguments ; c'est simple.

BÉRENGER : Hélas ! En quelques minutes, nous avons donc vécu vingt-
60   cinq années de mariage.

DAISY : J'ai pitié de toi aussi, je te comprends.

BÉRENGER, *tandis que Daisy pleure* : Eh bien, je n'ai plus d'arguments
sans doute. Tu les crois plus forts que moi, plus forts que nous, peut-
être.

65   **DAISY** : Sûrement.

BÉRENGER : Eh bien, malgré tout, je te le jure, je n'abdiquerai[2] pas, moi,
je n'abdiquerai pas.

DAISY, *elle se lève, va vers Bérenger, entoure son cou de ses bras* : Mon
pauvre chéri, je résisterai avec toi, jusqu'au bout.

70   **BÉRENGER** : Le pourras-tu ?

DAISY : Je tiendrai parole[3]. Aie confiance. (*Bruits devenus mélodieux*[4]
des rhinocéros.) Ils chantent, tu entends ?

BÉRENGER : Ils ne chantent pas, ils barrissent.

DAISY : Ils chantent.

75   **BÉRENGER** : Ils barrissent, je te dis.

DAISY : Tu es fou, ils chantent.

BÉRENGER : Tu n'as pas l'oreille musicale, alors !

DAISY : Tu n'y connais rien en musique, mon pauvre ami, et puis,
regarde, ils jouent, ils dansent.

80   **BÉRENGER** : Tu appelles ça de la danse ?

---

1 s'effondrer *v.pr.* = tomber brusquement en perdant toute énergie morale ou physique （人）倒下，瘫倒
2 abdiquer *v.i.* = s'incliner 屈服
3 tenir parole = être fidèle à sa parole 遵守诺言
4 mélodieux(se) *adj.* = harmonieux(se) 优美悦耳的

DAISY : C'est leur façon. Ils sont beaux.

BÉRENGER : Ils sont ignobles[1] !

DAISY : Je ne veux pas qu'on en dise du mal. Ça me fait de la peine.

BÉRENGER : Excuse-moi. Nous n'allons pas nous chamailler[2] à cause

85   d'eux.

DAISY : Ce sont des dieux.

BÉRENGER : Tu exagères, Daisy, regarde-les bien.

DAISY : Ne sois pas jaloux, mon chéri. Pardonne-moi aussi.

Elle se dirige de nouveau vers Bérenger, veut l'entourer de ses bras. C'est

90   *Bérenger maintenant qui se dégage.*

BÉRENGER : Je constate que nos opinions sont tout à fait opposées. Il

vaut mieux ne plus discuter.

DAISY : Ne sois pas mesquin[3], voyons.

BÉRENGER : Ne sois pas sotte.

95 **DAISY**, *à Bérenger, qui lui tourne le dos. Il se regarde dans la glace, se*

dévisage[4] : La vie en commun n'est plus possible.

Tandis que Bérenger continue à se regarder dans la glace, elle se dirige

doucement vers la porte en disant : « Il n'est pas gentil, vraiment, il n'est*

pas gentil. » Elle sort, on la voit descendre lentement le haut de l'escalier.

100 **BÉRENGER**, *se regardant toujours dans la glace* : Ce n'est tout de même

pas si vilain que ça un homme. Et pourtant, je ne suis pas parmi les

plus beaux ! Crois-moi, Daisy ! (*Il se retourne.*) Daisy ! Daisy ! Où es-

tu, Daisy ? Tu ne vas pas faire ça ! (*Il se précipite vers la porte.*) Daisy !

(*Arrivé sur le palier, il se penche sur la balustrade[5].*) Daisy ! remonte !

105 reviens, ma petite Daisy ! Tu n'as même pas déjeuné ! Daisy, ne

me laisse pas tout seul ! Qu'est-ce que tu m'avais promis ! Daisy !

Daisy ! (*Il renonce à l'appeler, fait un geste désespéré et rentre dans*

sa chambre.) Évidemment. On ne s'entendait plus. Un ménage

désuni. Ce n'était plus viable[6]. Mais elle n'aurait pas dû me quitter

110 sans s'expliquer. (*Il regarde partout.*) Elle ne m'a pas laissé un mot.

Ça ne se fait pas. Je suis tout à fait seul maintenant. (*Il va fermer*

---

1 ignoble *adj.* = méprisable 卑贱的

2 se chamailler *v.pr.* = se disputer 争吵

3 mesquin(e) *adj.* = étriqué 小心眼的，气量小的

4 se dévisager *v.pr.* = se regarder 自己看自己

5 balustrade *n.m.* = petite barrière ajourées servant de protection, d'appui ou de décoration 栏杆，扶手

6 viable *adj.* = durable 持久的

la porte à clé, soigneusement, mais avec colère.) On ne m'aura[1] pas,
moi. (*Il ferme soigneusement les fenêtres.*) Vous ne m'aurez pas, moi.
(*Il s'adresse à toutes les têtes de rhinocéros.*) Je ne vous suivrai pas,
115   je ne vous comprends pas ! Je reste ce que je suis. Je suis un être
humain. Un être humain. (*Il va s'asseoir dans le fauteuil.*) La situation
est absolument intenable[2]. C'est ma faute, si elle est partie. J'étais
tout pour elle. Qu'est-ce qu'elle va devenir ? Encore quelqu'un sur
la conscience[3]. J'imagine le pire, le pire est possible. Pauvre enfant
120   abandonnée dans cet univers de monstres ! Personne ne peut
m'aider à la retrouver, personne, car il n'y a plus personne. (*Nouveaux
barrissements, courses éperdues[4], nuages de poussière.*) Je ne veux pas
les entendre. Je vais mettre du coton dans les oreilles. (*Il se met du
coton dans les oreilles et se parle à lui-même dans la glace.*) Il n'y a pas
125   d'autre solution que de les convaincre, les convaincre, de quoi ? Et
les mutations sont-elles réversibles ? Hein, sont-elles réversibles ?
Ce serait un travail d'Hercule[5], au-dessus de mes forces. D'abord,
pour les convaincre, il faut leur parler. Pour leur parler, il faut que
j'apprenne leur langue. Ou qu'ils apprennent la mienne ? Mais quelle
130   langue est-ce que je parle ? Quelle est ma langue ? Est-ce du français,
ça ? Ce doit bien être du français ? Mais qu'est-ce que du français ?
On peut appeler ça du français, si on veut, personne ne peut le
contester, je suis seul à le parler. Qu'est-ce que je dis ? Est-ce que je
me comprends, est-ce que je me comprends ? (*Il va vers le milieu de la
135   chambre.*) Et si comme me l'avait dit Daisy, si c'est eux qui ont raison ?
(*Il retourne vers la glace.*) Un homme n'est pas laid, un homme n'est
pas laid ! (*Il se regarde en passant la main sur sa figure.*) Quelle drôle
de chose ! À quoi je ressemble alors ? À quoi ? (*Il se précipite vers un
placard, en sort des photos, qu'il regarde.*) Des photos ! Qui sont-ils tous
140   ces gens-là ? M. Papillon, ou Daisy plutôt ? Et celui-là, est-ce Botard
ou Dudard, ou Jean ? ou moi, peut-être ! (*Il se précipite de nouveau
vers le placard d'où il sort deux ou trois tableaux.*) Oui, je me reconnais ;

---

1   avoir qqn = tromper qqn 欺骗某人
2   intenable *adj.* = qui ne peut être défendu 难以防守的
3   qqn sur la conscience = qqn qui rencontre des problèmes de la conscience 碰到良心问题的人
4   éperdu(e) *adj.* = fou 疯狂的
5   Hercule *n.m.* = homme d'une force hors du commun 大力士

c'est moi, c'est moi ! (*Il va raccrocher les tableaux sur le mur du fond, à côté des têtes des rhinocéros.*) C'est moi, c'est moi. (*Lorsqu'il accroche*
145   *les tableaux, on s'aperçoit que ceux-ci représentent un vieillard, une grosse femme, un autre homme. La laideur de ces portraits contraste avec les têtes des rhinocéros qui sont devenues très belles. Bérenger s'écarte pour contempler les tableaux.*) Je ne suis pas beau, je ne suis pas beau. (*Il décroche les tableaux, les jette par terre avec fureur, il va*
150   *vers la glace.*) Ce sont eux qui sont beaux. J'ai eu tort ! Oh ! comme je voudrais être comme eux. Je n'ai pas de corne, hélas ! Que c'est laid, un front plat. Il m'en faudrait une ou deux, pour rehausser mes traits[1] tombants[2]. Ça viendra peut-être, et je n'aurai plus honte, je pourrai aller tous les retrouver. Mais ça ne pousse pas ! (*Il regarde les paumes*
155   *de ses mains.*) Mes mains sont moites. Deviendront-elles rugueuses[3] ? (*Il enlève son veston, défait sa chemise, contemple sa poitrine dans la glace.*) J'ai la peau flasque[4]. Ah, ce corps trop blanc, et poilu[5] ! Comme je voudrais avoir une peau dure et cette magnifique couleur d'un vert sombre, une nudité décente, sans poils, comme la leur ! (*Il écoute*
160   *les barrissements.*) Leurs chants ont du charme, un peu âpre, mais un charme certain ! Si je pouvais faire comme eux. (*Il essaye de les imiter.*) Ahh, ahh, brr ! Non, ça n'est pas ça ! Essayons encore, plus fort ! Ahh, ahh, brr ! non, non, ce n'est pas ça, que c'est faible, comme cela manque de vigueur ! Je n'arrive pas à barrir. Je hurle seulement Ahh,
165   ahh, brr ! Les hurlements ne sont pas des barrissements ! Comme j'ai mauvaise conscience, j'aurais dû les suivre à temps. Trop tard maintenant ! Hélas, je suis un monstre, je suis un monstre. Hélas, jamais je ne deviendrai rhinocéros, jamais, jamais ! Je ne peux plus changer. Je voudrais bien, je voudrais tellement, mais je ne peux
170   pas. Je ne peux plus me voir. J'ai trop honte ! (*Il tourne le dos à la glace.*) Comme je suis laid ! Malheur à celui qui veut conserver son originalité ! (*Il a un brusque sursaut.*) Eh bien tant pis ! Je me défendrai contre tout le monde ! Ma carabine[6], ma carabine ! (*Il se retourne face*

---

1 traits *n.m.pl.* = dessein d'un visage 脸部轮廓
2 tombant(e) *adj.* = pendant 下垂的
3 rugueux(se) *adj.* = rude 粗糙的
4 flasque *adj.* = mou (molle) 松弛的
5 poilu(e) *adj.* = velu(e) 长着浓毛的
6 carabine *n.m.* = fusil à canon court 短枪，卡宾枪

au mur du fond où sont fixées les têtes des rhinocéros, tout en criant :)

175 Contre tout le monde, je me défendrai ! Je suis le dernier homme, je le resterai jusqu'au bout ! Je ne capitule[1] pas !

RIDEAU

Gallimard, 1960.

✑ Questions et Réflexions

1. Essayez de décrire le développement de l'état d'esprit de Daisy durant sa conversation avec Bérenger.
2. Au dénouement, Bérenger, lui aussi, semble s'ébranler même s'il tient à déclarer sa défense perpétuelle contre les Rhinocéros. Comment comprenez-vous ce traitement du dramaturge ?

---

1 capituler *v.i.* = céder 投降，屈服

‖ 文化点滴 ‖

若埃尔·博默哈的"舞台写作"

　　法国当代剧作家、戏剧导演若埃尔·博默哈(Joël Pommerat)以其独特的"舞台写作"(écriture scénique)创作方式闻名当代剧坛。与传统意义上的"剧本作家"(écrivain de texte)不同，博默哈将自己定义为"演出作家"(écrivain de spectacle)，坚持舞台创作与文本创作应同时进行，强调导演艺术与编剧艺术的不可分割。

　　博默哈以撰写剧本大纲开启创作，随后召集团队排演，在表演过程中不断听取演员、舞美师、音响师等团队创作人员的反馈，反复补充、修改、完善剧本。这一戏剧创作方式革新了将剧本与舞台两者分割开来的戏剧创作传统，以一种"即兴表演"的方式推动了戏剧表演美学的重要变革。

　　作为导演，博默哈几乎只排演自己的作品，且从未将其作品授予其他导演演出。自2006年起，博默哈的多部作品如：《这个孩子》(Cet Enfant, 2006)、《商人》(Les Marchands, 2006)、《灰姑娘》(Cendrillon, 2006)等多次获得法国及欧洲各项戏剧大奖，包括莫里哀戏剧奖、博马舍戏剧奖、法国戏剧文学会最佳编剧奖等等。2012年，法国政府授予博默哈法兰西文学与艺术军官勋章(Grade d'officier de l'ordre des Arts et des Lettres)，以表彰其为法国戏剧所作出的贡献。2015年，法兰西学院将戏剧大奖(Prix du Théâtre)授予其全部戏剧作品。

NATHALIE SARRAUTE (1900–1999)

Biographie

Nathalie Sarraute est née Natalia Tcherniak à Ivanovo-Voznessensk en Russie en 1900 dans une famille d'origine juive aisée et cultivée. À cause du divorce de ses parents dès sa petite enfance, la jeune Nathalie est obligée de se déplacer sans cesse entre la France et la Russie. Ayant une éducation cosmopolite, elle poursuit ses études dans plusieurs villes d'Europe, la sociologie à Berlin, l'anglais à Oxford et le droit à Paris, où elle devient avocate en 1925 et rencontre son futur mari, Raymond Sarraute. En 1939, elle publie son premier roman *Tropismes* et, au sortir de la guerre, abandonne définitivement sa carrière d'avocate et se consacre à l'écriture. Avec la publication en 1956 de l'essai *L'Ère du soupçon*, une critique de la psychologisation des personnages littéraires, Nathalie Sarraute devient l'un des chefs de file du courant du Nouveau roman. L'ensemble de son œuvre repose en effet sur l'existence d'un préconscient antérieur à tout langage. Romancière et dramaturge, elle va approfondir cette idée autant dans ses romans (*Planétarium,* 1959) que dans son théâtre (*Le Silence,* 1964 ; *Le Mensonge,* 1966 ; *Pour un oui ou pour un non,* 1982). Le théâtre de Sarraute illustre bel et bien cette thèse : le langage n'est qu'un artifice et accentue l'inauthenticité de la vie sociale.

POUR UN OUI OU POUR UN NON
(1982)

〰 Résumé

H. 1 est venu rendre visite à son ami, H. 2, pour lui demander des explications sur les raisons de son éloignement. H. 2 commence par se dérober : « C'est… c'est plutôt que ce n'est rien… ce qui s'appelle rien… ». Puis sous la demande insistante de H. 1, il finit par lâcher la cause de sa vexation : ce « rien » là, est une certaine appréciation condescendante, un étirement d'une syllabe dans l'expression « C'est bien… ça », portée par H. 1 à l'occasion d'une certaine réussite de H. 2. Dès lors, le duo amical se transforme en duel meurtrier du langage car H. 1 ne reconnaît pas avoir donné cette nuance condescendante à son propos. H. 2 propose de poursuivre l'explication devant une sorte de petit tribunal, les voisins de palier, mais ceux-ci finiront par partir sans avoir compris l'enjeu du différend entre les deux amis. H. 1 et H. 2 poursuivent leur discours, gagnant chacun à leur tour du terrain sur l'autre sans jamais trouver celui de la conciliation et dans un mouvement perpétuel d'approche et de décalage sur les appréciations que chacun croit déceler dans les intonations ou intentions de l'autre. Ils sont tous convaincus qu'il n'existe aucun tribunal pouvant les départager sinon celui qui rendrait un verdict consistant à les débouter et à les renvoyer à l'insignifiance apparente de leur demande. Le destin de leur amitié ne tient tragiquement que pour un oui ou pour un non.

〰 Commentaire

Pour un oui ou pour un non, créée par Nathalie Sarraute comme pièce radiophonique en 1981, est publiée en 1982 et représentée pour la première fois au théâtre en 1986. La pièce met en scène quatre personnages, sans nom : H. 1, H. 2, H. 3, et F., H signifiant homme, et F signifiant femme. Elle se présente comme un dialogue constitué de courtes répliques entre deux hommes, H. 1 et H. 2, qui se développe autour de l'intonation d'une suspension d'une formule dans une conversation passée. Aucune indication de changement de scène n'interrompt le fil du dialogue, hormis la mention de quatre silences. Il semble qu'il s'agisse d'une simple explication de texte. Néanmoins, contre toute apparence, l'auteur veut révéler le fait que la parole n'est pas seulement un texte, mais aussi une gestuelle humaine qui va brouiller le sens. L'interprétation de l'insinuation de cette parole engendre ainsi l'enchevêtrement de scènes. La pièce laisse également entrevoir l'aspect cruel et aveugle des relations interpersonnelles.

Cette pièce, la sixième de l'auteur, est en effet le résultat d'une réflexion d'une cinquantaine d'années sur ses idées sur les tropismes, exposées dès 1939, pour en constituer la plus brillante mise en forme. Elle se prête le mieux à une réflexion sur les pouvoirs du langage dans une dramaturgie non mimétique épargnée par l'illusion référentielle. Comme la pièce la plus jouée de Nathalie Sarraute, elle a été montée sur la scène plus de 600 fois depuis sa création.

✐ Extrait

[…]

H. 1 : Oui, cette fois je ne sais pas si « on y est », mais je sens qu'on
s'approche… Tiens, moi aussi, puisque nous en sommes là, il y a des
scènes dont je me souviens… il y en a une surtout… tu l'as peut-être
oubliée… c'était du temps où nous faisions de l'alpinisme… dans le
5   Dauphiné… on avait escaladé la barre des Écrins… tu te rappelles
XX1 ?

H. 2 : Oui. Bien sûr.

H. 1 : Nous étions cinq : nous deux, deux copains et un guide. On était
10   en train de redescendre… Et tout à coup, tu t'es arrêté. Tu as stoppé
toute la cordée. Et tu as dit, sur un ton… : « Si on s'arrêtait un instant
pour regarder ? Ça en vaut tout de même la peine… »

H. 2 : J'ai dit ça ? J'ai osé ?

H. 1 : Oui. Et tout le monde a été obligé de s'arrêter… Nous étions là, à
15   attendre… piétinant et piaffant¹… pendant que tu « contemplais »…

H. 2 : Devant vous ? Il fallait que j'aie perdu la tête…

H. 1 : Mais non. Tu nous forçais à nous tenir devant ça, en arrêt, que
nous le voulions ou non… Alors je n'ai pas pu résister. J'ai dit : « Allons,
dépêchons, nous n'avons pas de temps à perdre… Tu pourras trouver
20   en bas, chez la papetière², de jolies cartes postales… »

H. 2 : Ah oui. Je m'en souviens… J'ai eu envie de te tuer.

H. 1 : Et moi aussi. Et tous les autres, s'ils avaient pu parler, ils auraient
avoué qu'ils avaient envie de te pousser dans une crevasse³…

H. 2 : Et moi… oui… rien qu'à cause de ça, de ces cartes postales…
25   comment ai-je pu te revoir…

---

1 piaffer *v.i.* = piétiner 跺脚
2 papetier(ère) *n.* = personne qui vend du matériel pour écrire, de la papèterie 文具商
3 crevasse *n.f.* = cassure profonde 裂缝

H. 1 : Oh il a dû y avoir, après, un moment où tu as repris espoir…

H. 2 : Espoir ? Après ça ?

H. 1 : Oui, tu ne le perds jamais. Tu as dû avoir le fol espoir, comme tout
à l'heure, devant la fenêtre… quand tu m'as tapoté[1] l'épaule… « C'est
30 bien, ça… »

H. 2 : C'est bien, ça ?

H. 1 : Mais oui, tu sais le dire aussi… en tout cas l'insinuer… C'est
biiien… ça… voilà un bon petit qui sent le prix de ces choses-là…
on ne le croirait pas, mais vous savez, tout béotien[2] qu'il est, il en est
35 tout à fait capable…

H. 2 : Mon Dieu ! et moi qui avais cru à ce moment-là… comment ai-
je pu oublier ? Mais non, je n'avais pas oublié… je le savais, je l'ai
toujours su…

H. 1 : Su quoi ? Su quoi ? Dis-le.

40 H. 2 : Su qu'entre nous il n'y a pas de conciliation possible. Pas de
rémission[3]… C'est un combat sans merci. Une lutte à mort. Oui, pour
la survie. Il n'y a pas le choix. C'est toi ou moi.

H. 1 : Là tu vas fort.

H. 2 : Mais non, pas fort du tout. Il faut bien voir ce qui est : nous
45 sommes dans deux camps adverses. Deux soldats de deux camps
ennemis qui s'affrontent.

H. 1 : Quels camps ? Ils ont un nom.

H. 2 : Ah, les noms, ça c'est pour toi. C'est toi, c'est vous qui mettez des
noms sur tout. Vous qui placez entre guillemets… Moi je ne sais pas.

50 H. 1 : Eh bien, moi je sais. Tout le monde le sait. D'un côté, le camp
où je suis, celui où les hommes luttent, où ils donnent toutes leurs
forces… ils créent la vie autour d'eux… pas celle que tu contemples
par la fenêtre, mais la « vraie XX1 », celle que tous vivent. Et d'autre
part… eh bien…

55 H. 2 : Eh bien ?

H. 1 : Eh bien…

H. 2 : Eh bien ?

H. 1 : Non…

---

1 tapoter *v.t.* = donner de petits coups à plusieurs reprises sur… 轻轻地拍
2 béotien(enne) *adj.* = ignorant(e) 无知的
3 rémission *n.f.* = moment de tranquillité et de calme 平息，缓和

H. 2 : Si. Je vais le dire pour toi… Eh bien, de l'autre côté il y a les
60 « ratés[1] ».

H. 1 : Je n'ai pas dit ça. D'ailleurs, tu travailles…

H. 2 : Oui, juste pour me permettre de vivoter[2]. Je n'y consacre pas
toutes mes forces.

H. 1 : Ah ! tu en gardes ?

65 **H. 2** : Je te vois venir… Non, non, je n'en « garde » pas…

H. 1 : Si. Tu en gardes. Tu gardes des forces pour quoi ?

H. 2 : Qu'est-ce que ça peut bien te faire ? Pourquoi faut-il que tu
viennes toujours chez moi inspecter, fouiller ? On dirait que tu as
peur…

70 **H. 1** : Peur ? Peur !

H. 2 : Oui, peur. Ça te fait peur : quelque chose d'inconnu, peut-être
de menaçant, qui se tient là, quelque part, à l'écart, dans le noir…
une taupe[3] qui creuse sous les pelouses bien soignées où vous vous
ébattez[4]… Il faut absolument la faire sortir, voici un produit à toute
75 épreuve : « C'est un raté. » « Un raté. » Aussitôt, vous le voyez ? le voici
qui surgit au-dehors, il est tout agité : « Un raté ? Moi ? Qu'est-ce que
j'entends ? Qu'est-ce que vous dites ? Mais non, je n'en suis pas un, ne
croyez pas ça… voilà ce que je suis, voilà ce que je serai… vous allez
voir, je vous donnerai des preuves… » Non, n'y compte[5] pas. Même
80 ça, même « un raté », si efficace que ça puisse être, ne me fera pas
quitter mon trou, j'y suis trop bien.

H. 1 : Vraiment ? Tu y es si bien que ça ?

H. 2 : Mieux que chez toi, en tout cas, sur tes pelouses… Là je
dépéris[6]… j'ai envie de fuir… La vie ne vaut plus…

85 **H. 1** : La vie ne vaut plus la peine d'être vécue, c'est ça. C'est exactement
ce que je sens quand j'essaie de me mettre à ta place.

H. 2 : Qui t'oblige à t'y mettre ?

H. 1 : Je ne sais pas… je veux toujours comprendre…

H. 2 : C'est ce que je te disais : tu doutes toujours, tu crains qu'il n'y ait

---

1 raté(e) *n.* = personne qui a échoué dans sa vie professionnelle ou sociale 【俗】失败者
2 vivoter *v.i.* = mener une existence médiocre avec peu de moyens 凑合生活
3 taupe *n.f.* = petit mammifère insectivore 鼹鼠
4 s'ébattre *v.pr.* = s'amuser 嬉戏，玩耍
5 y compter = en être sûr 确信
6 dépérir *v.i.* = s'affaiblir en perdant peu à peu ses forces vitales 衰弱，渐弱

90   là-bas, dans une petite cabane dans la forêt…

H. 1 : Non, je veux savoir d'où ça te vient, ce détachement. Surnaturel. Et j'en reviens toujours à ça : il faut que tu te sentes soutenu…

H. 2 : Ah Verlaine de nouveau, hein ? les poètes… Eh bien non, je n'en suis pas un… et si tu veux le savoir, je n'en serai pas un. Jamais. Tu

95   n'auras pas cette chance.

H. 1 : Moi ? Cette chance ? Je crois que si tu te révélais comme un vrai poète… il me semble que la chance serait plutôt pour toi.

H. 2 : Allons, qu'est-ce que tu racontes ? Tu n'y penses pas… Vous avez même un mot tout prêt pour ça : récupéré. Je serais récupéré.

100   Réintégré. Placé chez vous, là-bas. Plus de guillemets, bien sûr, mais à ma juste place et toujours sous surveillance. « C'est bien… ça » sera encore trop beau quand je viendrai tout pantelant vous présenter… attendre… guetter ; « Ah oui ? Vous trouvez ? Oui ? C'est bien ?… Évidemment je ne peux prétendre… avec derrière moi, auprès

105   de moi, tous ces grands… » Vous me tapoterez l'épaule… n'est-ce pas attendrissant[1] ? Vous sourirez… « Ah mais qui sait ? Hein ? Qui peut prédire ?… Il y a eu des cas… » Non. N'y compte pas. Tu peux regarder partout : ouvre mes tiroirs, fouille dans mes placards, tu ne trouveras pas un feuillet… pas une esquisse[2]… pas la plus légère

110   tentative… *Rien à* vous mettre sous la dent[3].

H. 1 : Dommage. Ç'aurait pu être de l'or pur. Du diamant.

H. 2 : Ou même du plomb, n'est-ce pas ? pourvu qu'on voie ce que c'est, pourvu qu'on puisse le classer, le coter… Il faut absolument qu'on sache à quoi s'en tenir. Comme ça on est tranquille. Il n'y a plus rien à

115   craindre.

H. 1 : À craindre ? Tu reviens encore à ça… À craindre… Oui, peut-être… Peut-être que tu as raison, en fin de compte… c'est vrai qu'auprès de toi j'éprouve parfois comme de l'appréhension…

H. 2 : Ah, voilà…

120 **H. 1** : Oui… il me semble que là où tu es tout est… je ne sais pas comment dire… inconsistant, fluctuant… des sables mouvants où l'on s'enfonce… je sens que je perds pied… tout autour de moi se

---

1 attendrissant(e) *adj.* = touchant(e) 感动的

2 esquisse *n.f.* = amorce 开端

3 avoir qqch. à se mettre sous la dent *loc.v.* = disposer d'un nombre suffisant d'éléments pour pouvoir progresser 【俗】拥有足够的论据可以继续推进

met à vaciller, tout va se défaire… il faut que je sorte de là au plus vite… que je me retrouve chez moi où tout est stable. Solide.

125 **H. 2** : Tu vois bien… Et moi… eh bien, puisque nous en sommes là… et moi, vois-tu, quand je suis chez toi, c'est comme de la claustrophobie[1]… je suis dans un édifice fermé de tous côtés… partout des compartiments, des cloisons, des étages… j'ai envie de m'échapper… mais même quand j'en suis sorti, quand je suis revenu

130 chez moi, j'ai du mal à… à…

H. 1 : Oui ? du mal à faire quoi ?

H. 2 : Du mal à reprendre vie… parfois encore le lendemain je me sens comme un peu inerte… et autour de moi aussi… il faut du temps pour que ça revienne, pour que je sente ça de nouveau, cette

135 pulsation, un pouls qui se remet à battre… alors tu vois…

H. 1 : Oui. Je vois.

(*Un silence.*)

À quoi bon s'acharner[2] ?

H. 2 : Ce serait tellement plus sain…

140 **H. 1** : Pour chacun de nous… plus salutaire…

H. 2 : La meilleure solution…

H. 1 : Mais tu sais bien comment nous sommes. Même toi, tu n'as pas osé le prendre sur toi[3].

H. 2 : Non. J'ai besoin qu'on m'autorise.

145 **H. 1** : Et moi donc, tu me connais…

(*Un silence.*)

Qu'est-ce que tu crois… si on introduisait une demande… à nous deux, cette fois… on pourrait peut-être mieux expliquer… on aurait peut-être plus de chances…

150 **H. 2** : Non… à quoi bon ? Je peux tout te dire d'avance… Je vois leur air… « Eh bien, de quoi s'agit-il encore ? De quoi ? Qu'est-ce qu'ils racontent ? Quelles taupes ? Quelles pelouses ? Quels sables mouvants ? Quels camps ennemis ? Voyons un peu leurs dossiers… Rien… on a beau chercher… examiner les points d'ordinaire les

155 plus chauds… rien d'autre nulle part que les signes d'une amitié

---

1 claustrophobie *n.f.* = angoisse éprouvée dans un lieu clos 【医】幽闭恐惧症
2 s'acharner *v.pr.* = persévérer avec ardeur ou obstination 热衷于；固执于
3 prendre qqch. sur soi *loc.v.* = prendre la responsablitié de 承担某事的责任

parfaite… »

H. 1 : C'est vrai.

H. 2 : « Et ils demandent à rompre. Ils ne veulent plus se revoir de leur vie… quelle honte… »

160 **H. 1** : Oui, aucun doute possible, aucune hésitation : déboutés tous les deux.

H. 2 : « Et même, qu'ils y prennent garde… qu'ils fassent très attention. On sait quelles peines encourent[1] ceux qui ont l'outrecuidance[2] de se permettre ainsi, sans raison… Ils seront signalés… on ne s'en

165 approchera qu'avec prudence, avec la plus extrême méfiance… Chacun saura de quoi ils sont capables, de quoi ils peuvent se rendre coupables : ils peuvent rompre pour un oui ou pour un non. »

H. 1 : Pour un oui… ou pour un non ?

(*Un silence.*)

170 **H. 2** : Oui ou non ?…

H. 1 : Ce n'est pourtant pas la même chose…

H. 2 : En effet : Oui. Ou non.

H. 1 : Oui.

H. 2 : Non !

Gallimard, 1989.

〰 **Questions et Réflexions**

1. Essayez d'exposer les arguments avancés par H. 1 et H. 2 pour se défendre pendant toute la conversation, et de résumer leurs changements d'opinion sur l'autre.

2. En lisant le dénouement de la pièce, veuillez analyser l'intention de l'auteure pour avoir intitulé la pièce « Pour un oui ou pour un non ».

---

1 encourir *v.t.* = risquer de subir 有可能遭受
2 outrecuidance *n.f.* = impertinence 自负，傲慢

‖ 文化点滴 ‖

坚持文学传统的那一派

　　19世纪末至20世纪初期的法国剧坛经历了一场具有转折意义的深刻变革，主要表现为导演力量的崛起及剧作家地位的削弱。领导独立剧团的新锐导演们来势汹汹，文学剧本创作遭到冷落。在这场导演与剧作家的话语权之争中，一批擅长文学写作的作家们选择坚守阵地，捍卫戏剧艺术的文学传统。他们拒绝对导演"俯首称臣"，维护文学剧本的中心地位，因具有强烈个人风格的剧本创作而成为20世纪上半叶法国戏剧文学的代表。主要代表人物有克洛岱尔（Paul Claudel）、吉罗杜（Jean Giraudoux）、蒙泰朗（Henry de Montherlant）等等。

　　二战后，阿尔托（Antonin Artaud）的残酷戏剧理论、荒诞派戏剧等先锋戏剧思潮风靡，剧本存在的合法性一再遭到质疑，昔日文学剧本创作风光不再。然而，在"反戏剧"热潮席卷整个西方剧坛的同时，法国戏剧界重视戏剧艺术文学性的"古典主义"精神却从未断绝。70年代"日常戏剧"（le théâtre du quotidien）流派的出现，文学家萨洛特（Nathalie Sarraute）、杜拉斯（Marguerite Duras）坚持剧本写作，当代剧作家拉戛尔斯（Jean-Luc Lagarce）、科尔代斯（Bernard-Marie Koltès）、雷扎（Yasmina Reza）创新剧本写作等等，勾勒出法国戏剧文学发展史上的独特风景线。

MARGUERITE DURAS (1914–1996)

Biographie

Marguerite Duras, de son vrai nom Marguerite Donnadieu, est née en 1914 à Gia Dinh, alors en Indochine française, et morte en 1996 à Paris. Marguerite Donnadieu passe toute son enfance au Viet Nam. En 1932, alors qu'elle vient d'obtenir son baccalauréat, elle quitte Saïgon et vient s'installer en France pour poursuivre ses études. Elle obtient en 1963 une licence en droit. En 1939, elle épouse son premier mari Robert Antelme et donne naissance en 1942 à leur premier enfant malheureusement mort-né. Pendant cette période bouleversée dans sa vie, Marguerite Donnadieu rencontre son futur second mari Dionys Mascolo qui est alors un ami de Robert Antelme. Ils se mettent tous les trois au service de la Résistance. En parallèle, elle publie sous le pseudonyme de Marguerite Duras ses premiers romans : *Les Imprudents* (1943) et *La Vie tranquille* (1944). En 1944, Marguerite s'inscrit au PCF, le Parti communiste français. Trois ans plus tard, elle divorce et se remarie avec Dionys Mascolo. 1950 est l'année qui marque la désertion du PCF de Marguerite et la publication de son œuvre majeure, *Un Barrage contre le Pacifique*. Elle est ainsi associée au mouvement Nouveau Roman et publie ensuite régulièrement des romans pour renouveler le genre romanesque. Le théâtre ne lui échappe pas. Dès 1955, Marguerite commence à écrire des pièces avec *Le Square* (1955), puis viendront *Les Viaducs de la Seine-et-Oise* (1959), *Des Journées entières dans les arbres* (1968), *Agatha* (1981) et aussi *Savannah Bay* (1982). Son œuvre théâtrale contribue beaucoup à bousculer les conventions théâtrales pendant la seconde moitié du XXᵉ siècle. Marguerite Duras écrit également pour le cinéma avec le scénario du film *Hiroshima mon amour* (1959) puis passera à la réalisation en adaptant ses propres livres. En 1984, Marguerite Duras connaît un immense succès avec son roman *L'Amant* qui reçoit le Prix Goncourt.

SAVANNAH BAY
(1982)

✐ Résumé

SCÈNE I

Madeleine, une vieille femme, apparaît et arrive derrière elle la Jeune Femme. Le dialogue commence autour d'une chanson d'Édith Piaf. Madeleine qui perd la mémoire ne reconnaît ni la chanteuse ni la fille en face d'elle. Celle-ci lui rappelle qu'elle vient la voir chaque jour. Elle se souvient alors que la Jeune Femme est peut-être sa petite-fille dont la mère s'appelant Savannah est morte. À la demande de La Jeune Femme, Madeleine commence à raconter l'histoire de Savannah.

SCÈNE II

Madeleine explique d'abord le décor de l'histoire : une grande pierre blanche au milieu de la mer, le vent, l'été, le soleil brûlant, dans un pays qui n'est jamais nommé. Elle évoque ensuite une jeune fille qui chaque jour nage jusqu'à la pierre. C'est la fille de Madeleine. Un jour, un homme l'aperçoit et la rejoint. Ils vivent une passion amoureuse immédiate et intense. Le vent porte les voix du couple jusqu'à la maison que Madeleine habite. Ils font l'amour. Un enfant pleure. Les deux femmes évoquent une naissance en même temps qu'un drame.

SCÈNE III

La Jeune Femme parle brutalement de son souvenir d'un jour gris où quelqu'un est mort. Elle insiste à raconter l'histoire de cette mort afin que Madeleine, qui ne s'en souvient pas, lui parle. Ce jour-là, un enfant serait né et la jeune fille aurait quitté son lit d'accouchée pour aller nager dans la mer. Madeleine reprend son récit et parle du suicide de sa fille. Néanmoins, la réalité et la fiction se mélange dans sa tête. Tout semble s'être réellement passé. À l'enfant née ce jour de la mort, on n'a pas donné de nom. Elle se serait nommée elle-même Savannah plus tard.

✐ Commentaire

Savannah Bay est une pièce de théâtre de Marguerite Duras publiée en 1982 aux éditions de Minuit et mise en scène par l'auteur en 1983. Cette pièce incarne sans conteste le défi du siècle quant à la tâche de raconter une histoire. En mettant à jour l'impossibilité de raconter une histoire de façon cohérente après un drame, Marguerite Duras embrasse la crise de la représentation. *Savannah Bay* est de fait conditionnée par le refus de la mémoire et implique ainsi des efforts du lecteur afin de donner une suite logique de la pièce. En refusant d'offrir des descriptions psychiques des personnages, l'auteur empêche toutes identifications pour le lecteur. Le lecteur est poussé à établir des hypothèses, des suppositions sans jamais avoir de certitude.

Au niveau de la forme de théâtre, on observe surtout la présence importante des didascalies qui deviennent aussi nombreuses que le dialogue entre les personnages. Les frontières entre le dialogue et les indications scéniques se sont considérablement amincies. Tout cela laisserait entrevoir la voix de l'auteur lui-même. Enfin, *Savannah Bay* s'inscrit dans une veine de théâtre-récit où la parole et la narration l'emportent sur l'action dramatique réelle. En 2002, Savannah Bay entre au répertoire de la Comédie-Française.

✐ Extrait

Tu ne sais plus qui tu es, qui tu as été, tu sais que tu as joué, tu ne sais plus ce que tu as joué, ce que tu joues, tu joues, tu sais que tu dois jouer, tu ne sais plus quoi, tu joues. Ni quels sont tes rôles, ni quels sont tes enfants vivants ou morts. Ni quels sont les lieux, les scènes,
5   les capitales, les continents où tu as crié la passion des amants. Sauf que la salle a payé et qu'on lui doit le spectacle.
Tu es la comédienne de théâtre, la splendeur de l'âge du monde, son accomplissement, l'immensité de sa dernière délivrance.
Tu as tout oublié sauf Savannah, Savannah Bay.
10   Savannah Bay c'est toi.

M. D.

- -

La jeune femme : Elle a entre vingt et trente ans. Elle aime Madeleine de la même façon qu'elle aimerait son enfant, rigoureusement parlant. Madeleine, elle, laisserait faire cet amour pour elle de la
15   même façon qu'un enfant.
Madeleine : Je la vois de préférence habillée de noir, sauf la robe essayée que je vois blanche, fleurie en jaune clair.

Le rôle du personnage nommé Madeleine dans *Savannah Bay* ne devra être tenu que par une comédienne qui aurait atteint la

20 splendeur de l'âge.

La pièce *Savannah Bay* a été conçue et écrite en raison de cette splendeur.

Aucune comédienne jeune ne peut jouer le rôle de Madeleine dans *Savannah Bay*.

25 [...]

MADELEINE : Qu'est-ce que c'est ?

JEUNE FEMME : C'est Jean et Hélène. Ils ont apporté un disque pour vous. *Temps.* Ils sont repartis[1].

MADELEINE : Ah bon...

30 *La Jeune Femme caresse les mains de Madeleine, les embrasse. La voix de la chanteuse cesse.*

JEUNE FEMME : Vous reconnaissez cette chanson ?

MADELEINE (*hésitation*) : C'est-à-dire... un peu...

Temps long.

35 **JEUNE FEMME** : Je vais la chanter et vous, vous répéterez les paroles.

Madeleine ne répond pas. Elle fait une légère moue[2]. La Jeune Femme la regarde avec gravité[3].

JEUNE FEMME : Vous ne voulez pas ?

MADELEINE : Si... si... je veux bien...

40 *La Jeune Femme continue à regarder Madeleine avec une gravité intriguée[4]. Madeleine passe la main sur le visage de la Jeune Femme.*

MADELEINE : Vous êtes ma petite fille ?

JEUNE FEMME : Peut-être.

MADELEINE (*cherche*) : Ma petite fille ?... Ma fille ?...

45 **JEUNE FEMME** : Oui, peut-être.

MADELEINE (*cherche*) : C'est bien ça ?

JEUNE FEMME : Oui. C'est bien ça.

Temps. Silence.

---

1 Au cours de la pièce il y aura ainsi des visites de « Robert », de « Suzanne », de « Jean-Pierre », de « Claude », etc., générations issues d'elle qui passent par là, mais qui jamais ne seront vues, seulement entendues de loin.

2 moue *n.f.* = mimique faite avec la bouche 撇嘴

3 avec gravité = sérieusement 严肃地

4 intrigué(e) *adj.* = curieux(se) 好奇的

Madeleine ferme les yeux et caresse la tête de la Jeune Femme comme
50 *une aveugle le ferait. La Jeune Femme se laisse faire. Et puis Madeleine*
lâche cette tête, ses mains retombent, désespérées.

MADELEINE (*temps*) : Je voudrais qu'on me laisse tranquille.

JEUNE FEMME : Non.

La Jeune Femme prend les mains de Madeleine et les pose sur sa
55 *propre tête pour qu'elle continue à caresser « la troisième absente ». Les*
mains de Madeleine retombent encore désespérées. La Jeune Femme
abandonne. Mains inertes des deux femmes.

JEUNE FEMME : Vous vous ennuyez ?

MADELEINE : Non.

60 **JEUNE FEMME** : Jamais ?

MADELEINE (*simple*) : Jamais.

Silence. La Jeune Femme chantonne[1] *« Les Mots d'Amour ». On dirait que*
Madeleine cherche d'où vient le son. Arrêt du chant. Puis la Jeune Femme
commence à chanter la chanson de façon ralentie tout en prononçant
65 *les paroles de façon très intelligible.*

JEUNE FEMME (*chanté*) :

C'est fou c'que j'peux t'aimer.

C'que j'peux t'aimer des fois

Des fois j'voudrais crier…

70 **MADELEINE** (*regarde la Jeune Femme comme une élève le ferait et répète*
lentement, sans ponctuation précise, comme sous dictée) :

C'est fou c'que j'peux t'aimer

C'que j'peux t'aimer des fois

(*Temps*)

75 Des fois j'voudrais crier…

JEUNE FEMME. – Oui. (*Silence*).

(*Chanté – ralentissement du chant*) :

Car j'n'ai jamais aimé

Jamais aimé comme ça

80 Ça je peux te l'jurer…

MADELEINE (*de plus en plus attentive*) :

Car j'n'ai jamais aimé

---

1 chantonner *v.i.* = chanter doucement 低声歌唱

Jamais aimé comme ça

Ça je peux te l'jurer…

85   *Temps.*

JEUNE FEMME : C'est ça.

Temps. La Jeune Femme se tait un instant et puis elle recommence à

chanter.

JEUNE FEMME (*chanté*) :

90   Si jamais tu partais

Partais et me quittais

Je crois que j'en mourrais

Que j'en mourrais d'amour

Mon amour, mon amour…

95   *Silence.*

MADELEINE (*fixe, stupéfiée par la violence des paroles*) : Non.

Silence.

JEUNE FEMME (*sur le même ton*) :

Que j'en mourrais d'amour

100   Mon amour, mon amour.

MADELEINE : Non.

Silence. La Jeune Femme se tait. C'est Madeleine qui, comme contrite[1],

reprend.

MADELEINE : Mon amour, mon amour…

105   **JEUNE FEMME** (*corrige avec une immense douceur*) :

Que j'en mourrais d'amour

Mon amour, mon amour.

MADELEINE (*répète, docile*) :

Que j'en mourrais d'amour

110   Mon amour, mon amour.

La Jeune Femme attend et puis, très lentement, elle chante la chanson

et Madeleine redit les mots. Toutes les deux sont face au public. Les

deux dernières phrases de la chanson restent oubliées de Madeleine qui

les écoute avec une très grande intensité lorsque la Jeune Femme les

115   *chante, mais qui ne les répète pas.*

---

1 contrit(e) *adj.* = repentant(e) 【宗】忏悔的

JEUNE FEMME :

C'est sûr que j'en mourrais

Que j'en mourrais d'amour

Mon amour, mon amour…

120 *La Jeune Femme se tourne vers Madeleine encore une fois stupéfiée,*

comme si ces paroles lui étaient adressées.

Temps.

Puis la jeune femme psalmodie[1] le chant à une très grande lenteur tandis

que Madeleine, dans un effort de mémoire, dit les paroles de façon très

125 *indécise, ralentie, non rythmée.*

MADELEINE :

C'est fou c'qu'il me disait

Comme jolis mots d'amour

Et comme il m'les disait…

130 Mais il ne s'est pas tué

Car malgré son amour

C'est lui qui m'a quittée…

Sans dire un mot

Pourtant des mots

135 Y en avait tant…

(Elle tarde, répète deux fois les paroles, comme si elle était frappée de

mémoire tout à coup. La Jeune Femme l'attend.)

Y en avait trop…

Le refrain est repris par la Jeune Femme et Madeleine l'écoute, toujours

140 *avec passion. La Jeune Femme ne prononce plus toutes les paroles.*

JEUNE FEMME (*teneur musicale de la chanson*) :

C'est fou c'que j'peux t'aimer…

La la la la la … Mon amour, mon amour…

Madeleine acquiesce[2] au chant comme si la Jeune Femme disait les

145 *paroles : « oui, » « c'est ça ».*

Le chant se termine.

Madeleine est comme hantée par une mémoire lézardée[3] à partir du

chant. Le silence s'installe entre les deux femmes.

---

1 psalmodier *v.t.* = chanter de façon monotone 单调地唱

2 acquiescer à = accepter 接受

3 lézardé(e) *adj.* = fragmenté(e) 破碎的

Madeleine reste dans cette sorte d'égarement provoqué par la chanson.
150 *Et la Jeune Femme dans une attention profonde de Madeleine, la guettant pour ainsi dire non seulement en raison de son lien à elle mais aussi en raison de la passion de connaissance dans laquelle elle la tient. Elles ne se regardent pas. Se parlent cependant.*
[...]

Minuit, 2007.

✍ Questions et Réflexions

1. Sous la plume de Duras, on ne trouve plus de descriptions psychiques précises des personnages. Qu'est-ce que cela nous laisserait voir à propos des conceptions théâtrales de l'auteure ?

2. Selon vous, quel effet l'auteure veut-elle produire en créant un personnage (Madeleine) qui ne sait plus rien « sauf que la salle a payé et qu'on lui doit le spectacle » ?

3. La chanson d'Édith Piaf joue un rôle important dans l'évocation mémorielle du passé chez Madeleine. Que pensez-vous de ce mélange de fiction et de réalité ?

‖ 文化点滴 ‖

杜拉斯的戏剧、小说与电影

　　杜拉斯是法国20世纪极具个性的剧作家、小说家。她对传统文学及其艺术形式大胆革新，游走在小说、戏剧和电影之间进行"跨媒介"创作，在不同艺术表现形式的交叠之处构建起独特的创作美学。

　　以小说家身份踏入文坛的杜拉斯，在戏剧和电影方面同样成就卓著。1965–1984年间，伽利玛出版社陆续发行了杜拉斯的三部戏剧合集。1983年，法兰西学院将戏剧大奖授予其全部戏剧作品。作为法国重要电影流派"左岸派"（Rive gauche）的主要成员，她不仅写作了《广岛之恋》（*Hiroshima Mon Amour*, 1960）、《长别离》（*Une aussi longue absence*, 1961）等优秀电影剧本，而且从1965年起亲自担任导演，从创作《印度之歌》（*India Song*, 1974）开始，每年都有影片问世且多部作品获得国际大奖。小说《情人》（*L'Amant*）在1984年荣膺龚古尔文学奖后，立即在法国引起轰动并获得世界性声誉。1992年，法国导演让–雅克·阿诺（Jean-Jacques Annaud）将《情人》搬上大荧幕，影片成功入选戛纳电影节，引发国际影迷的喜爱与追捧。

MICHEL VINAVER (1927–2022)

Biographie

Michel Vinaver, de son vrai nom Michel Grinberg, est né en 1927 à Paris, des parents originaires de Russie. En 1940, la famille part s'installer à New York en raison des lois antisémites de Vichy. De retour en France après la guerre, Michel Vinaver commence à écrire. Avant de se consacrer au théâtre, il aura essayé la traduction de *The Waste Land* de T. S. Eliot (1947), mais aussi l'écriture de romans avec *Lataume* (1950), publié chez Gallimard avec l'appui de Camus, ainsi que *L'Objecteur* qui sera honoré du prix Fénéon en 1951. En 1953, il rentre chez Gillette, entreprise où il mènera une véritable carrière pendant 27 ans jusqu'à devenir PDG de cette société. En parallèle à cette activité professionnelle, Michel Vinaver se met à écrire pour le théâtre. L'œuvre théâtrale de Vinaver est d'ailleurs marquée par ses occupations professionnelles, et on y trouve une récurrence thématique du monde du travail. Sa première pièce, *Les Coréens* (1956) est mise en scène par Roger Planchon. Suivront *Les Huissiers* (1958) et *Iphigénie Hôtel* (1960) qui portent sur la guerre d'Algérie et ne seront montées sur scène que bien des années plus tard. Parmi ses pièces les plus connues on peut citer *Par-dessus bord* (1969), *La Demande d'emploi* (1971), *L'Ordinaire* (1981), *11 septembre 2001* (2004). Entre 1982 et 1991, il est professeur dans les départements d'études théâtrales de Paris III puis Paris VIII. Il préside, depuis sa création en 1982 et jusqu'en 1987, la commission Théâtre du Centre national des Lettres.

LA DEMANDE D'EMPLOI
(1971)

〰 Résumé

Au début de l'action, quatre personnages se présentent du même coup sur la scène, et ils y resteront jusqu'au dénouement : Fage, homme vieillissant, sa femme Louise, sa fille Nathalie (16 ans) et Wallace, le directeur du recrutement de l'entreprise où postule Fage. La scène centrale est celle de l'entretien d'embauche de Fage par Wallance. Leur dialogue commence par les questions typiques d'un entretien d'embauche. Wallance lui se considère comme un très grand meneur d'entretiens d'embauche, et il décrit même l'exercice comme une séance de psychanalyse. En abordant des questions intimes, il cherche à établir le profil psychologique de Fage. Celui-ci, malgré ses réticences, finit par partager ses difficultés familiales avec sa femme et sa fille. Même si Fage a violenté son ancien employeur, Wallance ne lui en tient pas rigueur, car il postule que les gens ouvertement anormaux sont plus facilement gérables que ceux refoulant leurs pulsions. On ne sait pas précisément si Fage obtient le poste. La pièce se clôt sur une discussion entre Wallance et Louise, laquelle vient inciter le recruteur à embaucher son mari. À cette occasion Wallance loue les qualités de Fage.

D'ailleurs, en même temps que le dialogue entre Fage et Wallance se développe, on assiste aux conversations entre Fage et sa femme Louise, ainsi que sa fille Nathalie. Dans ce cadre, on est au courant de la préparation de Fage à l'entretien d'embauche avec Wallance, mais aussi à tout le processus qui a suivi la perte du précédent poste : découragement, difficultés financières, multiples candidatures, propositions décevantes, etc. Louise, malgré ces difficultés, essaie de calmer la situation, alors que Fage, frustré, n'est pas toujours reconnaissant, et hurle à un moment sur son épouse qui vient lui offrir un cadeau d'anniversaire. D'autre part, Nathalie, entretenant avec son père une relation privilégiée, se montre pourtant très impatiente face à la pauvreté nouvelle de ses parents. Malgré l'apolitisme de son père, cette lycéenne s'engage passionnément dans une lutte anticapitaliste. Fage peine surtout à accepter que Nathalie ait décidé de porter l'enfant d'un jeune homme noir qu'elle a rencontré par hasard dans une librairie. À la fin de la pièce, les parents paraissent accepter de faire la connaissance du jeune homme noir.

✒ Commentaire

Dans *La Demande d'emploi*, Michel Vinaver ne se conforme plus au schéma narratif classique pour créer un enchaînement linéaire d'actes et de scènes, l'auteur nous offre ce qu'il appelle des « morceaux », chronologiquement désordonnés. Au sein même des morceaux, les lignes temporelles se mélangent, l'avant, le pendant et l'après se confondent, et les personnages semblent être à deux endroits, deux époques à la fois. Il n'y a pas vraiment un début, un milieu et une fin, comme dans les dramaturgies classiques. Tout a déjà commencé avant même l'entrée en scène des comédiens et tout va continuer une fois le spectacle achevé.

Lorsqu'il écrit, Michel Vinaver dirige la compagnie Gillette. Il connaît bien le fonctionnement du monde de l'entreprise et il n'a rien oublié de sa formation de sociologue. Dans *La Demande d'emploi*, il illustre les ravages des nouvelles méthodes de management en s'introduisant dans le microcosme d'un individu – un cadre au chômage d'une cinquantaine d'années. La grande habileté de l'auteur réside dans sa capacité à entrelacer vie personnelle et vie professionnelle. Les quatre personnages sont en permanence présents sur le plateau et interagissent dans un domaine qui n'est pas la leur. Épouse et fille interviennent parfois dans l'entretien d'embauche de Fage, perçues seulement par ce dernier. De même, le recruteur se mêle de la vie familiale par des questions intimes. Ainsi, apparaissent au grand jour les répercussions graves de chaque parole et de chaque geste. Avec une grande clairvoyance, Michel Vinaver annonce les bouleversements du monde de l'entreprise et le broiement progressif des individus.

✒ Extrait

UN[1]

WALLACE : Vous êtes né le 14 juin 1927 à Madagascar

LOUISE : Chéri

FAGE : J'ai physiquement

WALLACE : C'est évident

5   **LOUISE** : Quelle heure est-il ?

NATHALIE : Papa ne me fais pas ça à moi

FAGE : C'est un idéal qu'on se forge en commun je veux dire qu'on ne travaille pas seulement pour le bulletin de salaire

LOUISE : Tu aurais dû me réveiller

---

1 选文中，除问号外无其他标点，乃作者有意为之。

10 **FAGE** : J'allais le faire et puis tu dormais avec tant d'abandon[1]

WALLACE : Que faisaient vos parents en 1927 à Madagascar ?

FAGE : Avec ton bras replié c'était joli à regarder

NATHALIE : Papa si tu me fais ça

LOUISE : Je n'ai pas ciré[2] tes souliers

15 **FAGE** : Mon père était médecin militaire

LOUISE : Tu es parti tout crotté[3]

NAHALIE : Papa réponds-moi

FAGE : En garnison[4] à l'époque à Tananarive

WALLACE : Dans notre société

20 **FAGE** : Mais je ne garde aucun souvenir

WALLACE : Nous attachons beaucoup d'importance à l'homme

LOUISE : J'entendais aussi donner un coup au pli de ton pantalon

FAGE : C'est une des raisons pour lesquelles j'ai répondu à votre annonce c'est la raison pour laquelle votre société m'intéresse

25 **WALLACE** : Vous pesez

FAGE : Soixante-sept kilos

WALLACE : Pour une taille de

FAGE : Un mètre soixante et onze marié un seul enfant une fille de seize ans dix-sept ans bientôt nous avions aussi un garçon mais il est

30 mort dans un accident d'auto

DEUX

FAGE : Physiquement en pleine forme

WALLACE : Ça se voit vous êtes de constitution robuste

FAGE : Tout est arrangé ma chérie j'ai pu avoir vos deux billets pour Londres

35 **WALLACE** : Sur le plan nerveux ?

LOUISE : Elle refuse d'y aller

FAGE : Je la hisserai moi-même dans l'avion par la peau du cou

LOUISE : Mais mon chéri

1 abandon *n.m.* = aise 舒适；avec abandon = aisément 舒适地
2 cirer *v.t.* = passer à la cire pour entretenir 上蜡
3 crotté(e) *adj.* = sale 沾上泥的
4 être en garnison *loc.v.* = stationner 驻扎

FAGE : Sur le plan nerveux ?

40 **LOUISE** : À Orly tu ne pourras pas passer au-delà du contrôle de police

FAGE : Donne-lui un ou deux comprimés

LOUISE : Quels comprimés mon Dieu ?

FAGE : Mes nerfs sont à toute épreuve il le faut

NATHALIE : Papa j'aurais quelque chose à te faire savoir

45 **FAGE** : Eh bien dis

NATHALIE : J'attends un petit bébé papa

FAGE : De qui ?

NATHALIE : D'un certain Mulawa

WALLACE : Vous avez donc décidé de remettre votre démission

50 **LOUISE** : Ce sont les petites choses souvent qui comptent chéri dans un premier contact ce sont elles qui peuvent être déterminantes si on a pris le soin de se cirer les souliers si les ongles sont propres

FAGE : Je sais si le nœud de la cravate est bien au milieu du col

LOUISE : Si la chemise

55 **WALLACE** : Racontez

NATHALIE : Tu l'as vu papa je l'ai amené deux ou trois fois à la maison

FAGE : Si le pli du pantalon

WALLACE : Ce qui est capital dans l'homme que nous cherchons c'est la maîtrise de l'événement dont il est capable je veux dire la maîtrise

60 dont il est capable de l'événement

FAGE : Ne pas se laisser dériver

WALLACE : Assumer

FAGE : Si je devais me souvenir de tous tes petits copains qui défilent dans ta chambre

65 **NATHALIE** : Mais celui-là tu pourrais t'en souvenir il est noir

LOUISE : Le courrier mon chéri Biscuits Lu nous regrettons de vous aviser que l'emploi auquel vous avez postulé est déjà pourvu[1] les bas Dim nous vous remercions d'avoir bien voulu malheureusement Philips nous avons bien reçu votre curriculum vitae qui ne

70 correspond pas le Mobilier de France en réponse à votre demande d'emploi Uclaf-Roussel vous avez bien voulu

FAGE : Comment noir ?

---

1 pourvu(e) *adj.* = occupé(e) 有职业的

NATHALIE : Comme l'ébène

LOUISE : Tous ces gens pourraient faire l'effort de donner à leurs
75   circulaires ronéotypées[1] une apparence un peu plus personnelle
    mais il y a une vraie lettre c'est de Colgate Palmolive une réponse
    une vraie on dirait

WALLACE : Racontez les circonstances de cette démission

FAGE : Noir vraiment ? Tiens c'est curieux je n'y aurais pas pensé tu en
80   as parlé à maman ?

LOUISE : Ils veulent te voir au plus vite chéri en plus c'est assez chaleu-
    reusement rédigé

NATHALIE : Je t'en laisse le soin

LOUISE : Mardi quatorze heures à Courbevoie

85 FAGE : On ira voir c'est une Société valable en tout cas sérieuse à vrai
    dire je ne m'attendais pas à recevoir une réponse positive

WALLACE : Vous avez démissionné parce que

NATHALIE : Tu ne me dis rien

LOUISE : Pourquoi donc chéri ?

90 WALLACE : Je comprends vous n'êtes pas fait pour des besognes[2]
    uniquement répétitives

FAGE : Dans ces grandes boîtes internationales normalement ils
    n'embauchent pas au-dessus de trente-cinq ans

TROIS

WALLACE : Fumez-vous ?

95 FAGE : Merci je ne fume pas

WALLACE : Parce que vous aussi

FAGE : Vous aussi vous vous êtes arrêté de fumer ?

WALLACE : Il y a trois ans

FAGE : Moi aussi à peu près il y a deux ans et demi

100 WALLACE : Vous avez encore les doigts un peu jaunes

FAGE : Mais non

WALLACE : Un peu

---

1 ronéotypé(e) *adj.* 油印的
2 besogne *n.f.* = travail 工作

FAGE : Cette lettre est datée du 3 février nous sommes le 16 quand est-elle arrivée ?

105 **WALLACE** : Êtes-vous franc ?

LOUISE : Je ne sais pas je suis sûre de n'avoir jamais vu cette enveloppe avant de me crier dessus demande à Nathalie neuf fois sur dix c'est elle qui descend prendre le courrier

FAGE : Une convocation des Eaux d'Evian mais c'est trop tard

110 **NATHALIE** : Papa tu n'as pas vu mon bouquin de maths ?

WALLACE : Nous cherchons une personnalité qui soit non seulement particulièrement dynamique

FAGE : Le rendez-vous était pour avant-hier

LOUISE : Téléphone-leur explique-leur

115 **NATHALIE** : Cette enveloppe ? Qu'est-ce que j'en sais ? Ça ne me dit rien

FAGE : Nathalie je cherche un job un seul tu entends ? Chaque lettre qui arrive peut justement être ce seul job que je cherche

NATHALIE : Je veux le faire papa et le garder

120 **FAGE** : Un job un seul c'est tout

LOUISE : Mon chéri quand est-ce qu'elle t'a dit ça ? Et tu es sûr qu'elle ne plaisante pas ?

FAGE : Tu es encore lycéenne Nathalie

NATHALIE : Je ne le garderai pas toute la vie un an ou deux jusqu'à ce

125 qu'il sache dire son premier mot

WALLACE : La combinaison d'un réel dynamisme et d'une personnalité intensément créatrice

FAGE : Oui vous avez besoin de quelqu'un qui soit une turbine[1] à idées pas un imitateur mais un initiateur eh bien ça correspond assez à qui

130 je suis

WALLACE : Comprenez-moi bien il ne suffit pas d'engendrer des idées

FAGE : Il faut les réaliser

WALLACE : Pas seulement ça monsieur Fage il faut un sens de l'entreprise à partir de quoi les idées qu'on peut avoir s'orientent d'une

135 façon spécifique

FAGE : Je ne te demande pas grand-chose Nathalie

---

1 turbine *n.f.* = moteur rotatif qui convertit l'énergie d'un fluide en énergie mécanique 涡轮机

WALLACE : Et s'organisent suivant un certain schéma voyez-vous ?

FAGE : Un peu de soin ça n'est pas si difficile mais quand tu vas chercher le courrier tu t'intéresses à tes lettres les autres tu les poses
140   n'importe où tant et si bien qu'on tombe dessus par hasard deux semaines après ou jamais des propositions comme celles-ci sais-tu combien j'en ai reçues depuis le début ? Le sais-tu ?

WALLACE : Je voudrais maintenant que vous me disiez ce qui vous fait penser que vous êtes capable de réussir dans cette position

145   **LOUISE** : Téléphone-leur aux Eaux d'Evian

FAGE : Ça ferait bonne impression

LOUISE : C'est peut-être à la poste qu'elle est restée en rade[1] mon chéri dans la sacoche du facteur

FAGE : Je te dis que la petite s'en fout

150   **LOUISE** : Oh non c'est un véritable désastre

WALLACE : Oui dites-moi quels personnels ?

FAGE : Professionnellement ou dans la vie en général ?

LOUISE : Mais elle n'a aucun sens de la réalité

WALLACE : Que visez-vous ? Où voulez-vous arriver ?

155   **LOUISE** : Elle veut le voir marcher et puis le donner ?

NATHALIE : Je n'irai pas à Londres

LOUISE : Très mûre sur le plan intellectuel peut-être quand il s'agit d'abstractions mais sur le plan de la vraie intelligence celle de la vie réelle

160   **NATHALIE** : Mon manuel de maths maman

LOUISE : Ce n'est pas lui qui traînait hier soir dans la cuisine ?

WALLACE : Pas plus haut ? Pourquoi ? Ce que je voudrais essayer de cerner ce sont vos limites

LOUISE : Elle veut le voir prononcer son premier mot et puis adieu
165   comme si elle ne savait pas que le premier mot c'est maman

FAGE : Si tu essayais de lui parler ?

LOUISE : Comme si tu ne savais pas qu'elle refuse tout contact avec moi

L'Arche, 1973.

---

1 rade *n.f.* = bassin donnant sur la mer où les batraux peuvent procéder à des opérations marchandes（航海）锚地，停泊场；en rade *loc.adj.* = laissé à l'abandon【俗】被放弃

✒ Questions et Réflexions

1. En lisant les dialogues entre Fage et Wallace, comment comprenez-vous l'attitude de l'auteur à l'égard de la culture de l'entreprise ?

2. L'auteur fait entrer sur la scène les quatre personnages qui sont en permanence présents sur le plateau tout en interagissant dans un domaine qui n'est pas le leur. Comment cela nous aide-t-il à comprendre les connaissances de Fage qui semble être le protagoniste de la pièce ?

日常戏剧

　　20世纪70年代，法国当代戏剧改革方兴未艾，法国剧坛呈现"导演专制"的局面。在戏剧文学创作面临空前危机的情况下，剧作家们积极探索，推陈出新，力图恢复法国戏剧文学的传统。以维纳威尔为代表的一批当代剧作家，成为被称为"日常戏剧"(le théâtre du quotidien)潮流的主将。"日常戏剧"派认为，戏剧是人类生活的根本组成部分，因而戏剧舞台应该表现日常生活中的凡人琐事。不同于现实主义戏剧对生活片段的再现，"日常戏剧"拒绝对日常生活的素材进行"典型化"处理，旨在一视同仁地展现生活中的日常事件，并分析、揭示其背后的影响和意义。

　　维纳威尔在代表作《求职》(La Demande d'emploi)中，讲述了主人公法吉在失业后与家人之间情感关系的变化。此剧的巧妙之处在于维纳威尔打乱了事件发生的时间顺序，在现时进行的法吉面试的过程中，穿插法吉妻子对其失业的埋怨与担心，以及夫妇与未婚先孕的女儿之间的冲突场面，从而在共时层面展现了法吉面临的来自生活各方面的层层压力，激发了观众对匮乏日常的丰富想象。

　　受布莱希特(Brecht)"间离"理论的影响，维纳威尔认为戏剧的功能在于"为人类开创一个观念与行动的新天地"。"日常戏剧"力图通过对现实生活各部分的重组，以"陌生化"的方式引导观众脱离日常生活的桎梏，形成对生活的全新思考。

BERNARD-MARIE KOLTÈS (1948–1989)

Biographie

Bernard-Marie Koltès est un auteur dramatique français, né dans une famille bourgeoise à Metz le 9 avril 1948. Dès sa jeunesse, il est violent, alcoolique, drogué et ancré dans la révolte. Il rencontre, à l'âge de vingt ans, Hubert Gignoux, alors directeur du TNS (Théâtre national de Strasbourg), qui lui propose d'intégrer l'école du TNS. Il y entre en section scénographie, puis y réalise une dizaine de mises en scène. Il commence alors à écrire pour le théâtre. En 1970, il monte sa propre troupe de théâtre, le « Théâtre du Quai ». Entre un passage au Parti communiste français (1974–1978), de nombreux voyages en Amérique latine, en Afrique et à New York, Koltès crée de nombreuses pièces, comme *La Nuit juste avant les forêts*, qui est montée au Festival d'Avignon en 1977 par l'auteur, et *Combat de nègre et de chiens*. Koltès a conçu *Roberto Zucco* à partir de l'histoire réelle du tueur Roberto Succo. Au début des années 1980, il rencontre Patrice Chéreau qui devient son metteur en scène. L'écrivain, malade, décède à 41 ans du SIDA.

LA NUIT JUSTE AVANT LES FORÊTS
(1977)

Résumé

Un homme, sans réelle identité outre le fait d'être étranger, en rencontre un autre, sous la pluie, et lui demande une chambre pour une partie de la nuit. Sa parole ne connaît pas de répit, ne laisse pas de place au silence. À la fin du récit, l'homme se trouve toujours sous la pluie, et n'a toujours pas de chambre.

Il n'y a donc pas vraiment d'intrigue, sauf peut-être dans les « micro-récits », qui s'entremêlent au propos général. L'homme parle d'une rencontre avec des racistes, d'une nuit d'amour avec un personnage connu sous le nom de « mama », du suicide d'une prostituée, d'une agression dans le métro. Toutefois, aucune de ces crises ne se déroule durant le récit : elles le précèdent toutes.

Commentaire

La Nuit juste avant les forêts est une œuvre de Koltès créée en 1977, et est considérée comme l'œuvre fondatrice du dramaturge. Il s'agit en effet de la seule publication que les Éditions de Minuit n'associent à aucun genre littéraire dans l'index des œuvres de l'auteur. La création de la pièce se présente en 1977 comme une renaissance sur le plan personnel pour l'auteur qui connaît alors une période mouvementée et difficile (voyage en URSS, adhésion au Parti communiste français, tentative de suicide, processus de désintoxication, déménagement à Paris). Il s'agit également d'un renouveau sur le plan formel alors que Koltès assume pleinement la forme du monologue qui lui était auparavant reprochée. L'auteur conçoit d'ailleurs lui-même *La Nuit juste avant les forêts* comme une coupure dans son parcours, qui le mène à renier ses pièces précédentes.

Dans les propos généraux de l'homme qui parle, il est possible de déceler des motifs qui traversent l'œuvre complète de Koltès. Les thèmes qui sont abordés dans le discours sont ceux de l'amour et plus largement des relations interpersonnelles, de la guerre et de la paix, du travail, de la politique et de l'économie, puis enfin, et c'est peut-être le thème central, de l'Autre.

✍ **Extrait**

[...] – là-bas où tout ce qui bouge s'est caché dans les montagnes, les bords de lacs, les forêts, tandis qu'un général avec tous ses soldats parcourent les montagnes, fouillent les bords du lac, entourent chaque forêt, et ils font des cartons sur tout ce qui bouge, et sur tout ce qui n'a

5   pas ni la même couleur ni le même mouvement que les pierres, l'eau et les arbres, j'ai écouté cela et je me suis arrêté, je ne bougerai plus, je dis : ici, c'est chez moi, s'il n'y a pas de travail, je ne travaille pas, si le travail me rend dingue et qu'on me pousse au cul, je ne travaille pas non plus, je veux me coucher, je veux m'expliquer une bonne fois, je

10   veux de l'herbe, l'ombre des arbres, je veux gueuler[1] et pouvoir gueuler, même si on doit me tirer dessus, puisque c'est cela qu'ils finissent par faire : si on n'est pas d'accord, si on ouvre sa gueule, il faut que l'on se planque[2] au fond d'une forêt, et ils vous exterminent a[3] coups de mitraillette[4] dès qu'ils vous voient bouger, mais alors tant pis,

15   je t'aurais dit au moins ce que j'avais à te dire, ici je n'arrive pas, mais ailleurs, dans une chambre où on passerait la nuit, une partie de la nuit, car je partirai avant que ce soit le jour, avant que tu en aies marre, je partirai à temps, avant que tu ne veuilles te barrer, toi, car si tu en avais marre, que tu me lâches en plein milieu, avant que j'aie eu le temps,

20   moi, je ne suis pas le mec sensible ou à qui cela ferait quelque chose (et tu peux faire ce que tu veux), mais je connais les mecs balèzes[5], tu prends les casseurs les plus balèzes, pas de frime ni rien, qui cognent[6] et n'ont pas peur du sang, pas sensibles ni rien (le genre de balèzes dont on préfère qu'ils ne s'intéressent pas à vous quand ils sont

25   excités), eh bien, à ces mecs-là, si, comme cela, calmement, sans qu'il y ait de bagarre[7], tu leur fais un petit trou d'épingle sur leur bras, qu'ils voient, tout d'un coup, une petite goutte de sang (de leur sang à eux, dans le calme, sans qu'ils soient excités, sans vraiment de raison), le balèze des balèzes, il devient blanc, il tombe dans les pommes, il

---

1 gueuler *v.i.* = protester en hurlant 【引】抗议，大叫大骂
2 se planquer *v.pr.* = se cacher 躲藏
3 frime *n.f.* = tentative de se mettre en valeur par son apparence ou ses vaines paroles 【俗】虚张声势
4 mitraillette *n.f.* = arme automatique individuelle et portative à tir rapide 【军】冲锋枪
5 balèze *adj.* = grand et robuste 【俗】高大强壮的（人）
6 cogner *v.t.* = frapper violemment 【俗】揍，殴打
7 bagarre *n.f.* = action de se battre 【俗】互相斗殴

30 tourne de l'œil pour ce moins que rien, alors, moi, je ne suis pas le mec

sensible, mais, si tu te barrais[1] vite fait, d'ailleurs, ce n'est pas seulement

cela, mais que tu me prennes pour une nullité, parce qu'aujourd'hui, tu

pourrais le croire, parce qu'aujourd'hui, ça ne marche pas, je ne peux

pas être vraiment content, pas comme ceux d'ici toujours l'air content,

35 toujours prêts à jouir, moi, il y a toujours derrière ma tête[2], qui me

reviennent tout d'un coup, des histoires de forêt où rien n'ose bouger à

cause des mitraillettes, ou des histoires de pute[3] qu'on enterre sans

qu'on ait des nouvelles, tandis que ceux d'ici n'ont rien derrière la tête,

prêts pour être contents, prêts pour s'amuser, prêts pour jouir tout ce

40 qu'ils peuvent, n'importe où n'importe quand, sans penser à rien

d'autre qu'à leur petit coup, tous ces cons de Français prêts à jouir leur

petit coup dans leur coin et rien derrière la tête qui les en empêcherait,

à en foutre partout, nous en foutre plein la gueule, leur sale foutre de

cons, tandis que, moi, j'ai ces histoires derrière ma tête, je ne dis pas

45 que cela ne marche jamais, plutôt le mec qui ne jouit jamais vraiment

complètement à cause de ces histoires, parfois même je suis bien, très

bien, comme là maintenant si tu ne te barres pas et que j'aie le temps,

mais par-derrière la tête, c'est toujours triste comme je ne sais pas

comment je pourrais te le dire, avec cette histoire aussi que tu pourrais

50 en avoir marre (parce qu'aujourd'hui peut-être je suis une nullité, mais

un jour), et que tu pourrais te barrer avant, alors, je ne suis pas le mec

sensible (tu peux faire ce que tu veux), mais je me dirais alors je ne sais

quoi, que je voudrais être comme n'importe quoi qui n'est pas un

arbre, caché dans une forêt au Nicaragua, comme le moindre oiseau

55 qui voudrait s'envoler au-dessus des feuilles, avec tout autour des

rangées de soldats avec leurs mitraillettes, qui le visent, et guettent

son mouvement, et ce que je veux te dire, ce n'est pas ici que je

pourrais te le dire, il faut que l'on trouve l'herbe où l'on pourra se

coucher, avec un ciel tout entier au-dessus de nos têtes, et l'ombre des

60 arbres, ou alors une chambre où on aura notre temps, mais si tu crois

que c'est seulement une chambre que je cherche, non, je n'ai pas

sommeil, et rien de plus facile à trouver qu'une chambre pour une nuit,

---

1 se barrer *v.pr.* = s'enfuir 走开，逃走
2 derrière la tête *loc.adv.* = en cachette 暗地里，不可告人
3 pute *n.f.* = prostituée【俗】妓女

les trottoirs sont pleins de chercheurs de chambre et de donneurs de chambre, et si tu crois que c'est seulement pour parler, non, je n'en ai
65 pas besoin comme dehors tous ces cons, je ne suis pas comme eux, je suis le mec, moi, plutôt que de parler, à suivre une belle nana¹ pour la regarder, et la regarder seulement, pourquoi faire autre chose que de regarder une belle nana, et même je suis le mec, moi, plutôt que de regarder une nana, à marcher seulement, et cela me suffit comme
70 occupation, toute ma vie je veux bien me balader, courir de temps en temps, m'arrêter sur un banc, marcher lentement ou plus vite, sans jamais parler, mais, toi, ce n'est pas pareil, et cela, dès que je t'ai vu, et maintenant il faut que je t'explique tout, puisque j'ai commencé, sans que tu te barres et me laisses comme un con, même si maintenant j'ai
75 pris une sale gueule², que ni mes cheveux ni mes fringues ne sèchent, que je ne voudrais pas regarder dans mon dos le miroir alors que toi, la pluie ne t'a même pas mouillé, la pluie a passé à côté de toi, les heures passent à côté de toi, c'est là que j'ai eu raison de comprendre que, toi tu n'es qu'un enfant, tout te passe à côté, rien ne bouge, rien ne prend
80 une sale gueule, moi, j'évite les miroirs et je n'arrête pas de te regarder, toi qui ne changes pas, et s'il n'y avait pas cette question d'argent, je nous paierais une bière – plutôt que du café – et alors on serait vraiment tout à fait bien, on s'en boirait quelques-unes comme j'en ai eu envie dès le début de la soirée, j'en ai déjà bu une, et une autre, ou
85 trois ou quatre ou plus, je ne sais plus combien, tout mon fric³ que je voulais claquer⁴, on le claquerait maintenant, s'il n'y avait pas cela que Ton me Ta piqué juste avant, j'avais assez d'argent pour toute la soirée à boire autant de bières que tu l'aurais voulu et pour être o.k., mais ils me l'ont piqué dans le métro, un sale coup comme cela, il ne me reste
90 plus rien pour toute la soirée que ce que j'avais comme petite monnaie dans la poche de devant, juste pour deux cafés, et j'ai couru derrière eux, pourtant, comme si je le cherchais, jusqu'à ce qu'ils me l'aient piqué, et cassé la gueule encore, dans le couloir du métro il y avait deux loubards⁵, avec cette gueule qui ne trompe pas, des loubards qui

---

1 nana *n.f.* = femme ou fille 【俗】女人，女孩
2 gueule *n.f.* = visage 【俗】脸，面孔
3 fric *n.m.* = argent 【俗】金钱
4 claquer *v.t.* = gaspiller 【俗】挥霍，花光
5 loubard *n.m.* = voyou 【俗】小流氓，阿飞

95 cherchent, qui vont faire quelque chose, des loubards sapés[1] et qui
tiennent la forme, je cours derrière eux et je me dis : on peut se boire
une bière ensemble, – de ces loubards si bien sapés que j'ai toujours
envie de courir derrière pour dire à l'un ou l'autre : donne-moi tes
fringues, tes chaussures, tes cheveux, ta démarche et ta gueule, tels
100 quels sans rien changer, moi je te donne ce que tu veux (et, s'il me les
donnait, je ne me retournerais même pas pour voir ce que je deviens),
eux ne se retournaient pas, ils ne m'avaient pas vu, je ne les quitte pas
des yeux et je monte derrière eux dans le premier métro en me disant :
je les invite et on se boit une bière, on passe le soir ensemble et
105 personne ne s'emmerde, – mais en même temps que cela, je sens dans
mon dos que l'un des deux met la main dans la poche de mon
pantalon, qu'il tire mon portefeuille, moi je ne bouge pas tout de suite,
je sens que je tiens la forme, alors je me dis : mec, pas de bagarre, je
leur parle et il n'y a pas de raison que cela ne marche pas, je me
110 retourne, et dis : – o.k., fais pas le con, je vous invite et on se boit une
bière, après, on verra bien ce que l'on fera, ensemble, on ne
s'emmerdera pas –, le loubard derrière moi regarde son copain, ils ne
disent rien comme s'ils ne m'avaient pas vu, – o.k., ne faites pas le con,
vous me rendez mon fric, on va boire un coup, on se parle un coup et
115 on continue en semble –, ils se regardent toujours, comme s'ils ne
comprenaient pas, et puis, petit à petit, par les yeux, comme cela, ils se
mettent d'accord, ils commencent à parler, de plus en plus fort, pour
que tout le monde entende, toujours sans me regarder : qu'est-ce qu'il
veut, celui-là ? il nous cherche ou quoi ? qu'est-ce que c'est que ce
120 mec ? pourquoi il nous les casse ? – ils me poussent vers la porte : on
descend ce pédé à la prochaine station et on lui casse la gueule –, alors
moi, je leur dis : o.k. vous me rendez mon fric, alors, et c'est bien
comme cela, mais eux disent : ce pédé, qu'il attende, et on lui casse la
gueule –, personne ne réagit, personne ne croit au fric, tout le monde
125 croit au pédé[2], et je me fais descendre à la première station sans que
personne ne bouge, et quand ils ont fini de me casser la gueule
comme au dernier pédé, qu'ils se barrent avec mon fric (malgré ce que
je gueule et que personne ne croit), moi, je ne bouge pas tout de

---

1 sapé(e) *adj.* = habillé(e) 着衣的
2 pédé *n.m.* = homme homosexuel【俗】男同性恋

suite : surtout, mec, ne t'excite pas, assieds-toi sur le banc, ne bouge

130 pas, reste là –, je regarde, c'est tout et cela va bien : il y a une musique, loin, derrière mon dos, un qui doit faire la manche[1] au fin fond des couloirs (c'est o.k., mec, mais surtout, ne bouge pas), en face, sur l'autre quai, assise, il y a une vieille givrée[2], habillée tout en jaune, qui fait des signes avec des sourires (je regarde, j'écoute, cela va toujours bien), sur

135 la rambarde, en haut, il y a une bonne femme qui s'est stoppée net pour reprendre son souffle, juste à côté de moi il y a un Arabe qui se met assis et qui se chante tout bas des trucs en arabe (je me dis : ne t'excite toujours pas, mec, surtout), et devant moi je vois, je suis sûr que je vois : une fille en chemise de nuit, les cheveux dans le dos, elle

140 passe devant moi avec les poings serrés, dans sa chemise de nuit blanche, et, juste devant moi, sa gueule se mélange, elle se met à chialer[3], et continue à passer jusqu'au bout du quai, les cheveux défaits, les poings comme cela, et sa chemise de nuit, alors, tout d'un coup, moi, j'en ai ma claque, cette fois ça y est, je ne me retiens plus,

145 j'en ai ma claque[4], moi, de tout ce monde-là, de chacun avec sa petite histoire dans son petit coin, de leurs gueules à tous, j'en ai ma claque de tous et j'ai envie de cogner, la bonne femme là-haut accrochée à la rambarde, j'ai envie de la cogner, et l'Arabe qui se chante son truc pour lui tout seul, j'ai envie de le cogner, le raqué[5] dans mon dos[6], au fin

150 fond du couloir, la vieille givrée en face, j'en ai ma claque de leurs gueules et de tout ce fouillis, avec la fille en chemise de nuit, à l'autre bout de la station, qui continue de chialer, et moi, je vais cogner, j'ai envie de taper, mec, les vieilles, les Arabes, les raqués, les murs de carrelage, les rames de wagons, les contrôleurs, les flics, taper sur les

155 distributeurs, les affiches, les lumières, cette saloperie d'odeur, cette saloperie de bruit, je pense aux litres de bière que j'avais déjà bus et que j'aurais bus encore, jusqu'à ce que mon ventre ne puisse plus en contenir, je restais assis avec cette envie de cogner, mec, jusqu'à ce que tout finisse, jusqu'à ce que tout s'arrête, et alors, tout d'un coup, tout

1 faire la manche = mendier 【俗】乞讨
2 givré(e) *adj.* = fou 【俗】发疯的
3 chialer *v.i.* = pleurer 【俗】哭泣
4 en avoir sa claque *loc.v.* = en avoir assez 【俗】受够了，烦死了
5 raqué(e) *n.* = courbaturé 【俗】极度疲劳
6 dans mon dos = derrière moi 在我不知情的情况下

160 s'arrête pour de bon : les métros ne passent plus, l'Arabe se tait, la
bonne femme là en haut arrête de respirer, et la fille en chemise de
nuit, on ne l'entend plus renifler, tout s'arrête d'un coup, sauf la
musique au fond, et la vieille givrée qui a ouvert la bouche et qui se
met à chanter d'une voix pas possible, le raqué joue cela, là-bas, sans
165 qu'on le voie, et elle chante cela, ils se répondent et vont ensemble
comme si c'était préparé (une musique pas possible, quelque chose
d'opéra ou des conneries comme cela), mais si fort, si ensemble, que
tout s'est arrêté vraiment, et la voix de la vieille tout en jaune remplit
tout, moi, je me dis : o.k., je me lève, je cavale à travers les couloirs, je
170 saute les escaliers, je sors du souterrain, et dehors je cours, je rêve
encore de bière, je cours, de bière, de bière, je me dis : quel bordel, les
airs d'opéra, les femmes, la terre froide, la fille en chemise de nuit, les
putes et les cimetières, et je cours je ne me sens plus, je cherche
quelque chose qui soit comme de Therbe au milieu de ce fouillis, les
175 colombes s'envolent au-dessus de la forêt et les soldats les tirent, les
raqués font la manche, les loubards sapés font la chasse aux ratons, je
cours, je cours, je cours, je rêve du chant secret des Arabes entre eux,
camarades, je te trouve et je te tiens le bras, j'ai tant envie d'une
chambre et je suis tout mouillé, marna marna marna, ne dis rien, ne
180 bouge pas, je te regarde, je t'aime, camarade, camarade, moi, j'ai
cherché quelqu'un qui soit comme un ange au milieu de ce bordel[1], et
tu es là, je t'aime, et le reste, de la bière, de la bière, et je ne sais
toujours pas comment je pourrais le dire, quel fouillis, quel bordel,
camarade, et puis toujours la pluie, la pluie, la pluie, la pluie.

Minuit, 1988.

✎ Questions et Réflexions

1. Décrivez la fonction et les particularités du monologue dans cette pièce de
   Koltès.
2. Appréciez le style de langue dans ce passage proposé.
3. Pourriez-vous trouver un point final dans cet extrait ? Essayez de commenter la
   dernière réplique du personnage principal.

---

1 bordel *n.m.* = lieu réservé à la prostitution 【俗】妓院；【转、俗】乱七八糟

文化点滴

黄金搭档：科尔泰斯与谢罗

　　法国剧坛在20世纪70年代经历导演与剧作家彼此疏离乃至对立的危机后，自80年代开始，逐渐迎来剧作家与导演合作共赢的局面。当代剧作家科尔代斯与导演谢罗（Patrice Chéreau）的"黄金搭档"就是典型范例，二者共同为法国当代剧坛贡献出诸多佳作。

　　1973年，科尔代斯在观看了由谢罗导演的马里沃的作品《争吵》（*La Dispute*）之后，对其诠释戏剧作品的能力深感钦佩。随后，他将自己的两个剧本：《黑人与狗之战》（*Combat de nègre et de chiens*）与《森林正前夜》（*La Nuit juste avant les forêts*）寄给谢罗，表达了强烈的合作意愿。收到剧本的谢罗对科尔代斯的独特写作风格印象深刻。然而，出于对公众接受度的考量，谢罗迟迟未答复科尔代斯的合作请求。直到1983年，二人首度合作，巴黎的南特尔杏树剧院（Théâtre des Amandiers de Nanterre）才成功上演了由谢罗执导的《黑人与狗之战》。该演出的成功令科尔代斯声名鹊起，为后来两人的深入合作奠定了基础。1986年，谢罗再次执导科尔代斯的作品《西岸》（*Quai ouest*）。虽然对舞台艺术效果的过分追求导致剧本内容未能清晰地传达给观众，但此次磨合增进了导演与剧作家对创作理念的彼此了解。次年，谢罗继续将科尔代斯的代表作《孤寂在棉田》（*Dans la solitude des champs de coton*）搬上舞台并亲自参演了主要角色。科尔代斯在创作中赋予了古老的戏剧手段"独白"以全新生命。经由谢罗的独到诠释，该剧一上演便大获成功。这奠定了科尔泰斯在当代法国剧坛的重要地位，也见证了谢罗作为法国当代著名导演的卓越艺术才能。

JEAN-LUC
LAGARCE (1957–1995)

Biographie

Jean-Luc Lagarce est né le 14 février 1957 à Héricourt (Haute-Saône) et passe son enfance à Valentigney (Doubs) où ses parents sont ouvriers aux usines Peugeot-cycles. En 1975, pour suivre des études de philosophie, il vient à Besançon où parallèlement, il est élève au Conservatoire de région d'Art dramatique. Il fonde en 1977 avec d'autres élèves une compagnie théâtrale amateur, le Théâtre de la Roulotte dans laquelle il assure le rôle de metteur en scène. En 1980, il obtient sa maîtrise de philosophie en rédigeant *Théâtre et Pouvoir en Occident*. Suite à sa rencontre avec Jacques Fornier, le Théâtre de la Roulotte devient en 1981 une compagnie professionnelle où Lagarce réalisera vingt mises en scène en alternant créations d'auteurs classiques, adaptations de textes non théâtraux et mises en scène de ses propres textes. C'est en 1988 qu'il apprend sa séropositivité, mais les thèmes de la maladie et de la disparition sont déjà présents dans son œuvre, notamment dans *Vagues Souvenirs de l'année de la peste* (1983). En 1990, il réside six mois à Berlin, grâce à une bourse d'écriture, où il écrit *Juste la fin du monde*, le premier de ses textes à être refusé par tous les comités de lecture. Il arrête d'écrire pendant deux ans se consacrant à la mise en scène. Essentielle dans son œuvre, il reprendra intégralement *Juste la fin du monde* dans son dernier texte *Le Pays lointain*. Il décède en septembre 1995 au cours des répétitions de *Lulu*.

JUSTE LA FIN DU MONDE
(1990)

✎ Résumé

PROLOGUE

Louis, 34 ans, s'exprime seul sur scène et s'adresse à son auditoire : il va mourir et décide de retourner chez ses proches, auxquels il n'a pas rendu visite depuis douze ans, pour leur annoncer la nouvelle.

PREMIÈRE PARTIE

Une fois dans la famille, Louis est accueilli par les différents membres : sa mère, sa sœur Suzanne, son frère Antoine et sa belle-sœur Catherine. Ils s'adressent mutuellement de nombreux reproches. La mère lui reproche de ne pas lui avoir rendu visite plus tôt. Suzanne lui reproche de ne pas l'avoir prévenue de sa visite. Catherine, que Louis ne connaît pas, lui parle de ses enfants et du choix du prénom de son fils Louis. La mère commence alors à raconter sa vie familiale et ses souvenirs sur le rapport entre Antoine et Louis. Catherine ensuite décrit la vie banale de son mari Antoine et puis Suzanne dépeint Catherine. Chaque personnage est ainsi l'objet du discours d'un autre. Les rapports entre les personnages sont tendus et des disputes éclatent. Antoine notamment s'emporte contre Louis au sujet du motif de sa venue. Suzanne reproche à Louis de s'être absenté pendant douze ans, sans jamais leur rendre visite. L'atmosphère devient conflictuelle. Dans un long monologue, Louis évoque la façon dont il a essayé de fuir la mort, de lui résister pour finalement s'y abandonner.

INTERMÈDE

Louis dit qu'il se sent perdu et seul. Sa mère n'a pas compris ni entendu ce qu'il a dit. Suzanne dit à Antoine qu'elle a entendu la dispute entre lui et Louis. Antoine répond qu'ils se sont énervés et qu'il ne s'était pas attendu à de telles manières de la part de Louis. Louis a fait un rêve : les pièces dans la maison de sa mère étaient tellement éloignées les unes des autres qu'il marchait pendant des heures sans jamais les atteindre, sans rien reconnaître. Antoine et Suzanne ne comprennent pas pourquoi Louis n'est pas venu plus souvent alors qu'il n'habite pas loin. Antoine dit qu'il aime se faire désirer. Catherine cherche Antoine. Elle dit à Louis que depuis la dispute ils sont tous perdus. Antoine fait comprendre à Suzanne qu'elle n'est pas vraiment malheureuse. Elle a juste décidé de l'être car il était parti. La mère cherche Louis. Ils se cherchent tous sans s'entendre s'appeler. Suzanne reproche à Antoine de ne jamais répondre quand on l'appelle. Il dit qu'on finit toujours par le retrouver de toute façon. La mère retrouve Louis, elle a eu peur qu'il ne soit parti.

DEUXIÈME PARTIE

Dans un soliloque, Louis dévoile qu'il a décidé de partir sans avoir révélé à ses proches la raison principale de sa visite. Il fait des promesses qu'il sait qu'il ne tiendra pas. Louis est sur le départ. Antoine veut en effet le raccompagner à la gare mais Suzanne se propose également, provoquant la colère d'Antoine qui reproche à sa sœur de vouloir tout le temps changer de plan. Suzanne et Catherine reprochent à Antoine d'être brutal, ce qui déchaîne la colère d'Antoine qui devient violent à l'égard de Louis. Antoine dit qu'à cause de lui, il a été malheureux : Louis a toujours prétendu ne pas être aimé, alors tout le monde ne s'occupait plus que de lui.

ÉPILOGUE

Louis, post mortem, évoque une promenade nocturne dans le sud de la France, au cours de laquelle il n'a pas poussé « un grand et beau cri » comme il l'aurait souhaité : c'est son seul regret.

✎ Commentaire

Juste la fin du monde est une pièce de théâtre écrite par Lagarce à Berlin en 1990, dans le cadre d'une bourse Léonard de Vinci, alors qu'il se savait atteint du sida. La pièce aborde la question de l'absence du fils et de son retour auprès de sa famille. Dans ses premières œuvres, *Retour à la citadelle* et *Les Orphelins*, avant d'apprendre sa séropositivité, Lagarce s'était déjà intéressé au sujet du retour. Dans ce cadre-là, le dramaturge traite dans la pièce les thèmes de la solitude, de la difficulté de communication entre les hommes, du temps et enfin de la mort : face à la mort inéluctable, le personnage cherche à rassembler des éléments de sa vie et à donner de la cohésion à son existence. Néanmoins, quant à la mort, elle est le grand non-dit du texte : Louis est venu pour annoncer la sienne, mais il repart sans avoir rien révélé.

Cette pièce est particulièrement intéressante car elle ne suit pas les étapes traditionnelles de l'action dramatique, avec un nœud, des péripéties et un dénouement. C'est pourtant la parole qui tient lieu d'action. Les scènes apparaissent comme des juxtapositions de tableaux et de soliloques qui se font écho et qui donnent peu à peu accès à l'intériorité des personnages. *Juste la fin du monde* est entrée au répertoire de la Comédie-Française en 2008.

🖎 Extrait

PROLOGUE

LOUIS. – Plus tard, l'année d'après

   – j'allais mourir à mon tour –

   j'ai près de trente-quatre ans maintenant et c'est à cet âge que je mourrai,

5   l'année d'après,

   de nombreux mois déjà que j'attendais à ne rien faire, à tricher, à ne plus savoir,

   de nombreux mois que j'attendais d'en avoir fini,

   l'année d'après,

10   comme on ose bouger parfois,

   à peine,

   devant un danger extrême, imperceptiblement, sans vouloir faire de bruit ou commettre un geste trop violent qui réveillerait l'ennemi et vous détruirait aussitôt,

15   l'année d'après,

   malgré tout,

   la peur,

   prenant ce risque et sans espoir jamais de survivre,

   malgré tout,

20   l'année d'après,

   je décidai de retourner les voir, revenir sur mes pas, aller sur mes traces et faire le voyage, pour annoncer, lentement, avec soin, avec soin et précision

   – ce que je crois –

25   lentement, calmement, d'une manière posée[1]

---

1 posé(e) *adj.* = qui ne se laisse pas emporter par les émotions 稳重的

– et n'ai-je pas toujours été pour les autres et eux, tout précisément,
n'ai-je pas toujours été un homme posé ? –,

pour annoncer,

dire,

30   seulement dire,

ma mort prochaine et irrémédiable,

l'annoncer moi-même, en être l'unique messager,

et paraître

– peut-être ce que j'ai toujours voulu, voulu et décidé, en toutes

35   circonstances et depuis le plus loin que j'ose me souvenir –

et paraître pouvoir là encore décider,

me donner et donner aux autres, et à eux, tout précisément, toi,
vous, elle, ceux-là encore que je ne connais pas (trop tard et tant pis),
me donner et donner aux autres une dernière fois l'illusion d'être

40   responsable de moi-même et d'être, jusqu'à cette extrémité, mon
propre maître.

PREMIÈRE PARTIE
SCÈNE I

SUZANNE. – C'est Catherine.

Elle est Catherine.

Catherine, c'est Louis.

45   Voilà Louis.

Catherine.

ANTOINE. – Suzanne, s'il te plaît, tu le laisses avancer, laisse-le avancer.

CATHERINE. – Elle est contente.

ANTOINE. – On dirait un épagneul[1].

50   **LA MÈRE.** – Ne me dis pas ça, ce que je viens d'entendre, c'est vrai,
j'oubliais, ne me dites pas ça, ils ne se connaissent pas.

Louis tu ne connais pas Catherine ? Tu ne dis pas ça, vous ne vous
connaissez pas, jamais rencontrés, jamais ?

ANTOINE. – Comment veux-tu ? Tu sais très bien.

---

1 épagneul *n.m.* = race de chien d'arrêt ou de chien de compagnie, à poil long （西班牙种的）长毛垂耳狗；
【引】顺从的人

55 **LOUIS.** – Je suis très content.

CATHERINE. – Oui, moi aussi, bien sûr, moi aussi. Catherine.

SUZANNE. – Tu lui serres la main ?

LOUIS. – Louis.

Suzanne l'a dit, elle vient de le dire.

60 **SUZANNE.** – Tu lui serres la main, il lui serre la main. Tu ne vas tout de même pas lui serrer la main ? Ils ne vont pas se serrer la main, on dirait des étrangers.

Il ne change pas, je le voyais tout à fait ainsi,

tu ne changes pas,

65 il ne change pas, comme ça que je l'imagine, il ne change pas, Louis, et avec elle, Catherine, elle, tu te trouveras, vous vous trouverez sans problème, elle est la même, vous allez vous trouver.

Ne lui serre pas la main, embrasse-la.

Catherine.

70 **ANTOINE.** – Suzanne, ils se voient pour la première fois !

LOUIS. – Je vous embrasse, elle a raison, pardon, je suis très heureux, vous permettez ?

SUZANNE. – Tu vois ce que je disais, il faut leur dire.

LA MÈRE. – En même temps, qui est-ce qui m'a mis une idée pareille

75 en tête, dans la tête ? Je le savais. Mais je suis ainsi, jamais je n'aurais pu imaginer qu'ils ne se connaissent,

que vous ne vous connaissez pas,

que la femme de mon autre fils ne connaisse pas mon fils,

cela, je ne l'aurais pas imaginé,

80 cru pensable.

Vous vivez d'une drôle de manière.

CATHERINE. – Lorsque nous nous sommes mariés, il n'est pas venu et depuis, le reste du temps, les occasions ne se sont pas trouvées.

ANTOINE. – Elle sait ça parfaitement.

85 **LA MÈRE.** – Oui, ne m'expliquez pas, c'est bête, je ne sais pas pourquoi je demandais cela,

je le sais aussi bien mais j'oubliais, j'avais oublié toutes ces autres années,

je ne me souvenais pas à ce point, c'est ce que je voulais dire.

90 **SUZANNE.** – Il est venu en taxi.

J'étais derrière la maison et j'entends une voiture,

j'ai pensé que tu avais acheté une voiture, on ne peut pas savoir, ce serait logique.

Je t'attendais et le bruit de la voiture, du taxi, immédiatement, j'ai su

95   que tu arrivais, je suis allée voir, c'était un taxi,

tu es venu en taxi depuis la gare, je l'avais dit, ce n'est pas bien, j'aurais

pu aller te chercher,

j'ai une automobile personnelle,

aujourd'hui tu me téléphones et je serais immédiatement partie à ta

100   rencontre,

tu n'avais qu'à prévenir et m'attendre dans un café.

J'avais dit que tu ferais ça,

je leur ai dit,

que tu prendrais un taxi,

105   mais ils ont tous pensé que tu savais ce que tu avais à faire.

LA MÈRE. – Tu as fait un bon voyage ? Je ne t'ai pas demandé.

LOUIS. – Je vais bien.

Je n'ai pas de voiture, non.

Toi, comment est-ce que tu vas ?

110 **ANTOINE.** – Je vais bien.

Toi, comment est-ce que tu vas ?

LOUIS. – Je vais bien.

Il ne faut rien exagérer, ce n'est pas un grand voyage.

SUZANNE. – Tu vois, Catherine, ce que je disais,

115   c'est Louis,

il n'embrasse jamais personne,

toujours été comme ça.

Son propre frère, il ne l'embrasse pas.

ANTOINE. – Suzanne, fous-nous la paix !

120 **SUZANNE.** – Qu'est-ce que j'ai dit ?

Je ne t'ai pas dit, je ne lui dis rien à celui-là,

je te parle ?

Maman !

[…]

ÉPILOGUE

125 **LOUIS.** – Après, ce que je fais,

je pars.

Je ne reviens plus jamais. Je meurs quelques mois plus tard, une année tout au plus.

Une chose dont je me souviens et que je raconte encore

130 (après j'en aurai fini) :

c'est l'été, c'est pendant ces années où je suis absent, c'est dans le Sud de la France.

Parce que je me suis perdu, la nuit, dans la montagne, je décide de marcher le long de la voie ferrée.

135 Elle m'évitera les méandres de la route, le chemin sera plus court et je sais qu'elle passe près de la maison où je vis.

La nuit, aucun train n'y circule, je n'y risque rien et c'est ainsi que je me retrouverai.

À un moment, je suis à l'entrée d'un viaduc immense, il domine la

140 vallée que je devine sous la lune, et je marche seul dans la nuit,

à égale distance du ciel et de la terre.

Ce que je pense

(et c'est cela que je voulais dire)

c'est que je devrais pousser un grand et beau cri, un long et joyeux

145 cri qui résonnerait dans toute la vallée, que c'est ce bonheur-là que je devrais m'offrir, hurler une bonne fois,

mais je ne le fais pas,

je ne l'ai pas fait.

Je me remets en route avec seul le bruit de mes pas sur le gravier.

150 Ce sont des oublis comme celui-là que je regretterai.

Juillet 1990

Berlin.

Les Solitaires Intempestifs, 1999.

✐ Questions et Réflexions

1. Analysez la fonction du monologue dans ces passages proposés.
2. Pourquoi Louis n'arrive-t-il pas enfin à annoncer sa mort prochaine à sa famille ?
3. Commentez la dernière tirade de Louis.
4. Comment comprenez-vous le titre « Juste la fin du monde » ?

‖ 文化点滴 ‖

拉戛尔斯：《只是世界尽头》

2016年，由加拿大"天才导演"泽维尔·多兰(Xavier Dolan)执导、奥斯卡影后玛丽蓉·歌迪亚尔(Marion Cotillard)领衔主演的影片《只是世界尽头》(*Juste la fin du monde*)，赢得第69届戛纳电影节评审团大奖。

影片改编自法国当代著名剧作家让-吕克·拉戛尔斯(Jean-Luc Lagarce)的同名剧本。讲述罹患绝症的路易，在离家多年后重返故乡，想告诉家人自己将不久于人世。但在与家人的短暂相处中，路易最终什么也没说而再次离开。拉加尔斯对现代人情感世界的深度剖白，经由演员们真情实感的演绎，引发了公众的强烈共鸣。电影上映后陆续斩获多项国际重要电影奖项，除戛纳电影节的奖项外，还包括第42届凯撒奖最佳导演奖、最佳男演员及最佳剪辑奖。

YASMINA
REZA (1959–)

Biographie

Née sous le nom d'Évelyne Reza en 1959 à Paris, Yasmina Reza est issue d'une famille composée d'une mère violoniste hongroise et d'un père ingénieur russo-iranien qui se réfugient en France pour fuir le communisme. Elle grandit dans le milieu cosmopolite des familles juives d'Europe centrale qui sont venues s'installer à Paris. En 1978, elle sort diplômée de l'Université Paris-Nanterre après y avoir fait des études de théâtre et de sociologie. Elle commence ensuite à travailler comme comédienne dans des pièces de Marivaux et de Molière, et fait également ses premiers pas en tant que scénariste en écrivant le script de *Jusqu'à la nuit* (1983) de Didier Martiny. Attirée par l'écriture, elle s'inscrit aux cours de Jacques Lecoq en 1984, puis, influencée par le théâtre de Nathalie Sarraute, elle écrit sa première pièce, *Conversations après un enterrement* (1987) pour laquelle elle reçoit le prix du Molière du meilleur auteur. En 1994, sa pièce *Art* est créée à la Comédie des Champs-Élysées, qui lui apporte un grand succès et gagne le public du monde entier suite à sa production à Londre deux ans plus tard. En 1997, Yasmina Reza se lance un nouveau défi en publiant un premier récit non destiné à la scène, *Hammerklavier*. Récoltant de nombreux prix autant pour ses œuvres théâtrales que pour ses écrits littéraires, elle reçoit le prix Renaudot pour son roman *Babylone* en 2016. Le plus grand honneur pour Yasmina Reza est toutefois celui d'être aujourd'hui la dramaturge française la plus jouée dans le monde. Ses pièces sont, en effet, traduites et interprétées dans plus d'une trentaine de langues.

ART
(1994)

✍ Résumé

Marc est invité par son ami Serge à venir voir sa nouvelle acquisition, une toile d'environ 1,60 m sur 1,20 m peinte en blanc, avec de fins liserés blancs transversaux, que Serge vient d'acheter au prix de deux cent mille francs. Ne comprenant pas que son ami ait pu dépenser une somme pareille pour un tableau blanc, Marc donne son point de vue, sans se soucier de l'avis de Serge. Puis il va trouver Yvan, leur ami commun, pour lui faire part de son incompréhension à propos de ce geste. Yvan, lui, ne pense rien de ce tableau. L'approche de son mariage le rend nerveux. Il ne veut surtout pas contrarier ses deux amis. Serge et Marc commencent à se disputer et entraînent Yvan dans leur confrontation.

Les trois amis s'entre-déchirent devant ce tableau blanc en invoquant tous les arguments existants à propos de l'art moderne et de l'art contemporain. L'affrontement dépasse la seule question de l'art et ne laisse personne indemne. Serge va jusqu'à dire ce qu'il pense vraiment de la femme de Marc, et Marc jusqu'à conseiller à Yvan d'annuler son mariage, considérant qu'il fait une erreur. Marc et Serge se battent physiquement. Finalement, pour sauver leur amitié, les trois amis sacrifient le tableau en dessinant dessus.

✍ Commentaire

La première représentation de *Art* a eu lieu le 28 octobre 1994 à la Comédie des Champs-Élysées. Le spectacle reçoit, en 1995, deux Molières (meilleur auteur et meilleur spectacle privé). Selon *Le Monde*, il s'agit de l'œuvre dramatique française contemporaine la plus jouée dans le monde.

Cette pièce, avec ses 17 séquences de longueurs variables, raconte l'histoire de trois amis, très liés depuis plus de quinze ans dont l'amitié sera ébranlée un jour à l'occasion de l'achat par Serge d'un tableau monochrome blanc payé au prix fort. L'action de la pièce se déroule dans trois espaces identiques, les appartements des trois personnages, différenciés par la présence de l' « Antrios », un supposé tableau de maitre, chez Serge ; « un tableau figuratif représentant un paysage de Carcassonne vu d'une fenêtre » chez Marc ; et la « Croûte » chez Yvan. Contrairement à ses premières pièces, dans *Art,* l'action est condensée. L'intrigue se noue dès le début, autour du tableau blanc, objet de la discorde entre Serge et Marc, pour ne se relâcher qu'à la fin de la pièce. La pièce repose ainsi sur un canevas assez tenu dont l'enjeu réel est mineur. Avec *Art,* la frivolité est mise en spectacle, présentant des personnages à la limite du ridicule malgré leurs positions sociales et leur niveau intellectuel.

Au-delà du titre, la pièce de Reza est avant tout une pièce qui porte sur la complexité des rapports humains. À travers la mise en représentation de la dispute entre trois amis est montré le mécanisme des liens sociaux. Dans la pièce, la parole des personnages, dominée par le monologue, sert moins à communiquer qu'à révéler sa propre gratuité. C'est à travers cette parole vaine que Reza met à jour la fragilité et la mesquinerie des rapports humains.

La séquence 16 présentée ici, la plus longue de la pièce, représente le moment fort du drame avec la présence des trois personnages sur scène. Yvan qui retourne sur la scène va être pris à partie par ses deux amis jusqu'au moment où Serge décide de sortir le tableau de scène. Ce geste alimente la tension entre les deux amis, et la discussion dégénère quand Serge évoque Paula, l'amie de Marc. Après un échange sur l'amitié, les malentendus se dissipent et les deux mais se rapprochent l'un de l'autre aux dépens d'Yvan qui se trouve rejeté. Pour sauver leur amitié et faire preuve de sa bonne foi, Serge fait semblant de sacrifier sa toile en demandant à Marc de dessiner dessus. L'action finit par trois monologues des différents protagonistes rendant compte du rétablissement du pacte d'amitié entre les trois personnages.

✒ Extrait

> […]
>
> **YVAN** : C'est quoi la déconstruction ?…
>
> **MARC** : Tu ne connais pas la déconstruction ?… Demande à Serge, il domine très bien cette notion… (*À Serge.*) Pour me rendre lisible une œuvre
> 5   absurde, tu es allé chercher ta terminologie dans le registre des travaux publics… Ah, tu souris ! Tu vois, quand tu souris comme ça, je reprends espoir, quel con…
>
> **YVAN** : Mais réconciliez-vous ! Passons une bonne soirée, tout ça est risible !
>
> **MARC** : … C'est de ma faute. On ne s'est pas beaucoup vu ces derniers temps.
> 10   J'ai été absent, tu t'es mis à fréquenter le haut de gamme… Les Rops… les Desprez-Coudert… ce dentiste, Guy Hallié… C'est lui qui t'a…
>
> **SERGE** : Non, non, non, non, pas du tout, ce n'est pas du tout son univers, lui n'aime que l'Art conceptuel…
>
> **MARC** : Oui, enfin, c'est pareil.

15 **SERGE** : Non, ce n'est pas pareil.

MARC : Tu vois, encore une preuve que je t'ai laissé dériver[1]… On ne se comprend même plus dans la conversation courante.

SERGE : J'ignorais totalement – vraiment c'est une découverte – que j'étais à ce point sous ta houlette[2], à ce point en ta possession…

20 **MARC** : Pas en ma possession, non… On ne devrait jamais laisser ses amis sans surveillance. Il faut toujours surveiller ses amis. Sinon, ils vous échappent… Regarde ce malheureux Yvan, qui nous enchantait par son comportement débridé[3], et qu'on a laissé devenir peureux[4], papetier… Bientôt mari… Un garçon qui nous apportait sa

25 singularité et qui s'escrime[5] maintenant à la gommer…

SERGE : Qui *nous* apportait ! Est-ce que tu réalises ce que tu dis ? Toujours en fonction de toi ! Apprends à aimer les gens pour eux-mêmes, Marc.

MARC : Ça veut dire quoi, pour eux-mêmes ?!

30 **SERGE** : Pour ce qu'ils sont.

MARC : Mais qu'est-ce qu'ils sont ?! Qu'est-ce qu'ils sont ?!… En dehors de l'espoir que je place en eux ?… Je cherche désespérément un ami qui me préexiste. Jusqu'ici, je n'ai pas eu de chance. J'ai dû vous façonner… Mais tu vois, ça ne marche pas. Un jour ou l'autre, la créature va dîner chez les Desprez-Coudert et pour entériner[6] son

35 nouveau standing[7], achète un tableau blanc.

Silence.

SERGE : Donc, nous voici au terme d'une relation de quinze ans…

MARC : Oui…

40 **YVAN** : Minable…

MARC : Tu vois, si on était arrivé à se parler normalement, enfin si j'étais parvenu à m'exprimer en gardant mon calme…

SERGE : Oui ?…

MARC : Non…

---

1 dériver *v.i.* = s'écarter de la direction initiale（船、飞机）偏航；【转】失去控制，离开既定方向

2 houlette *n.f.* = bâton de berger（牧羊者用的）铲头木棒；sous la houlette de qqn = sous la direction de qqn 在某人的指引下

3 débridé(e) *adj.* = déchaîné(e)【转】放纵的，不受拘束的；débrider *v.t.* = enlever la bride d'un animal 取下（马、骡等的）笼头

4 peureux(se) *adj.* = lâche 胆小的，怯懦的

5 s'escrimer *v.pr.* = s'efforcer 努力

6 entériner *v.t.* = confirmer【法】批准，认可；【引】承认

7 standing *n.m.* = niveau de vie 地位

45 **SERGE** : Si. Parle. Qu'on échange ne serait-ce qu'un mot dépassionné[1].

MARC : … Je ne crois pas aux valeurs qui régissent l'Art d'aujourd'hui… La loi du nouveau. La loi de la surprise… La surprise est une chose morte. Morte à peine conçue, Serge…

SERGE : Bon. Et alors ?

50 **MARC** : C'est tout. J'ai aussi été pour toi de l'ordre de la surprise.

SERGE : Qu'est-ce que tu racontes !

MARC : Une surprise qui a duré un certain temps, je dois dire.

YVAN : Finkelzohn est un génie. Je vous signale qu'il avait tout compris !

MARC : J'aimerais que tu cesses d'arbitrer, Yvan, et que tu cesses de te
55 considérer à l'extérieur de cette conversation.

YVAN : Tu veux m'y faire participer, pas question, en quoi ça me regarde ? J'ai déjà le tympan crevé, réglez vos comptes tout seuls maintenant !

MARC : Il a peut-être le tympan crevé ? Je lui ai donné un coup très
60 violent.

SERGE (*il ricane*[2]) : Je t'en prie, pas de vantardise.

MARC : Tu vois Yvan, ce que je ne supporte pas en ce moment chez toi – outre tout ce que je t'ai déjà dit et que je pense – c'est ton désir de nous niveler[3]. Égaux, tu nous voudrais. Pour mettre ta lâcheté en
65 sourdine[4]. Égaux dans la discussion, égaux dans l'amitié d'autrefois. Mais nous ne sommes pas égaux, Yvan. Tu dois choisir ton camp.

YVAN : Il est tout choisi.

MARC : Parfait.

SERGE : Je n'ai pas besoin d'un supporter.

70 **MARC** : Tu ne vas pas rejeter le pauvre garçon.

YVAN : Pourquoi on se voit, si on se hait ?! On se hait, c'est clair ! Enfin, moi je ne vous hais pas mais vous, vous vous haïssez ! Et vous me haïssez ! Alors pourquoi on se voit ?… Moi je m'apprêtais à passer une soirée de détente après une semaine de soucis
75 absurdes, retrouver mes deux meilleurs amis, aller au cinéma, rire,

---

1 dépassionné(e) *adj.* = calme 冷静客观的

2 ricaner *v.i.* = exprimer le sarcasme par le rire 冷笑

3 niveler *v.t.* = mettre au même niveau 使平等

4 sourdine *n.f.* = dispositif qui permet d'affaiblir le son des cordes（管弦乐器的）弱音器；mettre en sourdine = cacher 隐藏

dédramatiser[1]…

SERGE : Tu as remarqué que tu ne parles que de toi.

YVAN : Et vous parlez de qui, vous ?! Tout le monde parle de soi !

SERGE : Tu nous fous[2] la soirée en l'air[3], tu…

80 **YVAN** : Je vous fous la soirée en l'air ?!

SERGE : Oui.

YVAN : Je vous fous la soirée en l'air ?! Moi ?! Moi, je vous fous la soirée en l'air ?!

MARC : Oui, oui, ne t'excite pas !

85 **YVAN** : C'est moi qui fous la soirée en l'air ?!!…

SERGE : Tu vas le répéter combien de fois ?

YVAN : Non mais répondez-moi, c'est moi qui fous la soirée en l'air ?!!…

MARC : Tu arrives avec trois quarts d'heure de retard, tu ne t'excuses pas, tu nous soûles[4] de tes pépins[5] domestiques…

90 **SERGE** : Et ta présence veule[6], ta présence de spectateur veule et neutre, nous entraîne Marc et moi dans les pires excès.

YVAN : Toi aussi ! Toi aussi, tu t'y mets[7] ?!

SERGE : Oui, parce que sur ce point, je suis entièrement d'accord avec lui. Tu crées les conditions du conflit.

95 **MARC** : Cette mièvre[8] et subalterne[9] voix de la raison, que tu essaies de faire entendre depuis ton arrivée, est intenable.

YVAN : Vous savez que je peux pleurer… Je peux me mettre à pleurer là… D'ailleurs, je n'en suis pas loin…

MARC : Pleure.

100 **SERGE** : Pleure.

YVAN : Pleure ! Vous me dites, pleure !!…

MARC : Tu as toutes les raisons de pleurer, tu vas épouser une gorgone[10], tu perds des amis que tu pensais éternels…

YVAN : Ah parce que ça y est, tout est fini !

---

1 dédramatiser *v.t.* = apaiser 缓和，平息
2 foutre *v.t.* = mettre 【俗】放，投
3 en l'air *loc.adv.* = qui n'a pas de réelle motivation 空的，不实在
4 soûler *v.t.* = enivrer 【俗】灌醉；【转】使头昏脑胀
5 pépin *n.m.* = ennui 麻烦
6 veule *adj.* = lâche 懦弱的
7 se mettre à = commencer à 开始……
8 mièvre *adj.* = faux(se) 虚伪的
9 subalterne *adj.* = humble 低声下气的
10 gorgone *n.f.* = figure mythologique malfaisante 【神话】蛇发女妖戈耳戈；【引】丑陋的，可怕的

105 **MARC** : Tu l'as dit toi-même, à quoi bon se voir si on se hait ?

YVAN : Et mon mariage ?! Vous êtes témoins, vous vous souvenez ?!

SERGE : Tu peux encore changer.

YVAN : Bien sûr que non ! Je vous ai inscrits !

MARC : Tu peux en choisir d'autres au dernier moment.

110 **YVAN** : On n'a pas le droit !

SERGE : Mais si !…

YVAN : Non !…

MARC : Ne t'affole pas, on viendra.

SERGE : Tu devrais annuler ce mariage.

115 **MARC** : Ça, c'est vrai.

YVAN : Mais merde ! Qu'est-ce que je vous ai fait, merde !!…

Il fond en larmes.

Un temps.

C'est ignoble[1] ce que vous faites ! Vous auriez pu vous engueuler
120 après le 12, non, vous vous arrangez[2] pour gâcher mon mariage, un
mariage qui est déjà une calamité[3], qui m'a fait perdre quatre kilos,
vous le ruinez définitivement ! Les deux seules personnes dont la
présence me procurait un embryon de satisfaction s'arrangent pour
s'entretuer, je suis vraiment le garçon verni[4] !… (*À Marc.*) Tu crois
125 que j'aime les pochettes perforées[5], les rouleaux adhésifs[6], tu crois
qu'un homme normal a envie, un jour, de vendre des chemises[7]
dos à soufflet[8] ?!… Que veux-tu que je fasse ? J'ai fait le con jusqu'à
quarante ans, ah bien sûr je t'amusais, j'amusais beaucoup mes amis
avec mes conneries, mais le soir qui est seul comme un rat ? Qui
130 rentre tout seul dans sa tanière[9] le soir ? Le bouffon seul à crever[10] qui
allume tout ce qui parle et qui trouve sur le répondeur qui ? Sa mère.
Sa mère et sa mère.

Un court silence.

---

1 ignoble *adj.* = méprisable 卑鄙的
2 s'arranger *v.pr.* = se préparer 设法，安排
3 calamité *n.f.* = désastre 灾难
4 verni(e) *adj.* = heureux(se)【俗】走运的
5 perforé(e) *adj.* = troué(e) 穿孔的
6 adhésif(ve) *adj.* = collant(e) 胶黏的，有黏性的
7 chemise *n.f.* = couverture permettant de ranger des documents 文件夹
8 soufflet *n.m.* = pli 多层折叠部分
9 tanière *n.f.* = abri des animaux sauvages（野兽的）窝，巢穴
10 à crever *loc.adv.* = à mourir 要死

MARC : Ne te mets pas dans un état pareil.

135 YVAN : Ne te mets pas dans un état pareil ! Qui m'a mis dans cet état ?! Je n'ai pas vos froissements[1] d'âme moi, qui je suis ? Un type qui n'a pas de poids, qui n'a pas d'opinion, je suis un ludion[2], j'ai toujours été un ludion !

MARC : Calme-toi…

140 YVAN : Ne me dis pas, calme-toi ! Je n'ai aucune raison de me calmer, si tu veux me rendre fou, dis-moi, calme-toi ! Calme-toi est la pire chose qu'on peut dire à quelqu'un qui a perdu son calme ! Je ne suis pas comme vous, je ne veux pas avoir d'autorité, je ne veux pas être une référence, je ne veux pas exister par moi-même, je veux être votre

145 ami Yvan le farfadet[3] ! Yvan le farfadet.

Silence.

Les Solitaires Intempestifs, 1999.

✑ Questions et Réflexions

1. Essayez de présenter les étapes des affrontements entre les trois amis dans ces passages proposés.

2. Malgré ce que le titre de la pièce présente, d'après vous, est-ce que l'auteure parle vraiment d'art ici ?

---

1 froissement *n.m.* = chiffonnement 皱痕；【转】受伤，损伤
2 ludion *n.m.* = dispositif en équilibre dans l'eau, qui monte ou descend au gré de la pression 浮筒；être un ludion = manipulé par qqn ou par une situation 被某人或某种情况所玩弄
3 farfadet *n.m.* = lutin 淘气小精灵

‖ 文化点滴 ‖

《艺术》在中国

由雅丝米娜·雷札创作的法国当代喜剧代表作——《艺术》，自1994年在巴黎香榭丽舍喜剧院首演后便获得热烈反响，随后开始逐步走向全球，剧本被翻译成近40种语言。这部被《时代周刊》誉为"一流的、高明的喜剧"作品，在2001年由上海话剧艺术中心再制作后，首次登上中国的话剧舞台。此后20多年间又陆续演出多轮。名为《艺术》，不只艺术。凭借其聪慧犀利的"深度幽默"，该剧在当年首演后便成功虏获了一大批中国剧迷，甚至在上海滩掀起了一股"白色的艺术风暴"。《艺术》的成功上演，反映了法国当代戏剧逐渐走进中国民众的社会文化生活。